COLLECTION
DES MÉMOIRES

RELATIFS

A L'HISTOIRE DE FRANCE.

MÉMOIRES DE CONRART.
MÉMOIRES DU PERE BERTHOD.

DE L'IMPRIMERIE DE A. BELIN.

COLLECTION
DES MÉMOIRES

RELATIFS

A L'HISTOIRE DE FRANCE,

DEPUIS L'AVÉNEMENT DE HENRI IV JUSQU'A LA PAIX DE PARIS
CONCLUE EN 1763;

AVEC DES NOTICES SUR CHAQUE AUTEUR,
ET DES OBSERVATIONS SUR CHAQUE OUVRAGE,

PAR M. PETITOT.

TOME XLVIII.

PARIS,
FOUCAULT, LIBRAIRE, RUE DE SORBONNE, N°. 9.
1825.

MÉMOIRES

DE

VALENTIN CONRART,

PREMIER
SECRÉTAIRE PERPÉTUEL DE L'ACADÉMIE FRANÇAISE.

NOTICE

SUR

VALENTIN CONRART

ET SUR SES MÉMOIRES.

VALENTIN CONRART naquit à Paris en 1603; il étoit le fils aîné de Jacques Conrart et de Peronne Targer, qui l'élevèrent dans la religion calviniste, qu'ils professoient. Conrart reçut en naissant le prénom de Valentin : c'étoit celui de son aïeul maternel (1), qui vraisemblablement lui servit de parrain. S'il falloit croire au récit de Borel, Conrart seroit issu d'une famille noble et ancienne du Hainaut, attachée aux ducs de Bourgogne, et illustrée par de hauts faits d'armes (2); mais cet écrivain n'a eu d'autre but que de flatter la vanité de Conrart, auquel il dédie son ouvrage. Le père de Conrart étoit d'une honnête famille de Valenciennes; il n'a jamais annoncé aucune prétention à la noblesse, car il prenoit dans les actes,

(1) L'éditeur possède une quittance ainsi conçue : « Je, Jacques « Conrart, bourgeois de Paris, confesse avoir eu et receu de ..... la « somme de vingt-cinq sols un denier et maille, pour un quartier es- « cheu le dernier jour de septembre mil six cent et un, à cause de cent « sols et sept deniers tournois de rente à moy deue par la succession « de feu sieur Valentin Targer, à cause de Peronne Targer ma femme, « etc..... A Paris, ce 3 juin 1614. *Signé* Jacques CONRART. » —
(2) Trésor des recherches et antiquités gauloises et françoises, par Borel; in-4°. Paris, 1655, page 178.

et il y a reçu de son fils, la simple qualité de bourgeois de Paris (1). Jacques Conrart trouvoit même très-mauvais que Valentin prît des airs de gentilhomme. « C'étoit, dit un contemporain, un bourgeois
« austere, qui ne permettoit pas à son fils de porter
« des jarretieres ni des roses (*des rosettes*) de sou-
« liers, et qui lui faisoit couper les cheveux au des-
« sus de l'oreille. Il avoit des jarretieres et des roses,
« qu'il mettoit et ostoit au coin de la rue. Une fois
« qu'il s'ajustoit ainsi, il rencontra son pere tête pour
« tête : il y eut bien du bruit au logis (2). »

Jacques Conrart destinant son fils à remplir un emploi dans les finances, négligea de lui faire faire ses études; il n'étoit plus temps de les commencer, quand Valentin sentit le besoin de s'instruire. Il se contenta d'apprendre l'italien et l'espagnol; et il s'attacha surtout à bien connoître sa langue, à l'écrire purement et avec exactitude.

La langue française commençoit à se former; Malherbe et Regnier venoient de l'enrichir de tours et d'expressions habilement dérobés aux anciens. Ils l'avoient délivrée des entraves dans lesquelles Ronsard, Du Bartas, Jodelle, Jamin, Pontus de Tyard, et d'autres à leur suite, avoient cherché à la retenir. Mais ce grand travail n'étoit encore qu'ébauché;

(1) Ceci résulte de la quittance qui vient d'être citée, et d'une autre que nous possédons aussi, et qui porte ce qui suit : « En la présence
« de moi, conseiller secrétaire du Roi et de ses finances, damoiselle
« Peronne Targer, veuve de feu Jacques Conrart, vivant bourgeois
« de Paris, a confessé avoir receu, etc. Fait le 4ᵉ jour de mars 1645.
« *Signé* Peronne TARGER et CONRART. » — (2) Mémoires manuscrits et autographes de Gédéon Tallemant-des-Réaux, article *Conrart*. (Bibliothèque de M. le marquis de Châteaugiron.)

notre langue, incertaine et sans règles, ne connoissoit d'autres lois que les caprices des écrivains.

Conrart et ses amis observoient ces variations; ils s'en entretenoient fréquemment, et se cherchoient souvent sans pouvoir se rencontrer. Ils convinrent enfin, en 1629, de se réunir chez l'un d'eux une fois chaque semaine. Cette société se composoit de Godeau, Chapelain, Conrart, Gombauld, Giry, Habert, et son frère l'abbé de Cérisy, Malleville et Serisay. Conrart leur offrit sa maison, qui devint le berceau de la nouvelle Académie. « Là, dit Pellisson, ils s'en« tretenoient familièrement, comme ils eussent fait « en une visite ordinaire, et de toutes sortes de « choses, d'affaires, de nouvelles, de belles-lettres. « Que si quelqu'un avoit fait un ouvrage, comme il « arrivoit souvent, il le communiquoit volontiers « à tous les autres, qui lui en disoient librement « leur avis (1). » Ces commencemens de l'Académie française sont décrits avec beaucoup de vérité dans le discours que l'abbé de La Chambre prononça, comme directeur, le premier juillet 1684, à la réception de Despréaux. Ce grand poëte succédoit à M. de Bezons, conseiller d'Etat, qui avoit remplacé à l'Académie le chancelier Seguier (2). Le directeur, répondant au récipiendaire, ne laissa pas échapper l'occasion de payer à Conrart le tribut de ses éloges (3). « M. de Bezons, dit-il, s'étoit rendu recommandable

(1) Histoire de l'Académie; Paris, 1730, tome 1, page 6. — (2) En 1643, le chancelier Seguier étant devenu protecteur de l'Académie à la mort du cardinal de Richelieu. — (3) Discours prononcés à l'Académie par messieurs de La Chambre (*père et fils*); Paris, Le Petit, in-4°, page 21. Le discours d'où est tiré le passage cité y est daté du 3 juillet 1684; mais le registre de l'Académie porte que la réception de Des-

« parmi nous par l'alliance et la liaison étroite qu'il
« avoit contractée de longue main avec l'illustre
« M. Conrart (1), que l'on doit regarder comme le
« premier instituteur et le premier fondateur......
« de cette petite académie naissante, formée seule-
« ment de sept ou huit personnes d'élite, que l'a-
« mour des lettres avoit rassemblées pour conférer
« ensemble des productions de leur esprit, et pour
« se perfectionner mutuellement. Dans cette école
« d'honneur, de politesse et de savoir, l'on ne s'en
« faisoit point accroire; l'on ne s'entêtoit point de
« son prétendu mérite; l'on n'y opinoit point tumul-
« tueusement et en désordre; personne n'y disputoit
« avec altercation et aigreur; les défauts étoient re-
« pris avec douceur et modestie, les avis reçus avec
« docilité et soumission. Bien loin d'avoir de la ja-
« lousie les uns des autres, l'on se faisoit un honneur
« et un mérite de celui de ses confrères, dont on se
« glorifioit plus que du sien propre. Au lieu d'insul-
« ter aux foiblesses inséparablement attachées à l'hu-
« manité....., l'on se faisoit une loi expresse de
« cacher les défauts de son prochain, de les étouf-
« fer dans le sein de la compagnie, d'en dérober la
« connoissance aux étrangers..... Là, chacun s'ef-
« forçoit de devenir de jour en jour plus savant et

préaux eut lieu le premier de juillet. Déjà M. de Saint-Surin avoit rectifié cette erreur dans son excellente édition de Boileau; Paris, 1821, t. 3, p. 139. (*Voyez* le Journal des Savans, du mois de mars 1824, p. 155.)

(1) Claude Bazin, seigneur de Bezons, conseiller d'Etat, mourut doyen de l'Académie française, le 20 mars 1684. Il avoit épousé Marie Targer, fille de Louis Targer, secrétaire du Roi, qui étoit fils de Valentin et frère de la mère de Conrart, duquel M. de Bezons étoit ainsi cousin germain par alliance.

« plus vertueux; l'on aspiroit sans cesse au sommet
« de la perfection et de la sagesse, sans s'imaginer
« faussement qu'on y étoit déjà parvenu...... Là,
« chacun étoit maître et disciple à son tour ; chacun
« donnoit et recevoit; tout le monde contribuoit à
« un si agréable commerce ; inégaux, mais toujours
« d'accord. Celui qui étoit repris et corrigé s'estimoit
« plus heureux que celui qui corrigeoit; le vaincu
« s'en retournoit plus glorieux, plus satisfait et plus
« chargé de dépouilles que le vainqueur (1). »

Les académiciens continuèrent à s'assembler pendant quatre années environ, « avec un plaisir et un
« profit incroyable, dit Pellisson; de sorte que quand
« ils parlent encore aujourd'hui de ce temps-là......,
« ils en parlent comme d'un âge d'or, durant lequel,
« avec toute l'innocence et toute la liberté des premiers siècles, sans bruit et sans pompe, et sans
« autres lois que celles de l'amitié, ils goûtoient ensemble tout ce que la société des esprits et la vie
« raisonnable ont de plus doux et de plus charmant (2). »

Conrart se distinguoit dans ces conférences par la pureté de son goût, et par une sagacité d'autant plus remarquable qu'elle n'avoit point dû son développement aux secours d'une première éducation. « Jamais, lui écrivoit Balzac, naissance ne fut si heu-

(1) On a reproché à Despréaux de s'être laissé entraîner par son penchant satirique jusque dans son remerciment à l'Académie. Mais l'abbé de La Chambre, dans le parallèle qu'il établit entre les commencemens de l'Académie et ce qui se passoit de son temps, semble avoir été plus loin que le poëte; à moins que son discours ne fût principalement dirigé contre Furetière, avec lequel les démêlés de l'Académie étoient déjà commencés. — (2) Histoire de l'Académie, tome 1, page 7.

« reuse ni si belle que la vôtre ; et quoique vous ayez
« quarante ans passés, et que vous m'ayez juré plu-
« sieurs fois que vous ne savez pas la langue latine,
« je gage que si vous voulez, vous ferez, avant que
« de mourir, un livre latin qui donnera de la jalousie
« à M. de Saumaise et à M. Heinsius, voire même à
« M. Ménage et à votre très-humble serviteur, si notre
« jalousie pouvoit compatir avec notre amour (1). »
« Pour votre latin, mon cher monsieur, lui dit-il ail-
« leurs, je soutiens encore une fois que si vous ne l'a-
« vez appris, il vous a été révélé. Si vous n'avez pas la
« clef des sciences, vous avez un passe-partout à qui il
« n'y a point de porte qui ne soit ouverte, qui vous
« donne entrée dans les lieux les plus cachés, qui
« vous introduit jusque dans le cabinet, jusque dans
« le sanctuaire de nos déesses (2). »

Le spirituel chevalier d'Aceilly rend le même témoignage à Conrart dans les vers suivans :

> Des Grecs et des Latins peu de chose il apprit,
> Mais il peut s'égaler aux plus savantes plumes ;
> Par la grâce du Ciel il trouve en son esprit
> Ce qu'un autre avec soin cherche en mille volumes (3).

Gilles Boileau, frère aîné de Despréaux, ne fait
pas un moindre éloge de Conrart, sous le nom de
Daphnis, dans ces vers qu'il place dans la bouche de
l'Amour :

> .... J'eus pour lui tant de tendresse,
> Que, sans qu'il sût grec ni latin,

(1) Lettres de Balzac à Conrart ; Elzévir, 1664, page 137. — (2) *Ibid.*,
page 275. — (3) Diverses petites poésies du chevalier d'Aceilly (ou *de
Cailly*); Paris, André Cramoisy, 1667, page 199; et dans le Recueil
de La Monnoye; La Haye, 1714, tome 1, page 180.

Je fis que le fameux Gaulmin (1)
Eût donné toute sa science
Pour une pareille ignorance ;
Car si l'un se fit estimer,
Celui-ci sut se faire aimer :
Secret que n'a presque personne,
Et qu'à mes seuls amis je donne.
Aussi sur les plus beaux esprits
Il remporta toujours le prix :
Ainsi toujours dans les ruelles
Il fut en la bouche des belles (2).

Les académiciens s'étoient promis réciproquement de garder le secret sur l'existence de leur société ; mais Malleville en dit quelques mots à Faret, à Desmarets, puis à Boisrobert, qui étoit dans les bonnes grâces du premier ministre. Boisrobert en parla, au commencement de l'année 1634, au cardinal de Richelieu, qui, jaloux de tous les genres de gloire, et concevant aussitôt le projet de devenir le fondateur d'une société littéraire, placée sous l'égide et le sceau de l'autorité royale, chargea Boisrobert de faire de sa part aux académiciens l'offre de protéger leurs travaux et leur compagnie.

Conrart, reçu secrétaire du Roi le 19 mars 1627 (3), épousa en 1634 mademoiselle Muisson (4). On cessa à

---

(1) Gilbert Gaulmin, maître des requêtes, et ensuite conseiller d'Etat, mourut à Paris au mois de décembre 1665. C'étoit un critique qui s'étoit acquis une grande célébrité ; il a laissé divers ouvrages, et particulièrement des poésies latines. On lit ses vers sur la prise d'Arras dans le Ménagiana, tome 1, page 297, édition de 1715. — (2) Dialogue de l'Amour et Damon, dans les OEuvres posthumes de Gilles Boileau, publiées par son frère ; Barbin, 1670, page 158. — (3) Tessereau, Histoire de la Chancellerie, tome 1, page 354. — (4) Mémoires concernant la vie et les ouvrages de plusieurs modernes célèbres, par Ancillon ; Amsterdam, 1709, page 7.

cette époque de se réunir chez lui; et les assemblées se tinrent tantôt chez Desmarets, que l'Académie venoit d'admettre avec Boisrobert au nombre de ses membres; tantôt chez Chapelain, qui demeuroit dans la rue des Cinq-Diamants (1). Trois charges furent créées au sein de la compagnie : deux annuelles, celles de directeur et de chancelier; et celle de secrétaire, qui devoit être perpétuelle. Conrart, qui étoit alors à Jonquières (2), fut appelé à l'unanimité à remplir cette dernière fonction; et à compter de cette époque, il eut soin d'écrire ce qui se passoit dans les assemblées. Pellisson nous apprend que les registres de l'Académie commençoient au 13 mars 1634 (3).

Les bornes d'une Notice ne nous permettent pas de nous étendre sur les rapports qui vers ce temps commencèrent à s'établir entre le cardinal de Richelieu et les académiciens. Quelques-uns d'eux, principalement Serizay et Malleville, vouloient que l'on repoussât une protection que, dans leur position particulière, ils paroissoient redouter (4); presque tous se voyoient à regret dans l'obligation de subir un hon-

(1) Pellisson, Histoire de l'Académie, tome 1, page 53. — (2) Bibliothèque françoise de l'abbé Gonjet, tome 17, page 396. — (3) Pellisson, Histoire de l'Académie, tome 1, page 16. Ces premiers registres de l'Académie n'existoient déjà plus du temps de l'abbé d'Olivet. (*Voyez* la note du tome 2, page 10, de l'Histoire de l'Académie.) Il est probable qu'ils avoient été confiés à Pellisson, et qu'ils furent saisis et perdus parmi les papiers du surintendant Fouquet. M. Raynouard, secrétaire perpétuel de l'Académie française, nous a fait voir les registres qui ont été conservés; ils ne remontent qu'à l'année 1672. — (4) Serizay étoit intendant du duc de La Rochefoucauld, qui s'étoit retiré dans ses terres de Poitou; et Malleville étoit secrétaire du maréchal de Bassompierre, détenu alors à la Bastille comme prisonnier d'Etat.

neur qui alloit troubler la douce intimité de leurs relations. Cependant, sur les judicieuses observations de Chapelain, Boisrobert fut prié par la majorité de ses confrères de remercier de leur part le cardinal, et de l'assurer qu'ils se conformeroient à ses volontés. Les statuts de la Société furent dressés bientôt après par une commission dont Conrart étoit membre, en sa qualité de secrétaire; et les académiciens en mirent le projet sous les yeux du cardinal de Richelieu.

Pellisson nous a conservé l'analyse d'un discours destiné à servir de préambule à ces statuts. Il est d'autant plus remarquable, que, dicté par un esprit prophétique, il annonce à l'avance les hautes destinées de la langue française. On y disoit : « Qu'il sem-
« bloit ne manquer plus rien à la félicité du royaume,
« que de tirer du nombre des langues barbares cette
« langue que nous parlons, et que tous nos voisins
« parleroient bientôt, si nos conquêtes continuoient
« comme elles avoient commencé. Que, pour un si
« beau dessein, le Roi avoit trouvé à propos d'assem-
« bler un certain nombre de personnes capables de
« seconder ses intentions.... Que notre langue, plus
« parfaite déjà que pas une des autres vivantes, pour-
« roit bien enfin succéder à la latine, comme la la-
« tine à la grecque, si on prenoit plus de soin qu'on
« n'avoit fait jusqu'ici de l'élocution.... Que les fonc-
« tions des académiciens seroient de nettoyer la lan-
« gue des ordures qu'elle avoit contractées, ou dans
« la bouche du peuple, ou dans la foule du Palais et
« dans les impuretés de la chicane, ou par les mau-
« vais usages des courtisans ignorans, ou par l'abus
« de ceux qui la corrompent en l'écrivant, et de ceux

« qui disent bien dans les chaires ce qu'il faut dire,
« mais autrement qu'il ne faut (1). » Ce beau péristyle d'un grand monument a été depuis abandonné ;
mais le projet qui en fut tracé n'en fait pas moins connoître l'esprit qui dirigea les travaux des premiers
académiciens.

Conrart, tout à la fois secrétaire perpétuel de l'Académie et secrétaire du Roi, fut chargé, en cette double
qualité, de dresser le protocole des lettres patentes de
la fondation de l'Académie française. Elles furent signées au mois de janvier 1635; et Pierre Seguier, garde
des sceaux, depuis chancelier de France, non seulement s'empressa de les sceller aussitôt qu'elles lui furent présentées, mais il fit témoigner à la compagnie
son désir d'être compté au nombre de ses membres.
L'exemple de cet illustre ami des lettres, qui devoit
un jour succéder à l'honneur de protéger l'Académie,
fut bientôt suivi par messieurs Servien, de Montmort,
Du Châtelet, Bautru, et par d'autres personnages éminens de la magistrature ou du conseil d'Etat; de sorte
que cette société nouvelle n'avoit plus que des traits
de ressemblance avec la première Académie fondée
par Conrart. Elle étoit tout-à-coup devenue ce que les
siècles qui ont suivi l'ont vue; et, pour nous servir
des expressions de l'abbé de La Chambre, « c'étoit
« une Académie glorieuse et triomphante...., revê-
« tue de la pourpre des cardinaux et des chanceliers,
« protégée par le plus grand roi de la terre...., rem-
« plie de princes de l'Eglise et du sénat, de ministres,
« de ducs et pairs, de conseillers d'Etat...., qui, se
« dépouillant tous de leurs grandeurs......., se trou-

(1) Histoire de l'Académie, tome 1, pages 21 et 23.

« voient heureusement confondus pêle-mêle dans la
« foule d'une infinité d'excellens auteurs, historiens,
« poëtes, philosophes, orateurs....., sans distinction
« et sans préséance (1). »

Il ne nous appartient pas de tracer ici l'histoire de cette illustre compagnie : ce soin est réservé à une plume et plus habile, et plus initiée dans les secrets de ses archives. Nous n'avons pu cependant nous dispenser d'appeler les souvenirs des lecteurs sur l'origine de cette Société, qui se confond avec l'existence littéraire de Conrart.

Le fondateur de l'Académie n'étoit pas seulement un homme de goût et un ami des lettres; il étoit surtout un homme de bien, dans le cœur duquel on trouvoit toutes les vertus qui donnent du charme au commerce de la vie. D'Olivet peint ainsi le caractère de Conrart, dont il s'étoit souvent entretenu avec l'abbé de Dangeau (2) : « On nous en parle, dit-
« il, comme d'un homme qui avoit souverainement
« les vertus de la société. Il gouvernoit son bien sans
« être ni avare ni prodigue, et il savoit tirer d'une mé-
« diocre fortune plus d'agrémens pour lui et pour ses
« amis, que la fortune la plus opulente n'en produit
« aux autres. Il étoit touché des malheurs d'autrui, et
« trouvoit les moyens d'y subvenir par des voies qu'on
« n'apercevoit point. Il avoit le cœur très-sensible à
« l'amitié; et lorsqu'une fois on avoit la sienne, c'é-
« toit pour toujours. S'il y avoit des défauts dans sa
« conduite à cet égard, c'étoit de trop excuser. Peu

(1) Discours de messieurs de La Chambre, page 20. — (2) Louis de Courcillon, abbé de Dangeau, mort en 1723, à l'âge de quatre-vingts ans, avoit passé avec Conrart une partie notable de sa vie.

« de personnes ont eu comme lui l'amitié, la con-
« fiance et le secret de ce qu'il y avoit de plus grand
« dans tous les Etats du royaume en hommes et en
« femmes. On le consultoit sur les plus grandes affai-
« res ; et comme il connoissoit le monde parfaitement,
« on avoit dans ses lumières une ressource assurée.
« Il gardoit inviolablement le secret des autres et le
« sien : on ne pouvoit pourtant pas dire qu'il fût ca-
« ché, et sa prudence n'avoit rien qui tînt de la fi-
« nesse. Au reste, s'il disputoit quelquefois, c'étoit
« pour la vérité qu'il disputoit ; et comme il la pré-
« féroit à tout, son amour pour la vérité avoit aux
« yeux des personnes indifférentes un air d'opiniâtre-
« té..... Né dans le sein du calvinisme, il eut toujours
« l'esprit préoccupé de ses erreurs, sans que son cœur
« en fût moins tendre pour tout ce qu'il connut d'hon-
« nêtes gens qui pensoient autrement que lui (1). »

La vie de Conrart, comme celle de la plupart des gens de lettres, a été simple et uniforme. Retenu souvent par les douleurs de la goutte, dont encore jeune il éprouva les accès, il conversoit avec ses amis, leur écrivoit, lisoit leurs ouvrages, y faisoit des observations, et quelquefois des corrections. On venoit fréquemment le consulter ; car il étoit regardé de son temps comme un des plus sûrs arbitres du goût : ce qui a fait dire à Balzac que *Conrart trempoit sa plume dans le sens*, et que *la raison lui dictoit tout ce qu'il écrivoit* (2). Chapelain, qui ne doit pas toujours être jugé sur sa réputation de poëte, et dont l'opinion comme critique n'est pas à rejeter, lui ren-

(1) Histoire de l'Académie, tome 2, page 166. — (2) Lettres de Balzac à Conrart ; Elzévir, page 136.

doit en 1662 un témoignage semblable. « C'est un
« homme, disoit-il, d'une singulière vertu, et d'un ju-
« gement très-net en tout : ce qui le fait consulter par
« les plus excellens écrivains français, qui se trouvent
« bien de ses remarques. Personne n'écrit plus pure-
« ment en prose que lui ; et quoique ses lettres ne
« s'élèvent pas jusques à l'éloquence....., néanmoins
« l'élégance, la pureté et l'ordre y reluisent de telle
« sorte, qu'elles sont égales en beauté et en agrément
« aux meilleures que nous ayons (1). »

La maison de Conrart étoit le rendez-vous ordinaire de ses amis, qui étoient en grand nombre; car
il avoit la prétention, et, si l'on veut, la manie,
d'être bien avec tous les gens à réputation (2). Aussi
le regardoit-on comme l'appui et le protecteur des
gens de lettres ; et il se forma sous ses auspices beaucoup de liaisons littéraires, fondées sur l'estime et
sur la conformité des goûts, qui ne contribuèrent
pas moins à polir les mœurs qu'à perfectionner la
littérature. Plusieurs personnages, qui parvinrent
depuis à la célébrité, durent à Conrart d'avoir fait
ce premier pas que le mérite délaissé, parce qu'on
l'ignore, franchit avec tant de peine. Il présenta

(1) Mélanges de littérature, tirés des lettres manuscrites de Chapelain ; Paris, 1726, p. 231. — (2) Quel que fût le mérite de Conrart,
il n'a pas eu plus qu'un autre le don de plaire à tous ses contemporains.
Gédéon Tallemant-des-Réaux, après avoir été long-temps son ami,
conçut pour Conrart une telle aversion, que, dans les Mémoires qu'il
nous a laissés, il semble ne s'attacher qu'à verser sur lui le ridicule à pleines mains. Il raconte, entre autres choses, que le poëte
Malleville, plaisantant sur ce que le secrétaire perpétuel vouloit être
l'ami de tout le monde, disoit qu'il lui sembloit que Conrart alloit
criant par les rues : « Ah, ma belle amitié ! Qui en veut, qui en veut,
« de ma belle amitié ? »

Godeau à Chapelain, qui s'empressa de lui ouvrir les portes de l'hôtel de Rambouillet, dont la société décidoit en souveraine sur tous les ouvrages de l'esprit (1). Il fit connoître Pellisson, l'historien de l'Académie, l'ami et le défenseur de Fouquet. Fléchier, accueilli par le duc de Montausier à la recommandation de Conrart, trouva ainsi l'occasion de développer cet admirable talent qui devoit lui assurer une place si élevée parmi nos orateurs sacrés (2).

Les travaux habituels de Conrart ne l'empêchoient pas de cultiver l'amitié, et de se livrer même aux frivolités de la société. Balzac, qui tenoit le premier rang parmi ses amis, exprime dans une multitude de lettres, et sous des formes ingénieusement variées, le profond sentiment qu'il avoit voué à Conrart. « Je
« le dis affirmativement, lui écrit-il, et si vous le
« voulez, je vous le jure sur les autels : je ne chan-
« gerois pas cette amitié pour la faveur du plus grand
« prince du monde, pour le népotisme du cardinal
« Pamphilio (3), pour le ministère de don Louis de
« Haro (4). » « Pourquoi, dit-il ailleurs, ne vous ai-je
« pas connu dès les premières années de ma vie ? Elle
« auroit été plus douce et plus réglée qu'elle n'a été ;
« j'aurois eu plus de contentement, et j'aurois fait
« moins de fautes. Mais il est impossible de vivre
« deux fois ; et ce qui est perdu ne se pouvant re-
« couvrer, ménageons bien pour le moins ce qui

---

(1) Mélanges de Vigneul de Marville, tome 2, page 328, édition de 1713. — (2) Ménagiana, tome 2, page 331, édition de 1715. — (3) Il étoit neveu d'Innocent x. En 1647, il quitta la pourpre, et épousa la signora Olimpia. Il n'en continua pas moins à jouir de toute l'influence que les cardinaux neveux n'obtiennent que trop souvent à la cour de Rome. — (4) Lettres de Balzac à Conrart; Elzévir, page 273.

« nous reste. Aimons-nous, comme vous dites, cor-
« dialement, afin qu'au milieu d'une infinité de maux
« qui nous environnent, parmi tant de misères pu-
« bliques, tant de déplaisirs particuliers, je trouve
« un asyle dans votre cœur, et que vous en trouviez
« un dans le mien (1). » Conrart perdit cet ami le 18
février 1655 ; et Gilles Boileau déplora sa perte dans
une élégie assez remarquable, adressée au secrétaire
perpétuel de l'Académie. Elle commence par ces vers :

Conrart, Balzac est mort,............
Ce mortel qui parloit le langage des dieux,
Ce mortel qu'on a vu tout brillant de lumière,
N'est maintenant qu'une ombre et qu'un peu de poussière (2).

Au moment de la mort de Balzac, Conrart étoit lui-même aux portes du tombeau. Tristan l'ermite nous apprend cette circonstance dans une ode adressée au survivant de ces deux amis. Nous en citerons quelques vers, qui nous paroissent fort au-dessus de ce que l'on connoît du poëte Tristan; il est vrai qu'ils se terminent par l'imitation d'une pensée de Malherbe.

Noble ami de la vérité,
De qui l'esprit et le courage
Nous montrent une intégrité
Qu'on ne trouve guère en notre âge,
Conrart, à ce dernier assaut,
Où ton mal s'éleva si haut,
Nous eûmes de grandes alarmes;
Et si cet aveu m'est permis,
Mes yeux furent trempés des larmes
Qu'on donne lors à ses amis.

(1) Lettres de Balzac à Conrart; Elzévir, page 193. — (2) Poésies choisies, recueil de Sercy, 1658, troisième partie, page 63. Despréaux n'a point compris cette pièce dans le volume des Œuvres posthumes de son frère, qu'il publia chez Barbin en 1670.

Par miracle on te voit sauvé ;
Mais Balzac n'est plus rien qu'une ombre.
Tous deux vous portiez le denier
Que l'on donne au vieux nautonnier
Sur le triste et sombre rivage :
Mais Balzac a fait un effort
Pour franchir tout seul le passage,
Et t'a laissé dessus le bord.

Ce père des grands sentimens,
De qui les grâces naturelles
Mêloient dans ses raisonnemens
L'éclat de tant de fleurs nouvelles,
Balzac est descendu là-bas ;
Et sa plume, dont les combats
Terrassoient partout l'ignorance,
N'a pu garantir du tombeau
Celui qui fit voir à la France
Ce que les lettres ont de beau.

O rigueur sans comparaison !
Cet homme, avec tout l'avantage
Des lumières de la raison,
Est passé comme un feu volage.
Mais quoi ! c'est un ordre du sort,
Que jamais la faux de la Mort
Ne respecte les belles choses ;
Et, dans les premières chaleurs,
On voit toujours passer les roses
Plus vite que les moindres fleurs (1).

Pellisson et mademoiselle de Scuderi furent aussi au nombre des amis particuliers de Conrart, qui ne pouvoit se défendre d'un sentiment de jalousie à la vue des préférences dont Pellisson paroissoit être l'objet. Conrart étoit désigné dans leur intimité sous les noms de Philandre ou de Théodamas ; c'est sous ce dernier déguisement qu'il adressoit son encens à Sapho (*mademoiselle de Scuderi*), qu'il correspon-

---

(1) Manuscrits de l'Arsenal, n° 902 (*Histoire*), tome 18, page 69.

doit avec Herminius ou Acante (*Pellisson*), et avec Godeau, l'évêque de Vence, qui trouvoit bon qu'on l'appelât *galamment* le mage de Tendre ou de Sidon. Conrart suivoit ainsi la mode, en se prêtant quelquefois à l'afféterie d'un langage précieux, que le bon goût réprouve. On le vit même, le samedi 20 décembre 1653, faire assaut de mauvais vers dans la ridicule *journée des madrigaux*, sur laquelle nous avons donné ailleurs quelques détails (1).

Cependant les infirmités de Conrart s'aggravoient chaque année; il écrivoit à Félibien, au mois de janvier 1648, que, retenu par la goutte, il ne pouvoit pas même monter les degrés qui conduisoient à son cabinet (2). Cet état de douleurs presque habituelles n'avoit pas altéré l'égalité de son caractère; aussi Sarrasin, dans une jolie ballade, l'appeloit-il *le goutteux sans pareil* (3); et Conrart lui répondoit gaiement :

> Pour moi, qui des fois plus de cent
> Ai passé par ceste estamine,
> Que me sert-il d'être innocent,
> Et plus net que n'est une hermine ?
> Puisqu'au pied je porte une espine
> Qui me rend tout lieu raboteux,
> Et que l'on dit quand je chemine :
> C'est pauvre chose qu'un goutteux (4).

Conrart résigna, le 20 janvier 1658, sa charge de secrétaire du Roi (5); et il ne s'occupa plus que de travaux historiques, littéraires, ou même théologiques. Le dépérissement de sa santé contribua sans

---

(1) Biographie universelle de Michaud, article de mademoiselle de Scuderi, tome 41, page 391. — (2) Lettres familières de Conrart à Félibien; Paris, 1681, page 132. — (3) OEuvres de Sarrasin; Paris, 1685, tome 2, page 177. Ce poëte mourut en 1654. — (4) *Ibid.*, p. 180. — (5) Tessereau, Histoire de la Chancellerie, tome 1, page 528.

doute à lui faire adopter ce parti ; on le voit en effet, deux années après, faire à Godeau la peinture déplorable de l'état auquel il étoit réduit, dans une épître familière du 16 janvier 1660, qui n'a pas encore été imprimée.

> Au milieu du mois de décembre,
> Dans votre salle ou votre chambre,
> A l'aspect de mille orangers
> Qui parfument tous vos vergers,
> Et dont la feuille est toujours verte,
> Vous dînez la fenêtre ouverte,
> Et respirez un air plus doux
> Que celui de mai n'est pour nous ;
> Tandis que, fort mal à mon aise,
> Soit dans mon lit, soit dans ma chaise,
> Mon logis me sert de prison,
> Où la rigueur de la saison,
> Tenant mon corps à la torture,
> Est cause que l'hiver me dure
> Plus que ne font l'été, l'automne et le printemps,
> Et me tient lieu de Quatre-Temps,
> Puisqu'il me fait faire abstinence,
> Me réduit à la continence,
> Et me donne pour pénitence
> De vivre toujours en souffrance (1).

Chapelain, dans un Mémoire adressé à Colbert pour faire connoître à ce ministre les hommes de lettres qui pouvoient contribuer à la gloire littéraire du règne de Louis-le-Grand, écrivoit en 1662 : « La « goutte de vingt années a tellement estropié M. Con- « rart, qu'il ne sauroit plus tenir la plume ; et de- « puis dix-huit mois son mal s'est accru de façon « qu'il a plus de besoin de penser à mourir qu'à

---

(1) L'épître se compose de quatre-vingt-dix vers; l'original autographe se trouve dans le manuscrit 902 (*Histoire*) de la bibliothèque royale de l'Arsenal, tome 9, page 285.

« écrire (1). » Ce passage ne doit pas être entendu dans le sens rigoureux que d'abord il semble présenter ; Chapelain dit seulement que l'on ne pourroit pas charger Conrart de travaux littéraires de quelque importance. Depuis qu'il étoit tombé dans cet excès d'infirmité, il étoit suppléé à l'Académie par Mézeray, qui lui succéda dans ses fonctions de secrétaire perpétuel.

Conrart, doué de l'esprit de conservation, se plaisoit à recueillir toutes sortes de pièces historiques, littéraires ou théologiques. Il gardoit soigneusement les brouillons de ses lettres ; il copioit ou faisoit copier des ouvrages qu'on lui communiquoit ; souvent même les auteurs lui donnoient leurs manuscrits. Il paroît qu'à sa mort il se trouva chez lui une grande quantité de papiers, que l'on réunit en volumes, sans observer d'autre ordre que celui du format : des pièces historiques furent jointes à des poésies, des copies de lettres à des dissertations théologiques, ou aux *factums* de Jacques Conrart, frère de l'académicien. Ces manuscrits paroissent avoir été très-nombreux ; la famille de Conrart les aura sans doute conservés pendant un certain temps : tout ce que l'on sait est qu'en 1766 M. Simon Vanel de Milsonneau en possédoit dix-huit volumes in-folio, et vingt-quatre volumes in-4° (2). Sa bibliothèque fut vendue et dispersée en 1771 (3). Une partie importante des manuscrits de Conrart fut vraisemblablement acquise à cette vente par le duc de La Vallière ou

---

(1) Mélanges de Chapelain, page 232. — (2) Bibliothèque historique de la France, par le père Lelong, tome 1, page 408. — (3) *Ibid.*, tome 4, page 289.

par le marquis de Paulmy, puisqu'on en voit aujourd'hui une portion dans la bibliothèque royale de l'Arsenal. Elle se compose de dix-huit volumes in-folio, sous le n° 902 de la partie historique (1), et de deux volumes in-4°, sous le n° 151 (*Belles-Lettres*). Ainsi vingt-deux volumes in-4° de ces précieux manuscrits sont maintenant dans le commerce, et peut-être sont-ils expatriés.

Conrart nous a conservé trois pièces écrites entièrement de la main de La Fontaine. Elles font partie du manuscrit 151 qui vient d'être indiqué. Ce sont deux lettres en prose mêlée de vers, adressées par le fabuliste à sa femme, dans lesquelles il achève le récit de son voyage de Limoges. La troisième de ces pièces est une épître, de la meilleure manière de ce grand poëte, adressée vers 1662 au duc de Bouillon. Nous nous sommes empressés, il y a quelques années, de faire jouir le public de cette précieuse découverte (2). Ces manuscrits nous ont encore offert la première pensée des Mémoires de madame de Motteville (3), une copie de ceux du père Berthod, diverses poésies de Saint-Pavin (4), Cailly, Pellisson,

(1) Ce manuscrit étant celui qui renferme les Mémoires de Conrart, on s'est abstenu d'en répéter l'indication. Ainsi, quand on citera les manuscrits de Conrart dans le cours de cet ouvrage, cela ne devra s'entendre que du manuscrit 902 (*Histoire*) de la bibliothèque de l'Arsenal. — (2) Opuscules inédits de La Fontaine; Paris, Blaise, 1820, in-8° de cinquante-neuf pages, et à la suite des Mémoires de Coulanges. M. Walckenaer a reproduit ces pièces dans son excellente édition des OEuvres de La Fontaine. — (3) *Voyez* la Notice sur madame de Motteville, tome 36, deuxième série de cette Collection, page 310. — (4) Plusieurs pièces de vers de ce poëte, retrouvées dans ces manuscrits, ont été publiées par nous dans l'édition des Lettres de madame de Sévigné; Paris, Blaise, 1818 ou 1820, tome 1, pages vj, vij, viij, 313; tome 2, page 232; tome 7, page 319; et tome 9, page 243.

Godeau, mademoiselle de Scuderi, mademoiselle de La Vigne, et d'autres auteurs du temps. On y voit, en outre, les copies d'un grand nombre de lettres écrites par Pellisson, Godeau, mademoiselle de Scuderi, Marie-Claire de Bretagne, abbesse de Malnoue, la comtesse de Maure, la marquise de Sablé, la duchesse de Longueville, Chapelain, Sarrasin, Ysarn, et d'autres personnages connus. On a seulement le regret de rencontrer dans cette collection un grand nombre de papiers absolument inutiles, tels que des copies de titres, des actes de synodes, ou des disputes théologiques sur les points qui séparent les protestans de notre croyance.

Né calviniste, Conrart se montra toujours attaché aux erreurs de sa secte, malgré les efforts de ses amis pour le ramener à la vérité : ce qui faisoit dire à Balzac : « Si vous n'êtes pas tout-à-fait des nôtres, vous « êtes pour le moins de nos alliés ; et M. de Grasse « (*Godeau*) se promet de vous emporter à la fin sur « M. Daillé (1). » Cet espoir ne se réalisa point ; Conrart étoit même très-opiniâtre sur cet article, quoiqu'il parût éviter ces sortes de discussions (2). Il souffroit avec peine des plaisanteries sur Calvin ; et Balzac ayant traité cet hérésiarque de *petit sophiste,* se crut obligé de s'en excuser auprès de Conrart (3).

La révision de la traduction des psaumes faite par Clément Marot et Théodore de Bèze, occupa les momens que Conrart put donner au travail pendant les dernières années de sa vie. Il ne retoucha que cin-

---

(1) OEuvres de Balzac ; Paris, 1665, in-folio, tome 2, page 568. — (2) Ménagiana, tome 2, page 331. — (3) Lettres de Balzac à Conrart ; Elzévir, page 166.

quante-un psaumes. Cet ouvrage fut achevé après sa mort par des ministres de Genève.

Conrart mourut, sans laisser d'enfans de son mariage, le 23 septembre 1675, à l'âge de soixante-douze ans. Il fut inhumé dans le cimetière des réformés, qui étoit alors situé dans le faubourg Saint-Germain, près de l'hôpital de la Charité (1).

L'Académie française conserve un portrait de Conrart, peint en 1635, qui n'a rien souffert des ravages du temps. Un autre portrait, peint dans sa vieillesse par Lefèvre, a été gravé par Cossin, format in-folio (2). Cette gravure est belle, mais il est difficile de la rencontrer.

Conrart avoit deux frères et une sœur. Jacques Conrart, l'un d'eux, acheta aussi une charge de secrétaire du Roi. Reçu le 17 avril 1637, il obtint des lettres d'honoraire le 29 janvier 1664 (3). Jacques a laissé des enfans, dont la postérité ne s'est éteinte que dans ces derniers temps. La sœur de Conrart épousa M. Muisson, dont Valentin avoit lui-même épousé la sœur.

Ouvrages de Conrart.

Conrart a peu écrit; il n'a au moins, pour ainsi dire, rien publié. Mais ce silence, qui venoit peut-être de sa modestie, a eu pour lui les mêmes effets que la présomption pour beaucoup d'autres, car il attira

---

(1) Mémoires d'Ancillon, page 130. — (2) Bibliothèque historique de la France, tome 4, deuxième partie, page 172. Ce portrait y est daté de 1683; la gravure ne porte cependant aucune date. — (3) Tessereau, Histoire de la Chancellerie, tome 1, pages 404 et 556.

sur sa mémoire un de ces traits satiriques (1) qui, une fois lancés, se répètent avec l'autorité d'un proverbe, et passent auprès de beaucoup de lecteurs pour une vérité qui n'est plus susceptible de contestation.

On a de lui :

1° Une épître dédicatoire à la tête de la vie de Philippe de Mornay ; Leyde, Elzévir, in-4°, 1647. Cet ouvrage est de Jean Daillé, ministre protestant (2), qui avoit été précepteur des petits-enfans de Philippe de Mornay. Elle est dédiée par les Elzévirs au prince d'Orange. Daillé, ami de Conrart, l'avoit sans doute prié de prêter sa plume aux célèbres imprimeurs de Hollande.

2° Une épître en vers, dans la première partie des épîtres de Boisrobert.

3° Une ballade en réponse à celle du *Goutteux sans pareil,* de Sarrasin, dans les OEuvres de ce dernier.

4° La préface des traités posthumes de Gombauld. L'abbé d'Olivet en a inséré la plus grande partie dans son Histoire de l'Académie, à l'article de Gombauld. L'original de cette pièce, portant des corrections de la main de Conrart, se trouve dans le manuscrit 902 de la bibliothèque royale de l'Arsenal, tome 9, p. 329.

5° Une imitation en vers du psaume 92, dans le

---

(1) Despréaux a dit, dans sa première épître :

J'imite de Conrart le silence prudent.

(2) C'est l'opinion commune. Cependant on voit dans le Mélange critique de littérature, recueilli des conversations de feu M. Ancillon (Basle, 1698, tome 2, page 242), que M. Daillé disoit que la moitié de la Vie de Philippe de Mornay avoit été composée par David Lixe, et que l'ouvrage avoit été achevé par deux secrétaires de Du Plessis. Il reconnoissoit que l'épître dédicatoire étoit de Conrart.

recueil des poésies chrétiennes et diverses, dit *de Brienne,* qui a paru sous le nom de La Fontaine, tome 1, page 396; Paris, 1671.

6° Les psaumes retouchés sur l'ancienne version de Clément Marot; Charenton, 1677, in-12. Conrart ne termina son travail que sur cinquante-un psaumes. Il parut à Genève en 1679, chez Samuel de Tournes, une édition qui contient la version des cent cinquante psaumes; mais on ne dissimule pas, dans l'avertissement, que l'on a été obligé de continuer le travail commencé par Conrart.

7° Lettres familières de M. Conrart à M. Félibien; Paris, 1681, in-12. André Félibien alla à Rome en 1647, en qualité de secrétaire d'ambassade du marquis de Fontenay-Mareuil. Conrart correspondit avec lui pendant les deux années de son séjour en Italie. Ces lettres ne présentent presque aucun intérêt.

8° La fable d'Orphée et d'Eurydice. L'original de cette pièce de la main de Conrart, portant des corrections et des ratures, se trouve dans le manuscrit 902 de la bibliothèque de l'Arsenal, tome 11, page 115. Elle n'a pas été imprimée, et elle ne mérite pas de l'être.

9° Une épître en vers, adressée à Godeau le 16 janvier 1660, dont le manuscrit original a été indiqué plus haut, page 20 de cette Notice. De même que les autres poésies de Conrart, cette pièce n'offre que de la facilité, accompagnée de beaucoup de négligence. Mais on ne doit pas juger avec sévérité des vers que leur auteur n'avoit pas destinés à voir le jour.

On a attribué à Conrart un volume in-12, publié en 1667, intitulé *Traité de l'action de l'Orateur.* Il a depuis été bien reconnu que ce traité est l'ouvrage de Michel Lefaucheur, ministre calviniste.

Desmaizeaux, dans ses notes sur les lettres de Bayle, dit que Conrart donna ses soins à l'édition des OEuvres de Balzac, qui fut publiée en deux volumes in-folio en 1665 (1). Conrart prit sans doute beaucoup d'intérêt à cette édition, qui lui est dédiée; mais ce fut l'abbé Cassagne qui se chargea du travail qu'elle exigeoit, et qui en composa la préface, ainsi que l'épître dédicatoire.

10° Des Mémoires sur l'histoire de son temps.

C'est ici l'ouvrage le plus important de Conrart, et l'on pourroit dire que notre académicien ne rompt véritablement qu'aujourd'hui le silence que Despréaux a interprété avec quelque malignité. On n'a vu de lui jusqu'à présent que des pièces de peu d'étendue, des poésies familières, quelques lettres qui n'auroient pas dû sortir du porte-feuille d'un ami : on va le voir, devenu historien, faire le récit d'une partie des événemens qui ont agité le royaume durant la guerre de la Fronde, ou raconter des particularités secrètes relatives à quelques familles, et qui souvent ont exercé de l'influence sur les destinées de nos pères.

Je ne puis me dissimuler que l'autorité de ces Mémoires pourroit être révoquée en doute, si je n'établissois jusqu'à l'évidence l'authenticité de l'ouvrage de Conrart. Je me vois donc à regret obligé de parler de moi, et d'indiquer les circonstances presque fortuites qui m'ont amené à découvrir l'existence de ces Mémoires, et à reconnoître qu'ils ont été composés par notre académicien.

(1) OEuvres de Bayle; La Haye, 1737, in-folio, tome 4, page 698.

M'occupant, en 1816, de rassembler les matériaux qui devoient entrer dans l'édition des Lettres de madame de Sévigné, que je publiai en 1818, j'examinai avec le plus grand soin les manuscrits du dix-septième siècle dans lesquels je pouvois espérer de rencontrer des éclaircissemens sur les faits ou sur les personnes dont il est parlé dans cette correspondance. En parcourant le dixième volume du manuscrit 902 de la bibliothèque de l'Arsenal, je trouvai à la page 129 le récit du duel dans lequel le marquis de Sévigné fut tué, le 4 février 1651. La cause de ce combat, les circonstances qui l'avoient accompagné, étoient restées inconnues. Cette pièce devenoit une découverte précieuse; je m'empressai de la recueillir (1).

Le même volume contenoit d'autres morceaux relatifs aux événemens du temps, ou à des familles dont pour la plupart les noms sont réclamés par l'histoire. Le tome 17 de ce manuscrit me fit connoître des pièces d'une toute autre importance. C'étoient des récits suivis, une sorte de journal des événemens qui se sont succédés à Paris pendant les mois d'avril, mai, juin, juillet, et une partie d'août 1652. J'y lus, pour la première fois, des détails circonstanciés sur des faits que les autres écrivains de Mémoires, et particulièrement le cardinal de Retz et Joly, ont ignorés ou dissimulés. On ne trouve dans aucun ouvrage de ce temps des développemens aussi curieux sur la conduite des princes et du parlement pendant leur révolte contre l'autorité du Roi, sur les singularités du duc de Lorraine, sur le combat de Saint-Antoine, et

---

(1) M. de Saint-Surin a inséré ce récit dans la Notice sur madame de Sévigné, qu'il a bien voulu joindre à mon édition. (*Voy.* t. 1, p. 57.)

particulièrement sur la journée trop célèbre du 4 juillet 1652, dans laquelle des magistrats, et plusieurs des principaux habitans de Paris, tombèrent victimes de nos discordes.

Ces relations ne m'ont présenté qu'un seul feuillet de relatif à l'Académie française. On lit, à la page 165 du tome 13, le projet du procès-verbal de la séance du 11 mars 1658, à laquelle assista la reine Christine. Conrart y rapporte plusieurs circonstances que Patru n'avoit pas fait connoître dans sa lettre à d'Ablancourt.

Ces feuilles, rapidement écrites, couvertes de ratures et de renvois, ne peuvent être des copies; elles portent au contraire tous les signes d'un travail médité et approfondi: mais il falloit reconnoître la main qui les avoit tracées. Je ne pus d'abord former que des conjectures. L'écriture en étoit la même que celle d'une multitude de projets de lettres adressées par Conrart à diverses personnes. On pouvoit donc présumer que ces pages étoient aussi de l'écriture de Conrart.

Examinant ensuite le manuscrit 151 de la même bibliothèque, je trouvai à la page 75 du tome premier une lettre autographe de Godeau, évêque de Vence, adressée à Conrart, au dos de laquelle on lit ces mots : 22 *janvier* 1655. *Réponse le* 26 *février*. Ce fut un trait de lumière; cette mention devoit avoir été faite par Conrart en répondant à son parent; et je vis à l'instant qu'elle étoit de la même main que les relations éparses dans les divers volumes du manuscrit 902, et qu'un grand nombre de feuillets des deux recueils. Je reconnus alors qu'il existoit dans ce manuscrit deux sortes de pièces écrites par Conrart : les unes, à main posée, étoient des copies ou des mises au net; les autres, tracées avec la rapidité d'un homme dont la plume a peine à suivre la pensée, étoient d'un caractère plus fin, mêlé d'abréviations, de ratures et de renvois; mais ces deux écritures sont de la même main. Toutes les pièces que nous publions aujourd'hui sont de cette écriture rapide et pleine de corrections, à l'exception du récit de la séance de la cour des aides, du 23 avril 1652, qui est de l'écriture soignée de Conrart, et paroît être une mise au net. Je fus dès-lors assuré de l'authenticité des Mémoires du premier secrétaire perpétuel.

J'étois dans cette conviction, quand j'annonçai dans l'édition des Lettres de madame de Sévigné qu'il existoit des Mémoires de Valentin Conrart, auxquels j'avois emprunté plusieurs éclaircissemens (1)..

Depuis cette époque, je ne cessai de rechercher des pièces écrites et signées par Conrart. La bibliothèque du Roi, si riche en autographes, n'en possédoit aucun de cet académicien. M. Héricart de Thury de Retheuil, qui en 1824 fut si rapidement enlevé à sa famille et à ses amis, eut la bonté de mettre à ma disposition une lettre de Conrart. Ayant été institué légataire universel de madame Despotz (2) sa cousine, l'une des descendantes de La Fontaine, il trouva parmi les papiers de cette dame une lettre autographe et signée, adressée par Conrart à notre fabuliste le pre-

(1) Lettres de madame de Sévigné, de sa famille et de ses amis, tome 1, page 47 de la Notice bibliographique; Paris, Blaise, 1818 ou 1820, in-8°. — (2) Marie-Claire de La Fontaine, décédée veuve de Pierre-Louis Despotz, le 13 décembre 1820. Elle étoit arrière-petite-fille du poëte. (*Voyez* l'Histoire de la vie et des ouvrages de Jean de La Fontaine, par M. Walckenaer, troisième édition, 1824, page 586.)

mier mai 1660 (1). Cette pièce auroit dissipé mes doutes, si j'avois pu en conserver encore.

J'ai depuis rencontré d'autres pièces écrites et signées par Valentin Conrart. Des recherches faites dans de vieux parchemins, exposés en vente chez des épiciers, me procurèrent deux quittances écrites par lui et revêtues de sa signature, sous les dates des 4 mars 1645 et 1651. Ces pièces, dont la première a été citée page 4 de cette Notice, pourroient servir d'objets de comparaison, s'il en étoit jamais besoin.

M. Raynouard, secrétaire perpétuel de l'Académie, m'a aussi communiqué une lettre écrite par Conrart en 1670. L'écriture se ressent des souffrances qu'il éprouvoit : elle est tremblée, et tracée péniblement ; mais on y reconnoît encore l'habitude de sa main.

Les Mémoires de Conrart sont écrits avec pureté ; le style en est simple, sans affectation, et tel qu'il convient à cette nature de composition. Ils sont exempts de passion, et d'un spectateur qui ne se laisse pas entraîner par le mouvement des esprits, et ne prend point de parti dans la querelle.

Ils se divisent naturellement en deux parties. La première renferme diverses relations sur les troubles de la Fronde. Elle commence par le récit d'une séance de la cour des aides dont Conrart fut témoin, et dans laquelle on voit le premier président Amelot déployer un de ces caractères antiques que la magistrature de France a quelquefois présentés.

La seconde partie contient des morceaux détachés,

(1) Cette lettre est aujourd'hui en la possession de M. le vicomte Héricart de Thury, conseiller d'Etat. M. Walckenaer l'a insérée dans la troisième édition de l'ouvrage qui vient d'être cité, page 214.

et même des fragmens incomplets; on y lit des anecdotes que Conrart recueilloit avec soin, et plusieurs pièces dans lesquelles il introduit le lecteur au sein de quelques familles. Ces sortes d'ouvrages, qui peignent les temps et les mœurs, sont trop rares. Nous en avons si peu sur cette époque déjà éloignée, qu'il nous a semblé que ces détails pourroient ne point déplaire. Les lettres de madame de Sévigné sont des Mémoires de ce genre; elles donnent le tableau de la société de son temps : mais cette femme inimitable, par l'heureux mélange des faits historiques aux événemens les plus simples, a seule eu le secret de nous intéresser à tout ce qu'elle aimoit, et de nous faire même partager quelquefois ses légères préventions.

Conrart avoit placé sur son manuscrit quelques notes, qui ont été soigneusement conservées; on y a ajouté celles que l'on a cru utiles à l'intelligence du texte.

L'éditeur a différé la publication de ces Mémoires, parce qu'il a mieux aimé les placer à leur rang dans une grande collection historique, que de les donner isolément. M. Petitot, dont on ne peut assez déplorer la perte, les avoit lus avec intérêt; il les auroit enrichis de ses savantes observations, si la mort ne l'eût pas sitôt frappé. Nous nous proposons de faire connoître, dans une Notice biographique, les nombreux titres de M. Petitot aux regrets de ses contemporains, et à la reconnoissance de ceux qui nous suivront.

L. J. N. Monmerqué.

MÉMOIRES

DE

VALENTIN CONRART.

PREMIÈRE PARTIE.

23 avril 1652 (1).

(Le duc d'Orléans et le prince de Condé se rendirent, le mardi 23 avril 1652, à la cour des aides, et prièrent cette compagnie de députer vers le Roi pour lui demander l'éloignement du cardinal Mazarin, et la paix. Il en fut délibéré, et la cour reçut la déclaration des princes qu'ils mettroient bas les armes si le Roi donnoit son consentement à cette mesure.)

Discours de M. Amelot (2), *premier président.*

« La cour reçoit avec une satisfaction extraordinaire
« d'apprendre par votre bouche la sincérité de vos
« intentions, et votre véritable zèle, aussi bien que
« celui de M. le prince de Condé, pour le service du
« Roi et pour le bien de l'Etat. Quand votre nais-

(1) Manuscrits de Conrart, tome 17, page 809. — (2) Jacques Amelot, né en juin 1602, premier président en la cour des aides de Paris le 9 février 1643. Il résigna cette charge à Jacques-Charles Amelot, son fils aîné, le 29 février 1668; et il mourut le 11 avril suivant. Nous ferons remarquer à l'occasion de ce discours combien il faut se défier des récits

« sance ne vous obligeroit pas, comme elle fait, à ne
« vous point éloigner de ces pensées, vos intérêts,
« qui ne peuvent être séparés de ceux de la France,
« et votre conduite passée, vous engageroient sans
« doute nécessairement à de si justes devoirs. Cer-
« tainement, Monsieur, après tant de victoires que
« vous avez remportées à l'avantage de cette cou-
« ronne sur les ennemis du Roi, aussi souvent qu'ils
« ont eu le cœur de vous attendre ; après tant de villes
« conquises et réduites sous l'obéissance de Sa Majesté
« par vous, Monsieur, et par M. le prince de Condé, en
« tous les pays où vous avez commandé ses armées ;
« après avoir exposé partout votre personne, et ré-
« pandu pour la gloire de notre nation une partie de
« ce sang généreux et royal qui remplit vos veines ;
« nous estimons qu'il est impossible que vous puis-
« siez former des desseins contraires à tant de belles
« actions qui seront toujours l'honneur de notre his-
« toire et de votre auguste maison, tandis que les
« suivantes ne diminueront rien du lustre qu'elles ont
« acquis jusques ici dans la mémoire des hommes.
« Il ne vous suffit pas toutefois, Monsieur, que nous
« ayons en cette rencontre la créance que vous pou-
« vez désirer : il est besoin, à raison du rang que vous
« tenez dans l'Etat, et pour votre réputation, d'impri-
« mer les mêmes sentimens dans les esprits de tout le
« peuple, qui vous regarde véritablement comme un
« des principaux instrumens de son repos, mais qui

du cardinal de Retz, quand il a quelque intérêt à modifier la vérité.
« Le président Amelot, dit-il, fut désavoué publiquement par la cour
« des aides de ce qu'il avoit dit à M. le prince. » (Mémoires du cardinal de Retz, tome 46, page 88, de cette série.) Ce fait est faux ; il est
détruit par le récit de Conrart, et par celui d'Omer Talon à cette date.

« craint que vous ne soyez l'auteur de ses misères :
« tant il est vrai que les sentimens d'un peuple qui
« ne juge des choses que par l'extérieur sont incon-
« stans et dangereux. Il ne craint rien néanmoins,
« tant que l'union régnera dans la maison royale ;
« mais il craint tout, aussitôt que cette harmonie si
« désirable recevra quelque sorte d'altération. Je ne
« puis dissimuler, Monsieur, en la place que j'ai l'hon-
« neur de tenir dans la compagnie, qu'après la dé-
« claration du Roi contre M. le prince de Condé, et
« après plusieurs combats donnés ou soutenus con-
« tre les troupes de Sa Majesté, il y a sujet de s'é-
« tonner de le voir maintenant revenir non-seule-
« ment dans Paris sans avoir obtenu des lettres d'abo-
« lition et de rémission pour se justifier, mais encore
« paroître dans les compagnies souveraines, comme
« triomphant des dépouilles des sujets de Sa Majesté,
« et, ce qui est de plus étrange, faire battre le tambour
« pour lever des troupes, des deniers qui viennent
« d'Espagne, dans la capitale du royaume, qui est la
« plus fidèle qu'ait le Roi. »

Il faut remarquer que M. le duc d'Orléans releva ces mots : *des deniers qui viennent d'Espagne*, disant : « Monsieur, que dites-vous là ? vous nous trai-
« tez plus mal que le président Bailleul (1). » Et M. le prince, parlant avec plus de chaleur, dit tout en dés-

---

(1) *Plus mal que le président Bailleul :* Les princes avoient été au parlement le 12 avril, et le président de Bailleul avoit exprimé au prince de Condé sa douleur de lui voir les mains encore teintes du sang des gens du Roi tués à Bleneau. Le président fut désavoué par le banc des enquêtes ; ce qui jeta le parlement dans un véritable tumulte. (*Voyez* les Mémoires du cardinal de Retz, tome 46, page 74, de cette série.)

ordre que cela n'étoit pas véritable; à quoi il fut reparti par le premier président : « Monsieur, vous « n'avez dû m'interrompre; le Roi ne le feroit pas, « ou s'il le faisoit, il ne le devroit pas. Mais vous ne « le pouvez ni ne le devez. » Et ensuite le premier président dit : « Qu'est-ce qui n'est pas véritable, « monsieur? Est-ce que vous n'avez pas fait battre le « tambour? est-ce que vous n'avez pas reçu des de- « niers d'Espagne? est-ce que vous n'êtes pas crimi- « nel de lèse-majesté, pour avoir fait battre le tam- « bour? Il n'y a personne qui en doute : celui qui « a battu le tambour portoit vos couleurs, et il a « passé devant ma porte. Ou vous l'avouez, ou vous « le désavouez. Si vous l'avouez, il est donc vrai ce « que je viens de vous dire; si vous le désavouez, il « le faut pendre, quoiqu'il soit habillé de vos cou- « leurs. Pour les deniers de l'Espagne, on sait très- « bien que vous en avez reçu. Tous les présidens et « tous les conseillers de Bordeaux qui sont dans cette « ville en déposeront; et même depuis huit jours il « paroît, par les registres des banquiers, qui sont « des témoins muets, mais irréprochables, que vous « avez touché six cent mille livres. Vous en avez « envoyé cent cinquante mille à Balthasard (1), et « employé ici une partie du reste à lever des trou- « pes; et si vous n'en aviez touché, quel moyen de « faire la guerre contre le Roi? » M. le prince répondit : « La cour, sans doute, ne vous avouera « pas. » A quoi il fut répondu : « Mon aveu est sous « mon bonnet; et il n'y a personne dans cette com-

---

(1) *Balthasard :* Ce colonel étoit l'un des agens du prince de Condé. On a de lui l'Histoire de la guerre de Guienne; Cologne, 1694.

« pagnie qui ne soit très-bon serviteur du Roi, ou
« qui voulût me désavouer de tout ce que je viens
« de dire. » Sur quoi messieurs les princes crurent
avoir lieu de pouvoir dire à M. le premier président
que ce n'étoit pas la première fois qu'il avoit parlé
sans être avoué. Après quoi tous messieurs dirent
confusément et assez haut qu'il ne s'agissoit pas de
cela, et qu'on s'emportoit. Et M. le premier président
dit à messieurs les princes qu'il n'avoit pas seulement
été avoué, mais que la compagnie l'avoit fait remercier par un de messieurs les présidens, lorsqu'il avoit
avancé quelque chose du sien.

Alors M. le prince dit à M. le premier président :
« Vous me deviez dire cela en particulier, et non pas
« devant tout le monde. — Si j'eusse eu l'honneur,
« répondit le premier président, d'avoir eu audience
« de vous, monsieur, je vous en aurois fait le re-
« proche en particulier, et je continuerois de vous
« le faire en ce lieu, pour vous obliger à vous jus-
« tifier de ce dont on vous accuse; et si je ne l'a-
« vois fait, je serois prévaricateur à ma charge. —
« Et moi, dit M. le prince, je serois prévaricateur
« à mon honneur, si je ne le déniois. — Si vous eus-
« siez été jaloux de le conserver, dit M. le premier
« président, vous ne porteriez pas les armes contre le
« Roi, et vous ne seriez pas criminel de lèse-majesté;
« ce que personne n'ignore, puisqu'il y a des lettres
« patentes du Roi, vérifiées dans les compagnies,
« publiées et imprimées, qui vous déclarent crimi-
« nel. — Il y a arrêt du parlement portant surséance,
« dit M. le duc d'Orléans. » A quoi M. le premier
président répondit : « Nous ne déférons qu'aux lettres

« patentes scellées du grand sceau. Il est donc vrai
« ce que je viens de vous dire, que vous avez fait
« battre le tambour; que vous avez reçu des deniers
« d'Espagne, et que vous êtes criminel de lèse-
« majesté. Mais je ne devois point être interrompu :
« continuons donc ce que nous avions commencé.
« Tous ces cruels effets, Monsieur, de votre mésin-
« telligence avec Leurs Majestés causent sans doute
« une douleur mortelle dans le cœur de tous les bons
« Français; et les calamités incroyables que cette
« dissension attire sur le pauvre peuple font verser
« des larmes aux plus insensibles. Vous savez, Mon-
« sieur, en quel déplorable état la France est réduite
« par les désordres qu'ont faits et que font tous les
« jours les troupes des deux partis, qui ne s'accordent
« qu'en ce point, d'inventer à l'envi de nouveaux
« supplices pour affliger et pour faire périr les inno-
« cens. La compagnie vous conjure, Monsieur, au
« nom de tout ce qu'il y a de bons Français, de ne
« rien omettre de ce qui dépendra de vous pour ré-
« tablir cette correspondance de la maison royale, si
« nécessaire pour notre bonheur, et pour le vôtre
« même; et de rompre tous obstacles, plutôt que de
« rompre cette précieuse union, de laquelle dépend
« le salut public. Surmontez ici vos sentimens avec
« la même générosité qui vous a fait surmonter vos
« ennemis; et si vous avez glorieusement travaillé
« pour la réputation de ce royaume, agissez aussi
« utilement pour sa tranquillité. Cette compagnie
« tiendroit à bonheur singulier de pouvoir contri-
« buer en quelque chose du sien à un ouvrage si im-
« portant. Il n'y a ni soin, ni peine, ni bien, ni vie,

« que chacun de nous n'emploie volontiers pour un
« effet si désirable. Il n'est personne, parmi nous,
« qui n'honore au dernier point votre naissance et
« votre vertu, et personne qui ne chérisse et ne re-
« cherche avec joie les occasions d'agir pour tout ce
« qui regardera votre service et celui de M. le prince
« de Condé dans celui de Leurs Majestés. »

Ensuite M. le premier président dit son avis, qui est composé de six ou sept pages que je n'ai pas pu retenir. Après avoir dit son avis, il passa tout d'une voix à députer M. le premier président vers le Roi pour l'expulsion du cardinal Mazarin, et d'enregistrer la déclaration de messieurs les princes, à la réserve d'un seul qui n'en fut pas d'avis. Tous messieurs furent d'avis de députer M. le premier président. M. le duc d'Orléans témoigna le souhaiter, et l'en pria; et ayant été refusé trois fois par M. le premier président, M. le prince prit la parole, et dit à M. le premier président en ces termes : « Monsieur, vous ne refuserez
« pas à Monsieur ce que M. le premier président
« Nicolaï lui a accordé; je vous en prie aussi de tout
« mon cœur. » Ce que voyant M. le premier président, et en étant pressé, il l'accepta.

Ce premier mai 1652 (1).

Le roi et la reine d'Angleterre ayant proposé à M. d'Orléans d'envoyer quelques personnes de sa part et de celle de M. le prince à Saint-Germain, parce qu'ils croyoient que l'on se disposeroit à entendre à quelque accommodement, messieurs de Rohan, Chavi-

(1) *Manuscrits de Conrart*, tome 17, page 777.

gny et Goulas partirent d'ici samedi 27 avril, à une heure après midi, pour y aller. Ils y arrivèrent avant le Roi (1), et n'eurent audience que le dimanche. La Reine étoit présente, et M. de Chavigny parla succinctement, et fort bien. M. le cardinal Mazarin survint, et dès qu'il parut ces messieurs cessèrent de parler. Le Roi leur commanda de continuer; ils dirent qu'ils avoient ordre exprès de M. d'Orléans et de M. le prince de ne parler qu'à Sa Majesté. Ayant reçu un second commandement, ils insistèrent encore, et alléguèrent les raisons pour lesquelles ils ne pouvoient parler devant M. le cardinal. Sur cela le Roi se leva, et leur dit de fort bonne grâce : « Vous ne refuserez « pas de me suivre. » Et en disant cela il entra dans un cabinet, où ils entrèrent aussi, et M. le cardinal avec eux. Le Roi leur dit alors qu'il alloit à vêpres, et qu'il vouloit que pendant qu'il y seroit ils conférassent avec M. le cardinal; sur quoi ils protestèrent qu'ils ne le feroient que pour obéir au commandement absolu de Sa Majesté. Etant demeurés tous quatre dans ce cabinet, sans qu'il y eût autres personnes, M. le cardinal leur fit un abrégé de tout ce qui s'étoit passé depuis la régence, avec tant de suffisance et de considérations solides et judicieuses, que ces trois messieurs avouent qu'il étoit impossible de mieux parler. Ils furent enfermés trois ou quatre heures; et le résultat du discours de M. le cardinal fut que le Roi et la Reine ayant besoin d'un ministre pour la conduite des affaires, et lui voulant faire l'honneur de se servir de lui, il obéiroit

(1) *Avant le Roi* : La cour revenoit de Gien, d'où elle étoit partie le 18 avril 1652, après le combat de Bleneau. (*Voyez* les Mémoires de Montglat, tome 50, page 337, de cette série.)

aux commandemens de Leurs Majestés, et seconderoit toujours de tout son pouvoir leurs bonnes intentions, pour donner la paix non seulement à la France, mais aussi à toute l'Europe; et à messieurs les princes toute la satisfaction qu'ils peuvent désirer.

Le lundi, ayant pris congé de Leurs Majestés, ils revinrent ici, où il courut divers bruits du succès de leur voyage, les uns disant que la paix étoit bien avancée, les autres qu'elle étoit fort éloignée, et d'autres qu'elle étoit conclue sous main il y avoit long-temps; mais que tout ce qui se faisoit n'étoit que pour la forme. Les plus éclairés crurent que M. le prince étoit demeuré d'accord de toutes choses avec la cour, et qu'il consentoit que le cardinal Mazarin demeurât dans le ministère, pour empêcher le cardinal de Retz d'y entrer; mais que l'entremise de la reine d'Angleterre, et la conférence des députés avec le Mazarin, n'étoit que pour amener M. le duc d'Orléans au point d'abandonner le cardinal de Retz : ce qu'on tenoit pour indubitable. Et de fait ce cardinal ayant rencontré l'abbé A..... (1) son ami, qui me l'a dit lui-même le samedi 27 avril, il fit arrêter son carrosse, et lui dit à l'oreille : « Nous sommes f.....; l'accommodement « est fait, et sans nous ; car ni madame de Chevreuse, « ni M. de Châteauneuf, ni moi, n'y avons eu aucune « part. » La duchesse de Chevreuse ayant demandé

---

(1) *L'abbé A....* : On ne lit que cette initiale sur le manuscrit de Conrart. Cette lettre pourroit bien indiquer le nom de l'abbé d'Aubigny, de la maison de Stuart, chanoine de l'église de Paris, qui étoit l'ami du cardinal de Retz. (*Voyez* les Mémoires de ce dernier, tome 46, page 382, de cette série, où, par une erreur typographique, il est appelé d'Abingny.)

un passe-port de la cour pour aller à Saint-Germain le dimanche, il lui fut refusé : ce qui confirmoit encore la pensée que l'accord étoit conclu secrètement ; joint que l'armée du Roi et celle des princes étoient depuis long-temps proches l'une de l'autre, sans avoir fait aucune chose que de piller et ravager les environs de Paris, quoique celle du Roi fût en état de battre celle des princes. A quoi il faut ajouter que M. le prince ne bougeant de Paris, cela faisoit croire qu'il ne travailloit qu'à gagner l'esprit de M. d'Orléans pour achever l'accommodement.

Le mardi matin (30 *avril*), messieurs les princes furent au parlement, et dirent ce qui s'étoit passé à Saint-Germain, et que la reine d'Angleterre s'y étoit rendue le lundi pour continuer la médiation qu'elle avoit commencée. On cria fort qu'il ne falloit point de Mazarin ; et il fut résolu que les gens du Roi iroient prendre jour et heure de Sa Majesté pour l'audience des députés qui doivent faire les nouvelles remontrances, et qu'on s'assembleroit le jeudi suivant.

Cependant les gens de M. le prince gardoient toujours les ponts de Charenton, de Neuilly et autres, qui avoient été rompus. Les troupes du Roi et des princes étoient aussi toujours depuis Chartres jusques à Etampes, où elles faisoient des ravages étranges ; et tous les jours on entendoit parler de quelque nouvelle maison qu'ils avoient pillée. Le mardi, après dîner, Son Altesse Royale et M. le prince étant au palais d'Orléans, le prevôt des marchands (1) et deux des éche-

---

(1) *Le prevôt des marchands :* Jérôme Le Feron, président des enquêtes, prevôt des marchands, mort en 1689. « Il étoit, dit le cardinal « de Retz, *tout-à-fait dépendant de la cour.* »

vins (1) y arrivèrent, ayant été mandés par M. d'Orléans, et ils trouvèrent toute la cour remplie de canailles qui crioient qu'il ne falloit point ôter le chapeau à ces mazarins ; qu'il falloit faire garde aux portes pour empêcher le Mazarin de revenir, et qu'ils la feroient en dépit d'eux et de tous les mazarins. Etant montés en haut pour parler à M. d'Orléans, qui les avoit mandés, ces mutins les suivirent, continuant leurs huées, et remplirent la salle, l'antichambre et la chambre de Son Altesse Royale, qui sortit plusieurs fois de son cabinet, regardant par une fenêtre dans la cour, où il y avoit encore un très-grand nombre de pareilles gens qui n'avoient pu monter. A peine y avoit-il une douzaine d'hommes vêtus de noir parmi tout ce grand nombre, et pas un n'avoit ni épée ni bâton. Il y en eut qui dirent que quelqu'un les avoit fait venir là pour assassiner le prevôt des marchands au sortir. M. d'Orléans ne leur commanda jamais de se retirer, ni ne leur demanda même ce qu'ils vouloient; on ne les avoit empêchés ni d'entrer ni de monter. Quelques-uns mirent les mains sur le prevôt des marchands pour le mettre en pièces ; il fallut que Son Altesse Royale sortît de son cabinet pour le leur arracher ; il leur dit qu'il ne vouloit point qu'on lui fît du mal dans sa maison. Parmi leurs crieries, ils disoient qu'il seroit fête le lendemain (2), et qu'il falloit piller toutes les maisons des mazarins, et particulièrement celle du prevôt des marchands. Au sortir du palais d'Orléans, son carrosse étant poursuivi par quelque nombre de

---

(1) Guillois et Le Vieux. (*Note de Conrart.*) — (2) *Fête le lendemain :* Fête de saint Jacques et de saint Philippe, qui étoit alors un jour férié, comme toutes les fêtes d'apôtre.

ces séditieux, comme il s'en retournoit par la rue de l'hôtel de Condé, fut attaqué si vivement, qu'il fut contraint de sortir du carrosse avec un échevin qui l'accompagnoit. On jeta une grosse pierre au prevôt des marchands, qui fit tomber son chapeau et sa calotte. En descendant de carrosse, il mit un pan de son long manteau entre lui et les mutins qui le serroient de plus près, et se jeta dans une petite porte d'une maison qui par bonheur avoit une issue dans une autre, et celle-ci tenoit au cabaret du Riche Laboureur, qui perce sur le fossé qui va de la porte Saint-Germain à la porte Saint-Michel; et de là il se sauva comme il put.

Pour l'échevin, il reçut un grand coup de levier sur un bras, dont il fut fort blessé; mais il ne laissa pas de se sauver dans la première porte qu'il trouva ouverte, et fut si heureux que la maison où il entra perçoit dans un tripot, par où il s'échappa aussi. Le carrosse du prevôt des marchands fut mis en pièces par un fort petit nombre de ces mutins, tous les autres les regardant faire, aussi bien que les bourgeois, qui ne s'en remuèrent point. Les chevaux furent dételés par les gens du marquis Du Vigean, qui y étoient accourus, et qui, criant plus haut que les autres *Point de Mazarin!* coupèrent les traits, et les menèrent dans les écuries de l'hôtel de Condé : ce qui les sauva. Il demeura là beaucoup de canailles qui vouloient faire effort pour entrer dans les maisons où ces deux messieurs étoient entrés : ce qui obligea quelques-uns des voisins d'aller en donner avis au palais d'Orléans, d'où il vint des gardes qui firent retirer cette populace.

Pendant qu'ils faisoient tout ce vacarme, ils crioient qu'il falloit assommer le prevôt des marchands, parce que c'étoit un mazarin, et qu'il avoit enlevé le blé de la halle pour en envoyer deux bateaux à Saint-Germain : ce qui avoit fait enchérir le pain de beaucoup, quoique jamais il n'y eût eu plus de blé par tous les marchés que ce jour-là, et que l'enchérissement du pain ne vînt que de l'avarice des boulangers, qui vouloient profiter des désordres publics.

Le soir, toute la nuit, et le mercredi matin, on battit le tambour presque par toutes les rues et en plusieurs quartiers; on fut sous les armes toute la nuit. plusieurs compagnies de bourgeois furent placées, le matin du mercredi premier de mai, aux avenues des marchés et des places publiques, pour empêcher les mutins de s'attrouper, et que l'on ne pillât le pain et les autres vivres que les particuliers acheteroient, comme on avoit fait les deux jours de marché précédens : ce qui ne laissa pas d'être fait encore par des filous, qui disoient hautement qu'ils alloient, en un tel ou en un tel quartier, au fourrage, pour dire qu'ils alloient voler. Il y en eut dix qui volèrent Colbert, l'un des secrétaires du cardinal Mazarin (1), comme

(1) *Du cardinal Mazarin :* Il étoit intendant de la maison du cardinal, qualité qu'il prend lui-même dans une lettre adressée à cette Eminence le 9 avril 1655, pour lui rendre grâce des bienfaits dont elle l'avoit comblé. Colbert ayant fait imprimer cette lettre contre l'avis de Fouquet, s'en repentit tellement, qu'il fit retirer tous les exemplaires de cet écrit qu'il lui fut possible de recouvrer; de sorte qu'il est aujourd'hui de la plus grande rareté. Cette pièce a été depuis réimprimée dans les Mémoires pour servir à l'histoire D. M. R., 1668, petit in-12, page 350. Ce volume, qui contient des vérités très-sévères sur Colbert et sur son origine, n'est pas un libelle; mais il est très-rare, parce que le ministre eut un grand intérêt à le faire disparoître.

il s'en alloit à Saint-Germain avec un passe-port de M. d'Orléans. Son valet les suivit de loin, et leur vit faire cent tours dans Paris : enfin ils entrèrent dans un b....., qui étoit leur retraite ordinaire, où des bourgeois, étant entrés en armes, en prirent six. Mais le duc de Beaufort envoya les demander, disant qu'ils étoient de ses gens; qu'il entendoit que tout ce qu'ils avoient pris leur demeurât. Et en ayant été retenu une partie, il dit qu'il vouloit qu'on leur payât en argent ce qui manquoit; que dans trois jours il prétendoit bien donner une autre curée à tous les siens. Toutes les nuits il faisoit sortir vingt ou trente cavaliers, sous prétexte d'aller faire la ronde aux environs de Paris, lesquels voloient tous ceux qu'ils rencontroient.

Il y eut des quartiers, comme celui de l'Université, où les bourgeois ne voulurent point prendre les armes, ni se rendre au drapeau; de sorte que le mandement de l'hôtel-de-ville demeura sans effet.

Tout ce jour-là, les princes et leurs créatures publioient que la négociation de la paix étoit rompue; et M. de Rohan, qui avoit laissé son équipage à Saint-Germain, dit qu'il le vouloit envoyer querir, parce qu'il ne voyoit point d'apparence d'y retourner. Tous les autres disoient aussi que le traité étoit entièrement rompu : on fit même courir le bruit parmi le peuple que la reine d'Angleterre conseilloit à la Reine de ne point renvoyer le cardinal, pour rendre suspects tous ceux qui pourroient être envoyés.

Le mardi, le parlement envoya à la chambre des comptes et à la cour des aides, pour les convier d'envoyer leurs députés en la chambre de Saint-Louis, qui avoit discontinué, parce que les fermiers avoient payé suivant les arrêts, et même encore le matin de ce jour-là.

Le mercredi premier mai, au soir, Bégnicourt, marchand armurier demeurant vis-à-vis l'horloge du Palais (1), faisant charger dans une charrette des armes que quelques officiers de l'armée du Roi avoient achetées de lui, et qu'il devoit faire conduire par eau à Saint-Germain, une troupe de canailles qui furent avertis vinrent investir sa maison, criant que c'étoit un mazarin; qu'il le falloit tuer, et piller sa maison, en faisant effort pour en enfoncer la porte. Il s'y étoit barricadé le mieux qu'il avoit pu; et ayant fait prévenir en diligence au palais d'Orléans, on lui envoya des gardes. Cependant se voyant pressé, il y eut quelqu'un de chez lui qui tira un coup de fusil, dont un linger de ses voisins fut tué. Il fut aussi jeté quelques grenades, qui en blessèrent d'autres; et les gardes de M. d'Orléans étant arrivés, empêchèrent que le logis ne fût forcé. Les armes furent pillées, la charrette jetée dans l'eau, et le bateau où l'on avoit déjà mis une partie des armes coulé à fond. On dit que les armes étoient pour l'armée des princes.

L'après-dîner, le maréchal de L'Hôpital, le prevôt des marchands et les échevins assemblèrent, dans l'hôtel-de-ville, les conseillers de ville, les colonels et deux bourgeois de chaque quartier, pour donner ordre à ce qui étoit arrivé au prevôt des marchands. On résolut qu'ils iroient tous en corps au parlement, pour demander que le bruit qu'on avoit fait courir,

---

(1) *L'horloge du Palais:* La tour de l'horloge est placée à l'angle du Palais de Justice, du côté du pont au Change.

que le prevôt des marchands avoit fait transporter du blé à Saint-Germain, fût déclaré faux, injurieux, et tendant à sédition; permission d'informer, et de faire prendre prisonniers ceux qui seroient indiqués pour avoir trempé dans cette sédition. Cette plainte fut faite le vendredi 3 mai; le parlement ordonna les deux premiers points, mais non pas le troisième, comme étant contre les formes. Ensuite les gens du Roi, qui avoient eu ordre de la compagnie d'aller à Saint-Germain prendre heure et jour du Roi pour entendre les nouvelles remontrances que les députés étoient chargés de faire, dirent que Sa Majesté avoit donné lundi à deux heures après-midi, pour ouïr le parlement et la chambre des comptes; et mardi pour la cour des aides et pour l'hôtel-de-ville. Ils dirent, non pas dans le récit, mais à quelques particuliers, et en conversations privées, que la Reine avoit dit, quand elle sut qu'ils étoient arrivés : « Ils viennent « demander jour pour faire des remontrances; mais « on ne veut non plus de remontrances à Saint-Ger- « main, que de Mazarin à Paris. »

Pendant l'assemblée des chambres, il y avoit quelques compagnies de bourgeois de garde aux avenues des places publiques, pour empêcher les séditieux de s'attrouper. Il arriva qu'un nommé Lespinai, capitaine de son quartier, ayant conduit sa compagnie, alla au Palais pour ses affaires particulières, ou pour entendre ce qui se passoit, et fut reconnu et attaqué par un avocat frondeur, qui lui demanda ce qu'il venoit faire là, lui qui étoit un mazarin? L'autre l'entendant parler avec cette audace, jugea que l'avocat étoit soutenu; et que c'étoit une pièce qu'on lui jouoit;

de sorte qu'il lui répondit seulement qu'il ne savoit pas pourquoi il lui parloit ainsi, et qu'il n'avoit nulle intelligence ni nulle liaison avec le cardinal. L'avocat poursuivit; et élevant la voix, il dit qu'il lui falloit donner des coups de bâton et le jeter dans la rivière, et qu'il étoit retz et mazarin. A l'instant plusieurs séditieux se jetèrent sur lui, et le battirent extrêmement. Soit pour cela ou pour autre chose, la populace s'émut, il y eut plusieurs épées tirées; et les archers qui avoient accompagné le corps de ville ayant voulu faire cesser le tumulte, furent poussés par la canaille, qui étoit en très-grand nombre, et contraints de céder.

Durant tous ces jours-là, le duc d'Orléans ne paroissoit point, soit dans la cour ou dans le jardin de son palais, qu'il ne fût précédé, entouré et suivi d'une infinité de coquins mal faits et vêtus de gris, comme apprentis et compagnons de métier, et filous, qui crioient toujours: « *Point de Mazarin!* Monseigneur, « nous sommes prêts de mourir pour vous, et d'al- « ler chasser ce méchant, ce traître. » Et même, le jeudi 2, M. d'Orléans entrant dans le Cours, les laquais commencèrent à crier *Point de Mazarin!* et de suite les dames les plus galantes crièrent la même chose de leur carrosse, en passant devant celui de Son Altesse Royale.

Le duc de Beaufort, qui ne bougeoit du palais d'Orléans, étant un jour dans le jardin avec Son Altesse Royale, M. le prince et tout ce qu'il y avoit de noblesse à Paris, une pauvre femme l'aborda, et lui demanda long-temps assistance dans ses misères, qu'elle lui représentoit les plus grandes qu'elle pouvoit, et lui disant toujours qu'il étoit si bon, qu'il étoit le protecteur des pauvres et des affligés, etc. Enfin se tournant vers elle, il lui dit : « M'amie, vous savez « mon logis, venez-y m'y trouver ; et si vous avez « quelque chose à me dire ou à me demander, j'ai « des oreilles pour vous ouïr, et des bras pour vous « bien faire. » Croyant avoir dit une fort belle chose.

Ce 8 mai 1652 (1).

Dimanche 5 mai après midi, un maréchal de bataille de l'armée de messieurs les princes, nommé M. Despouïs, arriva pour leur apprendre ce qui s'étoit passé entre les deux armées. Voici ce qu'il en dit : Mademoiselle ayant quitté Orléans pour venir à Paris, passa par Etampes. L'armée des princes qui y étoit fut rangée en bataille, pour la lui faire voir, sur une petite colline, derrière laquelle M. de Turenne s'étoit venu loger dans un fond, sans avoir été aperçu, et sur l'avis qu'il avoit eu de ce qui se passoit. Mademoiselle étant partie, messieurs de Tavannes, de Clinchant, et les autres hauts officiers, l'accompagnèrent quelque temps, n'étant resté d'hommes de commandement que ce M. Despouïs, lequel voyant que ces troupes qui paroissoient derrière la colline n'étoient pas une simple escorte pour Mademoiselle, comme on l'avoit cru d'abord, mais toute l'armée du Roi, ou pour le moins une bonne partie, envoya deux fois, coup sur coup, à ces officiers, pour les avertir de revenir en diligence.

(1) Manuscrits de Conrart, tome 17, page 773.

Cependant il commença à faire marcher les corps vers la ville, où il en rentra une bonne partie. Les Allemands qui avoient leur logement dans le faubourg y rentrèrent, mais avec peu d'ordre, se fiant sur ce qu'ils seroient soutenus des régimens de Condé, de Conti et de Bourgogne, qui étoient aussi dans le même faubourg, mais plus avancés. Ils rendirent peu de combat; de sorte que les Allemands se voyant environnés plus tôt qu'ils ne croyoient, et avant que d'être en état de se défendre, crièrent qu'ils étoient trahis, et demandèrent quartier, qui leur fut donné. M. Despouïs avoue qu'il s'y fit plus de mille prisonniers, et qu'en l'attaque de la tête du faubourg il demeura cinq cents hommes sur la place.

Ensuite M. de Turenne fit mine d'investir la ville, où étoit le gros de l'armée des princes; et le bruit y courut qu'il y alloit donner un assaut général, qu'on se préparoit à soutenir; mais au bout de quelque temps il se retira. Voilà précisément ce qu'en conte M. Despouïs; et je le sais d'un homme de qualité et du même parti que lui, à qui il le dit dès qu'il fut arrivé.

A l'heure même que la nouvelle de ce combat fut arrivée à Paris, la maréchale de Turenne se retira de son logis (1), où elle ne coucha point, et le mardi elle partit dès le matin, avec les députés de la ville, pour aller à la cour.

Le duc de Bouillon ayant obtenu du Roi permission de se couvrir en l'audience que Sa Majesté devoit don-

---

(1) *De son logis:* Rue Saint-Louis au Marais, au coin de la rue Saint-Claude. L'hôtel de Turenne est devenu le couvent des Filles du Saint-Sacrement, qui est sur le point d'être remplacé par une belle église paroissiale.

ner à un ambassadeur, le chevalier de Guise et le prince d'Harcourt dirent que s'il se couvroit ils lui arracheroient son chapeau : ce qui ayant été rapporté à la Reine, elle dit que s'ils étoient si insolens que de l'entreprendre devant le Roi, il leur falloit passer l'épée au travers du corps.

On parloit alors de donner à M. de Vendôme un brevet de dernier prince du sang.

Depuis cela M. de Turenne a fait avancer quelques troupes, qui ont pillé Palaiseau, Longjumeau et tous les environs. Des coureurs sont venus jusques au Bourg-la-Reine, et même jusqu'à Villejuif, qui tient presque au faubourg de Paris, où l'alarme est toujours très-grande. Tous les habitans transportent leurs meubles dans la ville, effrayés par les paysans qui viennent des villages circonvoisins pour s'y réfugier. La nuit de lundi à mardi, tout le faubourg Saint-Germain fut même sous les armes. M. le prince mit quatre cents hommes de pied dans les Carmes déchaussés (1), trois cents chevaux dans la rue de Tournon, environ autant dans la sienne; et garnit ainsi tous les environs du palais d'Orléans des gens de guerre qu'il a levés ici, lesquels on fait monter à près de quatre mille hommes. On croyoit hier que M. de Turenne avoit dessein de passer au-dessus de Meudon pour venir attaquer le pont de Saint-Cloud ou le port de Nully (2), que les gens des princes tiennent, et ou ils se fortifient, au moins au dernier; mais je n'en ai encore pu rien apprendre. Dans la ville tout est extrêmement paisible ; si bien qu'il semble qu'elle soit à dix lieues

---

(1) *Les Carmes déchaussés*: Rue de Vaugirard, près de la rue Cassette.
—(2) *Le port de Nully*: Ou Neuilly.

des faubourgs Saint-Jacques et Saint-Marceau, tant il y a de différence de l'une aux autres.

Le bruit étoit grand (et plusieurs personnes judicieuses le croyoient véritable) que M. le prince n'avoit pas été marri de l'échec que son armée avoit reçu, ni de l'alarme qui avoit été donnée de nuit au palais d'Orléans, parce que c'étoit un moyen pour faire résoudre Son Altesse Royale à entendre à un accommodement; de quoi il étoit continuellement détourné par Madame et par le cardinal de Retz.

Les députés du parlement et de la chambre des comptes sont de retour. Le Roi dit aux premiers qu'il avoit fait lire les remontrances de leur compagnie en sa présence; qu'il leur feroit savoir sa volonté par une déclaration qu'il leur enverroit dans peu de temps; et qu'il vouloit être le maître sans condition. Pour ceux de la chambre des comptes, il leur répondit que M. le garde des sceaux leur feroit savoir son intention; lequel leur dit que le Roi trouvoit mauvais qu'ils eussent reçu M. d'Orléans et M. le prince sans lettre de Sa Majesté : ce qui ne s'est jamais fait, et ne se devoit point faire. Nous saurons aujourd'hui la réponse qui aura été faite hier à la cour des aides et au corps de ville. Je n'attends rien de cette députation; ce n'est pas de là que viendra l'accommodement, s'il a à se faire.

On m'a assuré que M. le prince a résolu de donner Stenay, Jametz et Clermont à M. de Lorraine, pour l'obliger à donner ses troupes; ou pour le moins qu'il lui donnera actuellement la première de ces places, qui est la plus considérable. Pour M. de Lorraine et ses ministres, ils écrivent ici qu'il n'y veut venir que pour faire la paix générale ; mais cela est sujet à diverses interprétations.

Charlevoix est entré dans Brisach par accommodement avec le comte de Cerny, qui y étoit allé de la part de M. le comte d'Harcourt. Il est en son choix d'y demeurer comme son lieutenant général, ou de prendre quarante mille écus de récompense que le comte de Cerny lui doit faire toucher en argent ou en terres, à son contentement, avant qu'il quitte la place. On croit qu'il prendra le dernier parti. La cour est mal satisfaite de M. le comte d'Harcourt, de ce que, sans ses ordres, il s'est ainsi rendu maître d'une place si importante.

Les fortifications de Taillebourg ont été rasées par ordre exprès de la cour, envoyé au marquis de Montausier, gouverneur de Saintonge et d'Angoumois, et à M. Du Plessis-Bellière, dès devant que la place fût prise. Le prince de Tarente, à qui elle a été donnée en mariage par le duc de La Trémouille son père, n'en ayant ouï parler qu'assez long-temps après la capitulation, fit menacer le marquis de Montausier, s'il faisoit raser Taillebourg, de faire raser Rambouillet, qu'il croyoit qui fût à lui, à cause de sa femme, fille du marquis de Rambouillet, mort depuis peu, quoique elle et sa sœur aient renoncé à sa succession, et que cette terre appartienne à leur mère pour ses conventions matrimoniales, qu'il faut qu'elle reprenne sur le bien de son mari. Le marquis, avant que d'avoir su cela, avoit été lui-même sur les lieux pour faire exécuter l'ordre de la cour avec toute la douceur et la civilité qu'il lui étoit possible, parce que lui et sa femme faisoient profession d'amitié avec toute la maison de La Trémouille; et ayant reçu un ordre de la cour, obtenu par le duc de Bouillon, oncle du prince de Tarente, pour épargner la maison, il l'avoit étendu autant et aussi favorablement qu'il l'avoit pu en sa faveur; mais depuis qu'il sut les menaces qu'il faisoit, il se résolut à laisser faire le peuple de la province, qui demandoit avec instance la ruine de cette place, à cause que c'étoit la retraite de tous ceux qui les pilloient, et que l'on y levoit un grand impôt sur la rivière; ce qui les fâchoit extrêmement.

La semaine précédente, quelques cavaliers ayant su que le coche de Senlis partoit de Paris avec de l'argent qui appartenoit à des marchands et autres personnes qui étoient dedans, il fut attaqué par quatre sur le chemin. Ceux du coche se voyant en plus grand nombre, se mirent en défense; mais comme ils en étoient aux mains, huit autres cavaliers survinrent, faisant mine de passer. Ceux que l'on attaquoit implorèrent leur secours, et en même temps ces huit se joignirent aux quatre premiers; si bien que tout l'argent fut pillé, aussi bien que la marchandise et les hardes du coche, et il y eut sept hommes de tués.

Le mercredi 8, la duchesse de Bouillon étant partie avec tous ses enfans, suivie de deux chariots chargés de meubles, s'arrêta aux Incurables (1), où la duchesse d'Aiguillon lui avoit donné rendez-vous pour aller ensemble à Saint-Germain. La populace ayant remarqué les livrées, commença à crier *aux mazarins !* que c'étoit la sœur du maréchal de Turenne qui venoit avec ses gens piller et brûler jusqu'aux portes de Paris; qu'il avoit résolu d'en affamer tous les habitans,

(1) *Aux Incurables* : Rue de Sèvres.

en se rendant maître des passages; que c'étoit pour cela qu'elle s'en alloit, et qu'il la falloit retenir pour gage. Ces premières crieries firent amasser un très-grand nombre de personnes de tout âge et de tout sexe, qui leur dirent cent outrages, et les menaçoient à chaque moment de les étrangler. On leur fit voir le passe-port de M. d'Orléans, dont ils se moquèrent, et dirent qu'ils ne se soucioient ni des princes ni de leurs passe-ports; et que s'ils pensoient laisser ainsi sortir tous les mazarins qui étoient dans Paris, on ne se fieroit plus à eux. Un homme qui étoit le plus proche du carrosse prit le mouchoir que la duchesse de Bouillon avoit sur son cou à pleines mains, et lui serroit la gorge en lui disant mille injures. Elle lui dit, avec autant de tranquillité que si elle eût été assise bien à son aise dans sa chambre, qu'elle avoit la gorge si sèche qu'il ne feroit que se blesser; et ensuite elle le flatta et le cajola, disant que s'il vouloit il la tireroit de la peine où elle étoit; qu'elle voyoit bien qu'il étoit honnête homme, et qu'il n'avoit aucun dessein de lui mal faire. Cela gagna si promptement ce maraud, que tout d'un coup il lui dit qu'elle ne craignît rien, et qu'il mourroit plutôt que de souffrir qu'il lui arrivât aucun mal. Enfin elle les pria tous de résoudre ce qu'ils vouloient faire d'elle et de ses enfans; qu'ils les laissassent passer, ou du moins qu'ils les remenassent au palais d'Orléans. Ils lui accordèrent le dernier, et leur firent tourner les carrosses et les chariots, qui furent toujours suivis de toutes ces canailles. Il fallut qu'ils vissent décharger tout le bagage dans la cour avant que de se retirer. Ils dirent à M. d'Orléans qu'ils lui mettoient toutes ces personnes là dans ses mains pour en répondre, et qu'ils le supplioient de ne donner aucuns passe-ports aux mazarins, afin que si on entreprenoit quelque chose contre Paris ou les faubourgs, ils pussent user de représailles sur ceux qui seroient en leur puissance. Au lieu de les gourmander et de les reprendre du peu de respect qu'ils avoient eu pour son passe-port, il les caressa, et leur fit donner trente-huit pistoles; après quoi ils s'en allèrent. Il envoya madame de Bouillon et ses enfans dans la chambre de M. de Montereul(1), secrétaire des commandemens de Madame, auquel elle-même conta cette histoire : c'est de lui que je l'ai apprise. Ses deux fils aînés étoient à cheval avec quelques autres cavaliers. On leur ôta à tous leurs pistolets, mais ils leur furent rendus. La duchesse d'Aiguillon, qui avoit pris le devant, échappa, et ceux qui coururent après son carrosse ne le purent atteindre. Quatre hommes à cheval de sa suite, qui étoient demeurés derrière, furent maltraités par une partie des mutins; et même on tient qu'il y en eut un de tué.

Vers ce même temps, M. le prince étant à une fenêtre du palais d'Orléans qui regarde sur la cour, laquelle étoit remplie de la racaille du peuple, comme elle l'est toujours depuis l'absence du Roi, il leur cria tout haut, en leur montrant le duc de Damville, qui étoit auprès de lui : « Messieurs, si vous voulez
« voir un franc mazarin, le voilà. » Bautru, qui fai-

---

(1) *M. de Montereul :* Matthieu de Montereul (ou *Montreuil*), frère cadet de Jean de Montereul, de l'Académie française. On a de lui des lettres insipides et des madrigaux, dont une demi-douzaine lui a survécu.

soit le troisième à la fenêtre, et qui est tenu aussi pour franc mazarin : « Mort-dieu, monsieur, ce que « vous faites là est une copie de l'original que vous « fîtes voir dernièrement au prevôt des marchands ; » voulant parler de l'insulte qui lui fut faite en sortant du palais d'Orléans.

Le duc de Beaufort disoit un jour à la duchesse de Châtillon des douceurs à sa mode, et entre autres choses il lui protestoit qu'il s'estimeroit le plus heureux homme du monde s'il avoit une petite part en ses bonnes grâces; mais qu'il n'osoit l'espérer. Elle lui dit plusieurs fois qu'il s'en pouvoit assurer; mais il lui répondit enfin qu'il savoit bien qu'il n'en étoit pas digne, et que si elle lui vouloit faire cette grâce, ce ne pouvoit être que *de bricole;* et que même à cette condition-là il se tiendroit heureux de les avoir. Cela fut trouvé assez plaisant; et l'on disoit que si un autre homme que lui avoit dit cela par galanterie, la galanterie eût été trouvée spirituelle; au lieu qu'il ne le dit sans doute que par hasard, et sans y entendre finesse.

Ce 11 mai 1652 (1).

LE parlement s'assembla hier. M. le prince s'y trouva sans M. d'Orléans, qui étoit un peu indisposé. Quelque nombre d'habitans ramassés lui demandèrent, comme il entroit, ou la paix ou la guerre, protestant que l'on ne pouvoit plus demeurer à Paris dans l'incertitude où l'on étoit. Il les remit à quatre heures au palais d'Orléans. Toutes les salles du Palais

(1) Manuscrits de Conrart, tome 17, page 765.

étoient remplies de mutins qui crioient la même chose, et qu'on les menât à Saint-Germain pour aller querir le Roi. Les échevins ayant été mandés pour quelque affaire, y vinrent avec des archers de la ville, qui furent désarmés et maltraités par les mutins, dont l'insolence et le grand nombre fit résoudre les marchands, depuis la porte de Paris jusqu'à la rue de la Harpe, à tenir leurs boutiques fermées, comme elles le furent tout le jour et les jours suivans, au moins dans le Palais. Le parlement donna arrêt portant que les gens du Roi iroient dès le jour même à Saint-Germain pour supplier très-humblement le Roi de faire réponse aux remontrances, et de faire éloigner les troupes, qui font de grands ravages jusqu'aux portes de la ville ; et que lundi on se rassemblera pour entendre la relation des députés et des gens du Roi. Pendant l'assemblée des chambres, la plupart des prisonniers de la Conciergerie en enfoncèrent les portes, et se sont sauvés sans qu'on les en ait empêchés.

L'après-dînée, la cour du palais d'Orléans fut remplie d'une infinité de séditieux, comme elle l'est tous les jours. Une troupe de plusieurs bourgeois de toutes conditions (et différente des autres, qui n'avoient que des manteaux gris fort méchans, ou même qui n'en avoient point du tout) demanda audience à M. d'Orléans. Un trésorier de France à Limoges, homme ardent et grand parleur, nommé Peny, porta la parole, et lui dit qu'il venoit supplier Son Altesse Royale de vouloir faire cesser ces désordres, chasser le Mazarin, et ramener le Roi dans Paris ; et qu'il lui offroit de la part de tous les bourgeois hommes et argent pour composer une armée, et pour l'entretenir. M. d'Orléans leur dit qu'on attendoit des députés du parlement et des autres compagnies qui étoient allés à Saint-Germain; et que cependant ils pouvoient aviser entre eux ce qu'ils pourroient contribuer d'hommes et d'argent. Ils entrèrent dans le jardin du palais d'Orléans, où toute la foule ne pouvant tenir dans pas une des allées, Peny entra dans un pré fort grand qui est contre les Chartreux, et reçut là les complimens et les applaudissemens de toute sa suite, et de toute la canaille qui est continuellement dans ce palais. Puis les ayant encore harangués pour les exhorter à sortir de cette affaire sans se relâcher, il demanda une écritoire et du papier, et fit sur-le-champ un rôle de tous les présens et de tous les absens, selon les quartiers, et ceux qu'il croyoit d'humeur à se joindre à eux; Peny demandant toujours à mesure que les autres nommoient quelqu'un, s'il étoit bien intentionné, et ne voulant écrire son nom que quand ceux qui étoient présens lui en donnoient l'assurance.

M. d'Orléans leur envoya le prince de Tarente pour savoir ce qu'ils avoient résolu, et pour leur témoigner de la part de Son Altesse Royale que lui et M. le prince appuieroient toujours de tout leur pouvoir leurs bonnes intentions pour donner la paix à l'Etat. Peny répondit qu'ils avoient commencé un rôle pour faire une levée d'hommes et d'argent; qu'ils le continueroient, et en rendroient compte à Son Altesse Royale et à M. le prince, lesquels ils supplioient de les vouloir tirer de la misère où ils se trouvoient avec tout Paris et toute la France, etc.; et après cela ils se retirèrent. La relation de tout ceci, avec la harangue de Peny, ont été imprimées.

Il y eut des corps de garde posés en divers quartiers et des chaînes tendues, pour empêcher le pillage que ces assemblées tumultueuses faisoient craindre. Quantité d'artisans en étoient choqués, et crioient de leur côté qu'ils aimeroient mieux que le Roi revînt avec le Mazarin, que de ne rien gagner pour nourrir leurs familles durant tous ces désordres, qui sont d'autant plus fâcheux qu'on n'y voit point d'issue.

Ce matin, le parlement étant assemblé, et le Palais gardé par les bourgeois en armes, la canaille fit grand effort pour entrer, et il y eut même quelques voisins séditieux qui jetèrent des pavés par les fenêtres; mais quelques coups de mousquet et de pistolet ayant été tirés en l'air, ils furent contraints de se retirer. M. le prince s'y trouva, qui leur dit que M. de Turenne s'étant saisi du bourg de Saint-Cloud, il étoit résolu d'y aller pour l'en chasser. Grand nombre d'artisans l'ayant su, coururent avec leurs armes hors de la ville, et demandèrent qu'on les menât en cette expédition. Quelques-uns ayant été s'offrir pour cet effet au duc de Beaufort, il leur dit en sortant de chez lui: « Qui m'aime me suive; je m'en vais les dénicher. » Tous ces artisans étant dans la plaine qui est entre Chaillot et le bois de Boulogne, M. le prince leur dit que ceux qui voudroient s'en retourner le pouvoient faire, et que ceux qui voudroient le suivre pouvoient demeurer; mais qu'il eût été bien aise qu'il ne fût demeuré que des garçons, parce que les femmes de ceux qui étoient mariés feroient un trop grand bruit, si quelques uns d'eux y demeuroient. La plupart demeurèrent; ils étoient en très-grand nombre, et l'on a dit qu'ils montoient jusqu'à quinze mille, dont il fit des bataillons lui-même, et leur donna des officiers, qu'il fit à l'heure même. Puis, au lieu de les mener à Saint-Cloud, il les fit tourner à droite, et marcha vers Saint-Denis, où il savoit qu'il n'y avoit que deux cents Suisses en garnison. Il avoit pris tout ce qu'il avoit levé de troupes, tant infanterie que cavalerie, depuis qu'il étoit à Paris, et avoit tiré aussi du fort qu'il avoit fait faire au port de Nully (1) ceux qu'il y avoit mis en garnison, laissant des bourgeois de Paris en leur place; et ce qu'il y avoit de noblesse dans Paris le suivit aussi. Avec tout cela il arriva devant Saint-Denis vers les onze heures du soir. Les habitans ayant su sa marche, lâchèrent les écluses, et inondèrent tous les environs de leur ville; mais voyant arriver tant de gros bataillons, et ne sachant pas que ce fussent des bourgeois, ils crurent que c'étoit toute l'armée des princes; si bien qu'ils désespérèrent de se pouvoir défendre. Ils firent pourtant plusieurs décharges sur les assiégeans; et il y eut environ douze bourgeois de tués, quoiqu'ils se fussent tenus assez loin. M. le prince ayant mis pied à terre, crut qu'il pourroit passer à pied dans l'eau; mais l'ayant trouvée trop haute, il remonta à cheval, et la traversa en diligence le premier de tous, en ayant jusqu'au milieu du corps. Aussitôt toute la noblesse et toutes les troupes réglées l'ayant suivi, la place fut forcée, et la garnison et les habitans se retirèrent à grande hâte dans l'église. Cependant les Parisiens voyant les portes de la ville ouvertes et M. le prince entré, s'avancè-

(1) *Nully* : Neuilly.

rent, et entrèrent aussi fort courageusement dans un lieu dont personne ne leur disputoit l'accès. Il y en eut qui s'amusèrent à piller quelques maisons, pendant que M. le prince menaçoit ceux qui étoient dans l'église de les faire sauter, s'ils ne se rendoient. Y étant accouru, il leur fit honte de ce pillage, et les empêcha de continuer; puis, par l'entremise des religieux, la garnison et les habitans se rendirent à vie sauve. Le dimanche matin, on amena dans Paris environ soixante Suisses, deux à deux, qui demeurèrent prisonniers. M. le prince y revint, ayant laissé garnison dans Saint-Denis. Mais le maréchal de Turenne, dès qu'il en sut la prise, s'y achemina avec le canon, et reprit la ville aussi facilement que M. le prince s'en étoit rendu maître; la garnison se retira dans l'église, comme avoient fait les Suisses, et elle s'y défendit quelque temps. Les habitans étoient fort affectionnés au service du Roi.

Dès le lundi matin 13, une infinité d'artisans de Paris ayant su que Saint-Denis, qu'ils considéroient comme une conquête qu'ils avoient faite, étoit attaqué par les gens du maréchal de Turenne (car ils ne pouvoient pas s'imaginer qu'ils fussent capables de le prendre en aussi peu de temps qu'ils l'avoient pris), y coururent avec leurs armes, mais un à un, et sans ordre quelconque; de sorte que quelques compagnies de Polonais ayant été mises sur les avenues, les recevoient à grands coups de haches d'armes, et que tout le jour on en rapporta, par les portes Saint-Denis et Saint-Martin, un grand nombre de morts et de blessés. Sur le soir, le duc de Beaufort courut avec quelques compagnies de soldats; mais ils furent repoussés, et il ne tarda pas long-temps à revenir. Toute la nuit il y eut encore des habitans de tués, et jusqu'au mardi matin il en fut pour le moins rapporté deux cents. Plusieurs compagnons de métier étant sortis avec leurs manteaux et sans armes, furent tués et blessés comme les autres; et une partie de seize qui alloient de compagnie pour voir ce qui s'étoit passé, ayant été rencontrés par quelques escadrons du maréchal de Turenne, furent attaqués; et au *qui vive?* ayant répondu *vive le Roi et les princes!* ils les chargèrent, et y en eut neuf de tués; les autres se sauvèrent dans les blés, et revinrent à Paris.

Le même jour de lundi 13, le parlement s'assembla; mais il ne le fut qu'un moment, tant parce que les gens du Roi n'étoient pas encore de retour de Saint-Germain, que parce que les bourgeois ne voulurent pas garder le Palais. Cramoisy, libraire, capitaine de son quartier, avoit eu ordre d'y mener sa compagnie; aucun ne voulut obéir. A la porte Saint-Martin, un autre capitaine de la même colonelle n'ayant pu assembler qu'environ soixante hommes de sa compagnie; qui est de cent soixante-dix, ayant été avec ses officiers chez un libraire nommé Huré, pour lui faire payer l'amende de ce qu'il n'avoit voulu aller ni envoyer à la garde, ce libraire appela ses voisins, et menaça le capitaine de le maltraiter s'il ne se retiroit: ce qu'il fut contraint de faire (1).

Quelin, conseiller au parlement, ayant reçu l'ordre

---

(1) Ce passage, couvert de ratures et de corrections sur le manuscrit, a été très-difficile à déchiffrer. On y est cependant parvenu, et l'on ne conserve des doutes que sur le nom du libraire *Huré*.

de Vaurouy son colonel, aussi conseiller, qui l'avoit eu de la ville, de faire assembler sa compagnie, et de la mener en garde au Palais, n'en put avoir qu'environ soixante hommes, quoiqu'elle soit de plus de huit cents, avec lesquels étant entré dans le Palais, il y eut des conseillers qui dirent aux soldats qu'ils n'avoient guère affaire de venir garder des mazarins, et de suivre un capitaine qui l'étoit aussi. A l'instant tous les soldats sortirent, et laissèrent le capitaine seul, qui fit cent incartades, et enfin fut contraint de s'en retourner. On fit courre le bruit que c'étoit Vaurouy qui avoit commandé aux soldats de s'en aller, sur ce qu'ils avoient été assemblés sans son ordre. Mais le mardi 14, Vaurouy dit en l'assemblée des chambres que c'étoit une imposture, et qu'il avoit envoyé l'ordre à Quelin; mais que d'autres conseillers, et en assez bon nombre, avoient crié qu'ils étoient bien de loisir de venir garder des mazarins. Le président Charton dit tout haut, en sortant de l'assemblée, aux marchands du Palais, qu'ils n'avoient que faire de les garder; et que pourvu qu'ils fissent bien, ils n'avoient pas besoin de gardes.

Ce jour-là le parlement se leva à neuf heures; la fête de Saint-Nicolas (1), qui étoit échue le jour de l'Ascension, avoit été remise à ce jour-là; et c'est la coutume que le jour que ces fêtes-là se célèbrent, la cour se lève à neuf heures. Je sais néanmoins d'un conseiller de la grand'chambre qu'ils se levèrent brusquement, tant parce qu'ils virent que personne ne les vouloit garder, qu'à cause d'un avis que quel-

(1) *La fête de Saint-Nicolas:* La fête de la Translation des reliques de saint Nicolas tombe le 9 mai.

qu'un (soit qu'il fût mal informé, ou qu'il leur voulût faire peur) leur donna, que Peny venoit leur demander une déclaration précise de ce qu'ils vouloient faire, avec une suite de quinze mille hommes.

Au sortir du Palais, le président Le Bailleul et des conseillers furent attaqués, dans le carrosse du président, par des mutins qui les menacèrent de les assassiner. Cela fut cause que tous les présidens à mortier s'assemblèrent, et députèrent les présidens de Nesmond et de Novion vers M. d'Orléans, pour lui remontrer l'importance de cette affaire, et à quel point d'insolence la populace se portoit; qu'ils croyoient bien que Son Altesse Royale ne l'autorisoit pas, mais qu'ils croyoient aussi qu'il la pouvoit empêcher de continuer; qu'ils l'en supplioient, ou qu'autrement ils étoient contraints de lui déclarer qu'ils n'entreroient plus au Palais.

Le mardi 14, M. d'Orléans se trouva au parlement, et dit que, sur ce qui lui avoit été représenté le jour précédent, il étoit venu pour assurer la compagnie qu'il s'emploieroit volontiers à faire cesser les émotions populaires, puisque ses arrêts n'y pouvoient remédier; qu'il reconnoissoit avec eux de quelle conséquence elles étoient, mais que pour les empêcher il étoit besoin qu'il agît avec autorité; qu'il croyoit qu'ils devoient ordonner qu'on s'adressât désormais à lui dans les occurrences, et qu'il leur offroit aussi de leur envoyer des gardes toutes les fois qu'ils en auroient besoin, et qu'ils lui en feroient demander. Ce discours étonna toute la compagnie, qui demeura long-temps dans le silence, chacun se regardant l'un l'autre. Enfin quelques-uns prirent la parole, entre autres Le Coq de Corbeville, conseiller de la seconde des enquêtes, et le président Le Coigneux, lequel représenta à M. d'Orléans que le péril de ces soulèvemens du peuple n'étoit pas moins à craindre pour lui que pour le parlement; et que si le respect étoit une fois perdu pour la compagnie, il ne se conserveroit pas pour Son Altesse Royale. Sa conclusion fut qu'il pouvoit employer son autorité pour y donner ordre, sans qu'il fût besoin que la compagnie en délibérât, ni que ses registres en fussent chargés : ce qui fut suivi par la plupart, et même par le président de Nesmond; quelques-uns furent d'avis que l'on opinât, et trois ou quatre crièrent qu'il se falloit joindre à M. d'Orléans; mais presque toutes les voix allèrent à ne point opiner. Au sortir, le duc de Beaufort dit tout haut dans la grande salle et dans les galeries : « Messieurs, c'est à Son Altesse Royale qu'il se faut « adresser désormais pour toutes choses; car le par- « lement l'a prié de prendre soin des affaires, et d'em- « ployer son autorité pour remédier aux émotions et « aux désordres; de sorte que ceux qui auront quelque « chose à proposer le doivent aller trouver pour cela. » Incontinent ce bruit se répandit partout, et produisit des effets bien différens dans les esprits, selon les diverses passions dont chacun étoit touché. Le peuple disoit que M. d'Orléans avoit été déclaré lieutenant général par tout le royaume; que l'arrêt portoit qu'il leveroit autant de troupes et d'argent qu'il jugeroit nécessaire : et même il y avoit des gens simples et de la plus basse populace qui, ne pouvant trouver le nom de lieutenant général, disoient qu'on avoit fait M. d'Orléans *vice-roi*. On imprima et on cria même publiquement par la ville *les dernières Résolutions de M. le duc d'Orléans, confirmées par le parlement*, etc.; mais ce libelle fut brûlé par arrêt de la grand'chambre, qui décréta aussi de prise de corps contre l'imprimeur, nommé Gentil (1).

Le mercredi 15, M. d'Orléans envoya s'excuser au parlement, sur ce que M. le maréchal de L'Hôpital et le comte de Béthune étant revenus de la cour avec ordre pour faire éloigner les troupes, lui et M. le prince étoient obligés de travailler cette matinée avec eux pour ce sujet. Il envoya douze Suisses de sa garde, mais sans besoin, parce qu'il n'y eut point de crieries ce jour-là.

Le jeudi 16, les princes se trouvèrent à l'assemblée des chambres. Le président de Nesmond y fit la relation de son second voyage en cour, et dit que lui et les autres députés avoient eu pour réponse de la bouche du Roi qu'il avoit fait lire en sa présence leurs remontrances, et qu'il leur feroit savoir sa volonté par une déclaration qu'il leur enverroit. Les gens du Roi, qui avoient eu ordre d'aller à Saint-Germain depuis le retour de ces députés, firent aussi la relation de leur voyage, et dirent que le Roi désiroit que les mêmes députés retournassent vers lui pour recevoir sa réponse, avec un président et deux conseillers de chaque chambre des enquêtes. On ordonna qu'un conseiller de chaque chambre iroit avec les députés au plus tôt, et que pour cet effet les gens du Roi feroient diligence pour savoir le jour et l'heure

(1) Ce passage donne des développemens curieux aux Mémoires du cardinal de Retz. (*Voyez* ces Mémoires, tome 46, page 107, de cette série.)

qu'il plairoit à Sa Majesté de les ouïr. Les députés eurent ordre exprès de recevoir seulement la réponse de Sa Majesté, sans entrer en aucune conférence; et surtout qu'ils ne verroient le cardinal Mazarin, ni ne lui parleroient.

Le même jour le parlement de Rouen donna arrêt, par lequel il est ordonné que très-humbles remontrances seroient faites au Roi pour l'éloignement du cardinal Mazarin: ce qu'ils ne firent pas tant pour la haine qu'ils lui portoient, que pour empêcher que le Roi n'allât dans leur province avec son armée, comme le bruit couroit qu'il vouloit faire, au cas que l'accommodement dont la négociation se continuoit toujours ne s'achevât point. Elle étoit conduite en apparence par le duc de Damville, qui alloit et venoit sans cesse de Saint-Germain à Paris, et de Paris à Saint-Germain; mais le secret étoit entre la duchesse d'Aiguillon et Chavigny, ce dernier agissant pour M. le prince, qui étoit la partie principale du traité. L'une et l'autre y avoient travaillé avec grande ardeur jusqu'alors; mais, soit qu'ils jugeassent que les choses fussent trop difficiles à ajuster, et que s'ils s'engageoient plus avant dans le parti des princes, ils seroient peut-être obligés à fournir beaucoup d'argent (ce qui n'étoit pas selon leur intérêt); soit que M. le prince se servît d'autres personnes, ou ne leur donnât pas sa dernière confiance; ou soit enfin, comme ils le publioient, qu'effectivement ils eussent reconnu que M. le prince n'étoit pas porté à la paix, comme il le leur avoit toujours protesté, et qu'à cause de cela ils ne vouloient plus avoir de part à ses desseins; tant y a qu'ils déclarèrent ouvertement qu'ils se désistoient de la négociation, et leur dit même que Chavigny avoit offert à la cour de signer qu'il ne vouloit plus avoir d'attaches avec M. le prince; mais on lui manda qu'au contraire on désiroit qu'il ne rompît pas avec lui, et qu'il continuât à négocier. On avoit été long-temps à contester sur la retraite du cardinal Mazarin, parce que M. d'Orléans ne vouloit point ouïr parler de traiter sans cela; à quoi le cardinal de Retz, tant par lui-même que par Madame, qu'il excitoit de plus en plus à affermir Monsieur, son mari, dans cette pensée, le portoit de tout son pouvoir, sachant bien que M. le prince désiroit au contraire qu'il demeurât, de peur que le cardinal de Retz ne prît sa place, qui étoit la chose du monde qu'il craignoit le plus. On étoit pourtant enfin convenu de ce tempérament, que le cardinal Mazarin se retireroit pour quelque temps à Bouillon : mais une des plus grandes difficultés fut la paix générale, dont le cardinal Mazarin vouloit être plénipotentiaire pour le Roi, et M. le prince le vouloit être aussi; l'un voulant changer par cette action l'horrible aversion du peuple contre lui en affections et en bénédictions, afin de pouvoir rentrer dans les affaires, ou du moins de pouvoir demeurer en France avec un grand et paisible établissement; et l'autre voulant faire connoître aux Espagnols que c'étoit lui qui leur auroit procuré une paix avantageuse, tant pour se dégager de la parole qu'il leur en avoit donnée, que pour les obliger à l'assister une autre fois en cas de besoin. Il y eut aussi contestations pour les récompenses de ceux qui l'avoient servi en cette rencontre, pour lesquels il en demandoit de très-grandes, comme une duché-pairie pour le comte Du Dognon; un bâton de maréchal de France pour Marchin; une grande charge ou un gouvernement pour le duc de La Rochefoucauld; le rétablissement du duc de Rohan dans le gouvernement d'Anjou, etc.

Durant tout ce temps les affaires des princes alloient fort mal en Guienne, et le comte d'Harcourt y étoit maître de la campagne avec l'armée du Roi. Dans Bordeaux, les esprits étoient extrêmement partagés; non-seulement dans le parlement et parmi le peuple, mais encore dans la propre maison de M. le prince, il y avoit deux partis opposés, et qui se déchiroient l'un l'autre par des médisances atroces. L'un étoit celui de madame la princesse, duquel étoient tous ceux qui avoient affection ou attachement à M. le prince (1); l'autre, celui de M. le prince de Conti et de madame de Longueville, qui avoient pour grands conseillers le marquis de Jarzé et Sarrasin (2), secrétaires du prince de Conti. Les médisans allèrent jusqu'au point de faire afficher des placards imprimés qui portoient que le prince de Conti feroit bien de dire son bréviaire, puisqu'il étoit ecclésiastique; que pour le moins s'il vouloit quitter son métier pour faire la guerre, il la devoit donc faire tout de bon, au lieu de s'amuser comme il faisoit à faire galanterie avec sa sœur : et l'on assure même qu'ils ajoutoient qu'étant survenu quelque chose de pressé, où il falloit avoir les ordres du prince de Conti, on les avoit été rece-

(1) Le président Violé, Laisné, etc. (*Note de Conrart.*) Il faut lire Lenet; c'est celui dont on a des Mémoires, qui feront partie de cette Collection. — (2) *Sarrasin* : Jean-François Sarrasin, poëte spirituel, mort en 1654.

voir dans la chambre de madame de Longueville, où on les trouva tous deux en même lit. Ces placards se sont vus imprimés dans Paris.

Sainctot, maître des cérémonies, ayant eu ordre d'avertir les députés du parlement, le mardi 21 au soir, que le Roi leur donneroit audience le mercredi, il reçut un autre ordre de les remettre au samedi 25, à Melun, parce que le Roi partit le 22 de Saint-Germain, dès trois heures du matin, pour aller par Chilly à Corbeil; mais depuis on les remit encore au mardi 28. On fit diverses conjectures sur ce délogement, et l'on crut que le plus véritable sujet en étoit l'approche des troupes du duc de Lorraine, qu'on sut qui s'avançoient vers Paris. Toutefois ce prince leur faisant quitter leurs quartiers, envoya un des siens à la cour, pour assurer qu'il n'entreprendroit rien contre le service du Roi; et un autre à M. d'Orléans pour lui dire aussi qu'il ne feroit rien contre le sien. Cette assurance fit que le cardinal Mazarin se tint plus ferme sur les conditions de l'accommodement qui se traitoit, quoiqu'il n'y ait aucune mesure à prendre avec le duc de Lorraine, qui s'engage à tout le monde, et qui ne tient rien à personne qu'aux Espagnols, parce que ses intérêts sont mêlés et attachés aux leurs; car outre qu'ils lui doivent beaucoup d'argent, il a acquis beaucoup de terres dans leurs Etats, et jouit du revenu du duché de Limbourg, qu'ils lui ont engagé, et qui lui vaut près de deux cent mille livres de rente.

Les députés du parlement reçurent encore diverses remises de la cour. Le parlement ne s'assembloit plus que pour parler des rentes de la ville, et les princes ne se trouvoient plus en ses assemblées; si bien qu'elles étoient fort méprisées, même par le peuple; et la plupart des présidens et conseillers étoient fort étonnés et fort en inquiétude. Lorsqu'elles étoient encore en vigueur, le président de Novion parlant un jour à M. le prince après que la cour se fut levée, et lui disant avec grande liberté que c'étoit lui qui étoit cause que le Mazarin étoit en France, et qu'après l'avoir maintenu pendant la guerre de Paris, il l'y avoit ramené dans le carrosse du Roi, M. le prince lui dit d'un ton de prince, et fort fier, que quand il étoit en sa place, il le considéroit comme étant d'un corps qu'il respectoit; « mais hors de là, dit-il, « vous me devez du respect : retirez-vous. » Le bruit courut qu'il lui avoit dit des paroles beaucoup plus fâcheuses; mais celles-ci sont véritablement celles qu'il lui dit.

Le 24 mars, Camus de Pont-Carré, qui a toujours été des plus anciens frondeurs et des plus violens ennemis de la cour, alla avec quelques autres de ses confrères au palais d'Orléans; et rencontrant M. le prince, il lui dit qu'il y avoit long-temps qu'on étoit dans une grande incertitude de la paix qu'on disoit qui se traitoit; qu'il en devoit savoir plus de nouvelles que personne; qu'il seroit bon que cette affaire fût terminée, et que le parlement sût en quel état elle étoit. M. le prince lui répondit fièrement qu'il étoit las de rendre compte de ses actions à de petits messieurs comme lui, qui en jugeroient à leur mode; que quand il faisoit la guerre, on disoit qu'il vouloit ôter la couronne de dessus la tête du Roi; que quand il proposoit quelque accommodement, on l'appeloit mazarin, et ainsi qu'il ne pouvoit jamais rien faire à leur gré; qu'il penseroit désormais à ses affaires, sans en rendre compte à de petits coquins à qui il apprendroit bien à vivre, et à lui porter le respect qui lui étoit dû, etc.

Le lundi 27, le parlement voyant qu'on avoit encore retardé le départ des députés, ordonna qu'ils partiroient le vendredi dernier mai, soit qu'il y en eût ordre de la cour ou non; et qu'ils presseroient la réponse du Roi autant qu'il leur seroit possible.

Le mardi 28, à trois heures du matin, le Roi partit, avec le cardinal, de Corbeil, où la Reine et Monsieur demeurèrent. L'armée des princes, qui s'étoit retranchée devant Etampes, fit une sortie sur celle du Roi, qui s'étoit approchée de ses retranchemens, et repoussa les attaques jusques au gros de l'armée. Le combat fut rude: du côté du Roi il y eut plusieurs personnes de qualité qui furent blessées, entre autres le comte de Grandpré, le marquis de Vardes, qui eut le poignet cassé; et le jeune Genlis eut un bras emporté d'un coup de canon.

Le cardinal mena le Roi dans son camp, et manda à ceux de la ville le quartier où étoit Sa Majesté, afin qu'ils n'y tirassent pas. Néanmoins un mortier ne laissa pas de porter à quelques pas du Roi: ce qui irrita extrêmement tous les soldats de son armée, qui appeloient *ravaillacs* ceux des princes, et leur disoient mille autres injures. On blâma fort les assiégés d'avoir fait tirer, après avoir été avertis que le Roi y étoit. Ils s'en défendoient par diverses raisons assez foibles, et disoient que c'étoit une supercherie du cardinal, qui sous ce prétexte avoit voulu gagner une éminence d'où il les eût extrêmement incommodés; qu'il étoit lui-même très-blâmable d'exposer la personne sacrée de Sa Majesté à mille accidens qui pouvoient arriver; et quand il n'y auroit autre chose que les maladies qui étoient dans sa propre armée, que ce devoit être assez pour l'empêcher de l'y faire venir. Après ils disoient que c'étoit un canonnier qui avoit fait jouer ce mortier dans le temps qu'on étoit venu apporter l'avis de l'arrivée du Roi au quartier, et avant qu'il l'eût pu savoir; et plusieurs autres choses semblables.

Vers ce temps-là, ou un peu auparavant, le cardinal de Retz étant au palais d'Orléans, sut que la populace, dont la cour est ordinairement remplie, avoit dit en le voyant passer que c'étoit un traître et un mazarin, et qu'il le falloit jeter dans l'eau. Lorsqu'il fut descendu pour s'en aller, il s'arrêta sur le perron en terrasse, et commença à leur dire d'un ton élevé et hardi : « Qui sont ces coquins qui ont dit que j'étois « un mazarin ? Si je le savois, je leur ferois donner « les étrivières, et leur apprendrois bien à parler de « moi avec le respect qui est dû à ma dignité. » Puis ayant parlé ainsi, et voyant que personne ne disoit mot, il monta en carrosse, et passa fièrement au milieu de cette foule de mutins.

Le vendredi dernier mai, les députés du parlement partirent de Paris pour aller trouver le Roi à Melun, où la cour étoit allée de Corbeil. Ils avoient eu ordre de s'y rendre, et ils n'eurent audience que le lundi 3 juin.

Quelques jours auparavant, M. de Bezons, conseiller d'Etat ordinaire, et ami particulier du duc de Rohan, avoit été à Saint-Germain pendant que la cour y étoit encore, pour négocier avec le cardinal sur les intérêts des particuliers qui ont suivi le parti de M. le prince. Le cardinal dit que n'étant point d'accord des deux principaux points, qui sont son éloignement et la plénipotence pour la paix générale, il croyoit qu'il seroit inutile de parler de ce qui regarde les particuliers, auxquels il ne seroit pas fort difficile de donner satisfaction, pourvu qu'on se voulût contenter de choses raisonnables et possibles, et qu'on fût d'accord du principal. Ils entrèrent en quelque entretien de ces intérêts particuliers; et entre autres choses Bezons proposa de donner le gouvernement d'Angoumois et de Saintonge au duc de La Rochefoucauld, en récompensant d'ailleurs le marquis de Montausier, qui en étoit revêtu. Mais comme il n'avoit pas charge d'insister sur cet article, et que le cardinal en rejeta fort la proposition, le discours n'en fut pas long. On disoit que lorsqu'on lui en parla la première fois, il avoit répondu : « Pourquoi voudroit-on que j'ôtasse le gouvernement du marquis « de Montausier, qui a toujours été mon serviteur, qui « est dans mes intérêts, et à qui j'ai de l'obligation? » Mais il ne parla pas ainsi à M. de Bezons.

Du 5 juin 1652 (1).

M. DE LORRAINE (2) arriva enfin ici dimanche deuxième, à dix heures du soir. M. d'Orléans et M. le prince furent au devant de lui dès quatre heures, à

(1) Manuscrits de Conrart, tome 17, page 797. — (2) *M. de Lorraine :* Charles IV, duc de Lorraine, frère de Marguerite de Lorraine, duchesse d'Orléans. Il mourut le 17 septembre 1675.

cheval, avec des trompettes qui sonnoient devant eux par toutes les rues. Ils l'attendirent long-temps au Bourget; et après les complimens, accompagnés de grandes embrassades, il se fit beaucoup presser pour venir à Paris, disant toujours qu'il n'y avoit que faire, puisqu'il avoit eu l'honneur de saluer Son Altesse Royale, et qu'il étoit obligé de n'abandonner point son armée. Il avoit pourtant donné ordre qu'on lui retînt un logis à la rue de Tournon, dès la veille. M. d'Orléans avoit cru lui-même qu'il ne le persuaderoit pas de venir, et ne lui avoit fait apprêter ni logement ni à souper. Il ne voulut point monter en carrosse, mais obligea M. d'Orléans et M. le prince à revenir à cheval. Il marchoit à la gauche de Son Altesse Royale dans les rues, et M. le prince de l'autre côté du ruisseau. Le lundi matin, il fut long-temps dans la galerie du palais d'Orléans, et demeuroit couvert pendant que Son Altesse Royale y étoit, quoique M. le prince et tous les autres fussent découverts; mais dès que M. d'Orléans en sortoit, il se découvroit, et quand il rentroit il remettoit son chapeau. Ce matin-là même, M. le cardinal de Retz le visita, et fut plus d'une heure seul avec lui. Il s'est tenu des conseils où il a assisté, sans que M. le prince y fût, et où M. le cardinal de Retz, madame de Chevreuse et M. de Châteauneuf se sont trouvés avec M. et madame d'Orléans. Son armée passoit hier la Marne sur le pont de Lagny. On ne sait encore s'il passera la Seine, ni en quel lieu, au cas qu'il la veuille passer. Quand on lui demande s'il n'ira pas secourir Etampes, il s'en étonne, et dit qu'il ne sait pas ce qui l'y pourroit obliger; que Clinchamp l'a servi, mais qu'il l'a chassé, et qu'il n'a par conséquent aucun sujet de l'aimer; qu'il nourrit Tavannes l'année passée durant deux mois, sans qu'il ait reçu de ses nouvelles depuis, non pas même un simple compliment; et que cela ne l'oblige pas à prendre tant de peine pour lui : qu'à la vérité Valon y est, et que quoiqu'il ne le connoisse point, étant serviteur de Son Altesse Royale et galant homme, à ce qu'il a appris, il pourra bien l'aller secourir. Voilà de quelle sorte il se divertit; et si l'on avoit recueilli tout ce qu'il a déjà fait et dit, le recueil en seroit trop gros. On ne dit pas que ses troupes fassent de si grands ravages que ceux qu'elles ont faits en Champagne.

Etampes est extrêmement pressé par les troupes du Roi. La demi-lune que tenoient les assiégés fut prise et reprise trois fois lundi dernier, et enfin demeura aux gardes qui l'avoient attaquée. Il y a pour le moins cinq cents hommes de tués de part et d'autre, mais plus du côté des princes. Il y est demeuré des gens de qualité : on parle entre autres du comte de Quincé, du marquis de Nonant, et d'autres encore dont je n'ai pu retenir les noms. Les assiégeans sont attachés à la muraille; ceux de dedans manquent de poudre, quoiqu'on die que deux cent cinquante cavaliers qui y sont entrés y en aient porté.

Ce matin on a trouvé des placards affichés au coin des rues contre M. le cardinal de Retz; qui portent qu'il veut entrer dans le ministère, et ruiner Paris en ruinant le parlement; que pour cela il avoit emprunté cinq millions, et qu'il le falloit poignarder, etc.

Les députés du parlement ne sont pas encore de retour. Le fils de M. le président de Nesmond, chef de la députation, disoit hier que son père avoit mandé qu'il apporteroit de bonnes nouvelles, et qu'il tenoit la paix comme faite.

Il y a eu un combat fort sanglant proche de Libourne entre un parti que commandoit Folleville pour le Roi, et un autre commandé par M. le comte de Maure pour les princes : ce dernier y est demeuré prisonnier, légèrement blessé au bras et à la tête. Il croyoit trouver l'autre dans ses retranchemens et le surprendre ; mais l'ayant rencontré à cheval à la campagne, il ne voulut pas se retirer, et il y perdit beaucoup de gens et la liberté.

Le duc de Lorraine se va souvent promener au Cours avec Mademoiselle (*de Montpensier*) ou mademoiselle de Chevreuse (1), devant lesquelles il dit des ordures qui les rendirent honteuses le plus souvent, et dont la comtesse de Fiesque, madame de Pisieux (2) et autres dames semblables se sont fort scandalisées.

On dit que quand le cardinal de Retz l'alla visiter, il ne lui parla que des intrigues de la cour et des desseins de faire la guerre ; et que comme le duc vit cela, il tira son chapelet de sa poche, et commença à dire ses patenôtres, disant que puisque les prêtres faisoient son métier, il falloit qu'il fît le leur (3).

(1) *Mademoiselle de Chevreuse* : Charlotte-Marie de Lorraine, demoiselle de Chevreuse, morte sans alliance le 7 novembre 1652. — (2) *Madame de Pisieux* : Charlotte d'Etampes-Valençai, marquise de Puisieux, morte à l'âge de quatre-vingts ans en 1677. On prononçoit habituellement *Pisieux*. — (3) *Il falloit qu'il fît le leur* : Le cardinal de Retz dit qu'il ne vit pas le duc de Lorraine chez lui, mais chez Madame, et dans la galerie de Monsieur. Il ajoute : « Cette conférence ne « se passa qu'en civilités et qu'en railleries, dans lesquelles il étoit iné- « puisable. » (Mémoires, tome 46, page 112, de cette série.)

Lorsqu'on descendit la châsse de sainte Geneviève, où tout le monde couroit en foule, il dit qu'il étoit venu pour faire la paix générale; que puisque les Parisiens avoient mieux aimé s'adresser à sainte Geneviève qu'à lui, il falloit les laisser faire. Il dit à M. le prince que les jours précédens il avoit vu quantité de personnes avec lesquelles il n'étoit point propre; force dames galantes et raffinées, qui ne s'accommodoient pas d'un soldat lourdaud et malpropre comme lui; des blondins poudrés et parfumés, qui lui faisoient honte par leurs beaux habits et leurs galanteries; des ministres d'Etat si fins et si subtils, qu'il n'étoit pas capable d'entendre leur politique: mais qu'aujourd'hui il croyoit trouver au lieu où il venoit toutes sortes de sujets d'admiration, un grand héros, un conquérant, un homme consommé pour les conseils et pour les affaires.

Châteauneuf eut charge de la cour de traiter avec le duc de Lorraine; il se trouva au palais d'Orléans, où il fut long-temps enfermé avec M. et madame d'Orléans et ce duc. Il leur fit voir que l'intérêt de Son Altesse Royale étoit de s'accommoder; ce que le duc de Lorraine confirma aussi. « Car, dit-il, quand vous
« m'avez fait venir, vous m'avez mandé que vous aviez
« dix mille hommes, et de l'argent pour les entrete-
« nir; et cependant vous êtes sans argent, et n'avez
« que quatre mille hommes. D'ailleurs vous vous êtes
« lié à M. le prince, qui traite sans vous avec la cour,
« et qui est tout près de s'accommoder, pourvu qu'il
« y trouve son compte pour lui et pour ses amis,
« sans se soucier de vous. Pour moi, je ne suis pas
« venu servir M. le prince, qui me retient mon bien

« injustement; je suis venu pour faire la paix ou la
« guerre pour vous. Si vous voulez vous détacher de
« M. le prince, j'irai à la cour; sous quatre jours je
« vous rapporte la paix signée, avec l'éloignement
« du cardinal. Si vous ne voulez pas ce parti, résol-
« vez-vous à la guerre tout de bon; trouvez moyen
« de faire huit mille hommes : je vous en donnerai
« quatre mille; j'en ferai encore quatre mille, et vous
« donnerai de l'argent pour les entretenir six mois. »
M. d'Orléans n'ayant point voulu entendre à se séparer de M. le prince, Châteauneuf acheva le traité
de la cour avec le duc de Lorraine, sans que M. ni
madame d'Orléans, ni M. le prince, en sussent rien;
mais il ne céla pas que c'eût été par son ministère,
quand le duc de Lorraine se fut retiré.

Le mardi au soir 4 juin, ayant su que l'on donnoit
les violons à la place Royale, il pria mademoiselle de
Chevreuse de l'y mener; mais comme il ne vouloit
pas être connu, il fut avisé qu'on le couvriroit d'une
grande écharpe que lui prêta madame de Maugiron,
et que l'on diroit que c'étoit l'abbesse du Pont-aux-
Dames (1), qui est sœur de mademoiselle de Chevreuse. Comme on lui eut mis cette écharpe, mademoiselle de Chevreuse aperçut un carrosse qui se promenoit par la place, et envoya demander qui étoit
dedans. On lui dit que c'étoit madame de Bois-Dauphin (2), qui avoit pris mademoiselle de Rambouil-

(1) *L'abbesse du Pont-aux-Dames :* Anne-Marie de Lorraine-Che-
vreuse, abbesse de Pont-aux-Dames, morte le 5 août 1652. — (2) *Madame de Bois-Dauphin :* Madeleine de Souvré, veuve de Philippe-Em-
manuel de Laval, marquis de Sablé, seigneur de Bois-Dauphin, morte
en 1678.

let (1) et mademoiselle de Haucourt à l'hôtel de Saint-Géran, où elles devoient souper avec madame de Bois-Dauphin, à qui madame de .... (2) donnoit à souper. Mademoiselle de Chevreuse, qui avoit mis pied à terre avec le duc de Lorraine, cria au cocher de ce carrosse qu'il arrêtât; et après l'étonnement des dames qui étoient dedans de voir à l'heure qu'il étoit mademoiselle de Chevreuse à pied dans la place Royale, elles firent conversation sur le pavé durant quelque temps; et comme elles demandèrent à mademoiselle de Chevreuse qui étoit cette grande personne toute noire qui l'accompagnoit, et qui se tenoit un peu plus loin, elle leur dit à l'oreille que c'étoit M. de Lorraine, qui ne voulant pas être connu s'étoit fait couvrir ainsi de cette écharpe; et que si elles vouloient, elle le feroit approcher, disant que c'étoit sa sœur du Pont-aux-Dames. Elles l'en ayant priée extrêmement, elle lui dit : « Ma sœur, pourquoi vous tenez-vous si loin? « ces dames vous font-elles peur? Ce sont de nos meil-« leures amies, et qui ont fort envie de vous dire « bonsoir. » Sur cela il approcha du carrosse, faisant de grandes révérences en religieuse, mais ne disant pas un mot, quelques questions que les autres lui fissent. Mademoiselle de Rambouillet, de qui j'ai su toute l'histoire, qui avoit envie de lui jouer une pièce, comme elle étoit la plus spirituelle de la troupe, disoit toujours à mademoiselle de Chevreuse qu'il n'y

---

(1) *Mademoiselle de Rambouillet* : Clarisse-Diane d'Angennes, demoiselle de Rambouillet, devint abbesse d'Hières, et mourut en 1670. Elle étoit l'aînée de quatre filles, dont la célèbre Julie d'Angennes, marquise de Montausier, la plus jeune, est la seule qui se soit mariée. — (2) *Madame de.....* : Ce nom est en blanc sur le manuscrit.

avoit point d'apparence qu'elle fût ainsi sur le pavé, et elles en carrosse; et que madame l'abbesse du Pont, de qui elles n'avoient pas l'honneur d'être tant connues, les trouveroit les plus inciviles personnes du monde. Et en disant cela elles appeloient toujours des laquais pour venir lever la portière, afin que les deux sœurs montassent dans le carrosse, le dessein de mademoiselle de Rambouillet étant, quand elles y seroient montées, de faire lever la portière, et de crier : « *Touche, cocher, droit au Pont-Neuf;* nous sommes « toutes mazarines, et nous tenons M. de Lorraine; « il faut résolument le jeter dans l'eau. » Mais il n'y eut pas moyen de les faire monter, la prétendue religieuse témoignant par son geste encore plus de résistance que sa sœur. Elle ne laissoit pas de commencer à s'apprivoiser; car non-seulement elle s'appuyoit déjà sur la portière, mais elle touchoit déjà les mains de mademoiselle de Rambouillet et de la jeune de Haucourt, qu'on nomme mademoiselle d'Aumale (1), qui étoient à la portière de leur côté. Enfin mademoiselle de Chevreuse et M. de Lorraine se retirèrent, et les autres continuèrent leur promenade dans la place, jusqu'à ce qu'on les vînt quérir pour souper.

Comme il dînoit un jour chez le prince de Guémené avec le duc de Joyeuse, le prince d'Harcourt, le comte de Rieux (2), etc. (la princesse de Guémené

(1) *Mademoiselle d'Aumale :* Sa sœur aînée, Suzanne d'Aumale, dame de Haucourt, épousa le maréchal de Schomberg. Mademoiselle d'Aumale, dont il est ici question, a été l'amie de madame de Maintenon, et l'une des premières dames de la maison de Saint-Cyr. Cette famille ne touchoit en rien à la maison de Lorraine, quoique plus d'un éditeur de Mémoires ait été trompé par le nom d'Aumale, et par la ressemblance de *Haucourt* avec *Harcourt*.— (2) *Le comte de Rieux :* Charles de Lor-

y étoit aussi), il dit qu'il ne pouvoit comprendre que l'on eût mis la tête du cardinal à prix; et que si on s'en vouloit défaire, qu'il n'étoit point besoin de promettre cinquante mille écus à celui qui le tueroit, et qu'il avoit dans son armée plus de mille hommes qui l'entreprendroient pour un patagon; mais qu'il n'étoit pas venu à Paris pour être un meurtrier et un bourreau, et qu'il n'avoit dessein que de servir M. d'Orléans, et non pas M. le prince, qui lui retenoit une partie de ses Etats, dans lesquels il avoit envie de rentrer. Ensuite on lui dit que son armée faisoit de grands ravages partout où elle passoit, et même au lieu où elle étoit campée sur la rivière de Seine; il en demeura d'accord, et dit que ses gens avoient été très-long-temps dans un pays ruiné, où ils ne trouvoient rien pour vivre, et que c'étoit ce qui étoit cause que se trouvant à cette heure dans un pays fort gras, et où ils trouvoient toutes les choses nécessaires à la vie, ils se saisissoient de tout, de peur de retomber dans la nécessité où ils s'étoient vus, laquelle avoit été telle qu'ils avoient été plus de quinze jours sans manger de pain. Sur cela on lui demanda comment ils pouvoient vivre quinze jours sans pain. Il répondit qu'ils ne mangeoient pas seulement tous les chiens de l'armée et tous les chevaux qui mouroient, mais qu'ils avoient aussi mangé plus de dix mille hommes; qu'entre autres ses soldats ayant un jour attrapé deux religieuses, ils les mirent incontinent par pièces, et en firent du potage, qu'ils mangèrent avec la chair de ces religieuses dès qu'il fut cuit; qu'un de ses officiers ayant été blessé

raine, depuis duc d'Elbœuf, comte de Rieux du vivant de son père. Il le perdit le 5 novembre 1657.

au poignet, le chirurgien qui le traita lui dit qu'il lui falloit couper le bras : à quoi l'officier s'étant résolu, au lieu de le lui couper au-dessous du coude, comme il eût suffi, il le coupa jusques à l'épaule, afin d'avoir plus de viande à mettre dans son pot, comme il fit de ce bras dès qu'il fut coupé. Il disoit tout cela sérieusement, comme si c'eût été autant de vérités infaillibles, et sans rire de façon quelconque. Madame Pilon, qui étoit présente, me l'a conté.

Le 12 juin, M. d'Orléans, M. le prince, les ducs de Beaufort, de Rohan et de La Rochefoucauld, le prince de Tarente, le maréchal d'Etampes et plusieurs autres personnes de qualité allèrent au camp du duc de Lorraine, qui leur donna à manger et les enivra. M. d'Orléans, M. le prince et lui conférèrent longtemps seuls sur les affaires présentes : et comme ils savoient qu'il avoit fait un traité avec la cour (ce que lui-même ne leur nioit pas), ils se défioient fort de lui, et craignoient qu'il ne l'exécutât avant que les troupes qu'ils attendoient de Flandre ne fussent arrivées ; de sorte qu'ils le pressoient de ne faire au moins de quinze jours aucun nouveau traité avec la cour : ce qu'il leur promit. Après qu'ils furent convenus de toutes les conditions de part et d'autre, le duc de Lorraine dit à M. d'Orléans et à M. le prince : « Messieurs, vous savez bien que nous autres princes nous sommes tous fourbes ; c'est pourquoi il ne seroit pas mal à propos d'écrire et de signer ce que nous venons de résoudre, afin que personne ne s'en puisse dédire. » A quoi M. d'Orléans et M. le prince répondirent qu'ils n'estimoient pas qu'il fût nécessaire de rien écrire ; qu'ils se fioient bien à ses pa-

roles, et qu'ils croyoient qu'il ne refuseroit pas de se fier aussi à la leur. De quoi il les assura, et fut bien aise de ne se voir engagé que de parole (1), ayant à faire ce qu'il fit à trois jours de là ; car le samedi 15 juin au soir, messieurs les princes ayant appris que le maréchal de Turenne s'avançoit vers le camp de Lorraine, crurent d'abord qu'il venoit l'attaquer ; et comme il y avoit quelques troupes de M. d'Orléans mêlées avec celles du duc de Lorraine, Son Altesse Royale fit partir la nuit le duc de Beaufort avec quelque cavalerie pour les aller commander. Etant arrivé au camp, il fut bien étonné d'y trouver le roi d'Angleterre et le maréchal de Turenne, qui sommoient M. de Lorraine d'exécuter le traité qu'il avoit fait avec le Roi ; à faute de quoi on alloit l'attaquer, l'armée du Roi étant en bataille, et le canon prêt à tirer. Le duc de Lorraine se tournant vers le duc de Beaufort, lui dit : « Monsieur, vous voyez comme je suis
« pressé ; mon intention n'est pas de hasarder mes
« troupes : je m'étois engagé à M. d'Orléans de faire
« lever le siége d'Etampes, je l'ai fait ; maintenant le
« Roi me rend deux places (*Vic* et *Moyenvic*), et me
« donne assurance de me rendre les autres quand la
« paix générale se fera. C'est un traité que j'avois fait
« avec le Roi avant que de m'engager à Son Altesse

(1) *De ne se voir engagé que de parole* : « Le duc de Lorraine vi-
« voit comme un bandit, faisant profession de n'avoir ni foi, ni loyauté,
« ni fidélité quelconque. » (Mémoires de Talon, tome 8, 2ᵉ partie,
page 5, anc. édit.) Pavillon, dans le Testament de Charles IV, porte
de ce prince le même jugement :

« Il donna librement sa foi
« Tour à tour à chaque couronne ;
« Il se fit une étrange loi
« De ne la garder à personne. »

« Royale, et que je suis obligé d'exécuter, puisque
« le Roi l'exécute de son côté (1). » Le duc de Beaufort voyant cela, lui dit tout surpris qu'il lui rendît
donc les troupes de M. d'Orléans; et les ayant fait
venir, il les lui remit entre les mains, et lui dit qu'il
lui conseilloit de s'en aller, parce qu'il ne faisoit pas
bon là pour lui. M. de Beaufort partit donc aussitôt,
et revint à Paris.

M. d'Orléans pesta fort contre le duc de Lorraine; Madame pleura tout le jour, et Mademoiselle fit mille imprécations contre lui devant tout le
monde; elle dit même à Madame force choses dés-
obligeantes et offensantes, l'appelant traître, fourbe,
méchant, et disant que ceux de sa maison ne feroient

(1) *Le Roi l'exécute de son côté* : Conrart nous a conservé la copie
d'une lettre écrite par le duc de Lorraine à la duchesse d'Orléans sa
sœur; on a cru qu'il ne seroit pas inutile de joindre ici cette pièce,
qui se trouve dans les manuscrits de Conrart, tome 17, page 761.

« Ce 17 juin 1652.

« Le marquis de Sablonnière vous portera tout ce que j'ai cru ne
« devoir écrire. Je ne doute pas que M. de Beaufort ne vous ait fait en-
« tendre ce qu'il a vu, et comme il étoit lui-même dans diverses pen-
« sées; mais je ne sais comme il vous l'aura fait entendre. Je n'ai fait
« que ce que j'ai toujours dit, de me retirer lorsque vos gens d'Etampes
« seroient en sûreté. Ils y sont bien, puisque les ennemis leur ont
« donné toute liberté d'avoir convenu avec le vicomte de Turenne de
« ma retraite. J'ai toujours dit à Monsieur et au prince, et à tous, que
« je ne ferois autre ajustement que celui-là. De n'avoir pas combattu,
« il n'a pas tenu à moi : jamais je n'ai envoyé vers les ennemis, ni
« prétendu rien d'eux : ils m'ont envoyé et renvoyé six heures durant,
« sans avoir voulu répondre, ne me demandant autre chose que ma re-
« traite, dont je suis enfin tombé d'accord à la tête des deux armées.
« Toutes choses m'y ont obligé, quoique j'aie vu mes troupes en état
« de se bien battre sans votre secours. Les ennemis l'ont trouvé bon
« aussi, puisque je n'étois secouru de pain ni d'hommes comme l'on
« m'avoit promis. — Je suis à vous. »

jamais de ces lâches tours-là. Toute l'après-dînée, la cour du palais d'Orléans fut remplie de peuple qui crioit qu'ils étoient trahis; qu'il falloit armer les bourgeois, et chasser les princes et le Mazarin, puisqu'ils étoient tous des trompeurs (1). M. le prince avoit envoyé dès le matin ordre à ceux qui commandoient ses troupes d'Etampes de s'approcher en diligence de Paris, et lui-même alla au devant dès que le duc de Beaufort fut de retour. Il envoya quelques cavaliers se saisir du pont de Charenton, et fit loger le reste dans les villages de Châtillon, Bagneux, Fontenay, Issy, et autres circonvoisins. Le lundi 17, il fit demander passage pour ses troupes par le pont de la porte Saint-Bernard (2), pour abréger le chemin, ayant dessein de les envoyer se saisir de Saint-Cloud, Meudon, Poissy; mais on le lui refusa. Le soir, deux ou trois cents chevaux s'étant présentés, à huit heures, à la porte Saint-Jacques, les bourgeois qui y étoient en garde refusèrent de les laisser passer, et il y eut fort grand bruit jusques à dix heures; on fut même tout prêt à tirer de part et d'autre. C'étoient des officiers qui vouloient se rafraîchir dans Paris, et y faire loger quantité de malades qu'ils faisoient amener. Enfin on convint que quelques-uns des plus considérables entreroient, et que tous les autres se retireroient où ils pourroient.

Le mardi matin 18, ils filèrent avec d'autres encore par Belleville et les lieux d'alentour, pour aller ga-

---

(1) *Puisqu'ils étoient tous des trompeurs* : La retraite de M. de Lorraine fit une grande commotion dans Paris. (*Voyez* les Mémoires du cardinal de Retz, tome 46, page 119, de cette série.) — (2) *Par le pont de la porte Saint-Bernard* : Le pont de la Tournelle.

gner Saint-Cloud et Poissy. Le même matin, M. d'Orléans, et toute la noblesse de son parti, alla voir faire montre au gros de ses troupes et de celles de M. le prince, sur la montagne de Châtillon, proche de Montrouge; elles n'étoient pas en fort bon ordre. M. d'Orléans avoit toujours les yeux tournés vers le lieu où étoit campé le maréchal de Turenne; et ayant aperçu de loin quelque chose qui venoit vers lui, il commanda avec grand empressement que l'on allât reconnoître ce que c'étoit. Il se trouva que c'étoit un paysan monté sur un méchant bidet, et deux femmes sur deux ânes. Après il fit défense aux soldats de gâter les blés, et les menaça de les faire pendre s'ils ne lui obéissoient; et aussitôt il se mit à siffler, paroissant ainsi toujours fort distrait et fort inquiet, et ne s'arrêtant à aucune chose, mais changeant incessamment d'objet et de pensées.

Un gentilhomme de Bretagne, nommé le marquis de Tonquedec, parent de la dame de Rohan la fille, du côté d'Epinay, étoit attaché à Chabot, duc de Rohan, et lui avoit promis de faire un régiment pour lui dans le parti des princes : ce que non-seulement il n'exécuta point, mais il s'attacha à la cour et au cardinal Mazarin. Le duc de Rohan depuis cela se plaignit de lui, et ils ne se voyoient plus. Le mardi 18 juin, Tonquedec étant chez la veuve du marquis de Sévigné (1), le duc de Rohan y arriva. Tonquedec, qui étoit dans une chaise à bras, au chevet du lit dans la ruelle, se leva à demi, ôta son chapeau et se rassit avant que le duc de Rohan eût un siége, et sans

(1) *La veuve du marquis de Sévigné*: Marie de Rabutin-Chantal, marquise de Sévigné, l'épistolaire inimitable.

lui offrir sa place. Il n'en témoigna pourtant aucun ressentiment; mais en sortant il dit à la marquise de Sévigné que si ce n'eût point été chez elle, il eût appris à Tonquedec à se mettre à son devoir. La marquise dit au duc de Rohan qu'elle étoit au désespoir que Tonquedec eût fait cette impertinence chez elle, et qu'elle le prieroit de n'y venir plus; de quoi le duc de Rohan la remercia, et s'en alla. Le jeudi suivant, le duc de Rohan passant devant la porte de la marquise de Sévigné, y vit le carrosse du comte Du Lude, et demanda au cocher si son maître étoit là ; il lui dit que non, mais que c'étoit M. de Tonquedec, à qui il avoit prêté son carrosse. Le duc de Rohan avoit avec lui plusieurs gentilshommes qu'il laissa en bas, et monta seul. La marquise de Sévigné le voyant fut fort interdite; et le duc de Rohan, après l'avoir saluée, dit à Tonquedec : « On m'a dit que vous vous vantiez de « m'avoir morgué céans ; je viens aujourd'hui pour « vous apprendre à me rendre ce que vous me devez. » Tonquedec répondit : « Monsieur, je vous rendrai « toujours plus que je ne vous dois. » A quoi le duc répliqua : « Vous ne sauriez, et je vous montrerai bien « ce que vous me devez. » Sur cela la marquise de Sévigné qui se voyoit seule, et qui jugeoit à quoi ces paroles les alloient engager, cria plusieurs fois à Tonquedec qu'il s'en allât, et qu'il sortît de chez elle. « Madame, lui dit Rohan, voulez-vous tout de bon « qu'il en sorte?—Oui, monsieur, répliqua-t-elle. — « Il est juste que vous soyez obéie, dit Rohan ; » et en même temps il le poussa dehors. M. d'Orléans et M. le prince ayant su ce démêlé, demandèrent au duc de Rohan sa parole qu'il ne se battroit point. Il ne voulut point la donner, disant que si Tonquedec l'avoit mis en état de lui demander quelque chose, il la pourroit donner; mais qu'ayant à attendre quelque message de sa part, il ne le pouvoit. Si bien qu'on lui donna un exempt, et on chargea un autre de chercher Tonquedec, et de lui commander de sortir de Paris. Mais depuis on résolut de le faire chercher pour le faire arrêter, et le maréchal de Schomberg fut averti de cette querelle, afin de donner ordre que Tonquédec ne sortît point de Paris qu'il ne se fût accommodé. On le chercha, mais il ne se trouva point. C'est ainsi que le conte le duc de Rohan; mais la marquise de Sévigné soutient qu'elle ne lui avoit point promis de ne recevoir plus Tonquedec chez elle; et que lorsqu'il sortit il n'étoit pas même fort piqué contre lui; mais qu'étant retourné à son logis, la duchesse sa femme lui dit que l'affront étoit trop grand pour le souffrir, et qu'il en falloit tirer raison : ce qui le porta à retourner chez la marquise de Sévigné, où il parla à Tonquedec, et le menaça comme s'il eût été son valet. Ce que voyant la marquise de La Trousse l'aînée (1), tante de la marquise de Sévigné, et Marigny (2), qui s'y rencontrèrent, ils contraignirent par prières Tonquedec à se retirer, pour éviter les mauvaises suites que cette action pouvoit avoir. Tout le monde, et principalement toutes les dames, blâmèrent fort le procédé du duc de Rohan à l'égard de

---

(1) *La marquise de La Trousse l'aînée :* Henriette de Coulanges, veuve de François-Le Hardi, marquis de La Trousse, tué au siége de Saint-Omer le 8 juillet 1638. — (2) *Et Marigny :* Jacques Charpentier de Marigny, poëte médiocre, auteur du *Pain béni*, et de jolis couplets sur les évènemens du temps de la Fronde. Il mourut en 1670.

la marquise de Sévigné, surtout la duchesse de Rohan lui ayant fait froid après la première rencontre du duc avec Tonquedec, lorsqu'elle l'avoit été voir; et la marquise de Sévigné en ayant parlé à mademoiselle de Chabot, sœur du duc de Rohan, elle lui dit que si elle vouloit que madame de Rohan fût contente d'elle, il falloit qu'elle ne vît jamais Tonquedec : ce qui fut trouvé fort impérieux. On disoit aussi que la duchesse de Rohan se plaignoit encore que son mari ayant parlé à la marquise de l'incivilité dont Tonquedec venoit d'user chez elle à son endroit, elle lui avoit répondu : « Pour cela, il est vrai qu'il a été bien « fier. » Ce qui se pouvoit expliquer plutôt à l'avantage qu'au désavantage de Tonquedec. La véritable cause du malentendu du duc de Rohan et de Tonquedec est qu'ils étoient tous deux amoureux de la marquise de Sévigné.

Le maréchal de Turenne, qui s'étoit campé dans les mêmes quartiers que le duc de Lorraine avoit quittés, y demeura jusqu'au jeudi, qu'il alla avec ses troupes vers Lagny.

Le même jour de jeudi 20, le parlement s'assembla, et les princes s'y trouvèrent. La réponse du Roi aux députés y fut lue, et la relation de leur voyage faite par le président de Nesmond ; après quoi M. d'Orléans dit qu'il se trouvoit mal, qu'il reviendroit le lendemain, et que cependant messieurs pouvoient délibérer. Les voix allèrent à remettre au lendemain. Prévost-Sanier, conseiller d'Eglise, fit de grandes plaintes du désordre des affaires, et dit que les gens de guerre ruinoient tout le monde; que pour lui, il ne savoit plus où prendre de quoi vivre, et qu'il ne pouvoit plus rien toucher de son bien. Plusieurs furent étonnés de ce discours, parce qu'il a plus de vingt mille livres de rente en bénéfices, sans son bien de patrimoine, qui monte à beaucoup. Bitaut, conseiller en la troisième des enquêtes, dit que personne n'avoit moins de sujet que lui de se plaindre des misères publiques, parce qu'il savoit bien qu'il n'avoit rien perdu au maniement des deniers qui furent levés durant la guerre de Paris, comme il paroissoit par le compte qu'il en avoit rendu. Il répondit qu'il avoit rendu bon et fidèle compte des deniers qui avoient passé par ses mains, et en appela à témoin M. Pétau, conseiller de la cinquième, comme ayant été présent à la reddition de ce compte. M. Pétau dit qu'il ne savoit ce que c'étoit, et qu'il n'y avoit point assisté; trois ou quatre autres qu'il cita aussi dirent la même chose : si bien qu'il ne sut que dire; et après qu'ils eurent bien crié, on se leva et on se retira.

Le vendredi 21, M. le prince fut en l'assemblée des chambres, et dit que M. d'Orléans n'avoit pu s'y trouver, à cause que son indisposition l'avoit obligé à se faire saigner. On remit la délibération au mardi 25, pour gagner du temps. Il y eut fort grand bruit dans tout le Palais, y ayant grand nombre de toutes sortes de gens qui crioient : *La paix! la paix!* M. le prince entendant ce bruit confus en passant, et remarquant un homme proche de lui qui crioit plus haut que tous les autres, lui demanda brusquement, en le prenant par les boutons de son pourpoint : « Comment la
« veux-tu, la paix? parle; à quelles conditions la
« veux-tu? entends-tu que le Mazarin demeure, ou
« qu'il s'en aille? » L'autre, tout interdit, répondit :

« Monseigneur, point de Mazarin ! — Eh bien ! re-
« partit M. le prince, n'est-ce pas à quoi on travaille ?
« pourquoi faire tant de bruit ? » Il y avoit force gens
armés de pistolets et de baïonnettes, et plusieurs
conseillers furent menacés, poussés et maltraités ;
entre autres Vassan. On crut que cela s'étoit fait exprès pour les intimider, afin que le lendemain ils
prissent quelque résolution. On parla aussi de la sub-
vention des pauvres de la campagne, qu'on disoit
monter à quatre-vingt-quatre mille : il s'étoit fait des
assemblées de police de tous les corps pour proposer
les moyens d'y pourvoir ; mais rien n'y ayant pu être
résolu, le parlement jugea que le plus prompt secours
qu'on pouvoit leur donner étoit de faire un fonds
pour les assister. Pour cet effet, chaque conseiller se
taxa à cent livres, et chaque président à deux cents
livres. On parla aussi de trouver le fonds des cinquante
mille écus ordonnés pour récompense à celui qui apporteroit la tête du cardinal.

Le président de Thoré, de la troisième (*chambre*)
des enquêtes, fils du feu surintendant d'Emery,
ayant été aperçu comme il sortoit du Palais et qu'il
parloit à Serrant, fils de Bautru, fut poursuivi par
quelques-uns de cette populace, et pressé de si près
qu'il fut contraint de se sauver dans la maison d'un
orfèvre, sur le quai qui regarde celui des Augustins (1) ; et si les voisins n'eussent pris les armes, la
maison eût été forcée, et le président mis en pièces
par ces séditieux.

Le duc de Beaufort, qui avoit été à l'armée des

(1) *Qui regarde celui des Augustins:* Le quai des Orfèvres, dans la Cité.

princes, en revint ce jour-là, et fit afficher des placards aux coins des rues, que l'on eût à s'assembler l'après-dîner dans la place Royale, pour aviser aux moyens de faire cesser les désordres des gens de guerre, et de chasser le Mazarin pour avoir la paix. Il s'y trouva quelques coquins payés pour faire du bruit; et la curiosité y fit aller un grand nombre de toutes sortes d'artisans, que les autres excitoient à la sédition. Le duc de Beaufort les harangua au milieu et aux quatre coins de la place; ils lui demandèrent ce qu'il falloit faire; ils lui offrirent d'employer leur vie pour son service, et de vendre jusques à leurs manteaux s'il le falloit. Il répondit que l'armée des mazarins étoit aux portes de Paris, qui alloit être bloqué par eux si on n'y donnoit promptement ordre; que M. d'Orléans, M. le prince et lui faisoient tout ce qui leur étoit possible pour les assister; mais que l'on ne s'aidoit point; que le parlement les trompoit; qu'il étoit rempli de partisans du Mazarin, aussi bien que l'hôtel-de-ville; qu'il falloit changer les colonels et les capitaines, contribuer pour faire des levées, aller aux maisons des mazarins, dont il leur donneroit la liste, pour les chasser de Paris ou pour les piller; et que si on le vouloit croire et le laisser faire, dans trois mois le Mazarin seroit hors de France, et on auroit la paix. Après il les exhorta de se trouver le lendemain, à cinq heures du matin, au Palais, avec des armes, afin de réduire le parlement à s'unir avec les princes, et à donner ordre aux levées qu'il falloit faire (1).

(1) *Donner ordre aux levées qu'il falloit faire* : Le cardinal de Retz dit qu'il lui fut rapporté que le duc de Beaufort s'étoit contenté d'enga-

Le corps de ville ayant su cette assemblée séditieuse, manda aux capitaines qui étoient en garde aux portes Saint-Martin et du Temple de mener la moitié de leurs compagnies à la place Royale pour faire retirer ces mutins, et en cas de résistance de tirer sur eux; mais ils ne les y trouvèrent plus. Le soir et toute la nuit, il y eut des corps-de-garde de bourgeois en divers quartiers, et particulièrement en la rue Quincampoix, où loge le duc de Beaufort, devant le logis duquel on planta une sentinelle. Les chaînes furent tendues aussi par toute la ville.

Le cardinal de Retz sachant que M. le prince avoit traité avec la cour, et qu'il se rendoit maître de l'esprit de M. d'Orléans à son préjudice, craignant que l'on n'attentât à sa personne, ne sortoit plus guère de chez lui, et faisoit le malade. M. d'Orléans ayant envoyé Fromont, secrétaire de ses commandemens, pour le visiter de sa part et pour apprendre des nouvelles de sa santé, comme il lui en demanda, il lui répondit que Son Altesse Royale lui faisoit trop d'honneur de penser à lui, et qu'il ne le pouvoit faire à personne qui eût plus témoigné de zèle et de passion pour son service ; mais qu'il étoit étonné qu'il se souvînt encore de lui, voyant qu'il l'avoit abandonné à la Reine et à la médisance de ses ennemis. Fromont lui ayant répondu que Monsieur n'estimoit personne plus que lui, et qu'il en parloit toujours très-dignement, il repartit avec émotion : « Il souffre pourtant « qu'on me déchire en sa présence, et qu'on me traite « de méchant et de scélérat! » Fromont ayant rap-

ger le peuple à obéir au parlement. (*Voyez* les Mémoires de Retz, tome 46, page 121, de cette série.)

porté cela à M. d'Orléans, il fut le voir le jour même, qui étoit mardi 18, et demeura une grosse heure enfermé avec lui; mais on ne laissoit pas de croire alors et depuis que M. le prince faisoit faire absolument à M. d'Orléans tout ce qu'il vouloit, par la crainte qu'il avoit trouvé moyen de lui donner que s'ils s'accommodoient l'un sans l'autre ils seroient perdus : si bien que dès-lors on tint pour assuré que la paix se concluroit, du consentement même de M. d'Orléans.

Le 21 au soir, il se tint conseil chez madame de Rhodes, où étoient Châteauneuf, le cardinal de Retz, la duchesse de Chevreuse. Ils y furent jusqu'à trois heures après minuit. Comme Châteauneuf s'y faisoit porter dans sa chaise, il fut reconnu par quelques factieux, qui commencèrent à crier *au mazarin!* jusqu'au coin de la rue de l'hôtel de Soissons, qui rend dans la rue de Grenelle. Ce conseil se tenoit, parce que tous ces gens-là n'avoient aucune part à la paix qui se traitoit; et ils s'assembloient pour trouver les moyens de la rompre. On crut que ce fut par l'artifice du cardinal de Retz que la populace se souleva ces jours-là, quoiqu'il en fût fort haï, comme il paroissoit par les libelles qu'on publia contre lui; mais il leur faisoit donner de l'argent par des personnes interposées pour crier contre les princes et contre le Mazarin.

Le samedi 22, dès le matin, quantité de séditieux se trouvèrent au Palais; mais voyant qu'aucun des présidens n'y étoit venu, et qu'il ne s'y étoit trouvé que vingt-sept conseillers des enquêtes, tous frondeurs, ils s'en allèrent au palais d'Orléans, et présentèrent des requêtes à Son Altesse Royale pour demander toujours l'éloignement du Mazarin, et pour offrir de contribuer pour faire des levées. Ils étoient conduits par un grand pendard habillé de gris, qui dit en partant du Palais : « Puisqu'il n'y a rien à faire « ici pour nous, allons au palais d'Orléans demander « aux princes la paix ou la guerre. »

M. le prince ayant su que messieurs du parlement n'étoient point entrés, alla chez tous les présidens à mortier pour les porter à s'assembler l'après-dînée au Palais. Le président de Bailleul étant malade, il ne put parler à lui ; et la présidente sa femme lui ayant fait ses excuses, il lui demanda de quel parti elle étoit. Elle répondit qu'elle étoit pour la paix ; et il lui repartit qu'elle seroit faite dans trois jours. M. d'Orléans ayant su que les présidens et la plupart des conseillers du parlement n'avoient pas voulu s'assembler, envoya querir les présidens ; et comme le président de Maisons sortoit du palais d'Orléans en chaise, quelques séditieux l'ayant reconnu, le poursuivirent criant *au mazarin!* sur ce que l'on disoit qu'on lui avoit promis de lui rendre la surintendance. Ses porteurs se jetèrent dans une maison dont ils virent la porte ouverte ; et sans M. le prince, qui passa par hasard par là pour aller au palais d'Orléans, et qui dissipa cette troupe insolente, il eût eu grande peine à s'échapper de leurs mains. On fit encore des corps-de-garde, et des chaînes furent aussi tendues la nuit suivante. Néanmoins le bruit se répandit par toute la ville que la paix étoit arrêtée, et qu'elle avoit été signée par le duc d'Orléans et par le prince de Condé ; et que la duchesse de Châtillon, que le prince avoit voulu qui en fût la médiatrice, étoit allée la porter à la cour pour en faire signer les articles.

Un avocat nommé Guérin, gendre de Gueneau, médecin de M. le prince, qui avoit été élu capitaine de son quartier, en la place de Cramoisy, libraire, mena de son autorité privée, et sans ordre de la ville, sa compagnie en garde au bois de Vincennes, le jeudi 20, croyant être relevé le lendemain par une autre compagnie : mais les officiers ne voulurent point ouïr parler d'y aller; de sorte que celle de Guérin y demeura plusieurs jours.

Le samedi 22, les mêmes séditieux qui s'étoient assemblés la veille à la place Royale commençoient à y revenir. Mais Brevane, doyen des conseillers de la première des requêtes du Palais, fils du président Aubry, et capitaine de son quartier, quoique grand frondeur, fit avertir tous les bourgeois de sa compagnie de tenir leurs armes prêtes; et dès qu'il voyoit quelques mutins qui s'attroupoient, il envoyoit quinze ou vingt soldats les dissiper et les chasser. Ils en grondoient d'abord, et disoient que M. de Beaufort leur avoit ordonné de s'y trouver; mais on leur dit qu'on ne les y souffriroit point; et ainsi ils furent contraints de se retirer.

Cette action décria fort le duc de Beaufort dans Paris, et même parmi le peuple. Le président de Novion l'ayant rencontré au palais d'Orléans, lui dit qu'il avoit fait l'action d'un bandit, et non pas d'un prince ni d'un gentilhomme; et plusieurs autres choses fort piquantes. On a cru que le duc de Beaufort avoit communiqué ce dessein au duc d'Orléans, qui lui avoit donné permission de l'exécuter, tant parce qu'il ne vouloit pas que le duc de Beaufort sût que lui et M. le prince traitoient avec la cour, que parce qu'il jugeoit qu'il leur seroit avantageux que l'on tînt toujours le peuple bien animé pour eux, pour obliger le cardinal à passer par tout ce qu'ils voudroient. On disoit aussi que le duc de Beaufort faisoit tout ce vacarme depuis qu'il avoit découvert que les deux princes traitoient sans lui; et qu'enfin ils lui avoient promis de demander quarante mille écus pour la duchesse de Montbazon, dont il faisoit le galant. Elle se moquoit pourtant de lui, quoique en apparence elle fît mine de l'estimer beaucoup. Pour montrer quel galant c'est, je rapporterai une galanterie qu'il lui dit un jour, en voulant se mettre en carrosse auprès d'elle à une portière. Avant que de monter, il lui dit : « Madame, j'ai toujours ouï dire que « les femmes ont une cuisse plus douce que l'autre; « je vous supplie de me dire laquelle des vôtres est « la plus douce, afin que je me mette de ce côté-là. » Ce qui fit rire toute la compagnie, à force d'être ridicule.

Le cardinal de Retz s'apercevant que le duc d'Orléans se refroidissoit pour lui, et s'échauffoit fort pour M. le prince, voulut s'éclaircir de l'assiette où étoit son esprit. Un jour qu'il étoit seul avec lui, il lui demanda si Son Altesse Royale savoit bien que M. le prince traitoit avec la cour? Il lui répondit seulement : « Oui, je le sais bien. — Mais savez-vous « que son traité est bien avancé? ajouta le cardinal « de Retz. — Oui, je sais cela aussi, répondit le « duc d'Orléans. — Oserois-je donc demander à « Votre Altesse Royale, continua le cardinal, si c'est

« de son consentement que M. le prince traite? —
« Oui, dit M. d'Orléans, c'est de mon consente-
« ment. — Mais est-ce aussi par vos ordres? re-
« partit le cardinal. — Oui, c'est par mon ordre,
« repartit le duc d'Orléans. Mon cousin n'a rien fait
« en cela que de concert avec moi; j'ai su de jour en
« jour tout ce qu'il faisoit, et il ne s'est rien passé en
« cette affaire que ce que j'ai voulu, et que ce que je
« lui ai prescrit. » Après quoi le cardinal de Retz ne
dit plus rien. Il ne laissa pas depuis de voir encore
le duc d'Orléans; mais M. le prince demeura toujours maître de son esprit, par la crainte qu'il avoit
que s'il se séparoit de lui il seroit perdu, et que la
cour le mépriseroit. Néanmoins il ne put jamais l'a-
mener au point de consentir à la paix sans que le
cardinal Mazarin s'éloignât : et la fermeté qu'il faisoit
paroître sur ce point témoignoit que le cardinal de
Retz ne laissoit pas d'avoir encore quelque crédit,
même assez considérable auprès de lui; lui persua-
dant toujours que M. le prince vouloit que le cardinal
Mazarin demeurât, afin que sous prétexte de cette
obligation qu'il lui auroit, et par la crainte de le fâcher, il lui laissât faire dans le conseil et ailleurs
tout ce qu'il voudroit, et qu'étant d'accord ensemble,
ils compteroient Son Altesse Royale pour rien, et
s'empareroient de l'autorité, qui lui est due privative-
ment à tout autre, ou pour mieux dire qui n'est due
qu'à lui.

Depuis ce qui arriva à l'hôtel-de-ville le 4 juillet,
le cardinal de Retz ne sortoit plus de son logis, et se
tenoit fort sur ses gardes. M. le prince faisoit courre
le bruit qu'il vouloit se loger dans l'île Notre-Dame;

qu'il falloit faire un petit fort sur le *Terrain* (1), et y mettre deux canons, de peur de surprise des troupes du maréchal de Turenne, pour essayer d'obliger le cardinal de Retz à se retirer.

Le mardi 25, le parlement voyant le peuple toujours fort ému, et étant extraordinairement pressé par M. le prince, tant au nom de M. d'Orléans qu'au sien, de s'assembler, les présidens et conseillers résolurent de se faire garder par tous les archers de la ville, du guet, du grand prevôt; et outre cela, de se faire accompagner, en entrant dans le Palais, de plusieurs personnes de main bien armées. Plusieurs compagnies de bourgeois furent commandées pour aller garder les portes du Palais : plusieurs refusèrent, et quelques-unes obéirent; de sorte qu'ils entrèrent, et opinèrent sans danger. Ils demeurèrent assemblés jusqu'à deux heures après midi. Deux avis furent ouverts : le premier par M. d'Orléans, qui étoit d'envoyer les gens du Roi à la cour pour assurer Sa Majesté que lui et M. le prince étoient prêts de poser les armes, de lui rendre une parfaite obéissance, et de satisfaire à toutes les questions portées par la réponse faite aux députés du parlement, pourvu seulement que le cardinal Mazarin fût éloigné. Il y eut quatre-vingt-trois voix à cet avis, et quatre-vingt-sept à l'autre, auquel il passa, et qui fut ouvert par .... (2); qui fut de renvoyer les mêmes députés qui avoient été plusieurs fois en cour, pour porter ces assurances de M. d'Orléans et

(1) *Sur le Terrain*: C'est le nom que l'on donnoit à la pointe de l'île Notre-Dame où est aujourd'hui le quai qui termine le jardin de l'archevêché. — (2) *Fut ouvert par*........ : Le nom est en blanc au manuscrit.

de M. le prince, et faire instances pour l'éloignement du cardinal. Au sortir, quantité de bourgeois qui s'étoient amassés devant les portes du Palais, et ceux-là même qui les gardoient, demandèrent aux premiers conseillers qui se présentèrent pour sortir ce qu'ils avoient résolu. Comme ils les voyoient fort émus, ils crurent qu'il valoit mieux leur dire qu'on n'avoit pas achevé d'opiner; et que l'on se rassembleroit le jeudi suivant. Mais ces bourgeois, irrités de l'incertitude dans laquelle ils vivoient depuis long-temps, les repoussèrent, et leur dirent qu'ils allassent donc achever; et qu'ils ne les laisseroient point sortir qu'ils n'eussent résolu quelque chose : plusieurs crioient même qu'ils vouloient qu'ils ordonnassent l'union avec les princes, ou qu'autrement ils les mettroient en pièces. Cependant les présidens et ensuite les princes se présentèrent pour sortir; mais on leur tint le même langage : et quelques-uns, ayant voulu fendre la presse et paroître plus résolus que les autres, furent maltraités, non-seulement de paroles, mais aussi d'effet, et reçurent plusieurs coups.

Le président Le Bailleul, qui étoit malade depuis quelque temps, et qui avoit fait effort pour aller ce jour-là au Palais, sur les pressantes instances de M. le prince, fut fort effrayé; et se sauvant sur le degré du bureau des trésoriers de France, il y trouva le procureur général aussi effrayé que lui. Le président Le Coigneux se trouvant aussi en grand péril; et étant poursuivi jusqu'au milieu de la rue de la Vieille-Draperie, on lui tira un coup de mousquet, dont un homme qui le suivoit fut tué. A la fin il entra dans une maison de sa connoissance, où il dépouilla sa robe et sa soutane, et mit un hausse-col, comme s'il eût été officier de quelqu'une des compagnies qui étoient de garde; puis avec une canne en une main, et un pistolet de l'autre, il sortit, et se coula par une ruelle qui est à côté de l'église de Saint-Pierre-des-Arcis (1), par dessus le pont de Notre-Dame, et se rendit en son logis proche de l'hôtel de Guise (2). M. d'Orléans, M. le prince, le duc de Beaufort, le président de Nesmond, son fils, Boucherat, conseiller, et plusieurs autres, sortirent par la petite porte qui est proche du logis du premier président, croyant trouver leurs carrosses à l'entrée de la rue Saint-Louis; mais ils furent contraints d'aller tous à pied jusques à l'entrée de la rue de Tournon, où M. d'Orléans, M. le prince et le duc de Beaufort montèrent dans le carrosse de Son Altesse Royale, et s'en allèrent au palais d'Orléans. Le président de Nesmond, son fils, et Boucherat, se mirent dans le carrosse du duc de Beaufort, qui les remena chez eux entre trois et quatre heures après midi.

La principale cause de l'émotion du peuple vint de ce que le secrétaire de Menardeau-Champé, conseiller de la grand'chambre, étant allé vers midi, avec quelques gens armés, sur les avenues du Palais, du côté de la rue Saint-Louis, pour escorter son maître quand il sortiroit, les bourgeois de la com-

(1) *L'église de Saint-Pierre-des-Arcis*: L'une des petites paroisses de la Cité. Elle étoit située derrière Saint-Barthelemy. On voit, dans le plan donné par Sauval en 1775, que le long de cette église il existoit une ruelle qui communiquoit de la rue de la Vieille-Draperie à la rue de la Lanterne, par la rue Gervais-Laurent. — (2) *L'hôtel de Guise*: Il devint depuis l'hôtel de Soubise, et il renferme aujourd'hui les archives du royaume.

pagnie qui y étoit de garde les vinrent reconnoître, et leur demandèrent ce qu'ils venoient faire là? Ils répondirent qu'ils n'y étoient pas sans ordre : et les autres ayant répliqué que c'étoit eux qui avoient reçu l'ordre de faire la garde de ce poste-là, et qu'ils eussent à se retirer ; se voyant poussés, et étant les plus foibles de beaucoup, ils furent contraints de céder. Mais ce secrétaire, craignant pour son maître lorsqu'il sortiroit, et étant piqué lui-même de l'affront qu'il avoit reçu, retourna en diligence au quartier dont son maître étoit colonel, et fit prendre les armes à une compagnie, qui fut conduite par l'enseigne nommé Prévost, maître d'escrime. Cette compagnie étant arrivée jusques à la sentinelle de l'autre qui étoit de garde, voulut passer de force, et fut arrêtée; de sorte qu'ils en vinrent aux mains, et le combat fut fort rude pour des bourgeois : car il y en eut plusieurs de tués, et entre les autres l'enseigne qui conduisoit la compagnie que le secrétaire de Champé avoit fait venir. Quelques personnes même, qui étoient à la fenêtre simplement pour regarder, furent tuées par des gens qui tiroient sans reconnoître : tant il est dangereux d'avoir affaire à ceux qui aiment mieux faire le métier des autres que le leur, et surtout à des bourgeois qui croient que les armes à feu se manient comme les plumes de leurs études, ou comme l'aune de leur boutique.

Dès-lors la plupart des présidens et conseillers firent résolution de ne plus entrer, si la ville ne donnoit ordre à leur sûreté ; et jusqu'au lundi premier juillet, il n'entra que quinze ou seize conseillers de toutes les chambres, grands frondeurs, qui croyoient qu'à cause de cela on ne s'attaqueroit point à eux.

Ce jour-là donc le président de Novion alla en la grand'chambre ; et avec ce qui se trouva de conseillers, ils rendirent arrêt portant que le parlement ne s'assembleroit plus, jusqu'à ce que le corps de ville eût donné un ordre plus précis, pour la sûreté de la justice et de la ville, que celui qui avoit été donné que des capitaines de quelques quartiers iroient avec leurs compagnies pour garder le Palais ; vu qu'il y en avoit le jour qu'ils furent si maltraités, et que ce fut les bourgeois mêmes de ces compagnies qui les voulurent égorger.

Ensuite de cela ils ne s'assemblèrent plus ; mais les frondeurs se trouvoient seulement quelquefois au Palais, et disoient qu'il ne leur falloit point de gardes pour rendre la justice, et qu'il n'y avoit que ceux qui étoient mazarins qui en eussent besoin ; prétendant par là rendre le plus grand nombre, et particulièrement les présidens au mortier, odieux et suspects au peuple, qui tenoient aussi le même langage, et qui refusoit d'aller garder le Palais quand on l'y vouloit obliger. Broussel, conseiller de la grand'-chambre, tenoit toujours ce langage, et soutenoit qu'il ne leur falloit autres gardes que leur probité ; le président Charton parloit aussi fort haut dans le même sens, et par là ils se maintenoient dans l'esprit de la populace. Les princes, qui dès-lors avoient conçu le dessein de l'émouvoir contre le parlement, qui étoit tout résolu de recevoir le Roi, même avec le cardinal, pour s'empêcher de tomber sous la tyrannie des princes, qu'ils voyoient bien qui les y vouloient réduire, avoient fait revenir de Bordeaux

Marigny, qui, ayant été célèbre frondeur durant la guerre de Paris, avoit pris depuis le parti des princes lorsqu'ils se furent brouillés avec la cour, jugeant qu'il leur seroit un instrument fort propre pour clabauder dans la grand'salle du Palais, comme il avoit fait pendant le blocus de Paris et depuis, et pour échauffer les esprits des particuliers, qu'il alloit chercher artificieusement jusque dans leurs maisons, sous prétexte d'acheter quelques marchandises; et prenant l'occasion sur la cherté de ce qu'on lui vouloit vendre, et sur les plaintes des marchands, de dire que les temps seroient toujours misérables tandis qu'on souffriroit que le Mazarin gouvernât; qu'il falloit s'unir aux princes pour le chasser; que c'en étoit l'unique moyen; et que quand même il y auroit quelque chose à souffrir pour en venir là, il valoit bien mieux endurer un peu de peine quelque temps, pour être parfaitement heureux ensuite, que de languir toujours comme on faisoit depuis si long-temps.

Du 3 juillet 1652 (1).

M. le prince ayant vu que M. de Turenne faisoit faire un pont de bateaux à Epinay, proche Saint-Denis, pour y passer la rivière, et n'ayant pu l'en empêcher, nonobstant les troupes qu'il envoya pour s'y opposer, il voulut faire filer son armée, qui étoit à Saint-Cloud, vers Charenton, pour se rendre maître du pont, et la poster entre les deux rivières, parce qu'elle étoit beaucoup plus foible que celle du Roi. M. de Turenne en ayant eu avis, les coupa

(1) Manuscrits de Conrart, tome 17, page 781.

au-dessus du faubourg Saint-Antoine, vers Charonne; et ayant mis dix-huit canons en batterie, il se fit diverses escarmouches. M. le prince y étoit en personne, lequel voyant que la partie n'étoit pas égale, envoya plusieurs fois à M. d'Orléans pour le presser de demander passage à la ville pour son armée, et pour le bagage principalement, afin de le sauver. La ville ne le voulut point accorder, sur toutes les instances qu'en fit faire M. d'Orléans par diverses personnes envoyées de sa part, et même par Mademoiselle, qui traita fort mal M. de L'Hôpital et le prevôt des marchands : ce que voyant M. le prince, il vint lui-même à la porte Saint-Antoine. M. de Beaufort y alla aussi plusieurs fois et dans plusieurs rues, criant qu'on les abandonnoit, et qu'on prît les armes pour les secourir, eux qui s'exposoient tous les jours pour les bourgeois de Paris.

On disoit à la cour, et à Paris même, que M. de Turenne n'avoit pas fait ce qu'il avoit pu, et qu'il devoit avoir coupé les troupes des princes plus bas vers Paris, et qu'il devoit avoir envoyé de la cavalerie vers la rivière pour les enclorre, sans leur donner le temps de se reconnoître et d'obtenir le passage au travers de la ville, qui leur auroit été assurément refusé si l'attaque eût été plus vive, par la crainte qu'on eût eu que les gens de M. de Turenne ne fussent entrés pêle-mêle avec eux en les poursuivant, et ne se fussent rendus maîtres de la Bastille, de l'Arsenal, et des places publiques.

On dit aussi que lorsque M. le prince vit que ses gens étoient attaqués si désavantageusement, et que l'on refusoit le passage à l'hôtel-de-ville, il pressa extraordinairement M. d'Orléans de consentir à la paix ; mais qu'il ne voulut jamais se relâcher sur l'article de l'éloignement du Mazarin, quoiqu'il lui fît voir le grand péril où ils seroient quand leur armée seroit défaite, comme elle alloit l'être infailliblement. Mais ce qui est presque inconcevable, c'est que M. d'Orléans, étant appréhensif comme il est, se voyant dans le plus grand danger où il ait peut-être jamais été, ne voulut néanmoins se résoudre en aucune manière, quelques instances que Mademoiselle, sa fille, M. le le prince, M. de Beaufort, et tous les autres de son parti, lui en fissent, d'aller aux portes de la ville pour faire donner passage à l'armée. Ce ne fut même qu'à la dernière extrémité qu'il se résolut d'aller à l'hôtel-de-ville ; et sans Mademoiselle, jamais l'ordre n'eût été donné. Mais en l'allant demander, elle étoit suivie de quantité de gens armés ; de sorte qu'elle jura plusieurs fois au maréchal de L'Hôpital et au prevôt des marchands que s'ils ne le signoient, ces gens-là qu'elle leur montroit par la fenêtre le leur feroient bien signer. Elle dit beaucoup de choses étranges à ces deux messieurs ; et entre autres au maréchal de L'Hôpital, qu'elle lui arracheroit la barbe, et qu'il ne mourroit jamais que de sa main : ce qui l'intimida de telle sorte qu'enfin il signa l'ordre. Ce fut elle aussi qui fit tirer le canon de la Bastille, y étant allée exprès : et même il y en a qui disoient qu'elle avoit mis le feu de sa propre main au premier qui fut tiré.

L'ordre ayant été obtenu enfin par Mademoiselle, M. d'Orléans l'envoya à M. le prince par Soucelles, capitaine des gardes du duc de Rohan, et gentilhomme angevin. M. le prince le reçut avec une joie incroyable, et embrassa plusieurs fois Soucelles, en lui disant qu'il lui apportoit la meilleure nouvelle qu'il eût reçue de sa vie, parce que sans cela ils étoient perdus. Il avoit été auparavant, de la part de M. d'Orléans, demander à plusieurs colonels chez eux, et entre autres à Favier, conseiller d'Etat, et à Lamoignon, maître des requêtes, qu'ils fissent armer leurs colonelles, en vertu de l'ordre de la ville; mais ils répondirent que c'étoit un ordre forcé, auquel ils ne pouvoient obéir : et en effet ils ne firent point armer pour cela, mais pour faire des corps-de-garde dans les quartiers pour la sûreté publique. Ainsi le bagage fut sauvé : il y en avoit tant, qu'il fut près de cinq heures à marcher jusques à la plaine de Grenelle, d'où on le fit aller hors les portes Saint-Marceau et Saint-Victor, où il fut quelques jours. L'armée passa le soir, et prit la même route. Dès le matin le régiment de Languedoc et un autre ayant été défaits, et Valon, qui commandoit le premier, ayant été blessé, ils se rallièrent, et se présentèrent à la porte du Temple pour passer dans Paris, et aller gagner leur gros; mais l'enseigne qui commandoit à la garde de la porte ayant reçu ordre de l'hôtel-de-ville de ne laisser passer personne, les refusa : sur quoi ayant été tiré sur lui (quelques-uns disent que ce fut sa propre sentinelle), il tomba mort; de sorte qu'il n'y eut plus de résistance, et les deux régimens passèrent. Il fut tiré aussi quelques coups de fauconneaux de la Bastille sur les troupes du Roi, par ordre de Mademoiselle (1), mais sans ordre de la ville; ce qui sauva

(1) *Par ordre de Mademoiselle :* Mademoiselle dit dans ses Mémoires,

toute l'arrière-garde de l'armée des princes. On fait état qu'il peut y avoir eu quinze cents hommes et plus de tués de part et d'autre; mais beaucoup plus de celle des princes que de celle du Roi. Du côté du Roi, les marquis de Saint-Mesgrin et de Nantouillet le fils, et le colonel Sester, neveu du feu maréchal de Rantzau, furent tués; de celui des princes, les marquis de La Roche-Giffart et de Flamarins.

Tous ces gens de qualité furent tués à l'attaque d'une quatrième barricade que M. de Turenne avoit fait faire proche d'une méchante maison vers Rambouillet (2). M. le prince ayant déjà gagné les trois autres, n'avoit pas voulu faire attaquer celle-là de front, parce qu'il voyoit bien qu'il y perdroit trop de gens.

tome 41, page 268, de cette série, que Broussel de Louvières, gouverneur de la Bastille, lui avoit mandé que s'il avoit un ordre écrit de Monsieur, il feroit tout ce que le prince lui commanderoit. Cet ordre a été conservé en original; il fait partie des manuscrits de la bibliothèque du Roi, fonds de Baluze, armoire septième, premier porte-feuille. En voici la copie textuelle :

« De par monseigneur, fils de France, oncle du Roi, duc d'Orléans,
« Il est ordonné au sieur de Louvières, gouverneur du château de la
« Bastille, de favoriser en tout ce qui lui sera possible les troupes de
« Son Altesse Royale, et de faire tirer sur celles des ennemis qui paroî-
« tront à la vue dudit château.
« Fait à Paris, le deuxième juillet 1652.
« *Signé* GASTON. *Contresigné* GOULAS. »

(2) *D'une méchante maison vers Rambouillet* : La maison du financier Rambouillet, père ou aïeul de La Sablière, auteur d'un recueil de madrigaux assez recherché. Cette maison, située hors des murs de Paris, à l'extrémité de la rue de Charenton, étoit accompagnée d'un vaste jardin qui descendoit jusqu'à la rivière; on l'appeloit *la Folie-Rambouillet* (*Voyez* Sauval, tome 2, page 287; et Jaillot, *quartier Saint-Antoine*, tome 3, page 106.) Il ne subsiste plus de cette maison que la porte d'entrée et quelques murailles. (*Voyez* la Vie de La Sablière à la tête de ses poésies, publiées par M. Walckenaer; Paris, Nepveu, 1825, page viij.)

Mais le duc de Beaufort s'étant opiniâtré plusieurs fois qu'il la falloit emporter, M. le prince et tous les braves qui le suivoient eurent une espèce de honte de lui résister tant de fois; si bien qu'ils se laissèrent aller à ce qu'il voulut. M. le prince y reçut plusieurs coups dans sa cuirasse; et ce fut une espèce de miracle qu'il n'y demeurât pas comme tant d'autres, car ceux qui le virent combattre disent qu'il ne s'est jamais plus exposé en pas une occasion. On disoit même que Saint-Mesgrin, qui, outre qu'il étoit fort vaillant, avoit depuis long-temps une haine particulière contre M. le prince, à cause de la seconde fille du marquis Du Vigean, qui est maintenant carmélite, et dont Saint-Mesgrin étant fort amoureux et en termes de l'épouser, M. le prince en devint aussi amoureux, et l'obligea de quitter prise (ce qu'il n'avoit jamais pu oublier), avoit conspiré avec plusieurs autres de ses amis de ne s'arrêter qu'à la seule personne de M. le prince, parce que selon eux c'étoit le moyen de faire finir la guerre, et que cette opiniâtreté à le vouloir tuer fut cause qu'il fut tué lui-même. Il faisoit alors une chaleur insupportable; et M. le prince, qui étoit armé et qui agissoit plus que tous les autres, étoit tellement fondu de sueur et étouffé dans ses armes, qu'il fut contraint de se faire désarmer et débotter, et de se jeter tout nu sur l'herbe d'un pré, où il se tourna et se vautra comme les chevaux qui se veulent délasser; puis il se fit rhabiller et armer, et il retourna au combat pour l'achever.

M. de Nemours fut blessé légèrement à la main; M. de La Rochefoucauld eut les deux joues percées, mais le plus favorablement du monde. Clinchant fut aussi blessé, mais non pas dangereusement ; le marquis de Congnée le fut fort d'un coup de mousquet dans le corps ; et Holach, capitaine allemand, aussi. Enfin le combat fut rude pour les personnes de qualité.

M. de Beaufort alla plusieurs fois par les rues exciter les bourgeois de sortir pour les secourir ; mais il ne fut suivi de personne. Des gens de la part de M. d'Orléans firent la même chose, avec un ordre en main signé de lui, mais avec aussi peu d'effet ; et c'est une chose admirable que le peuple, étant aussi favorable qu'il est aux princes, ne fut ému en aucune façon, les voyant en si grand péril ; car sans la retraite de Paris, ils étoient perdus sans ressource. Il sortit quelque nombre de bourgeois en armes, sans savoir ce qu'ils faisoient.

L'après-dînée, il se fit une assemblée dans chaque quartier, où six officiers et six bourgeois furent nommés pour assister à une assemblée générale qui se tint, le jeudi 4, en l'hôtel-de-ville, où tous les curés furent aussi conviés de se trouver, pour aviser à la sûreté de la justice et de la ville. Quelques compagnies furent commandées pour en garder les avenues, entre autres une de la rue Saint-Martin, dont un marchand nommé Trottier avoit été fait capitaine depuis peu, en la place de Méliand, conseiller de la grand'chambre. Ce Trottier avoit toujours négocié en Espagne, comme étant d'humeur séditieuse et ligueuse ; il étoit aussi grand frondeur. Son lieutenant, nommé Pijart, marchand de fer, ne l'étoit pas moins ; et comme les longueurs qu'on avoit apportées, en traitant de la paix sans aucun succès, avoient extrêmement aigri les esprits, presque tous ceux de la compagnie étoient aussi forts mutins, et si irrités qu'ils disoient aux députés, quand ils passoient à la chaîne où ils étoient de garde : « Allez ; et si vous ne faites ce qu'il faut, « nous vous tuerons au retour : » entendant parler de l'union avec les princes, laquelle étoit désirée de tout le peuple aveuglément, comme le salut infaillible. La Grève étoit aussi remplie de populace animée par des séditieux payés exprès pour cela ; à quoi on dit qu'on avoit employé quatre mille deux cents livres. Il y avoit entre autres des bateliers et gagne-deniers, dont ce quartier-là est rempli. Mais outre cela il y avoit nombre de soldats ; on les fait monter jusques à huit cents, dont plusieurs étoient travestis ; et un seul fripier dit avoir loué deux cents paires d'habits pour cet effet. Quelques chefs même s'y rencontrèrent ; car un capitaine du régiment de Bourgogne y fut tué, lequel on enterra le lendemain à Saint-Sulpice.

Les députés étant presque tous arrivés, M. d'Orléans envoya dire qu'il se trouveroit en l'assemblée avec M. le prince : on les attendit jusque vers les six heures. Cependant les députés s'entretenoient en divers cantons des affaires présentes, et du sujet de l'assemblée. Il fut remarqué que la plupart étoient de sentimens favorables aux princes, et tenoient même des discours fort désavantageux pour la cour : ce qui doit être considéré à cause de ce qui arriva ensuite. Les princes étant arrivés, remercièrent la ville du passage qui avoit été donné le mardi à leurs troupes, lesquelles ils étoient prêts d'employer aussi pour ses intérêts, où ils avoient toujours pris autant de part qu'aux leurs propres. Il étoit arrivé auparavant un trompette avec une lettre de cachet du Roi, portant ordre de différer la résolution de l'assemblée de huit jours. La plupart s'écrièrent là-dessus que c'étoit encore une *mazarinade* (et à chaque période de la lettre ils faisoient des huées comme l'on eût fait dans les halles); que l'on n'avoit pour but que de les tenir au filet, et qu'il falloit absolument sortir d'affaire. De sorte que cela ne fit qu'affermir la résolution en laquelle ils étoient déjà de faire la déclaration en faveur des princes, lesquels ayant parlé dans les termes que j'ai rapportés, le procureur du Roi de la ville (1) fit un grand discours, tendant à supplier le Roi de revenir en sa bonne ville de Paris; et marqua en termes métaphoriques qu'il falloit souhaiter que le vaisseau fût conduit par un meilleur pilote, afin de surgir heureusement au port de la paix, qui étoit le but de tous les bons Français. Plusieurs s'écrièrent qu'il ne falloit point de Mazarin ; et comme ils répétoient cela diverses fois, il leur dit que tout son discours ne tendoit qu'à cela, et qu'il pensoit avoir assez fait entendre que c'étoit son intention; mais que, pour ne laisser à personne aucun sujet d'en douter, il concluoit que le Roi fût supplié de revenir à Paris sans le cardinal Mazarin, et de donner la paix à ses peuples. Sur cela les princes se levèrent, paroissant assez mal satisfaits de ce qu'ils voyoient bien qu'on prenoit le train de suivre les conclusions du procureur du Roi, ou qu'au moins on ne pourroit résoudre l'union avec eux, parce qu'il ne restoit pas assez de temps pour opiner : et s'il est vrai que ce qui se fit ensuite fut de leur consentement, comme la plupart l'ont cru, ou même par leur ordre, comme quelques uns l'assurent, il y a apparence

(1) *Le procureur du Roi de la ville*: Simon Pietre.

qu'avant de venir à l'assemblée ils avoient jugé qu'ils ne pourroient pas obtenir cette union; et que pour faire en sorte qu'on n'eût pas le temps d'opiner, ils y furent fort tard, et que par ce qui se fit ils voulurent intimider de telle sorte toute la bourgeoisie, que non seulement l'union se fît pleinement, mais que, par la terreur qu'ils donneroient d'eux à tout le monde, ils demeurassent maîtres absolus de la ville, du parlement et de toutes choses. Etant donc descendus, dès qu'ils parurent sur le perron qui est dans la Grève (1), ils dirent à la populace : « Ces gens-là ne veulent rien « faire pour nous ; ils ont même dessein de tirer les « choses en longueur, et de tarder huit jours à se ré- « soudre : ce sont des mazarins, faites-en ce que « vous voudrez. » A peine ces paroles furent-elles prononcées, que plusieurs coups de mousquet furent tirés dans les fenêtres de l'hôtel-de-ville : ce qui étonna tous les députés. On disoit que cette décharge avoit été faite par les séditieux du peuple, et par les soldats même des compagnies qui gardoient l'hôtel-de-ville, quoique ceux qui sont persuadés que cette action avoit été concertée tiennent que les soldats avoient eu ordre de commencer. Mais comme il y avoit très-long-temps qu'ils attendoient dans la Grève, y étant entrés dès une heure après-midi, et il en étoit plus de six quand les princes sortirent; qu'il faisoit une chaleur horrible, et que pour se désaltérer et se désennuyer ils avoient défoncé plus de cinquante

(1) *Le perron qui est dans la Grève:* Le perron de l'hôtel-de-ville étoit alors absolument tel qu'il est aujourd'hui. (*Voy.* la perspective de l'hôtel-de-ville, gravée par Jean Marot, dans l'ouvrage intitulé *l'Entrée triomphante de Leurs Majestés*, etc. Paris, 1662, in-fol., page 30.)

muids de vin, dont ils s'étoiet enivrés; sur ce que les princes dirent en sortant, ils ne se souvinrent plus de l'ordre, s'ils l'avoient eu, et tirèrent sans cesse contre l'hôtel-de-ville.

Le prince de Guémené, qui suivoit M. d'Orléans quand il sortit de l'hôtel-de-ville, fut pris pour le maréchal de L'Hôpital, à cause du cordon bleu, et reçut plusieurs coups, quelque chose qu'il pût alléguer pour sa défense. Il eût été tué ou assommé, s'il n'eût promis à quelques soldats pour le sauver quarante pistoles: ce qui fit qu'ils le tirèrent de la presse, et furent, le jour même ou le lendemain, à son logis lui demander les quarante pistoles, qu'il leur bailla franchement sans les faire arrêter.

Comme le duc d'Orléans sortit, un de ses chambellans voyant dans la salle un député qui étoit de ses amis particuliers, il le tira plusieurs fois par le bras, et lui dit qu'il sortît de là, et qu'il n'y faisoit pas bon pour lui; si bien qu'ils sortirent ensemble, et ce député fut sauvé par ce moyen. Ceux qui croient que cette action avoit été concertée en allèguent entre autres preuves celle-ci, de ce que ce chambellan dit à son ami; et en infèrent que s'il n'y eût point eu de résolution prise, il n'y eût point eu fondement pour le faire sortir de là.

Binet, maître des comptes, aussi député, regardant par la fenêtre de l'hôtel-de-ville, fut reconnu par un soldat du régiment de Holach, qui a été autrefois le régiment de Gassion, duquel Binet a été secrétaire; ce soldat lui fit signe premièrement d'une main qu'il descendît en bas, puis des deux mains, enfin de son chapeau avec très-grand empressement; en sorte que lorsque les princes sortirent, il les suivit et alla parler à ce soldat, qui lui demanda pourquoi il avoit tant tardé à descendre, voyant les signes qu'il lui faisoit, et lui dit qu'il se retirât promptement, qu'il ne feroit pas bon là dans un moment.

Bechefer, substitut du procureur général (1), et qui fit la charge en son absence depuis qu'il se fut retiré, parce que les deux avocats généraux étoient malades, alla faire information, dans toutes les maisons voisines de la Grève, touchant les deux prisonniers auxquels on faisoit le procès; et il dit qu'il avoit remarqué que dans toutes les chambres des deuxième et troisième étages des maisons qui étoient vis-à-vis de l'hôtel-de-ville, il y avoit des trous faits exprès pour tirer droit dans les fenêtres. Il demanda à Bignon (2), avocat général, s'il en informeroit particulièrement; mais il lui dit qu'il seroit peut-être périlleux d'en avoir trop de lumière, et qu'il valoit mieux n'en point parler.

Cependant les princes s'en allèrent au palais d'Orléans; le duc de Beaufort demeura seulement dans la rue de la Vannerie, en la boutique d'un mercier, pour apprendre ce qui se passoit. D'abord les députés crurent que c'étoit une émotion populaire qui étoit causée par quelque mutin qui avoit excité la populace, et ils pensèrent que cela n'auroit point de suite; et comme les premiers coups étoient tirés de bas en haut,

---

(1) *Substitut du procureur général*: Il étoit premier substitut. (*Voy.* les Mémoires de Talon, tome 8, première partie, page 37, anc. édit.) — (2) *A Bignon*: Jérôme Bignon, avocat général au parlement de Paris, conseiller d'État, et garde de la bibliothèque du Roi. Ce grand magistrat mourut à l'âge de soixante-sept ans, le 7 avril 1656.

et donnoient ainsi dans le plancher, ils voulurent mettre la tête à la fenêtre pour parler au peuple, et leur crier qu'ils travailloient à presser l'union avec les princes; ils en firent même un acte écrit en grosses lettres, signé d'eux tous, qu'ils jetèrent par la fenêtre; et un marchand nommé Briseval, grand frondeur, que le zèle pour le parti des princes, et la curiosité de voir ce qui se passeroit à l'hôtel-de-ville, y avoit fait aller, mit un drapeau à la fenêtre, où il attacha un semblable acte d'union pour le faire voir à tout le peuple : mais tout cela ne servit de rien, et les attaquans étoient incapables de raison, ni d'entendre ceux-là mêmes qui étoient de leur propre sentiment, et qui leur offroient même plus qu'ils ne demandoient.

On reconnut alors (et le maréchal de L'Hôpital le remarqua plus particulièrement) qu'il y avoit d'autres gens que du peuple, qui savoient le métier de la guerre, et qui n'étoient pas seulement soldats, mais soldats choisis, et qui agissoient comme ils eussent fait à l'attaque d'une place, selon les règles de la guerre. En effet, ils furent fort surpris que tout d'un coup les coups ne venoient plus de bas en haut, comme au commencement, mais en droite ligne, et de vis-à-vis d'eux : ce qui leur fit croire qu'ils étoient perdus, et qu'il y avoit une conspiration faite pour cela. Il se trouva que plusieurs des soldats qui avoient eu la conduite de cette exécution, ayant vu le peuple tirer avec précipitation, étoient montés dans les chambres des maisons voisines, d'où ils tiroient régulièrement et de front. Néanmoins il ne s'est pas dit que pas un des députés en ait été tué; car à l'instant qu'ils virent venir les mousquetades à leur hauteur, les uns se couchèrent tout à plat, les autres s'écartèrent, cherchant les lieux les plus reculés de l'hôtel-de-ville pour se sauver. La plupart se confessèrent aux curés qui étoient parmi eux, lesquels avoient en vain essayé d'apaiser cette fureur, lorsqu'ils croyoient qu'elle ne procédoit que de la populace. La terreur étoit d'autant plus grande qu'outre les coups de mousquet et de fusil qui se tiroient sans cesse, on apporta quantité de bois à toutes les portes de l'hôtel-de-ville; on les frotta de poix, d'huile et d'autres matières combustibles, et ensuite on y mit le feu: ce qui faisoit une fumée et une puanteur dont on étoit tellement étouffé jusque dans les appartemens les plus éloignés de la grand'salle, que tout le monde ne savoit que devenir. Les gardes du maréchal de L'Hôpital et les archers de la ville, qui étoient de garde aux portes par dedans, y avoient fait des barricades qu'ils défendirent avec beaucoup de fermeté, et autant qu'ils eurent de quoi tirer. Mais comme ils manquoient de poudre et de plomb, parce qu'ils en avoient peu sur eux, n'ayant pas cru en avoir le besoin qu'il se trouva qu'ils en eurent, et que dans l'hôtel-de-ville il ne s'y en trouva point du tout, non pas même de la chandelle quand il fit nuit (ce qui semble inimaginable), ils se résolurent de ne tirer point à faux; de sorte qu'ils se présentoient toujours quatre de front à la fois à la défense de la barricade, et quand ils la voyoient fortement attaquée par plusieurs personnes, ils faisoient leur décharge tous quatre à la fois, puis ces quatre se retiroient, et quatre autres prenoient leur place; de sorte que l'on assure que par ce moyen ils tuèrent plus de cent cinquante hommes des assaillans, dont on jetoit les corps à l'instant dans la rivière; et je sais d'un homme qui étoit alors dans une maison proche, qu'il y en vit jeter plusieurs. S'il y eût eu des munitions dans l'hôtel-de-ville, et deux cents hommes avec des armes pour le garder, c'est une chose assurée que le carnage eût été furieux dans la Grève, et que le nombre des morts eût tellement effrayé la populace, que non-seulement elle eût été obligée de se retirer et les soldats aussi; mais le corps de ville eût recouvré son autorité, et fût demeuré maître du peuple.

Le maréchal de L'Hôpital, après avoir donné tous les ordres qu'il put pour la défense de l'hôtel-de-ville, voyant une attaque si violente et les portes qui brûloient, crut qu'il alloit être forcé; et comme il savoit que c'étoit principalement à lui et au prevôt des marchands qu'on en vouloit, il songea à sa retraite; et ayant rencontré un valet de chambre (1) d'un nommé M. Croisé, logé dans une auberge en la rue de la Tixeranderie, assez proche de la Grève, qui s'offrit de le mener en sûreté dans cette auberge, quoiqu'il ne le connût point, il se fia néanmoins à lui, et le suivit. Ce valet de chambre passa facilement, étant connu dans le quartier, et n'ayant pas grand chemin à faire; joint que le maréchal de L'Hôpital avoit quitté de bonne heure son cordon bleu et son

---

(1) *Un valet de chambre* : Le cardinal de Retz dit que le maréchal de L'Hôpital fut sauvé par le président de Barentin, et par un *garçon de Paris appelé Noblet.* Suivant Joly, le maréchal fut sauvé par un gentilhomme nommé *Dauvilliers,* aidé d'un valet de chambre. On ne trouve nulle part des détails aussi circonstanciés que dans ces Mémoires.

manteau, et avoit pris un chapeau et un manteau gris. En arrivant dans l'auberge, ceux qui virent revenir le valet de chambre avec un homme crurent que c'étoit son maître qui étoit allé par curiosité à l'hôtel-de-ville pour voir ce qui s'y feroit; mais voyant que ce n'étoit pas lui, ils demandèrent fort rudement à cet homme qui il étoit, et ce qu'il venoit faire là. Il leur répondit que c'étoit le pauvre L'Hôpital; et alors chacun lui fit grand honneur, et on le mena en une chambre pour se reposer. On dit que quelques mutins en ayant eu le vent, l'y allèrent chercher avec grand bruit; mais le maître de la maison, en faisant encore plus, crioit que s'il savoit où il étoit, il iroit lui-même l'étrangler, et qu'il ne mourroit jamais d'autre main que de la sienne; de sorte que, croyant qu'il disoit vrai, ils se retirèrent. Le maréchal de L'Hôpital donna cent pistoles au valet de chambre, et l'on disoit qu'il lui vouloit faire une donation de cent écus de rente sa vie durant; mais les amis du valet de chambre étoient d'avis qu'il lui demandât plutôt quelque office dans une de ses terres. Le samedi suivant, il voulut sortir de Paris avec passe-port, un exempt, et cinquante gardes de M. d'Orléans; mais les bourgeois qui étoient en garde à la porte ne voulurent jamais le laisser passer; de sorte qu'il fut contraint de s'en retourner, et il fallut que le duc de Beaufort l'accompagnât en personne le dimanche matin, jusque hors la dernière barrière du faubourg. Il s'en alla à Besne, qui est une maison à lui à ... lieues de Paris, où l'on dit que la cour lui ordonna de se tenir, n'étant pas satisfaite de ce qu'il avoit quitté de la sorte, quoiqu'il ne fût plus en état de se faire obéir ni de donner aucun ordre, parce que les princes étoient maîtres de tout.

Le prevôt des marchands, qui savoit aussi combien il étoit haï, et que c'étoit lui que les séditieux demandoient, aussi bien que le maréchal de L'Hôpital, pour les mettre en pièces, se retira sur le derrière dans la chambre d'un officier de la ville nommé Le Fèvre, où il demeura jusqu'à onze heures du soir que Mademoiselle et le duc de Beaufort y allèrent, et le firent sortir avec ceux qui s'y étoient retirés avec lui (1), qui étoient Lallemand, conseiller de la première des requêtes; un jeune homme nommé Dupré, qui étoit allé visiter la fille de cet officier, qui est jolie et qui chante agréablement; et quelques autres. Comme ils croyoient tous que l'hôtel-de-ville seroit forcé quand les portes seroient brûlées, ils résolurent de se barricader dans cette chambre, et de mettre tous les meubles contre la porte, qu'ils avoient fermée à la clef et aux verroux. Mais parce qu'elle étoit fort petite et qu'ils étoient beaucoup de gens, ils brûloient de soif, tant à cause de la chaleur extrême qu'il faisoit, que par l'agitation d'esprit qu'ils souffroient. Il y avoit tout près de cette porte par dehors une fontaine, d'où ils pouvoient tirer un grand rafraîchissement; mais la crainte d'être attaqués les empêcha long-temps de défaire leur barricade pour recourir à ce remède. Néanmoins étant horriblement incommodés de la soif, et n'entendant aucun bruit de ce côté-là, ils se résolurent à ouvrir la porte pour avoir de

(1) Mademoiselle de Montpensier en rend compte dans ses Mémoires; elle disposa le prevôt des marchands à donner sa démission : ce qu'il fit le lendemain.

l'eau. Ils en burent une telle quantité, que quand on en avoit apporté plein une grande buire (1) qui tenoit près d'un sceau, il falloit retourner la remplir. Enfin ils se désaltérèrent et refirent leur barricade, après avoir refermé la porte comme auparavant. Pendant qu'ils l'avoient ouverte pour avoir de l'eau, un conseiller de la cour des aides, nommé Brigallier, qui cherchoit à se mettre en sûreté sans savoir où il alloit, se rencontra en ce lieu-là, et ayant vu la porte ouverte, entra dans la chambre; mais ceux qui y étoient ne le purent souffrir, pour l'horrible puanteur qu'il y causoit. Il leur dit que dans le danger où il s'étoit vu, et croyant qu'il n'y auroit aucune retraite assurée dans tout l'hôtel-de-ville, il avoit trouvé une corde, avec laquelle il s'étoit dévalé à l'entrée d'un aisement, à dessein d'y attendre que la furie du peuple fût passée; mais que l'infection de ce lieu-là l'étouffant, il avoit été contraint d'en sortir, et qu'en cherchant quelque autre asyle il s'étoit rencontré là, où il les prioit de le souffrir: mais il les incommodoit de telle sorte qu'ils l'obligèrent à se retirer, et à aller chercher retraite ailleurs comme il pourroit; ensuite de quoi ils refermèrent la barricade.

Goulas, secrétaire des commandemens de M. d'Orléans, et qui l'avoit suivi en venant à l'hôtel-de-ville, y étoit demeuré après que les princes en furent partis. Tous les autres se voyant en cet extrême péril, le conjurèrent d'écrire à son maître qu'il leur envoyât du secours. Il le fit, et son billet fut porté en diligence au duc d'Orléans, lequel étant pressé par celui

(1) *Buire*: Vase propre à mettre des liqueurs. (*Dictionn. de l'Acad.*) Pot à l'eau, cruche. (*Glossaire de la langue romane, par Roquefort.*)

qui le portoit, dit en grattant ses dents avec ses ongles qu'il n'y pouvoit que faire, et qu'on allât à son neveu de Beaufort. Cela étant rapporté à l'hôtel-de-ville, plusieurs des députés délibérèrent s'ils poignarderoient Goulas; mais jugeant bien que cela ne leur serviroit de rien, et se trouvant dans une peine très-pressante pour songer à se sauver, ils ne le firent pas.

Quelques uns se retirèrent dans une autre salle, où ils résolurent d'abord de s'enfermer; mais considérant qu'ils y seroient aisément forcés, ils laissèrent la porte ouverte, et quelque temps après ils y virent entrer environ trente hommes, dont la plupart étoient gens de main et avoient mine de soldats, qui étoient montés par un petit degré après que la porte en eut été brûlée. Quand ils les virent, ils crurent que l'hôtel-de-ville avoit enfin été forcé, et qu'ils seroient tous égorgés. Néanmoins ces gens songeoient plutôt à les piller qu'à les tuer : en effet, dès qu'ils furent entrés ils commencèrent à les fouiller, et à prendre les chapeaux et les manteaux de ceux qui en avoient encore. Car pour tous les gens de justice, ils avoient quitté dès le commencement leurs *sotanes* (1) et leurs robes ou longs manteaux, tant pour n'être point reconnus que pour être moins embarrassés. Ceux qui avoient de l'argent sur eux le donnèrent ou le laissèrent prendre; d'autres en promirent à quelques uns de ces voleurs, s'ils les vouloient remener chez eux en sûreté. Le Gras, maître des requêtes, et Doujat, conseiller de la grand'chambre, furent de ce nombre. Ils étoient venus ensemble à l'hôtel-de-ville, étant

---

(1) *Sotanes:* Ou *soutanes :* habit long que les magistrats de l'ordre judiciaire portent sous la robe, et que l'on appelle aujourd'hui la *simarre.*

grands amis dès leur jeunesse; et se voyant dans le péril, ils s'étoient promis de ne se point quitter. Comme ils étoient donc dans cette salle où ces trente hommes entrèrent, chacun essaya de faire sa composition avec celui qui le fouilla; et étant tombés d'accord, ils sortirent de la salle, descendirent par le même petit degré par où les trente coquins étoient montés, lequel étant fort caché, ils ne furent point aperçus. Celui qui conduisoit Doujat savoit les êtres de l'hôtel-de-ville, et il les fit descendre dans une cave fort longue et fort obscure, à l'entrée de laquelle il demanda à Doujat qui il étoit. Doujat répondit qu'il étoit un avocat qui demeuroit auprès de Saint-Severin. « Diable! dit le conducteur, il ne faut
« pas dire cela, si tu veux que je te sauve : il faut dire
« que tu es un pauvre marchand de la rue Saint-
« Denis, et que je suis ton compère. » Il lui avoit déjà pris son chapeau, qui étoit de castor et tout neuf, avant que de partir de la salle, et lui avoit donné le sien, qui étoit un méchant chapeau gris, vieux et gras, fort large d'entrée, et qui n'avoit que deux doigts de bord; mais, pour le déguiser davantage, il lui donna à porter un mousqueton qu'il avoit, et le faisoit marcher fort vite, disant toujours : « Al-
« lons, allons, compère; marche, tirons-nous d'ici. »
Ils allèrent ainsi tous quatre à tâtons jusqu'au sortir de cette cave; mais quand ils furent dans la rue ils se séparèrent, celui qui conduisoit Le Gras voulant prendre à droite, et celui qui menoit Doujat à gauche.

Le Gras fut rencontré par des gens qui le blessèrent à mort, et il expira dès le soir. L'un des neveux de sa femme étoit présent quand il fut attaqué, et il

ouït qu'à chaque coup qu'on lui donnoit on lui disoit : « Si tu en es échappé à Orléans, tu n'en échap-
« peras pas ici. » Ce qui a fait croire qu'il étoit bien recommandé, et peut-être par une personne de grande qualité qui étoit dans Orléans lorsque Le Gras y entra pour tâcher de porter les habitans, dont il étoit connu, à ouvrir les portes de la ville au Roi. Après qu'il eut reçu plusieurs coups, ce neveu et un laquais le prirent pour le porter chez un chirurgien, quoique avec beaucoup de peine, tant pour la foule qui les empêchoit de passer, que pour la résistance qu'y faisoient les meurtriers, lesquels témoignoient une extrême appréhension de ne l'avoir pas achevé. Cela fut cause qu'ayant su qu'il avoit été porté chez un chirurgien, ils y allèrent pour savoir s'il étoit véritablement mort. Le chirurgien les en assura, et ils s'en retournèrent; mais un peu après ils revinrent encore lui dire qu'ils avoient appris qu'il n'étoit pas expiré. Le chirurgien leur protesta qu'il l'étoit, et les renvoya encore cette seconde fois ; mais étant revenus une troisième, ils voulurent absolument le voir, et que l'on allumât de la chandelle pour le visiter. Comme il rendit l'esprit peu d'heures après, il n'avoit déjà plus de mouvement ni de connoissance ; et ainsi on leur fit croire qu'il étoit passé, comme en effet il passa avant la nuit. Il parla néanmoins, et déclara ce qu'on lui avoit dit d'Orléans en le frappant. J'ai su tout ceci de M. de Bois-Landry, conseiller, fils de M. d'Aligre, à qui le neveu de madame Le Gras l'a dit.

Doujat, qui avoit pris à gauche avec son guide, eut beaucoup de peine quand il fallut passer les chaînes, les bourgeois qui les gardoient étant ivres, et comme forcenés pour assommer tous ceux qui se présentoient à eux sans reconnoître. Mais son conducteur étant connu de quelques uns, en passa plusieurs avec peine, et non sans qu'ils reçussent tous deux des coups de crosse de mousquet. Comme ils contestoient à une de ces chaînes, le duc de Beaufort s'y rencontra, qui alloit à l'hôtel-de-ville pour en retirer quelques uns de ses amis particuliers, et entre autres Courtin, maître des requêtes, chef du conseil du prince de Conti. Le duc de Beaufort reconnut Doujat, nonobstant l'état où il étoit, et s'offrit à lui. Doujat le pria de lui donner quelqu'un des siens pour le remener chez lui. Il lui donna un de ses valets de chambre et un gentilhomme du duc d'Orléans, qui trouvèrent encore mille difficultés aux chaînes; et là le guide qui avoit conduit Doujat s'écarta ou se perdit : enfin ayant trouvé une ruelle extrêmement étroite qui alloit jusqu'auprès du pont Notre-Dame, ils l'enfilèrent, et ne laissèrent pas de rencontrer des ivrognes et des séditieux qui les maltraitèrent. Mais enfin ils en échappèrent; et quand ils furent sur le pont Notre-Dame, ils allèrent avec assez de facilité jusques auprès de Saint-Denis de la Chartre (1), où un marchand drapier, nommé Lempereur, ayant reconnu Doujat, s'approcha de lui, et lui dit qu'il le reconnoissoit bien, nonobstant le déguisement étrange où il le voyoit; et qu'il le prioit de ne pas passer outre, parce qu'il

---

(1) *Saint-Denis de la Chartre* : Cette église étoit située sur la gauche, en entrant dans la Cité par le pont Notre-Dame. Le sol ayant été successivement relevé, on descendoit dans cette église par un assez grand nombre de degrés. Elle a été convertie en une maison particulière, dont elle forme la cave.

y avoit encore du danger, et qu'étant fort las, il auroit de la peine à regagner son logis, qui étoit encore fort éloigné. Doujat, quoiqu'il ne le connût point, ne laissa pas d'accepter l'offre qu'il lui faisoit si cordialement, et s'arrêta chez lui, où il le fit coucher, saigner, et prendre un bouillon; puis le marchand alla chez Doujat avertir sa femme qu'elle ne fût point en peine de lui. Il ne retourna à son logis que le lendemain matin, tout moulu de coups, dont il garda le lit pendant plusieurs jours.

Quelques jours après, le duc d'Orléans trouvant Doujat au Palais, lui dit qu'il le trouvoit tout changé, et qu'il paroissoit en colère. Il lui répondit qu'il étoit trop peu de chose pour se mettre en colère, et qu'il étoit toujours son très-humble serviteur. « Mais, dit « M. d'Orléans, croyez-vous que j'aie fait faire ce qui « s'est passé en l'hôtel-de-ville ? — Monsieur, repartit « Doujat, je n'ai garde de croire qu'un grand prince « comme vous soit capable d'une action si noire, et « si indigne de Votre Altesse Royale; mais au moins « a-t-elle laissé plus de cinq heures un très-grand « nombre de ses serviteurs dans le plus extrême « danger où ils puissent jamais être, et plusieurs « même n'en ont pas été quitte pour le danger; mais « ils y sont demeurés. » Sur quoi M. d'Orléans, sans lui rien répondre, le quitta, et lui tourna le dos.

Le président Charton, un marchand linger qui avoit quitté sa boutique, nommé Le Gois, et trois ou quatre autres, cherchant à se sauver, se rencontrèrent dans un petit corridor pris dans l'épaisseur d'un mur, et qui conduisoit à un aisement; de sorte que cet endroit leur semblant assez caché, ils s'arrêtèrent, ayant bien fermé la porte. Ce lieu étoit fort étroit, de sorte qu'ils y étoient extrêmement pressés; et comme il étoit aussi très-obscur, ils ne se reconnurent point. Le Gois, qui est un gros homme et fort remuant, pressoit le président Charton qui se rencontra auprès de lui, et qui lui dit qu'il l'incommodoit extrêmement; l'autre répondit que l'on l'incommodoit autant qu'il incommodoit les autres, et qu'ils n'étoient pas là pour chercher leurs aises. Le président Charton, qui crut que ces gens-là le connoissoient, quoiqu'il n'eût ni robe longue ni sotane, car il les avoit quittées dès le commencement de l'émotion, gronda de cette réponse; et l'autre, qui est rude et impérieux, gronda encore plus fort que lui; si bien qu'il fut contraint de lui dire : « Savez-vous bien que « vous parlez au président Charton? » Alors ils lui firent de grandes excuses, et se réconcilièrent tous pour ne songer plus qu'à leur conservation. Ils demeurèrent là plus de cinq heures, parce qu'ils entendoient toujours un horrible bruit de tous côtés : mais enfin il leur sembla qu'il diminuoit un peu, et ils jugèrent, par la longueur du temps qu'ils avoient passé en ce lieu incommode, qu'il falloit qu'il fût nuit close; tellement que Le Gois, plus hardi ou plus impatient que les autres, se résolut d'aller vers la cour pour apprendre en quel état étoient les choses. Il aperçut, d'une fenêtre où il s'étoit mis, un page qui tenoit un flambeau, et il lui demanda à qui il étoit. Il répondit qu'il étoit à M. de Beaufort, qu'il lui montra à quelques pas de lui. Sur cela Le Gois descend, et va représenter au duc de Beaufort que le président Charton et plusieurs députés des mieux intentionnés pour le service des princes, après avoir été exposés à un cruel massacre, et n'en étant échappés que par une espèce de miracle, avoient été enfermés cinq ou six heures en un lieu très-fâcheux et très-incommode où il les venoit de laisser, et qu'il le supplioit de leur donner moyen de se retirer en sûreté chez eux. Il les alla querir, et les fit reconduire à leurs logis.

Le président Charton, dès qu'il vit qu'on commençoit à tirer aux fenêtres de l'hôtel-de-ville, crut que c'étoit une partie faite pour se défaire des mazarins, et qu'ayant toujours été frondeur outré, et des passionnés pour les princes contre la cour, il ne couroit aucun risque. Dans cette pensée, il se voulut présenter pour apaiser les esprits; et comme il est grand parleur et étrangement impétueux, il cria mille fois qu'il étoit le président Charton, que l'on l'écoutât, que l'on vînt à lui, qu'il se donneroit pour otage, que les autres signeroient l'union, et tout ce qu'on voudroit : mais il eut beau crier et tempêter, il ne fut point écouté, et il courut plusieurs fois risque de la vie. On lui déchira ses habits ; sa calotte lui fut arrachée ; il eut plusieurs coups, et entre autres un de la hampe d'une hallebarde à la cuisse, qui en fut toute meurtrie : ce qui lui fit reconnoître enfin, quoiqu'un peu tard, que le jeu se faisoit sans choix et sans distinction : de sorte qu'il se retira, comme j'ai dit, au lieu d'où le duc de Beaufort le vint dégager. Etant retourné chez lui, il se mit au lit, et se trouva mal plusieurs jours. Le lendemain vendredi 5, M. d'Orléans envoya deux fois un gentilhomme chez lui pour le prier de se trouver le samedi suivant au

Palais, pour délibérer de ce qui étoit à résoudre sur les affaires publiques. (Il envoya faire le même message à plusieurs autres présidens et conseillers; j'entends présidens des enquêtes, car tous les présidens au mortier s'étoient retirés hors de Paris, et bon nombre de conseillers aussi; et M. le prince alla en personne chez plusieurs pour les obliger à s'y trouver.) Il ne voulut point parler à ce gentilhomme; mais sa femme reçut son message, et lui demanda si c'étoit que M. d'Orléans voulût absolument que son mari mourût; et que n'ayant pas été tué à l'hôtel-de-ville, il falloit qu'il allât au Palais pour se faire assassiner. Le gentilhomme repartit que Son Altesse Royale n'avoit point de part à ce qui s'étoit passé à l'hôtel-de-ville, et qu'il s'étonnoit qu'elle parlât de la sorte. Elle lui répliqua que si M. d'Orléans vouloit que son mari allât au Palais, il lui envoyât M. de Valois (1) en otage; et le gentilhomme lui ayant dit: « Ah! « madame, vous envoyer M. de Valois! — Oui, mon- « sieur, lui dit-elle; car si M. de Valois est fils de « M. d'Orléans, M. le président Charton est mon « mari. » Il fallut qu'il s'en retournât sans autre réponse. Le samedi donc il ne fut point au Palais, soit qu'il ne pût encore marcher, ou qu'il eût peur.

Cependant en l'assemblée qui se fit le même jour de samedi après midi en l'hôtel-de-ville, où l'on élut Broussel prevôt des marchands (2), le président Char-

(1) *M. de Valois*: Jean Gaston, duc de Valois, mort à l'âge de deux ans, le 10 août 1652. — (2) Broussel fut extrêmement blâmé d'avoir accepté cette charge, même par ses plus proches, qui ne le pouvoient défendre d'être porté à la faction, et d'être intéressé, quoiqu'il eût toujours affecté de passer pour un Caton qui ne songeoit qu'à la liberté de sa patrie. (*Note de Conrart.*)

ton n'eut que quatre voix de moins que lui; et tant par le dépit de n'avoir pas eu cette charge, que par le hasard qu'il avoit couru le jeudi, il parut depuis fort irrité contre les princes, et il parla hautement, le samedi 13, en l'assemblée du parlement où il se trouva, du tumulte du jeudi, non plus comme frondeur ni partisan des princes, mais comme irrité contre eux au dernier point. On remarqua cependant qu'en arrivant au Palais il étoit en manteau court, et qu'il ne prit sa sotane et sa robe qu'avec son bonnet en entrant dans sa chambre, qui est la première des requêtes; et qu'au sortir il les laissa au même lieu, et s'en retourna chez lui en habit court, comme il étoit venu.

Miron, maître des comptes, colonel de son quartier, et des plus ardens frondeurs contre la cour (1), croyant aussi par sa présence calmer cette émotion;

---

(1) Dès le temps du cardinal de Richelieu, il avoit été fort ennemi de son ministère; et ce fut lui qui fit à sa mort ce rondeau si célèbre qui commence : « Il est passé, il a plié bagage. » (*Note de Conrart.*)

Voici ce rondeau, qui est imprimé dans le *Tableau du gouvernement des cardinaux Richelieu et Mazarin*, etc.; Cologne, Pierre Marteau, 1694, in-12, page 105.

  Il est passé, il a plié bagage
  Le cardinal, dont c'est moult grand dommage
  Pour sa maison; c'est comme je l'entends:
  Car pour autrui, maints hommes sont contens,
  En bonne foi, de n'en voir que l'image.
  Il fut soigneux d'enrichir son lignage
  Par dons, par vols, par fraude et mariage;
  Mais aujourd'hui ce n'en est plus le temps,
    Il est passé.

  Or parlerons sans crainte d'être en cage:
  Il est en plomb l'éminent personnage

qu'il crut ne regarder que les mazarins, descendit pour parler au peuple et pour tâcher de l'apaiser. Son frère, qui étoit avec lui à l'hôtel-de-ville, assure qu'il en sortit pour aller faire armer sa colonelle, et l'amener là pour dégager tous les députés que l'on assiégeoit; et que lui ayant été dit qu'il s'exposoit au danger de périr, il répondit qu'il aimoit mieux périr en tâchant de faire son devoir, que de se sauver en y manquant (1). Mais il ne parut pas plus tôt, qu'il fut attaqué à coups de baïonnettes et de poignards; et quoiqu'il se nommât, et qu'il leur répétât de toute sa force qu'il avoit toujours été dans leurs sentimens, ils n'eurent point d'égards à tout ce qu'il leur disoit, et le tuèrent sur la place. Quand on le reporta chez lui, sa femme étoit à sa fenêtre, qui voyant un corps mort que l'on portoit, croyoit que ce fût celui de quelque mazarin qui eût été tué, et ne songeoit point que son mari pût être en aucun danger, étant aussi frondeur qu'elle savoit qu'il étoit. Mais quand elle apprit que c'étoit lui, elle sentit des transports de douleur qui continuèrent fort long-temps, et qui lui troublèrent même l'esprit en quelque sorte; tellement qu'elle faisoit et

> Qui de nos maux a ri plus de vingt ans ;
> Le roi de bronze (*) en eut le passe-temps,
> Quand sur le pont avec son attelage
>   Il est passé.

(*) *Le roi de bronze :* La statue de Henri IV sur le Pont-Neuf.

(1) Il avoit une entière confiance de n'être pas de ceux à qui l'on en vouloit, par les témoignages d'affection qu'il avoit toujours reçus des princes, et particulièrement ayant reçu le matin un billet de M. d'Orléans, qui est encore entre les mains de sa veuve, et qui portoit : « Nous avons bien besoin de tous nos bons amis de l'assemblée d'après « diner. Vous êtes de ce nombre; ne nous manquez pas. » (*Note de Conrart.*)

disoit souvent des choses contre la raison. Le duc d'Orléans lui envoya faire compliment sur la mort de son mari; mais elle dit mille injures à celui qui l'alla trouver pour cela, et dit contre M. d'Orléans tout ce que la rage peut inspirer à une personne outrée. On a cru dans cette famille que le premier coup lui avoit été donné par un savetier de son voisinage fort séditieux, et qu'il lui dit en le frappant : « Souviens-toi « que tu as sauvé le lieutenant civil. » Et ils travailloient à le découvrir pour le faire punir s'ils en pouvoient avoir quelque preuve, lorsque la populace seroit moins insolente et moins émue, et que la justice auroit recouvré son autorité.

Le mot du savetier faisoit allusion à une émeute précédente. Quantité de menu peuple s'étant attroupé, avoit assiégé le lieutenant civil dans sa maison, pour l'obliger à rendre une sentence de décharge du loyer des maisons pour le terme de Pâques; et Miron, qui étoit colonel de son quartier, avoit eu ordre de la ville d'aller avec sa compagnie en armes secourir le lieutenant civil, et empêcher qu'on ne pillât sa maison : ce qu'il avoit fait.

Un officier de cuisine de M. le prince fut reconnu dans la mêlée, et arrêté prisonnier avec un autre jeune garçon qui a été laquais, et qui disoit être de sa compagnie de gendarmes. On instruisit leur procès; et Renard, conseiller en la grand'chambre, qui étoit des députés, lui soutint à la confrontation qu'il lui avoit vu donner deux coups à Miron, après qu'il eut été renversé par terre : ce que l'autre nia constamment. Laisné, aussi conseiller en la grand'chambre, étoit commissaire avec Gilbert de Voisins pour entendre les témoins. Un matin, en sortant de son logis pour aller au Palais, il trouva écrit sur sa porte en grosses lettres : *Si vous faites mourir les deux prisonniers, vous ne vivrez pas six heures après.* Quand on disoit à M. le prince qu'il s'étoit trouvé un officier de sa cuisine tuant un des principaux députés, il disoit que c'étoit un coquin qui avoit été là par curiosité, ou par envie de voler; et qu'il vouloit que l'on en fît justice. Leboult, conseiller aux enquêtes, fort affectionné aux intérêts des princes, étant allé au palais d'Orléans pour leur demander justice avec plusieurs bourgeois qui avoient été députés, ou qui s'intéressoient pour d'autres qui l'avoient été, reçut si peu de satisfaction de M. d'Orléans, et particulièrement de M. le prince, qu'il se trouva obligé de leur parler avec une grande liberté et une grande fermeté, jusqu'à leur dire que tout le monde croyoit que les princes avoient fait faire ce massacre; et M. le prince lui ayant dit que personne ne parleroit de cela qu'il ne le fît périr, Leboult répliqua qu'il ne disoit pas qu'il le crût, mais que c'étoit l'opinion de tout le monde : ce qu'il lui répéta plusieurs fois; et voyant qu'on ne leur vouloit faire aucune raison, il dit à ceux qui l'accompagnoient : « Allons-nous-en; car si « nous avons quelque justice à espérer, ce n'est pas « ici. » Dans ce même temps, une dame de fort grande qualité, dont on n'a pas voulu dire le nom, dit à M. le prince : « Monsieur, que pensez-vous avoir fait « en ce qui s'est passé à l'hôtel-de-ville ? vous vous « êtes fait un extrême tort. » M. le prince lui dit : « Moi, madame ! je n'ai aucune part à cela.—Oh ! mon- « sieur, reprit la dame, il n'y a personne qui n'en soit

« persuadé ; et l'on croit même qu'il n'y a que vous
« qui en êtes l'auteur, et que M. d'Orléans n'en a
« point de part (1). »

Comme ceux du parti des princes virent que cette créance devenoit ainsi générale, ils donnèrent ordre que l'on publiât des monitoires dans les paroisses, le dimanche 14 juillet, pour révéler ce qu'on savoit des auteurs de cette sédition : mais comme cela ne fut fait que pour sauver les apparences, il n'y eut aussi que les niais qui s'y laissèrent attraper, et l'opinion n'en fut ni moins publique ni moins forte dans l'esprit de ceux qui l'avoient auparavant.

Ferrand, conseiller aux enquêtes, fils unique du conseiller en la grand'chambre, étoit aussi partisan déclaré des princes, et il s'imagina comme les autres qu'il n'avoit qu'à se montrer pour faire cesser tout ce bruit; mais il ne parut pas plus tôt, qu'il fut tué aussi bien que Miron. Il y avoit huit ou dix ans qu'il étoit marié sans avoir eu d'enfans ; mais il laissa sa femme enceinte.

Le Maire, greffier de l'hôtel-de-ville, honnête homme et fort aimé, crut qu'étant connu de la plu-

(1) L'opinion publique accusa le prince de Condé de l'incendie et du massacre de l'hôtel-de-ville. On fit alors ces vers :

> En mémoire de l'incendie
> Arrivé tout nouvellement,
> Condé veut, quoi que l'on en die,
> Porter la paille incessamment.
> Ma foy, bourgeois, ce n'est pas jeu ;
> Craignez une fin malheureuse :
> Car la paille est fort dangereuse
> Entre les mains d'un boute-feu.

(*Recueil manuscrit de Gédéon Tallemant des Réaux*, bibliothèque de l'éditeur.)

part de ceux qu'il croyoit auteurs de cette sédition, il pourroit contribuer en quelque chose à la faire cesser; joint qu'ayant sa femme malade dans l'hôtel-de-ville, et qui ne pouvoit plus souffrir la fumée dont elle étoit étouffée dans sa chambre, il voulut voir s'il pourroit donner quelque ordre ou à adoucir les mutins, ou à faire transporter sa femme; mais dès qu'il eut mis le pied sur le seuil de la porte, il reçut plusieurs coups de baïonnettes, dont il fut très-long-temps à guérir. Il fut obligé de donner de l'argent à quelques uns pour se garantir de la mort; et tant de ce qu'il débroursa pour cela qu'en ce qu'il perdit dans le tumulte, on fait état qu'il lui coûta plus de mille francs, outre ses blessures, le danger où il fut de sa vie, et sa femme de la sienne, par la frayeur et l'incommodité qu'elle ressentit de tous ces désordres.

Le curé de Saint-Jean ayant été fort harcelé, et même blessé à la tête en voulant exhorter les attaquans à surseoir à leurs violences, tomba en syncope. Son vicaire, qui étoit à l'église, ayant su le péril où étoit son curé et tous les autres, prit sur l'autel le sacrement [1], et le porta jusqu'au portail de l'hôtel-de-ville; mais comme il vit que l'on n'y portoit aucun respect, de peur de quelque accident funeste, il le reporta. Quelques uns ont dit qu'il le rapporta encore une autre fois, mais avec aussi peu d'effet; et qu'il y avoit eu des soldats assez inconsidérés et assez impies pour coucher en joue le vicaire, sur lequel on croit qu'ils eussent tiré s'il ne se fût retiré.

Duhamel, curé de Saint-Médéric, homme fort zélé

[1] *Le sacrement :* Conrart ne dit point *le saint-sacrement*, parce qu'il étoit protestant.

et extrêmement agissant, fit aussi tous ses efforts pour calmer cet orage : il exhorta et conjura tout le peuple ; il s'offrit pour entremetteur ; il proposa quelque suspension, et demanda cent fois à parler au duc de Beaufort : ce qui lui fut enfin accordé. Mais étant descendu dans la Grève, comme il fendoit la presse pour l'aller trouver, il rencontra des mutins qui le pressèrent, le harcelèrent d'une si étrange sorte, qu'il fut contraint d'abandonner sa robe, que l'on lui tiroit par les manches, et de se couler le mieux qu'il put jusqu'à la boutique où étoit le duc de Beaufort (1), à qui il fit de grandes plaintes de ce qui se passoit, et lui dit qu'il devoit s'employer à tirer tant d'honnêtes gens qui étoient dans l'hôtel-de-ville du péril où ils se trouvoient. Il lui répondit qu'il étoit bien marri qu'il s'y fût rencontré, et de le voir dans cet état-là ; et qu'il falloit le remener chez lui. Il lui donna quelques uns des siens pour l'y accompagner ; et dès qu'il y fut arrivé, il fut obligé de se faire saigner, et de garder le lit le lendemain. Ce fut ensuite de cela que le duc de Beaufort alla à l'hôtel-de-ville, et qu'il en fit sortir quelques uns de ses amis, entre autres Courtin, maître des requêtes et chef du conseil du prince de Conti (c'est celui qui étant de fort petite taille, mais fort bien fait, on appeloit ordinairement *le petit Courtin*), et les autres dont j'ai parlé.

Un marchand de la rue Saint-Denis, nommé Yon (2), qui avoit été échevin, et qui étoit extrêmement aimé de tous ceux qui le connoissoient comme un homme

---

(1) *Où étoit le duc de Beaufort :* Dans la rue de la Vannerie, ainsi qu'on l'a vu plus haut, page 118. — (2) *Nommé Yon :* Il est appelé *Hion* dans les Mémoires d'Omer Talon.

d'honneur et de probité, fut tué pour le prevôt des marchands, quoiqu'il ne lui ressemblât point. Le matin, il s'étoit confessé et avoit communié à sa paroisse, ayant un pressentiment qu'il pourroit arriver quelque désordre en cette assemblée. Sa femme voulut le dissuader d'y aller; mais il dit que puisqu'il avoit été nommé, son devoir et son honneur l'obligeoient de s'y trouver. Un autre marchand de fer de la place Maubert, nommé Fressand, fut aussi tué, et laissa sept enfans tous petits.

Le président de Hodie rencontra des gens moins sanguinaires que ces autres-là; et comme il est fort petit, qu'il a peu de mine, et que ses cheveux sont très-courts, ils le prirent pour un prêtre, et se contentèrent de lui prendre son chapeau et sa calotte, quelque prière qu'il leur fît de ne le laisser pas retourner la tête découverte, à son âge, et à l'heure qu'il étoit (il étoit presque nuit): mais ils ne lui dirent jamais autre chose, sinon qu'il prît le chapeau de son laquais s'il vouloit.

Bitaut, conseiller aux enquêtes et grand frondeur, ayant trouvé moyen de sortir et d'échapper jusques à *la Pierre-au-Lait* (1), se trouva si las et si harrassé

(1) *La Pierre-au-Lait:* On appeloit ainsi la rue des Ecrivains, située le long de l'église de Saint-Jacques-la-Boucherie. On lit dans une pièce du treizième siècle, intitulée *le Dit des rues de Paris*, insérée par M. Méon dans son édition des Fabliaux, tome 2, page 265:

.... Par *la Pierre o Let*
Ving en la rue Jehan-Pain-Molet.

Jaillot, dans ses *Recherches sur Paris, quartier de Saint-Jacques-la-Boucherie,* tome 1, page 38, assure que l'on donne encore ce nom de *Pierre-au-Lait* au carrefour formé par les rues des Ecrivains, de la Heaumerie, d'Avignon et de la Vieille-Monnoie. Nous nous en sommes

de la chaleur et de la fatigue (car il est gras et malsain), qu'il fut contraint de s'asseoir sur une pierre pour reprendre un peu haleine : un marchand du voisinage l'ayant aperçu, courut à lui et le voulut tuer, disant que c'étoit sans doute un mazarin qui se vouloit sauver. En ce danger Bitaut reprit cœur, et lui dit qu'il n'étoit point mazarin, mais qu'au contraire il avoit pensé périr en s'efforçant de le chasser du royaume; qu'il avoit été commissaire du parlement, et long-temps prisonnier pour cet effet. Enfin il se nomma, et par ce moyen il réduisit le marchand, au lieu de le tuer, à le mener chez lui, où il lui fit prendre du vin, et le fit reconduire avec une escorte.

Un procureur au parlement, nommé Saussoy, avoit capitulé avec quatre personnes à vingt pistoles pour le ramener chez lui; et comme ils se présentèrent à la première chaîne, il trouva que la compagnie de son quartier y étoit de garde, et que ses enfans, qui étoient en une étrange peine de ce qu'il étoit devenu, s'y rencontrèrent aussi au même temps qu'il se présenta pour passer. Aussitôt qu'ils l'eurent aperçu, ils firent de grands cris de joie; et les gardes l'ayant reconnu aussi, non seulement le laissèrent passer, mais lui aidèrent, sans vouloir pourtant que les quatre hommes qui l'accompagnoient passassent, quelques instances qu'ils en fissent, et lui-même aussi leur disant qu'il reconnoissoit qu'il leur étoit redevable de la vie; enfin, les voyant si opiniâtres à leur refuser le passage, il leur cria : « Je vous ai dit mon nom et ma demeure; quand
« vous m'y viendrez trouver, vous verrez si je suis

nous-même assuré; et en demandant cette indication sur le lieu même, nous avons été fort bien compris.

« homme de parole. » Et en effet, lorsqu'ils y furent il leur donna les vingt pistoles, et les remercia même beaucoup de l'assistance qu'il avoit reçue d'eux.

De Poix, ancien marchand, et l'un des administrateurs de l'Hôtel-Dieu, fort âgé et cassé, rencontra à l'endroit par où il sortit quantité de bateliers et d'autres gens de dessus les ports qui le reconnurent, et, au lieu de lui mal faire, le reconduisirent paisiblement en son logis, en disant que c'étoit un des pères des pauvres.

Muysson, bourgeois de la rue des Cinq-Diamans, ayant été avec Lallemand, conseiller aux requêtes, et Du Pilles, secrétaire du Roi, députés du même quartier que lui, jusques à la chaîne de la rue de la Tixeranderie, qui fermoit la Grève, entendit des soldats de la compagnie de Trottier qui grondoient en les voyant passer, et disant que c'étoient des mazarins, et qu'il les falloit mettre par terre : ce qui lui fit juger qu'il pourroit arriver du désordre. Il passa néanmoins par un détour jusqu'à l'allée qui mène au Saint-Esprit (1), où il ouït encore des murmures, et qu'on parloit de ce qu'il n'avoit point de paille à son chapeau, n'ayant pas encore ouï dire qu'il en fallût mettre. Ce fut une invention de Mademoiselle, qui s'avisa d'ordonner que tous ceux qui ne voudroient point passer pour mazarins porteroient de la paille à leur chapeau, comme avoient fait les soldats des princes pour se reconnoître le jour du combat de la porte St.-Antoine; et dès-lors tout le monde généralement en porta, même les femmes, les enfans, les gueux, et

(1) *L'allée qui mène au Saint-Esprit :* Elle est murée depuis environ vingt ans.

jusques aux chevaux et aux ânes. Il jugea que c'étoit une marque de faction, et qu'il y auroit du péril à s'engager dans l'hôtel-de-ville; néanmoins il s'avança jusque près de la porte, observant toujours ce qui se passoit, et ne put se résoudre d'y entrer : mais étant retourné sur ses pas assez loin, il reprit encore une fois le chemin de la Grève, et monta jusque sur le pas de la porte de l'hôtel-de-ville; mais se sentant pressé par un instinct secret de ne pas passer outre, il ne put forcer cette résistance, et s'en retourna chez lui. Lallemand et Du Pilles entrèrent. J'ai déjà dit comme le premier se sauva avec le prevôt des marchands (1); pour le second, ayant reconnu qu'il y avoit un mot entre quelques personnes qui sembloient destinées à faire agir les autres, il fit tant qu'il sut que ce mot étoit *Roger*. De sorte que partout où il rencontroit de ces gens là, il prononçoit *Roger*, et on le laissoit passer; et ainsi il regagna adroitement son logis.

De Bourges, secrétaire du Roi et homme résolu, trouva des soldats du régiment de Valois qui lui offrirent de le sauver moyennant cent écus qu'il leur promit et qu'il leur donna, moyennant quoi ils le ramenèrent chez lui. Le lendemain, le duc d'Orléans l'ayant envoyé querir, lui demanda s'il n'avoit pas été à l'hôtel-de-ville le jeudi, et comment il s'en étoit tiré. Il lui répondit que c'étoit par le moyen de ses gens. « De mes gens? dit M. d'Orléans; je ne pense
« pas qu'il y en eût, et ne veux pas qu'ils se mêlent
« de ces choses-là. — Monsieur, dit de Bourges, ce
« sont pourtant des soldats du régiment de Valois qui
« m'ont empêché d'être tué comme mes concitoyens

(1) *Voyez* plus haut, page 123.

« l'ont été, et à qui j'ai donné cent écus. » Il lui dit encore d'autres choses fort hardies ; à quoi M. d'Orléans n'eut rien à répondre. Et quoiqu'il fût grand frondeur auparavant, depuis cela il témoignoit hautement partout qu'il étoit très-mal satisfait des princes.

Fournier, président de l'élection de Paris, et qui a été échevin, voulut demeurer plus constant ou plus opiniâtre dans la passion qu'il avoit toujours pour la Fronde et pour les princes, et il la préféra à sa propre conservation; car étant du nombre des députés, et fort connu dans l'hôtel-de-ville et dans la Grève à cause de l'échevinage, il s'imaginoit qu'à sa parole et aux choses qu'il diroit, personne n'auroit l'assurance de lui toucher. Néanmoins il fut moins épargné que beaucoup d'autres; et on lui donna tant de coups de crosse de mousquet sur la tête et par tout le corps, qu'il en demeura long-temps au lit sans se pouvoir remuer. Et comme on lui représentoit le tort qu'avoient les princes d'avoir fait faire ou du moins d'avoir permis ce carnage où tout Paris étoit engagé, et où il y avoit beaucoup plus de personnes attachées à eux qu'à la cour, il répondoit que nonobstant le danger qu'il avoit couru et le mal qu'il enduroit, il trouvoit que messieurs les princes ne pouvoient faire autre chose que ce qu'ils avoient fait, pour faire cesser les longueurs du parlement et des bourgeois à se déclarer pour eux, afin de chasser le Mazarin, qui étoit un mal plus grand que tous les autres qu'on pouvoit souffrir. Beaucoup d'autres gens tenoient aussi le même langage, et excusoient une action qui faisoit horreur à tout le monde et à eux-mêmes, quand ils considéroient qu'elle étoit contre la cour, pour qui ils avoient une haine irréconciliable, jusque là qu'un prêtre de l'église de Saint-Jean en Grève, dont le curé étoit enveloppé dans le danger et y pensa périr, comme j'ai déjà dit, eut bien l'effronterie et l'inhumanité de dire au milieu du marché du cimetière Saint-Jean, à mademoiselle de Scuderi, de qui je l'ai appris, que c'étoit dommage que tous les mazarins qui étoient dans l'hôtel-de-ville n'y avoient été brûlés (1).

Plusieurs des parens et des amis de ceux qui se trouvoient exposés dans ce péril voulurent aussi faire armer les bourgeois de leur quartier pour les aller secourir; mais la plupart refusèrent de prendre les armes, et ceux qui les prirent ne purent passer aux chaînes, ceux qui les gardoient disant que c'étoient des mazarins, et qu'il les falloit laisser périr: même lorsque l'on sut que la plupart s'étoient sauvés, et que les autres s'étoient défendus autant qu'ils avoient pu, en sorte que l'hôtel-de-ville n'avoit point été forcé, on pressa tant M. d'Orléans d'y envoyer, pour faire paroître au moins qu'il n'avoit aucune part à cette malheureuse action, qu'il consentit enfin que quelques uns de ses gardes y allassent; mais on leur refusa le passage sur le pont Notre-Dame, disant qu'il falloit laisser exterminer tous ces mazarins-là. Mademoiselle même eut de la peine à aborder la Grève, quoiqu'elle n'y allât que fort tard; car quand on la prioit d'aller

(1) Michel de Marolles dit que le but de cette sédition étoit de brûler les principaux habitans de Paris. Il fit à cet événement l'application d'une devise qu'il avoit composée sur les heures du cadran de l'hôtel-de-ville :

Si nous allons mourir, nous espérons revivre.

(Mémoires de Marolles, tome 2, pages 111 et 112, édit. de 1755.)

secourir tant de gens d'honneur que l'on massacroit, elle alloit et venoit avec inquiétude, comme Monsieur, son père, d'une chambre à une autre; et elle entra quatre fois sans sujet dans celle de M. de Valois. Tellement qu'il étoit nuit quand elle arriva à l'hôtel-de-ville, et chacun s'en retiroit déjà par composition, l'exécution militaire étant cessée.

Quelques uns ont cru que le dessein des princes n'étoit que d'intimider tous les bourgeois, en en faisant tuer quelques uns, et en faisant peur à tout le reste; d'autres, qu'ils avoient ordonné de faire main basse sur tout ce qui étoit dans l'hôtel-de-ville, tant pour rendre la terreur plus grande, que pour se défendre de ceux des députés qui ne leur étoient pas favorables. Et ceux qui étoient de cette opinion disoient qu'ils avoient ouï dire à ...... (1) qu'il étoit fâché de ce qu'il perdroit là quelques uns de ses amis; mais qu'il falloit que les bons souffrissent pour les mauvais, et qu'il lui en resteroit encore assez d'autres (je ne sais pas ceci d'original). Peu de gens doutèrent qu'ils n'y eussent très-grande part, excepté les factieux et les aveugles volontaires; et leurs plus ardens partisans jugèrent de là ce qu'ils devoient attendre de la liaison qu'ils avoient prise avec eux, lorsqu'ils ne leur seroient plus nécessaires. Tous généralement avoient la bouche close quand on leur objectoit que si les princes ne s'étoient point mêlés de cette affaire, ils devoient au moins se mettre en devoir d'y remédier quand le mal fut commencé; et s'ils ne se soucioient pas des autres, qu'ils étoient toujours obligés de faire quelque diligence pour sauver leurs amis qui étoient en danger de leurs

(1) *A* .... : Ce nom est en blanc dans le manuscrit.

vies pour leurs intérêts, lesquels recevoient un préjudice notable de la perte de tant de gens qui s'étoient entièrement dévoués à leur service. Les gens éclairés jugèrent de là que lorsque le peuple se seroit désabusé, et n'auroit plus devant les yeux ce voile obscur du Mazarin qui ne leur laissoit rien voir autre chose, il auroit un grand dégoût des princes, et se lasseroit bientôt de leur conduite et de souffrir mille incommodités, comme la cherté, la disette, les maladies causées par la proximité de leurs troupes, outre les taxes que l'on menaçoit tous les jours de faire, et aux rôles desquelles on avoit déjà travaillé plusieurs fois au palais d'Orléans; Montauron et Doublet, partisans anciens, y ayant été appelés pour cet effet, et Peny, trésorier de France à Limoges, ayant fait les enquêtes dans tous les quartiers du bien de chaque bourgeois, et particulièrement de ceux qu'il estimoit mazarins. C'étoit lui aussi qui faisoit toutes les fonctions de la charge de prevôt des marchands, depuis que Broussel en eut été revêtu, parce que, outre l'âge de Broussel, qui étoit de soixante-quinze ou soixante-seize ans, il étoit homme malsain, extrêmement lent, peu éclairé dans les affaires, n'ayant que quelque lecture des anciens auteurs, et une aversion si obstinée pour tout le gouvernement de l'Etat, que cela seul le rendit célèbre comme il le devint, et fut cause qu'on parla de lui; au lieu que sans cela on n'eût pas su s'il eût jamais été au monde, non plus que la plupart de ceux de son métier, dont il n'y a le plus souvent que les plaideurs qui connoissent le nom et la personne.

Mesmin, homme d'honneur, homme de lettres et homme d'affaires tout ensemble, porté de curiosité et de zèle pour le bien public, voyant l'importance de cette assemblée, crut y devoir aller donner son suffrage, quoiqu'il n eût pas été député. Il se rendit donc à l'hôtel-de-ville, où il courut le même danger que les députés. S'étant retiré dans la salle où plusieurs furent fouillés et dépouillés, comme j'ai dit, par les trente hommes qui trouvèrent moyen d'y monter, il le fut comme les autres. Comme il est sage et modéré, il demeura dans une assiette d'esprit assez tranquille, et ne s'étonna point de toutes les menaces qu'on lui fit de le tuer. Enfin il fit sa composition comme les autres avec quatre de ces satellites qui le remenèrent chez lui, moyennant cinquante écus qu'il leur donneroit. Quelque temps après, comme il s'alloit coucher, il vint un homme crier qu'il étoit l'un de ceux qui l'avoient sauvé; et même qu'il y avoit plus contribué que tous les autres, et que cependant ils ne lui avoient rien voulu donner des cinquante écus. Mesmin dit qu'il les avoit payés, qu'il ne le connoissoit pas, et que s'il avoit quelque chose à prétendre pour cela il allât chercher ses camarades. Le lendemain matin, deux autres allèrent aussi chez lui pour lui faire le même discours; mais le valet de chambre de Mesmin en ayant reconnu un qui avoit été laquais de La Vrillière, secrétaire d'Etat, il lui dit : « Et comment, « Antoine! voilà un beau métier que vous faites, et « encore chez des voisins de votre maître! » A peine eut-il prononcé son nom, que, se voyant reconnu, il s'enfuit avec son camarade. Un peu après il en revint encore un autre; mais le valet de chambre ne le fit point parler à son maître, qui lui avoit ordonné, dès que le premier lui vint faire ce discours, de renvoyer tous les autres qui viendroient pour en faire de semblables. Je remarque ceci, quoique de nulle importance en soi, mais de très-grande pour la conséquence; car cette hardiesse, de venir demander dans les maisons le prix d'un vol et d'un assassinat dont on s'étoit racheté, montre qu'il falloit bien que ces voleurs et ces assassins se sentissent appuyés de quelque autorité supérieure, parce que sans cela ils auroient eu peur qu'on ne les eût arrêtés.

Il y en eut quatre qui étant allés demander au curé de Saint-Paul l'argent qu'il leur avoit promis, en le leur baillant il prit leurs noms, leurs métiers et leurs demeures par écrit; ils ne firent point de difficulté de les lui déclarer. Il se trouva que c'étoit des artisans que la nécessité et la mutinerie avoient fait aller à la Grève, et qui avoient cru bien faire de sauver quelqu'un pour avoir une pièce d'argent. On sut qu'il avoit retenu les noms de ces misérables, et on les lui fit demander pour en faire informer, afin qu'il parût que ce n'avoit été qu'une émotion populaire, et que la canaille seule l'avoit causée; mais il ne les voulut point donner.

Martin, contrôleur, clerc d'office de la maison du Roi, et son frère, avoient été députés de leur quartier (c'est celui de la rue de la Chanverrerie, dans la rue Saint-Denis). Le contrôleur vouloit aller à l'assemblée; mais son frère y avoit de la répugnance. Ils y allèrent néanmoins; mais n'ayant point eu de billet comme tous les autres, par l'oubli de celui qui les portoit, ils ne purent entrer dans l'hôtel-de-ville, et s'en retournèrent; la fortune les ayant ainsi garantis d'un danger où plusieurs autres furent exposés.

Le président Aubry, premier conseiller de ville,

fort goutteux, et âgé de soixante-dix-huit ans, attendit à sortir des derniers; et quoique la goutte et son grand âge l'obligent à se faire toujours porter dans une chaise, quand il n'auroit qu'un degré à monter, il revint ce jour-là de l'hôtel-de-ville chez lui, à la place Royale, à pied; et avant que de partir il alloit et venoit, sans se souvenir qu'il eût la goutte.

Boucher, secrétaire du Roi, député du quartier de Saint-Honoré, voulant sortir de l'hôtel-de-ville et passer par dessus la barricade qui étoit sur le degré, fut repoussé; mais comme on appela quelque autre pour le faire sortir, il le suivit, et se sauva à la faveur de celui-là. Son fils fut long-temps à la chaîne qui défendoit l'entrée de la Grève, sans que les gardes le voulussent jamais laisser passer pour aller secourir son père, qui ne retourna chez lui qu'entre dix et onze heures du soir.

Salmon, secrétaire du Roi, député du quartier Saint-André, jeune, dispos et d'agréable prestance, passa par dessus la barrière du degré; et faisant fort l'empressé, demandoit où étoit M. de Beaufort, pour faire connoître par là qu'il n'étoit point mazarin. Il se rencontra qu'alors les plus méchans n'attaquoient pas; de sorte qu'il y en eut qui lui dirent qu'il ne fît point tant de bruit à demander M. de Beaufort, mais qu'il s'en retournât chez lui le plus promptement qu'il pourroit : ce qu'il fit, et non sans peine, et n'y arriva qu'à onze heures du soir.

Gilbert de Voisins, conseiller au parlement, député du même quartier, fut fort maltraité, harcelé, dépouillé; il arriva chez lui vers les dix heures du soir, et n'échappa qu'à la faveur de sa mine, qui est petite et chétive. Nonobstant tout ce mauvais traitement, il disoit quelque temps après, à un de ses amis, que si les princes n'eussent pris soin des affaires, Paris étoit perdu, et que le cardinal pour s'en venger avoit résolu de le ruiner.

Le Boulanger, auditeur des comptes, député du quartier de .... (1), rencontra malheureusement au sortir de l'hôtel-de-ville des soldats furieux, qui dès qu'ils le virent paroître, comme il parloit à un de ses amis intimes qu'il avoit rencontré, et avec qui il se conseilloit de quelle sorte il se retireroit, fut attaqué par un qui lui dit : « Comment, tu n'es pas encore mort ? » Et en même temps il le frappa de plusieurs coups de poignard et de baïonnette; de sorte que tout ce qu'on put faire fut de le faire porter chez un chirurgien, d'où il fut impossible de le transporter, et il y mourut quelques jours après de ses blessures.

Le Camus, procureur général en la cour des aides, député du quartier de l'Echelle, du Temple, ou des Enfans-Rouges............ (2).

---

15 juillet 1652 (3).

Le lundi 15 juillet 1652, Chabot, duc de Rohan, fut reçu duc et pair au parlement, nonobstant l'opposition de messieurs de Châtillon, de Tresmes, de Liancourt, de La Mothe-Houdancourt, qui avoient des brevets et des lettres avant lui, et qui les ayant présentés au parlement n'en purent obtenir la vérification, à cause d'un arrêt qui ordonnoit qu'aucune ne

(1) De ......: Ce nom est en blanc au manuscrit. — (2) Le manuscrit n'est pas terminé. — (3) Manuscrits de Conrart, tome 17, page 825.

seroit faite pendant que le cardinal Mazarin demeureroit en France. On s'étonna de ce que la cause qui avoit fait donner cet arrêt n'étant point cessée, et au contraire les princes et le parlement se déclarant de plus en plus pour l'éloignement du cardinal, on passa néanmoins par dessus un arrêt qui avoit lieu pour tant d'autres personnes. Mais Rohan et ses amis jugeant la conjoncture favorable par l'absence de tous les présidens au mortier, et par l'abattement du parlement, qui n'osoit plus faire de résistance aux volontés des princes et du peuple, depuis ce qui leur étoit arrivé le 25 juin et ce qui s'étoit passé à l'hôtel-de-ville le 4 juillet, ils prirent le temps de faire passer son affaire, en laquelle le duc d'Orléans et M. le prince le protégèrent puissamment; et particulièrement le dernier. Il s'en étoit parlé déjà deux fois; mais elle n'avoit pu être conclue jusqu'à ce jour-là 15 juillet. Croissy (1), conseiller, qui a toujours été frondeur outré et dans les intérêts de M. le prince, ayant été fort désabusé depuis le 25 juin et le 4 juillet, opina fortement pour empêcher la vérification des lettres de Rohan, non pas quant à la condition ni à la personne, qu'il reconnut très-digne de cet honneur et de plus grands, mais à cause de l'arrêt, qui seroit enfreint par ce moyen, au préjudice de tant d'autres personnes de qualité, à l'égard desquelles il avoit été observé. Il dit même que cela étoit étrange que les suffrages ne pussent être libres, et que l'on n'osât plus dire ses sentimens dans la compagnie. D'autres suivirent aussi son avis pour l'autorité de l'arrêt; mais

(1). *Croissy* : Fouquet de Croissy, conseiller au parlement; on lui attribue l'écrit intitulé *le Courrier du temps* (1649).

M. le prince le prit d'un ton si haut que tout le monde fut contraint de céder.

Au sortir, M. le prince dit à Croissy, d'un air de raillerie et de mépris, qu'il avoit été *tondu*. Croissy répondit : « Monsieur, il est vrai que je l'ai été; mais ce « n'a pas été par justice, c'a été par cabale.—Cabale ! « dit M. le prince; au moins n'en ai-je pas d'autre « que pour faire sortir de France le Mazarin. —Mon-« sieur, repartit Croissy, je voudrois que personne « n'eût point plus d'intelligence avec lui que moi. » Cette parole offensa fort M. le prince, qui sentit bien que Croissy l'avoit dite pour le piquer, sur ce que tout le monde croyoit que M. le prince avoit fait son accommodement secret avec la cour il y avoit longtemps; de sorte que M. le prince laissa entendre qu'il s'en ressentiroit : ce que les amis de Croissy ayant appris, ils lui conseillèrent de dissimuler ; et le marquis de Jarzé lui ayant proposé que s'il demeuroit brouillé avec M. le prince, après avoir été toujours ouvertement déclaré pour lui et contre la cour, qu'il s'étoit rendu irréconciliable, il estimoit que cela lui seroit préjudiciable, et que s'il vouloit il parleroit à M. le prince pour l'adoucir, Croissy le pria de lui donner du temps pour y penser; et en ayant parlé à ses amis, ils lui conseillèrent d'écrire une lettre à Jarzé (1), par laquelle il lui manderoit qu'il étoit marri

(1) *A Jarzé:* René Du Plessis de La Roche-Pichemer, comte de Jerzé ou Jarzé. C'étoit une créature du prince de Condé, à l'instigation duquel il feignit, en 1649, d'être épris de la reine Anne d'Autriche. Cette impertinence le fit exiler; et il n'obtint, après une longue disgrâce, de prendre du service en 1672 que pour être tué par une sentinelle dont il n'entendit pas le *qui vive?* (*Voyez* la lettre de Pellisson, du 19 juin 1672.)

de ce que M. le prince s'étoit fâché de ce qu'il avoit dit au parlement; qu'il n'avoit eu aucune intention de lui déplaire, et qu'il voudroit n'avoir pas dit les choses qu'il avoit trouvées mauvaises. Ayant écrit cette lettre, Jarzé la montra à M. le prince, lequel lui dit qu'il n'étoit plus fâché contre Croissy, et qu'il vouloit bien qu'il l'amenât dîner chez lui : ce que fit Jarzé de suite; et lorsque Croissy lui voulut parler de ce qui s'étoit passé, et lui en faire quelque excuse, M. le prince lui dit : « Ne parlons plus de tout cela; « dînons. »

On jugea dès-lors que Rohan auroit force querelles à cause de cette vérification, aussi bien que pour ce qui s'étoit passé entre lui et Tonquedec chez la marquise de Sévigné; car Tonquedec, qui s'étoit échappé de Paris, avoit fait proposer à Rohan par Vassé de se battre, et il s'y étoit engagé dès qu'il pourroit se défaire de son garde; mais voyant qu'il n'en avoit point de nouvelles, il crut qu'il valoit mieux qu'il lui fît parler par Chavagnac (1), qui étoit toujours à Paris aussi bien que Rohan, et du parti des princes comme lui : si bien que Chavagnac lui parla, et le pria que dès qu'il se pourroit échapper de son garde il le lui fît savoir, et qu'il ne s'adressât à personne qu'à lui. Au lieu de cela néanmoins Rohan écrivit à Vassé, sous prétexte de ce qu'il lui avoit parlé le premier; mais Vassé, qui avoit été si long-temps sans avoir de ses nouvelles, et qui savoit que Tonquedec se plaignoit de lui et qu'il lui avoit fait parler par Chavagnac, montra son billet à tout le monde.

(1) *Par Chavagnac* : Gaspard, comte de Chavagnac. On a de lui des Mémoires assez curieux; Besançon, 1699, 2 vol. in-12.

Chavagnac, qui est des plus francs du métier, et qui n'entend point de finesse quand il est question de mettre l'épée à la main, fit savoir à Rohan que Tonquedec n'étoit nullement satisfait de son procédé, et qu'il lui apprenoit que le duc de Brissac, le comte Du Lude et lui vouloient tirer raison de l'affront qu'il avoit fait à Tonquedec, afin qu'il prît ses mesures sur cela, qu'il se pourvût de deux amis, et qu'il les fît avertir quand il pourroit se délivrer de ses gardes. Mais la duchesse de Rohan étoit une autre garde bien plus difficile à éviter que celui que M. d'Orléans lui avoit donné, car elle faisoit veiller son mari en tous lieux, de peur qu'il ne s'échappât; et les malicieux disoient qu'elle n'y avoit pas tant de peine qu'elle le vouloit faire croire.

17 juillet 1652 (1).

LE Roi partit de Saint-Denis le mercredi 17 juillet 1652, pour aller coucher à Pontoise. Quoique Mancini, neveu du cardinal, fût à l'extrémité, on ne laissa pas de le transporter dans un brancard pour lui faire suivre la cour, de peur qu'en le laissant à Saint-Denis les troupes des princes, qui auroient pu y aller, ne lui fissent quelque insulte. Le cardinal considéra aussi que quand on l'auroit laissé mourir à Saint-Denis, il n'y auroit point eu de sûreté de l'y enterrer; et que, soit des soldats des princes, soit de la populace de Paris, il y auroit pu aller des gens pour exercer sur son corps les effets de la haine que l'on portoit à son oncle. Il mourut à Pontoise, où on l'enterra;

(1) Manuscrits de Conrart, tome 17, page 827.

et le cardinal en reçut une douleur extrême. Aussi jugea-t-on dès-lors que c'étoit un mauvais présage pour sa fortune que cette mort: car Mancini étoit bien fait, il avoit de l'esprit, et une humeur agréable; mais ce qui étoit de plus important, il avoit grande part aux bonnes grâces du Roi; et comme il étoit d'un âge se rapportant au sien (il avoit environ dix-huit ans), et qu'il savoit l'art de plaire et de se rendre agréable, il y avoit grande apparence qu'il pourroit devenir favori, et par là assurer la fortune de son oncle.

Les députés du parlement furent laissés à Saint-Denis, avec charge d'y attendre jusques au lendemain à midi les ordres du Roi. Dès l'après-dînée du mercredi, M. le prince fut à Saint-Denis avec environ trois cents cavaliers allemands qui passèrent par la rue Saint-Denis, l'épée nue en une main et le pistolet de l'autre; et lui à leur tête en même équipage. Il convia les députés de revenir à Paris, et leur dit qu'il leur avoit amené escorte; mais ils lui dirent qu'ils étoient obligés d'attendre les ordres du Roi, qu'ils devoient recevoir le lendemain; de sorte que M. le prince revint à Paris sur le soir avec sa cavalerie. Le jeudi matin, le parlement étant assemblé reçut une lettre de ses députés, qui portoit qu'ils en avoient reçu une du Roi pour le suivre à Pontoise; et comme l'arrêt du parlement du 13 ordonnoit qu'ils reviendroient dans le mardi 16 (ce qui étoit une tacite révocation de leur députation), et qu'ils n'étoient plus là que comme négociateurs des princes, ils demandoient, tant à eux qu'au parlement, ce qu'ils devoient faire. Ils eurent ordre de revenir; et l'après-dînée le duc d'Orléans et M. le prince furent avec cavalerie, infanterie et deux pièces de canon, à Saint-Denis, et les ramenèrent.

Le vendredi 19 juillet, les députés assistèrent au parlement, où il y avoit près de cent cinquante présidens ou conseillers. Le président de Nesmond présida. Divers avis furent ouverts de déclarer M. d'Orléans régent du royaume, le Roi prisonnier du cardinal Mazarin, etc.; d'envoyer vers le Roi pour lui remontrer le péril où étoit l'Etat s'il n'éloignoit le cardinal. Le plus grand, ouvert par M. Broussel, fut de déclarer M. d'Orléans lieutenant général de la couronne, comme il étoit sous la minorité du Roi; de le prier qu'en cette qualité il ordonnât des choses, tant de la guerre que des finances, nécessaires pour chasser le cardinal, entre les mains duquel le Roi étoit détenu. Mais comme ceux qui eussent voulu porter les choses plutôt à l'accommodement qu'à la rupture virent qu'il passeroit infailliblement à cet avis, étant bien aises de gagner un jour pour pouvoir écrire à la cour, ils firent remettre la continuation des opinions au lendemain. L'avis demeura à Lallemand, conseiller aux requêtes, qui soutint avec chaleur que le Roi ayant déclaré sa majorité au parlement, et les registres en étant chargés, on ne pouvoit plus faire de régent. Plusieurs avoient été de même sentiment, et l'avoient appuyé d'autorités et d'exemples. Comme M. d'Orléans vit qu'il en parloit avec tant d'action, il lui dit qu'il pouvoit dire son avis sans s'emporter, et que comme l'on étoit là en liberté pour dire son opinion, il falloit aussi que ce fût sans chaleur et sans passion.

Au sortir du Palais, M. le prince se trouva fort mal,

et il eut un accès de fièvre si violent, que son médecin crut que ce seroit une fièvre maligne, dont il en commençoit déjà à courir beaucoup. Néanmoins il se trouva mieux après avoir été saigné ; et quoiqu'il fût encore assez incommodé, il ne laissa pas de se trouver au parlement le samedi 20 ; mais il fut encore saigné dès qu'il en fut revenu.

En cette assemblée l'on continua les opinions qui avoient été commencées la veille ; et tous les avis se rapportèrent à deux principaux : celui que Le Musnier de Tartiats, conseiller de la grand'chambre, avoit ouvert le vendredi, et dont il changea le samedi, se rangeant à celui de Broussel ; de sorte que Doujat, aussi de la grand'chambre, demeura chef de l'avis qui étoit que le parlement écrivît au Roi que messieurs les princes persistant toujours dans la résolution de ne point députer vers Sa Majesté tant que le cardinal seroit en France, les députés avoient cru qu'il étoit plus important pour le service du Roi de revenir faire leur charge que de retourner à la cour inutilement ; et que si dans mardi l'on n'avoit nouvelles de l'éloignement du cardinal, on pourroit donner arrêt par lequel M. le duc d'Orléans et M. le prince seroient priés d'employer l'autorité du Roi et la leur par toutes voies, même par celle des armes, pour obliger le cardinal à sortir du royaume : ce qui comprenoit presque les mêmes choses, mais en termes plus doux, que ce que Broussel avoit proposé, qui étoit d'écrire au Roi que l'on ne pouvoit plus députer vers lui jusqu'à ce que le cardinal Mazarin se fût retiré, et qu'aussitôt qu'il seroit sorti de France messieurs les princes mettroient les armes bas ; que cependant M. le duc d'Orléans seroit prié de vouloir prendre la régence du royaume, et M. le prince le commandement des armées sous lui, et de pourvoir aux choses nécessaires pour la guerre et pour les finances pendant que le cardinal seroit en France, et que la personne du Roi seroit détenue entre ses mains. Il y eut soixante-six voix de l'avis à Doujat, et soixante-quatorze à celui de Broussel, auquel il passa ; et si tous les conseillers bien intentionnés, mais timides, et qui n'avoient pas osé aller au parlement quoiqu'ils fussent à Paris, se fussent trouvés au Palais, ou que huit de ceux qui le vendredi avoient été de l'avis de Le Musnier ne fussent pas revenus le samedi à celui de Broussel, il n'y a point de doute que l'avis de Doujat eût prévalu. Néanmoins il n'eût servi qu'à gagner quelques jours ; car le cardinal étant obstiné à ne s'en point aller, et les princes encore plus opiniâtres à se servir toujours de ce prétexte pour demeurer maîtres de Paris, eussent, par cabales ou par menaces, obligé toujours le parlement à faire enfin cette déclaration, et à donner la lieutenance à M. d'Orléans : ce que M. le prince, au jugement de quelques uns, vouloit surtout, afin qu'il fût aussi odieux à la cour que lui, et que l'on le poussât comme il avoit été poussé, et que par ce moyen il ne se pût raccommoder que conjointement avec lui. Mais d'autres crurent qu'il ne désiroit nullement que M. d'Orléans eût ce titre, de peur qu'ayant toute l'autorité, il ne lui échappât par les suggestions de ses ennemis, qui ne manquoient pas de faire des cabales contre lui auprès de Son Altesse, en abusant de sa facilité. Et ceux qui étoient de ce sentiment alléguoient que les conseillers les plus attachés à M. le prince n'avoient point été d'avis de donner le titre de lieutenant général à M. d'Orléans; et Cumont demandant à un de ses confrères, qui étoit aussi bien que lui dans les intérêts de M. le prince, pourquoi il avoit été pour ce titre, l'autre lui dit qu'il avoit cru que M. le prince le souhaitoit ainsi; mais Cumont lui repartit : « N'avez-vous pas bien vu « que je n'ai pas été de cet avis-là ? » Cumont dit pourtant à une personne de qui je l'ai appris qu'il n'en avoit pas été, parce qu'il croyoit qu'on ne pouvoit en être en conscience. Le Boult, conseiller de la cinquième, fort contraire à la cour, fort attaché aux princes, mais aussi fort homme d'honneur et fort ferme, opina plus de deux heures aussi vigoureusement qu'il est possible, et soutint, par des raisons et des exemples qui ne recevoient point de contredit, que la régence ni la lieutenance générale ne pouvoient être données à personne par le parlement seul. On remarqua que Broussel, qui apportoit toujours ses avis de son logis tout écrits, et souvent d'un jour à l'autre directement contraires, selon qu'on les lui avoit suggérés, tant la foiblesse de son grand âge ou la préoccupation contre la cour (d'autres disent une malice cachée, et une crainte de la punition des choses qu'il avoit faites contre l'Etat, et dont il se sentoit irrémissiblement coupable) lui faisoient avoir peu de soin de son honneur, ce jour-là avoit composé son opinion de telle sorte qu'il donnoit à M. d'Orléans toute l'autorité et toutes les marques de la royauté, et ne laissoit que le nom du Roi vain et inutile à Sa Majesté : ce qui fit dire à Catinat [1], conseiller, qui étoit presque

---

[1] *A Catinat:* Pierre Catinat, seigneur de La Fauconnerie, mourut

derrière lui, qu'il falloit avertir M. Broussel qu'il avoit oublié à mettre encore une chose dans son avis, qui étoit que M. d'Orléans auroit pouvoir de guérir des écrouelles. Mais ce qu'il y a de plus étrange est que M. d'Orléans lui-même déclara nettement qu'il ne pouvoit accepter aucune autorité sans titre, et que dans son avis il proposa de lui donner celui de lieutenant général; et en effet devant et après cette assemblée il disoit à tous ceux à qui il parloit qu'il lui falloit un titre, et qu'il ne pouvoit rien faire sans titre; qu'avec un titre il feroit toutes choses. Quelques uns de ceux à qui il disoit cela lui répondirent qu'il ne lui falloit point d'autre titre que celui d'oncle du Roi et de fils de Henri-le-Grand, et que c'étoit en vertu de ce titre-là qu'il devoit travailler au rétablissement des affaires et à la restauration de l'Etat.

Cet avis de Broussel fut mitigé par les autres avis qui couroient, et il s'y porta lui-même, voyant que M. d'Orléans se contentoit du titre de lieutenant général. Lorsque l'arrêt fut prononcé, on dit que M. le prince auroit le commandement des armées sous M. d'Orléans; mais dans l'arrêt qui fut imprimé, il y a qu'il sera général des armées, sous l'autorité de M. d'Orléans.

Il faut encore remarquer que le maréchal d'Etampes, quoiqu'il soit entièrement à M. d'Orléans et de sa maison, ne fut point d'avis de lui donner la lieu-

doyen du parlement vers 1676. Il eut seize enfans de son mariage avec Françoise Poisle, dame de Saint-Gratien. Le maréchal de France étoit le cinquième. René Catinat, l'aîné de tous, fut conseiller au parlement en 1655; Pierre, fils de René, fut reçu conseiller au même parlement en 1697. En lui s'éteignit cet honorable nom.

tenance générale ; de quoi M. d'Orléans étant piqué, et craignant de n'avoir pas ce titre parce qu'il voyoit les voix presque partagées, il lui fit dire de main en main par les ducs et pairs qu'il ne savoit pas pourquoi il ne lui vouloit pas faire l'honneur de lui donner sa voix ; de sorte qu'il fallut qu'il revînt à l'avis de Broussel avec sept autres, du nombre desquels fut Le Musnier, qui avoit ouvert l'autre avis la veille, parce qu'on l'avoit gagné par promesses et intimidé par menaces. L'abbé de Gaillac, maître des requêtes, fut aussi un de ces sept.

En ce temps-là M. d'Orléans, Mademoiselle, M. le prince, le duc de Beaufort, et tous ceux de leur parti et de leur cour, alloient le soir se promener chez Renard, et là tenoient une espèce de conseil. Il s'y trouvoit aussi des conseillers au parlement qui avoient été frondeurs outrés, et qui avoient au commencement porté si haut l'autorité de leur compagnie, qu'il sembloit qu'ils fussent des sénateurs romains. Mais depuis le 25 juin et le 4 juillet, étant entièrement déchus de tout pouvoir et de tout crédit, M. le prince les avoit traités de petits garçons et presque de *faquins*, et néanmoins ils avoient encore la lâcheté de faire leur cour aux princes aussi assidûment que s'ils en eussent été parfaitement bien traités. De ce nombre étoient Croissy, Camus, Pontcarré, etc. Ils ne laissoient pas aussi dans les assemblées du parlement d'opiner favorablement pour les princes, quoiqu'ils fussent enragés contre eux, tant pour le général de leur compagnie que pour leur particulier, parce qu'ils n'avoient point d'autre parti à prendre, ayant trop offensé la cour pour s'y raccommoder, et craignant le mauvais traitement que les princes leur pourroient faire, n'ayant aucune protection d'ailleurs. Le cardinal Mazarin appeloit ces assemblées qui se faisoient chez Renard *le sabbat*.

Le lundi 22 au soir, M. le prince voulant donner quelque ordre à des officiers des troupes de M. d'Orléans, en vertu de sa qualité de général des armées, qui lui est donnée par l'arrêt du samedi, les envoya chercher; et comme ils ne se trouvèrent point, il fit fort grand bruit, et il eut quelque soupçon qu'ils ne lui vouloient pas obéir; de sorte qu'il s'opiniâtra à vouloir qu'on les fît venir. Enfin ceux qui eurent charge de les chercher firent une perquisition si exacte, qu'ils trouvèrent qu'ils étoient allés mener deux cents hommes chez le cardinal de Retz pour le garder, et que tous les jours on lui en menoit autant des troupes de M. d'Orléans. Quand M. le prince sut cela, il jura et tempêta d'une étrange sorte. Le duc de Beaufort, qui étoit avec lui, l'assura que cela s'étoit fait sans la participation de Son Altesse Royale; qu'il falloit casser ces officiers-là; mais qu'il lui conseilloit de le demander à M. d'Orléans sans s'échauffer. Chavigny fut aussi de même avis; et du même pas ils allèrent tous trois chez M. d'Orléans, auquel ils dirent ce qu'ils venoient d'apprendre. Ils le trouvèrent fort embarrassé, et cherchant à s'échapper d'eux sans rien prononcer sur cette action. Mais comme on le pressa de casser des officiers qui abusoient ainsi du nom de Son Altesse Royale pour aller garder l'ennemi déclaré de M. le prince (Beaufort et Chavigny appuyoient d'autant plus qu'il est aussi le leur ouvertement déclaré), il fut contraint enfin de leur dire entre ses dents qu'il y falloit donner ordre, qu'il les casseroit, qu'ils ne s'en missent point en peine, et qu'ils lui en laissassent le soin.

Avant que les princes se fussent rendus maîtres dans Paris, ensuite de ce qui se passa en l'hôtel-de-ville le 4 juillet, ils souhaitoient tous deux extrêmement que l'accommodement se fît; et ils eussent consenti à souffrir le retour du cardinal et son affermissement dans la cour, pourvu qu'il se fût seulement éloigné pour quelques jours. Un prédicateur de la duchesse d'Orléans, nommé Siron, homme pieux et plein de zèle pour la paix, voyant cette duchesse en inquiétude pour faire sortir son mari de cette affaire à quelque prix que ce fût, s'offrit d'aller trouver la Reine de sa part avec une lettre de créance, laquelle lui étant donnée, et l'ayant rendue à Sa Majesté, il lui expliqua l'objet de sa mission, qui étoit que si elle vouloit éloigner de la cour M. le cardinal pour quelque peu de temps qu'il lui plairoit, Madame lui donnoit parole, en foi de princesse chrétienne, que Monsieur feroit tout ce qu'il lui plairoit, et que même il consentiroit au retour et à l'affermissement de M. le cardinal dans le ministère; mais qu'elle supplioit Sa Majesté de considérer combien l'honneur de Monsieur étoit engagé à ne s'accommoder point sans cela, après tant de protestations qu'il en avoit faites, et cet éloignement étant désiré généralement de tous les peuples de Paris et des provinces. La Reine lui répondit: « Et Monsieur et « Madame ne considèrent-ils point l'honneur de mon « fils et le mien, qui me doivent être plus chers que « le leur? Non, je ne souffrirai jamais qu'il s'éloigne. » Le prédicateur lui représenta durant l'espace d'une heure entière tous les malheurs que la guerre causoit et ceux qu'elle causeroit encore, et la toucha par toutes les considérations de piété, d'Etat et de son intérêt particulier qu'il lui fut possible, sans pouvoir rien gagner ; de sorte que se voyant obligé de se retirer, il lui dit seulement qu'il avoit un avis particulier à lui donner, qui étoit qu'en entendant la messe dans sa chapelle il y avoit reconnu tant de scandale et d'indévotion, qu'il étoit obligé de lui dire qu'au lieu d'apaiser la colère du ciel par la célébration de ce mystère, de la sorte qu'on le célébroit il ne pouvoit que l'enflammer davantage, et qu'attirer sur tout le royaume une malédiction dont on ne voyoit déjà que de trop funestes effets. Et après lui avoir représenté toutes les misères de la campagne et toutes les désolations que causoit la guerre, voyant que la Reine n'en étoit fléchie en aucune sorte, il s'en revint à Paris.

On disoit qu'un chartreux, nommé le père Jacques, avoit été lui faire le même message, et que voyant qu'il ne pouvoit rien gagner, ni de la part de Madame ni de la sienne, il avoit dit à la Reine qu'il lui annonçoit de la part de Dieu qu'il falloit qu'elle éloignât le cardinal Mazarin pour éviter la ruine de la France ; mais qu'elle ne s'émut pas plus de cela que du reste.

Les arrêts rendus le 24 sont imprimés, et la relation de ce qui se passa au parlement le .... aussi. On fut fort étonné du discours de Bignon, avocat général, qui y est exprimé. Il témoigna à ses amis d'en être fort mal satisfait, et leur protesta de n'avoir point voulu donner par écrit au greffier, qui le lui vint demander, ce qu'il avoit dit, qu'il disoit être fort différent de ce que porte la relation. Il se défendoit d'avoir parlé en cette rencontre, sur ce qu'étant à l'audience, où il avoit pris ses conclusions en une affaire criminelle qui s'étoit plaidée, M. d'Orléans et M. le prince arrivèrent inopinément et sans que la cour en eût été avertie, ayant même attendu la fin de l'audience dans la quatrième chambre des enquêtes. Qu'ayant fait tous deux leurs remercîmens au parlement de les avoir priés de prendre la lieutenance générale et le commandement des armées, le président de Nesmond lui avoit dit qu'il prît ses conclusions. Sur quoi il s'excusa, disant qu'il n'avoit point été présent aux délibérations précédentes; mais qu'il avoit appris par ce que venoit de dire M. d'Orléans et M. le prince, et par l'arrêt imprimé, que le parlement les avoit priés de prendre l'un la lieutenance générale, et l'autre le commandement des armées sous l'autorité du premier. Qu'à son avis on eût pu user du mot de *continuation*, puisque M. d'Orléans avoit déjà eu cette qualité pendant la minorité du Roi, et qu'à proprement parler on n'avoit fait que le convier d'en faire encore la fonction, à cause de l'*invasion* de l'autorité royale; disant qu'à la vérité ce mot lui étoit échappé, en quoi il reconnoissoit avoir passé un peu trop avant; mais qu'on avoit imprimé beaucoup de termes dont il n'avoit point usé; de quoi il témoignoit qu'il étoit fort mal satisfait. Néanmoins on reconnoissoit même par ce qu'il disoit que s'il n'avoit dit les mêmes choses, au moins avoit-il parlé au même sens de ce que la relation contient, et c'est de cela que l'on s'étonnoit, ayant toujours passé pour homme d'intégrité et sans intérêt : on disoit même que puisqu'il avoit été si long-temps sans aller au Palais, il s'en devoit encore abstenir, ou qu'en tout cas, se trouvant surpris par l'arrivée imprévue des princes, il ne devoit point prendre de conclusions, mais s'excuser non seulement sur ce qu'il n'étoit point préparé, mais sur ce que les princes n'ayant fait qu'un remercîment, il n'y avoit point de conclusions à prendre. Quelques uns jugèrent que puisqu'il s'étoit trouvé au Palais, et qu'il n'avoit pas pris ce biais pour esquiver, il falloit que les princes eussent pris quelques mesures avec lui auparavant, et qu'ils l'eussent ou gagné par leurs persuasions, ou intimidé par leurs menaces.

Pour le chancelier, après que le parlement eut répondu à M. d'Orléans qu'il pouvoit choisir pour son conseil qui il voudroit, et même convier M. le chancelier d'y prendre place, les princes le firent sonder pour savoir ses sentimens. Comme il avoit refusé de se trouver au parlement, lorsqu'il n'y avoit point de président et que les députés étoient encore à Saint-Denis, il n'accepta point aussi d'abord d'être de ce conseil de M. d'Orléans, en étant encore détourné par l'espérance dont la cour l'avoit flatté de lui redonner les sceaux : ce qui ayant alarmé le garde des sceaux, il s'en piqua, et en plein conseil dit au Roi et à la Reine qu'il étoit impossible d'empêcher la ruine de la France que par l'éloignement du cardinal Mazarin; ensuite de quoi, pour le regagner, on ne parla plus de lui ôter les sceaux pour les rendre au chancelier, lequel voyant qu'on l'avoit fourbé, ne fut plus si ferme à refuser d'être du conseil du duc d'Orléans. Les princes de leur côté jugeant qu'il leur seroit important qu'un officier de cette considération en fût chef, l'allèrent trouver en personne le samedi 27 juillet; et ayant fait retirer tout le monde, demeurèrent seuls avec lui, et lui dirent qu'ils venoient là pour savoir sa dernière résolution, et qu'il ne falloit plus qu'il différât à la prendre. Et sur ce qu'il vouloit encore gagner du temps, M. le prince lui dit avec son emportement ordinaire que c'étoit trop délibérer; qu'il leur dît franchement son intention, parce que s'il ne vouloit pas leur aider à faire les choses nécessaires, ils ne lui répondoient pas, M. d'Orléans et lui, des insultes de la populace, qui témoignoit de l'impatience de tant de remises et de longueurs dont on usoit pour travailler au rétablissement des affaires; qu'il savoit ce qui étoit arrivé à l'hôtel-de-ville, et que peut-être ne pourroient-ils pas être maîtres d'une émotion populaire quand on sauroit qu'il les auroit refusés : ce que M. le prince dit d'un ton qui marquoit bien qu'il falloit faire ce qu'il désiroit. Le chancelier intimidé demanda seulement deux heures pour répondre; ce qui lui fut accordé. Et voyant qu'il n'avoit rien à attendre du côté de la cour, que ses engagemens avec les princes étoient déjà fort grands, par le passage à Mantes de leurs troupes venues de Flandre sous la conduite du duc de Nemours, que le duc de Sully, gendre du chancelier et gouverneur de cette place, avoit favorisé du consentement et par l'avis de son beau-père, à ce qu'on disoit (1), et par ses fréquentes visites au palais d'Orléans et à l'hôtel de Condé; aussi bien que par plusieurs discours qu'il avoit tenus, par lesquels il s'étoit laissé entendre qu'il favorisoit ce parti-là; il alla incontinent après dîner assurer M. d'Or-

(1) *Voyez* les Mémoires de Montglat, tome 50, p. 324, de cette série; et ceux de la duchesse de Nemours, tome 34, page 531, même série.

léans qu'il acceptoit d'être de son conseil : ce qui fut publié partout dès le jour même avec grandes réjouissances.

Quand le chancelier eut donné parole d'être du conseil de lieutenance générale, M. d'Orléans dit à quelqu'un : « Enfin le bonhomme de chancelier a « donné dans le panneau; nous le tenons (1). »

Il y eut contestation pour la séance, le chancelier ayant déclaré qu'il ne pouvoit céder ni aux princes qui ne sont pas du sang, ni aux ducs et pairs. Ceux-ci le cédèrent sans beaucoup de résistance, mais les autres eurent plus de peine : ils s'y résolurent pourtant à la prière de M. d'Orléans et de M. le prince, à condition toutefois que si M. de Longueville prenoit leur parti et se trouvoit dans leur conseil, il ne lui céderoit non plus qu'à eux. Quand on parla au chancelier d'avoir aussi les sceaux de la lieutenance générale, il s'en excusa en disant que les sceaux du Roi étoient entre les mains d'un autre, et suivoient la personne de Sa Majesté. Mais M. d'Orléans lui dit que les sceaux dont il se serviroit seroient les sceaux du Roi; et qu'ainsi il ne falloit point qu'il en fît difficulté.

On donna au comte de Fiesque la commission de général de l'artillerie, et au marquis de La Frette la charge de lieutenant des chevau-légers, vacante par la mort du marquis de Saint-Mesgrin et de Mancini, neveu du cardinal Mazarin.

(1) *Nous le tenons* : Le chancelier Seguier reçut presque aussitôt une lettre de cachet, par laquelle le Roi lui ordonnoit de le venir trouver pour faire sa charge et présider dans son conseil. Il saisit la première occasion de sortir de Paris et de se rendre auprès du Roi. (*Voyez* les Mémoires de Montglat, tome 50, page 358, de cette série.)

Il y eut aussi différend entre le duc de Nemours et le duc de Beaufort pour la séance ; mais il fut convenu que l'un se mettroit d'un côté de la table et l'autre de l'autre, et que le duc de Nemours seroit du côté de M. le prince. Il y eut encore contestation entre le prince de Tarente, fils aîné du duc de La Trémouille, et le prince de Guémené, fils du duc de Montbazon, cadet de la maison de Rohan. Elle fut jugée à l'avantage du prince de ..... (1), qui eut la préséance.

Lundi 29 juillet, les princes furent à la chambre des comptes et à la cour des aides, où ils dirent que le parlement les ayant priés de prendre la lieutenance générale et le commandement des armées pendant la détention du Roi par le cardinal Mazarin, ils étoient bien aises d'en donner part aux compagnies souveraines, et que quelques uns de leurs corps assistassent au conseil qu'ils avoient résolu de former, pour délibérer de toutes les affaires au plus de voix. Et M. d'Orléans s'adressant ensuite au premier président de la chambre, le pria d'en vouloir être ; de quoi il s'excusa, ou parce qu'il n'avoit pas envie d'y assister, ou, comme il est plus vraisemblable, parce qu'il ne vouloit pas céder le rang aux présidens au mortier, ni eux à lui, et qu'il vouloit éviter cette contestation ; de sorte qu'il pria les présidens Aubry et Larcher, qui sont les deux anciens, d'y prendre place : ce qu'ils acceptèrent quoiqu'ils fussent crus favorables à la cour, à cause de quoi plusieurs avoient jugé qu'ils ne seroient pas choisis.

A la cour des aides, le premier président n'y étant pas, parce qu'il s'étoit retiré de Paris après l'aventure

---

(1) *Du prince de* ..... ; En blanc au manuscrit.

de l'hôtel-de-ville, et le président Dorieu, qui étoit le second, ayant dit qu'il étoit obligé de tenir la place du premier président, et qu'ainsi il ne pouvoit désemparer de la compagnie, les présidens Dorieu (1) et Le Noir furent conviés, et acceptèrent d'y assister.

L'après-dînée du même jour, il se fit une assemblée de notables bourgeois en l'hôtel-de-ville, pour aviser aux moyens de trouver un fonds pour faire des levées de soldats, et pour rendre les passages des vivres libres. Il fut résolu de lever huit cent mille livres; et après plusieurs contestations sur les divers moyens que l'on proposa, on résolut enfin que chaque maison à porte cochère paieroit soixante-quinze livres, chaque porte carrée et grande boutique trente livres, et chaque petite porte quinze livres.

Le même jour, l'armée des princes, qui avoit toujours été campée entre les faubourgs Saint-Marceau et Saint-Victor, alla camper proche de Juvisy, sur les plaintes continuelles que les bourgeois faisoient à M. le prince des horribles désordres que ses soldats faisoient à leurs maisons et à leurs moissons: ce qui l'avoit obligé, le vendredi 26, d'assembler tous ses chefs et de leur faire des reproches terribles, accompagnés de juremens et d'actions violentes, disant qu'il vouloit que le maréchal de camp de jour couchât toujours dans le camp; qu'on envoyât divers partis battre la campagne pour découvrir si les soldats s'écartoient pour piller; que de ceux qui y seroient surpris, s'ils étoient quatre, on en tuât trois; qu'on ramenât l'autre au camp pour y être pendu, afin de servir d'exemple.

(1) *Dorieu :* On lit ainsi au manuscrit; mais il doit y avoir erreur. Le président Dorieu venoit de s'excuser.

Et sur ce que le comte de Tavannes lui représenta qu'il étoit impossible que la cavalerie subsistât sans fourrages, et que pour avoir du fourrage il falloit couper des blés, il répondit avec mille imprécations qu'ils en cherchassent; qu'ils fissent manger de la terre à leurs chevaux, qu'ils fissent le diable; mais qu'enfin il ne vouloit pas qu'ils arrachassent un épi de blé. Ensuite il fut parlé des recrues qu'il falloit faire, et en se séparant il recommanda encore aux chefs de faire cesser les désordres des soldats, afin qu'il n'en eût plus de plaintes : ce qui fut cause que l'on publia une défense fort rigoureuse dès le lendemain à tous les soldats de s'écarter du camp ou de passer la rivière, et à tous bateliers d'en passer un seul dans leurs bateaux.

Le duc de Nemours, depuis le différend qu'il avoit eu avec le duc de Beaufort son beau-frère, lorsqu'ils avoient tous deux le commandement, l'un des troupes qu'il avoit amenées de Flandre, et l'autre de celles qui étoient au duc d'Orléans, avoit toujours conservé une haine et un mépris étrange pour lui, et l'avoit attaqué plusieurs fois de paroles, pour l'obliger à se battre; de quoi le duc de Beaufort s'éloignoit toujours, tant parce qu'il aimoit beaucoup la duchesse de Nemours sa sœur, dont il étoit aussi fort aimé, et ainsi il ne vouloit pas lui donner ce déplaisir (car, bien que son mari ne vécût pas fort bien avec elle, et que ses galanteries avec la duchesse de Châtillon l'empêchassent de lui témoigner une ardente passion, elle ne laissoit pas d'en avoir une extraordinaire pour lui), que parce qu'il n'étoit pas en réputation d'aimer trop à se porter sur le pré. On a cru même qu'il ne s'y seroit pas résolu cette fois-ci, sans le décri où il étoit pour avoir esquivé de se battre contre le duc de Candale, le marquis de Jarzé, etc. Depuis quelque temps il faisoit paroître une telle passion contre le duc de Beaufort, qu'il étoit aisé de juger qu'elle ne pourroit cesser que par un combat. Néanmoins, comme il avoit été blessé à la main au combat du faubourg Saint-Antoine, et qu'il étoit encore incapable de tenir son épée, on crut qu'il ne se hâteroit pas tant de faire appeler le duc de Beaufort. M. le prince même lui disoit, toutes les fois qu'il en parloit, qu'il falloit qu'il se fortifiât avant que de penser à se battre; et que lorsqu'il seroit en état de le pouvoir faire, non seulement il ne l'en détourneroit pas, mais qu'il le vouloit servir. Cependant la violence de cette animosité l'aveugla de telle sorte, que, tout foible et tout incommodé qu'il étoit encore, il se découvrit au marquis de Villars (1), qui s'étoit entièrement attaché à lui, et l'obligea d'aller appeler le duc de Beaufort : ce qu'il fit. Et parce qu'il ne pouvoit pas se battre à l'épée seule, il lui fit proposer que ce fût au pistolet, et à pied. Le duc de Beaufort accepta ce parti, et il convint avec Villars du lieu et du jour, lequel étant venu (ce fut le .... (2)), chacun alla de son côté vers l'hôtel de Vendôme (3), et ils se battirent cinq contre cinq : le duc de Nemours, Villars et trois gentils-

---

(1) *Au marquis de Villars* : Pierre de Villars, dit le marquis de Villars, ambassadeur à Vienne, à Madrid, à Turin, etc., père du maréchal de France. — (2) *Ce fut le* .... : La date est en blanc au manuscrit ; ce duel eut lieu le 30 juillet 1652. — (3) *Vers l'hôtel de Vendôme* : La place de Vendôme a été bâtie de 1685 à 1701, sur le terrain qu'avoit occupé l'hôtel de Vendôme. (*Voyez les Recherches sur Paris*, par Jaillot.)

hommes (1); le duc de Beaufort, le comte de Bury, fils du marquis de Rostaing, et trois gentilshommes (2). Le duc de Nemours avoit fait porter dans son carrosse deux pistolets chargés de cinq balles chacun. Il en donna un au duc de Beaufort, et retint l'autre, qu'il tira d'abord avec précipitation. Il donna dans les cheveux du duc de Beaufort, lequel voyant qu'il avoit évité le coup, dit au duc de Nemours qu'il se devoit contenter, et qu'il lui donneroit la vie s'il la lui demandoit. Le duc de Nemours répondit qu'il ne la lui demanderoit jamais; et ayant mis l'épée à la main à l'instant qu'il eut tiré son pistolet, il se mit en devoir de porter un coup au duc de Beaufort, qui en eut la main un peu blessée; et à l'instant même il tira son pistolet, dont il donna droit dans l'estomac du duc de Nemours, et lui perça le cœur au-dessous de la mamelle droite. Villars et Bury se blessèrent tous deux; et ayant vu tomber le duc de Nemours, ils y accoururent, et les six autres gentilshommes aussi. Dès que le combat commença, madame de Rambouillet (3), religieuse, qui se promenoit avec l'abbé de Saint-Spire (4) dans le jardin de l'hôtel de Vendôme, sortirent par une porte de derrière, et y coururent; mais ils ne purent arriver assez à temps pour les empêcher. Tous deux approchèrent du duc de Nemours pour l'exhorter à penser à Dieu, et l'abbé de Saint-Spire lui donna l'absolution; mais on croit qu'il n'entendoit déjà plus,

(1) Le duc de Nemours avoit avec lui Villars, le chevalier de La Chaise, Campan, et le sieur d'Uzerches, capitaine de ses gardes. — (2) Le duc de Beaufort avoit pour seconds le comte de Bury, de Ris, Brillet et d'Héricourt. — (3) *Madame de Rambouillet :* L'une des sœurs de la duchesse de Montausier. — (4) *L'abbé de Saint-Spire :* Mademoiselle de Montpensier l'appelle *l'abbé de Saint-Pierre.*

car il serra étrangement la main de madame de Rambouillet, sans donner pourtant aucun signe d'entendre ce qu'elle lui disoit. On le mit dans un carrosse pour l'emporter, et il y expira incontinent. Le duc de Beaufort vouloit qu'on le portât à l'hôtel de Vendôme : ce que les siens ne voulurent pas. Il y étoit aussi accouru des Augustins déchaussés, dont l'église est fort proche de ce lieu-là; mais ils y vinrent trop tard, comme les autres. Comme le carrosse étoit proche de cette église, M. le prince, qui accouroit sur le bruit qu'il avoit eu de ce combat, apprit que M. de Nemours étoit mort; et ayant demandé où il étoit, on lui dit qu'il étoit dans ce carrosse qu'on lui montroit. Sur quoi il ordonna qu'on menât le corps chez lui : ce qui fut fait. Il en témoigna beaucoup d'affliction, et sur-le-champ il jura, se prit aux cheveux, et fit enfin toutes les actions d'un homme transporté et outré de douleur, et depuis témoignant qu'il n'en pouvoit ouïr parler sans lui faire de nouvelles plaies dans le cœur. L'abbé de Saint-Spire, songeant à l'angoisse que cette nouvelle devoit donner à la duchesse de Nemours (1), qui, étant très-pieuse et aimant chèrement son mari, devoit avoir des ressentimens inconcevables de sa perte et de la manière dont elle le perdoit, alla tout courant chercher l'évêque de Grasse (2), prélat savant et pieux, pour lui en adoucir l'amertume en la lui apprenant. Il y alla du même pas, et la trouva dans une inquiétude non pareille, parce qu'elle avoit déjà découvert, par les cris et les gémissemens

---

(1) *La duchesse de Nemours :* Elisabeth de Vendôme, sœur du duc de Beaufort. — (2) *L'évêque de Grasse :* Antoine Godeau, évêque de Grasse et de Vence.

de ses domestiques, que son mari s'étoit battu, et qu'il avoit été fort blessé. Voyant donc entrer cet évêque, elle ne douta plus de son malheur, et elle demeura quelque temps comme une statue; puis, comme se réveillant tout à coup, elle versa un torrent de larmes sur madame de Brienne et madame .... (1), qui étoient auprès d'elle, et s'écria : « Mon mari mort ! « et sans parler ! et par mon frère ! » M. le prince y arriva un peu après; et ayant ouï dire qu'il venoit, elle pria instamment qu'on ne le laissât point entrer, et dit qu'il étoit impossible qu'elle en pût supporter la vue, parce que c'étoit pour lui que son mari étoit péri. Il entra dans la chambre, et parla à l'évêque de Grasse et à plusieurs autres, mais non pas à elle; on le visita comme s'il eût perdu un de ses plus proches, et il avouoit à tout le monde que rien ne l'avoit jamais tant touché que ce malheur.

La duchesse de Nemours se retira le lendemain aux Filles de Sainte-Marie de la rue Saint-Antoine, où elle fut fort long-temps; et elle ne se laissoit voir qu'à l'évêque de Grasse, qui l'alloit visiter presque tous les jours, et à quelques autres personnes de piété dont l'entretien la pouvoit consoler. Elle avoit une telle passion pour son mari, qu'elle faisoit avec joie tout ce qu'il désiroit d'elle; et par ce motif elle s'étoit obligée avec lui pour plus de quatre cent mille livres; de sorte que la maison étant fort obérée, elle aura grand'peine à retirer assez de son bien pour satisfaire seulement aux dettes auxquelles elle est obligée, et ne pourra demeurer qu'incommodée avec ses deux filles (2).

(1) *Madame* ...... : Ce nom est en blanc au manuscrit. — (2) *Ses*

Les jours suivans, M. le prince donna ordre que l'on pourvût à la sûreté de la sépulture du duc de Nemours, et il en fit faire grande instance à l'archevêque de Paris, qui fit faire information de ce qui s'étoit passé à sa mort. L'abbé de Saint-Spire déposa qu'étant survenu à l'instant qu'il venoit de recevoir le coup, il l'avoit exhorté de demander pardon à Dieu; et que lui ayant vu faire quelque action qui marquoit qu'il l'avoit entendu et qu'il se repentoit, il lui avoit donné l'absolution. Sur quoi, et sur le témoignage du curé de Saint-Leu et de quelques autres personnes encore, l'archevêque permit de l'enterrer en terre sainte. Ce jugement étonna et scandalisa néanmoins tout le monde; parce que personne ne doutoit qu'il ne fût mort impénitent, n'ayant eu nulle connoissance depuis qu'il eut reçu le coup; et l'on jugeoit qu'il eût été mieux de le porter sans bruit à la sépulture de ses ancêtres, que de lui vouloir faire des obsèques magnifiques, comme M. le prince et l'archevêque de Reims, frère du défunt, le désiroient : car ensuite de la sentence de l'official (1), grand vicaire de l'archevêque, on déposa le corps en l'église de Saint-André sa paroisse. On résolut de lui faire un service avec toute la pompe due à sa naissance; et l'évêque de Grasse fut extraordinairement pressé de faire l'oraison funèbre. Mais l'archevêque ayant su qu'on se plaignoit partout de la sentence de son grand vicaire, en prit connoissance; et, sur la remontrance de son promoteur, en expliquant cette sentence, en fit

deux filles: L'aînée a été duchesse de Savoie et mère de Victor-Amédée, duc de Savoie; l'autre a été reine de Portugal.

(1) *La sentence de l'official* : Du 3 août 1652.

rendre une autre (1), qui portoit que la première n'avoit été donnée que pour permettre l'inhumation du corps, mais non pas pour faire des funérailles avec apparat, lesquelles il défendit de faire par cette seconde sentence. Cela fâcha M. le prince, qui prenoit au point d'honneur que l'on ne voulût pas qu'une chose qu'il désiroit et qu'il avoit entreprise se fît. Il alla lui-même chez l'archevêque; il y fit aller tous ses amis, entre autres Chavigny, qui, ayant été des premiers (car il se piquoit de grande dévotion et de jansénisme) à trouver étrange que l'archevêque eût permis la sépulture, ne laissa pas de solliciter après, pour plaire à M. le prince, qu'elle se fît avec pompe (2). La duchesse de Châtillon même fut voir l'archevêque pour le disposer à souffrir qu'elle se fît ainsi : car comme le bonhomme a toujours aimé beaucoup le sexe, on crut que cette vue le persuaderoit plutôt que tous les discours des autres. Pour achever de l'abattre, on lui faisoit peur de la colère de M. le prince, qui feroit ruiner ses maisons par ses troupes s'il lui résistoit opiniâtrement, comme il témoignoit de le vouloir faire.

Le duc de Beaufort fut quelque temps sans se laisser voir; on disoit qu'il s'étoit retiré dans les Chartreux, et même le bruit couroit parmi le peuple qu'il vouloit en prendre l'habit, et quitter le monde; et par les

(1) *Une autre:* Cette seconde sentence est du 14 août 1652; elle a été insérée dans le recueil intitulé *Curiosités historiques;* Amsterdam, 1759, tome 1, page 116. Elle s'y trouve à la suite d'une relation du duel du duc de Beaufort et du duc de Nemours, qui fait connoître beaucoup moins de particularités que celle de Conrart. — (2) *Voyez* dans le recueil ci-dessus indiqué, page 115 du tome 1, une lettre écrite à ce sujet par M. de Gondi, archevêque de Paris, à M. de Chavigny.

choses qui se disoient, on jugeoit que si le duc de
Nemours l'eût tué, sa personne ni sa maison n'eussent
pas été en sûreté contre la fureur de la populace. On
ne laissoit pas de plaindre fort le duc de Nemours;
mais on le blâmoit encore plus qu'on ne le plaignoit,
parce qu'il s'étoit précipité inconsidérément dans le
malheur qui lui étoit arrivé. Le duc de Beaufort eut le
bonheur d'être excusé même par ceux qui ne l'aimoient
pas. Quelques uns trouvoient pourtant qu'encore qu'il
n'eût rien fait contre les lois du combat, dans les
termes rigoureux de l'honneur, il devoit néanmoins
par générosité, et par un mouvement de tendresse
envers sa sœur, qui en avoit toujours eu une si grande
pour lui, tirer son pistolet en l'air, étant assuré que
dans la foiblesse où étoit le duc de Nemours, il ne
lui pouvoit faire de mal avec l'épée, après qu'il eut
tiré son pistolet inutilement. Mais la plupart crurent
que, connoissant la haine et le mépris que son beau-
frère avoit témoignés pour lui depuis quelque temps,
il avoit été bien aise de se défaire de lui, puisqu'il le
pouvoit faire si sûrement; et quand on le voyoit par la
ville avec un grand équipage de deuil, cela sembloit
ridicule aux gens d'honneur, qui disoient qu'il faisoit comme l'empereur Charles-Quint, qui prit le deuil
pour la prison du Pape, qu'il avoit fait arrêter par le
général de son armée (1).

(1) Benserade a déploré la mort du duc de Nemours dans un sonnet
qui n'est pas dans ses OEuvres, et que l'on croit être inédit. Le voici tel
qu'il se trouve dans un recueil manuscrit de Gédéon Tallemant des
Réaux, qui appartient à l'éditeur:

Nemours, ce jeune prince aimé de tout le monde,
Les délices, l'éclat et l'honneur de la cour,

En un duel sanglant vient de perdre le jour,
Et laisse en tous les cœurs une douleur profonde.

De nos pleurs ce héros est la source féconde :
Tout le plaint, tout y perd en ce triste séjour ;
Et je ne compte point l'intérêt de l'amour,
Dont par cet accident la perte est sans seconde.

Chacun différemment témoigne son regret,
Les hommes en public, les femmes en secret,
Et sa pompe funèbre est de larmes suivie.

Qui n'en seroit touché ? qui ne plaindroit son sort ?
Si même l'ennemi qui l'a privé de vie
Ne se sauroit jamais consoler de sa mort.

BENSERADE.

MÉMOIRES
DE
VALENTIN CONRART.

SECONDE PARTIE.

FRAGMENS DÉTACHÉS.

VISITE
FAITE PAR LA REINE CHRISTINE A L'ACADÉMIE FRANÇAISE.

Du lundi 11 mars 1658 (1).

M. L'ABBÉ DE BOISROBERT ayant fait savoir le matin de ce jour, à monseigneur le chancelier, que la reine Christine de Suède vouloit faire l'honneur à la compagnie de se trouver à l'assemblée qui se devoit tenir l'après-dînée, M. le directeur (2) fit avertir ce qu'il put des académiciens pour s'y trouver. Sur les trois heures après midi, Sa Majesté arriva chez monseigneur le chance-

---

(1) Manuscrits de Conrart, tome 13, page 165. Conrart n'assista pas à cette séance; mais il est probable qu'il en rédigea le procès-verbal sur les notes que lui remit Mézerai. Les registres de l'Académie ayant été perdus, l'abbé d'Olivet n'eut pas d'autres matériaux pour rendre compte de cette célèbre séance que la lettre de Patru à d'Ablancourt, qui a été imprimée dans les OEuvres de Patru; Paris, 1732, in-4°, tome 2, p. 512. La relation que nous publions aujourd'hui en est, en quelque sorte, le récit officiel. — (2) *M. le directeur :* C'étoit M. de La Chambre le père.

lier, qui la fut recevoir à son carrosse avec tous les académiciens en corps; et l'ayant conduite dans son antichambre au bout de la salle du conseil, où étoit une table longue, couverte du tapis de velours vert à franges d'or qui sert lorsque le conseil des finances se tient, la reine de Suède se mit dans une chaire à bras au bout de cette table du côté des fenêtres, monseigneur le chancelier à sa gauche, du côté de la cheminée, sur une chaise à dos et sans bras, laissant quelque espace vide entre Sa Majesté et lui; M. le directeur étant de l'autre côté de la table, vis-à-vis de monseigneur le chancelier, mais un peu plus bas et plus éloigné de la table, debout, et tous les académiciens aussi. Il lui fit un compliment qui ne contenoit qu'une excuse de ce que l'Académie se trouvant surprise de l'honneur qu'elle lui faisoit, elle ne s'étoit pas préparée à lui témoigner sa joie et sa reconnoissance d'une si glorieuse faveur, selon le mérite de cette grâce et le devoir de la compagnie; que si elle en eût eu le temps, elle auroit sans doute donné cette commission à quelqu'un plus capable que lui de s'en mieux acquitter; mais que s'en trouvant chargé, par l'avantage que la fortune lui avoit fait rencontrer de présider la compagnie en une si heureuse rencontre, il étoit obligé de dire à Sa Majesté que l'Académie française n'avoit jamais reçu de plus grand honneur que celui qu'il lui plaisoit de lui faire. A quoi la Reine répondit qu'elle croyoit qu'on pardonneroit à la curiosité d'une fille qui avoit souhaité de se trouver en une compagnie de tant d'honnêtes gens, pour qui elle avoit toujours eu une estime et une affection particulière.

Ensuite on proposa si les académiciens seroient assis

ou debout : ce qui sembla surprendre la Reine, qui s'attendoit qu'on ne seroit point assis. Mais monseigneur le chancelier ayant demandé avis à quelques-uns sur cette difficulté, on lui dit que le roi Henri III, lorsqu'il faisoit faire des assemblées de gens de lettres au bois de Vincennes, où il se trouvoit souvent, faisoit asseoir les assistans ; qu'on en usoit toujours ainsi en pareilles rencontres ; et que la reine de Suède même, lorsqu'elle étoit à Rome, avoit été de l'académie des Humoristes, qui ne s'étoient point tenus debout. Si bien qu'il fut résolu que les académiciens seroient assis, comme ils furent durant toute la séance, sur des chaises à dos ; mais monseigneur le chancelier et eux tous toujours découverts. On fit excuse d'abord à Sa Majesté de ce que la compagnie n'étoit pas plus nombreuse, parce qu'on n'avoit pas eu le temps de faire avertir tous les académiciens de s'y trouver ; que le secrétaire se trouvoit absent par son indisposition, et messieurs Gombauld et Chapelain aussi, avec plusieurs autres. Elle demanda qui étoit le secrétaire ; on lui dit que c'étoit M. Conrart, duquel elle eut la bonté de parler obligeamment comme le connoissant de réputation, et de ces deux autres messieurs absens aussi, à qui elle donna de grandes louanges. Ensuite de cela, M. le directeur lui dit que si on avoit pu prévoir la visite de Sa Majesté, on auroit préparé quelque lecture pour la divertir agréablement ; mais que, dans la surprise où se trouvoit la compagnie, on se serviroit de ce que l'occasion pourroit fournir ; et que comme il avoit fait depuis peu un traité de la Douleur, qui doit entrer dans le troisième volume des caractères des passions, qu'il étoit prêt de donner au public, si Sa Majesté lui commandoit de lui en lire quelque chose, il croyoit que ce seroit un sujet assez propre pour lui faire connoître la douleur de la compagnie de ne se pouvoir pas mieux acquitter de ce qui étoit dû à une si grande reine, et de ce qu'elle devoit être sitôt privée de sa vue par le prompt départ de Sa Majesté. Cette lecture étant achevée, à laquelle la Reine donna beaucoup d'attention, monseigneur le chancelier demanda si quelqu'un avoit des vers pour entretenir Sa Majesté. Sur quoi M. Cotin en ayant récité quelques uns du poëte Lucrèce qu'il avoit mis en français, la Reine témoigna y prendre grand plaisir. M. l'abbé de Boisrobert récita aussi quelques madrigaux qu'il avoit faits depuis peu sur la maladie de madame d'Olonne; et M. l'abbé Tallemant un sonnet sur la mort d'une dame. Après cela M. de La Chambre demandant encore quelque chose, M. Pellisson lut une petite ode d'amour qu'il a faite, à l'imitation de Catulle, et d'autres vers sur un saphir qu'il avoit perdu et qu'il retrouva depuis, qui plut aussi extrêmement à Sa Majesté, à laquelle on lut un cahier entier du dictionnaire contenant l'explication du mot de *jeu*, pour lui faire connoître quelque chose du travail présent de la compagnie; et cela étant achevé, la Reine se leva, et fut reconduite à son carrosse par monseigneur le chancelier, suivi de tous les académiciens; et Sa Majesté partit le lendemain de Paris pour s'en retourner à Fontainebleau, où elle ne coucha que deux nuits, après lesquelles elle se mit en chemin pour retourner en Italie.

Le dessein de monseigneur le chancelier étoit que l'Académie s'assemblât dans la chambre de M. de

Priezac, selon sa coutume; mais parce que le haut du degré pour y entrer est un peu obscur et malaisé, il jugea qu'il valoit mieux que cette séance se tînt en son appartement : ce qui fut plus convenable pour Sa Majesté et plus glorieux pour l'Académie.

Quand on commença à lire le cahier du dictionnaire, monseigneur le chancelier dit à la reine de Suède qu'on alloit lire le mot de *jeu*, lequel ne déplairoit pas à Sa Majesté, et que sans doute le mot de *mélancolie* lui auroit été moins agréable. A quoi elle ne répondit rien.

Dans la suite de cette lecture, cette façon de parler s'étant rencontrée : *Ce sont des jeux de princes, qui ne plaisent qu'à ceux qui les font,* la reine de Suède rougit, et parut émue ; mais voyant qu'on avoit les yeux sur elle, elle s'efforça de rire, mais d'une manière qui faisoit connoître que c'étoit plutôt un ris de dépit que de joie.

DUEL DU MARQUIS DE SÉVIGNÉ (1).

Le chevalier d'Albret (2), cadet de Miossens, étant amoureux de la femme de Galland, fils de l'avocat célèbre de ce nom, qu'on appeloit madame de Gondran, sut que le marquis de Sévigné de Bretagne,

(1) Manuscrits de Conrart, tome 10, page 129. Ce récit du duel du marquis de Sévigné a déjà été publié par nous dans notre édition des Lettres de madame de Sévigné, t. 1, p. 57. — (2) *D'Albret* : François Amanieu, seigneur d'Ambleville, chevalier d'Albret, frère du maréchal de ce nom. Le chevalier d'Albret fut lui-même tué en duel en 1672.

qui, selon le bruit commun, n'étoit pas mal avec elle, lui avoit tenu des discours à son désavantage, depuis lesquels elle lui avoit fait dire trois ou quatre fois qu'elle n'étoit pas chez elle, lorsqu'il l'y étoit allé chercher. Pour s'en éclaircir, il pria Saucourt [1], qui est de ses amis, de savoir du marquis de Sévigné si ce qu'on lui avoit dit étoit vrai, parce qu'il ne lui avoit jamais donné sujet de lui rendre de mauvais offices. Sévigné dit à Saucourt qu'il n'avoit jamais parlé au désavantage du chevalier d'Albret ; mais qu'il ne le lui disoit que pour rendre témoignage à la vérité, et non pas pour se justifier, parce qu'il ne le faisoit jamais que l'épée à la main. Saucourt lia la partie avec lui pour vendredi après midi 3 février 1651, et s'obligea de faire trouver le chevalier d'Albret derrière Picque-Puce [2]. Il s'y rendit à l'heure qui avoit été dite, et Sévigné aussi, qui avoit fait porter des épées. Il dit d'abord au chevalier d'Albret qu'il n'avoit jamais parlé de ce qu'on lui avoit rapporté, et qu'il étoit son serviteur. En disant cela ils s'embrassèrent, et ensuite le chevalier dit qu'il ne falloit pas laisser de se battre : Sévigné répondit qu'il l'entendoit bien ainsi, et qu'il n'eût pas voulu ne se point battre. Aussitôt ils se mirent en présence, et Sévigné porta trois ou quatre bottes au chevalier, qui eut ses chausses percées, mais ne fut point blessé. Sévigné, conti-

---

(1) *Saucourt*: Antoine-Maximilien de Bellefourière, marquis de Soyecourt, grand veneur de France en 1670. On prononçoit *Saucourt* par contraction. — (2) *Pique-Puce*: ou Picpus. Un couvent de pénitens réformés du tiers ordre de saint François a donné son nom à ce quartier, situé à l'extrémité du faubourg Saint-Antoine. Ce lieu, peu fréquenté aujourd'hui, devoit être alors extrêmement désert.

nuant à lui porter, se découvrit; et l'autre ayant pris son temps lui présenta l'épée pour parer, dans laquelle Sévigné s'enferra lui-même, et reçut un coup au travers du corps, de biais, mais qui ne perçoit pas d'outre en outre. Le combat finit par là, car Sévigné tomba de ce coup; et ayant été ramené à Paris, les chirurgiens le jugèrent mort dès qu'ils eurent vu sa blessure. Il en reçut la nouvelle avec chagrin, et ne se pouvoit résoudre à mourir à l'âge de vingt-sept ans. Il ne dura que jusques au lendemain matin : tous ses amis l'allèrent voir, et particulièrement Gondran, mari de la dame que l'on disoit être l'occasion de la querelle, car il le croyoit de ses meilleurs amis; et voyant qu'il étoit impossible de le sauver, il s'en plaignoit plus que pas un autre, comme faisant une perte dont il ne se pouvoit consoler.

Sévigné avoit épousé (1) la fille unique du baron de Chantal et de la fille de Colanges (2), qui avoit été autrefois fermier des gabelles avec Jacquet, Figers et Bazin. Quoiqu'elle soit fort jolie et fort aimable, il ne vivoit pas bien avec elle, et avoit toujours des galanteries à Paris. Elle, de son côté, qui est d'une humeur gaie et enjouée, se divertissoit autant qu'elle pouvoit; de sorte qu'il n'y avoit pas grande correspondance entre eux. Il l'avoit menée depuis peu en basse Bretagne où est son bien, et faisoit état de l'y laisser long-temps. Pour lui, il étoit revenu à Paris il y avoit fort peu, lorsque cette querelle lui fut faite par le chevalier d'Albret. On dit qu'il disoit

(1) Le premier août 1644. — (2) *La fille de Colanges :* Marie de Coulanges. Ce nom s'écrivoit *Colanges*; le cousin de madame de Sévigné est le premier qui ait signé *Coulanges*.

quelquefois à sa femme qu'il croyoit qu'elle eût été très-agréable pour un autre; mais que pour lui, elle ne lui pouvoit plaire. On disoit aussi qu'il y avoit cette différence entre son mari et elle, qu'il l'estimoit et ne l'aimoit point; au lieu qu'elle l'aimoit et ne l'estimoit point. En effet, elle lui témoignoit de l'affection; mais comme elle a l'esprit vif et délicat, elle ne l'estimoit pas beaucoup : et elle avoit cela de commun avec la plupart des honnêtes gens; car, bien qu'il eût quelque esprit et qu'il fût assez bien fait de sa personne, on ne s'accommodoit point de lui, et il passoit presque partout pour fâcheux (1); de sorte que peu de gens l'ont regretté, encore que quelques-uns l'aient plaint d'être mort en une si grande jeunesse. Il étoit étrangement frondeur, comme parent du coadjuteur; et durant la guerre de Paris ce fut lui qui commanda le régiment de Corinthe, que le coadjuteur leva pour le parlement (2).

Cette madame de Gondran est fille de M. Bigot de La Honville, secrétaire du Roi et contrôleur général des gabelles, et de la fille aînée du bonhomme Sarrau, aussi secrétaire du Roi, qui étoit de Guienne, et avoit fait sa fortune avec le maréchal de Biron. C'est une fort belle femme : dès qu'elle étoit fort jeune, et portant encore la robe de couleur, on commença à parler de sa beauté; et comme sa mère étoit

---

(1) *Fâcheux* : *Le dictionnaire de Trévoux dit que les fâcheux sont de certaines gens qui semblent n'être au monde que pour fatiguer et importuner les autres. La comédie de Molière confirme en tout cette définition.* — (2) Conrart commet ici une erreur; le régiment de Corinthe ne fut pas confié par le cardinal de Retz au marquis de Sévigné, mais à Renaud, oncle du marquis. (*Voyez* les Mémoires de Joly, tome précédent, page 51.)

morte, elle demeuroit avec sa sœur aînée, mariée à Louvigny, secrétaire du Roi et homme d'affaires, fils de Louvigny, orfèvre, et valet de chambre du Roi. Quoique cette sœur aînée soit fort modeste, et n'eût point accoutumé de vivre dans le grand monde, depuis que cette cadette fut sous sa conduite tous les galans de la cour et de la ville s'introduisirent petit à petit chez elle ; et quand ils eurent commencé à y aller, il fut impossible de les en bannir, d'autant plus que la demoiselle aimoit leur entretien, et les attiroit plutôt que de les chasser. Ainsi l'on parloit par tout Paris de *Lolo* : on ne l'appeloit point autrement dans le monde, à cause du nom de *Charlotte* qu'elle porte. Cependant ce grand abord de gens de toutes conditions, cette réputation si générale de la beauté de cette fille, et la vanité et la hardiesse que l'on voyoit croître en elle de jour en jour, jointe à une grande naïveté et simplicité qui lui sont naturelles, faisoient craindre au père qu'il n'en arrivât quelque accident ; si bien que Gondran, qui est fils de Galland, avocat célèbre, et qui a laissé quelque bien assez honnête pour sa condition, en étant devenu amoureux, et l'ayant fait demander en mariage, il se résolut à la lui donner, quoique avec répugnance, à cause de l'humeur brutale de ce garçon, de ses débauches et de son oisiveté, n'ayant jamais voulu travailler au Palais, encore que la mémoire de son père et de son frère aîné, qui y avoient été tous deux en estime, lui eût pu donner grande facilité à y réussir, s'il eût voulu travailler comme il le pouvoit. Outre cela cette famille, qui a toujours été arrogante et impérieuse, ne plaisoit pas aux autres familles ; et il n'y en avoit jamais eu de considérables qui eussent voulu s'allier avec elle : ce qui faisoit que le père et les parens avoient peine à consentir à cette alliance. Mais la crainte du péril l'emporta sur toute autre considération ; et pour se décharger d'une personne qui leur donnoit tant d'inquiétude, ils se résolurent de la sacrifier à leur repos ; d'autant plus que les avantages que Gondran lui faisoit étoient grands pour le peu de bien qu'elle lui apportoit, car elle n'eut pas plus de huit mille écus de mariage. Ainsi le mariage ayant été rompu une fois sur les conditions, que l'on demandoit trop hautes du côté de la fille, se renoua et fut consommé. Pendant qu'elle étoit accordée, tous les galans étoient tous les jours chez sa sœur à lui en conter, se mettant à genoux devant elle, et faisant toutes les autres badineries que font les amoureux transis ; et le pauvre serviteur étoit à un coin de la chambre avec quelqu'un des parens à s'entretenir, sans oser presque approcher d'elle, ni lui rien dire. Il n'a jamais paru qu'elle eût ni estime ni affection pour lui. Outre sa brutalité naturelle et son humeur de goinfre, qui fait qu'il s'enivre fort souvent, et même avec des galans de sa femme, il a quelquefois des saillies de jalousie qui lui font dire mille impertinences, jusque là qu'il en vient avec elle aux injures, et même aux coups, à ce que disent quelques-uns. Elle a si peu de conduite, qu'elle dit et fait souvent des choses qui donnent grand sujet de penser d'elle le mal qui n'y est pas ; et plusieurs femmes plus habiles qu'elle, et aussi malicieuses qu'envieuses de sa beauté, lui ont joué beaucoup de fois des pièces sanglantes sur ses propres naïvetés. Il y a eu même des personnes d'esprit et de mérite, de ses parens, qui lui ont donné des avis qui lui pouvoient être fort salutaires ; mais elle n'en a jamais profité. Elle souffre que toutes sortes de gens aillent chez elle ; et quoi que sa belle-mère, qui est une des plus acariâtres de toutes les vieilles prudes, ait pu faire pour l'en empêcher, elle n'y a pu donner ordre ; et elle fait toujours si bien par son extrême complaisance, qu'elle n'est point mal avec elle, et que sa porte est ouverte à tout le monde.

Un des plus extravagans qui la voie est l'abbé de Romilly, inconsidéré et débauché au dernier point, qui dit avec une effronterie inconcevable tout ce qui lui vient à la bouche quand il est ivre. Elle le souffre néanmoins assez volontiers, parce que dans les collations et les conversations où ils se trouvent ils se jettent tout à la tête l'un de l'autre, et disent et font mille autres folies, qu'elle aime aussi bien que lui. Un jour ayant fait débauche chez elle avec son mari, comme ils furent tous deux bien ivres, cet abbé voulut user de quelque liberté impertinente ; et elle le repoussant, il lui dit : « Madame, vous faites bien la
« cruelle aujourd'hui ! vous ne l'êtes pas toujours tant ;
« et ce que j'ai obtenu de vous autrefois pouvoit bien
« me faire espérer que vous ne me repousseriez pas si
« rudement. Il est vrai qu'il m'en a coûté quelque point
« de Gênes et quelque jupe ; mais je tiens mon argent
« bien employé, puisqu'il m'a valu ce que vous m'a-
« vez accordé. » Elle le traita d'ivrogne, de riant, et lui dit qu'il ne falloit pas prendre garde à lui en l'état où il étoit. Le mari ne lui dit autre chose, sinon :
« Abbé, va, va-t'en chez toi ; tu ne sais ce que tu dis ;
« tu es ivre, et moi aussi. » On a dit depuis que cet

abbé, à l'instigation de quelque femme qui n'aimoit pas madame de Gondran, s'étoit vanté qu'il lui diroit, en une compagnie où elle devoit aller, les mêmes choses qu'il lui avoit dites chez elle étant ivre : mais quelques-uns de ses amis à elle en ayant eu avis, s'y trouvèrent avec main-forte ; tellement que l'abbé n'osa hasarder le coup. Mais comme elle savoit qu'il ne manqueroit pas à débiter cette histoire partout, par extrao......

(*Le manuscrit n'est pas terminé.*)

SUR L'AVOCAT GALLAND ET SUR SA FEMME (1).

Galland, secrétaire du conseil, qui fit sa fortune sous le ministère du cardinal de Richelieu, et qui fut en réputation d'être un des plus habiles, des plus heureux et des plus riches hommes d'affaires et de finances de son temps, étoit un pauvre garçon né à .... Ayant trouvé moyen d'amasser quelque petite somme d'argent, il l'employa à une charge de receveur des tailles de Crépy en Valois, et emprunta le surplus de ce qu'il en paya. Dans l'exercice de cette charge, il acquit de quoi s'acquitter, et quelque chose de plus ; et commençant à se trouver un peu accommodé pour sa condition, il épousa la fille d'un notaire nommé Le Camus. Au bout de quelque temps s'étant embarqué dans quelques partis, il y trouva si bien son compte, qu'il ne tarda pas long-temps à s'enrichir.

(1) Manuscrits de Conrart, tome 10, page 213.

Bullion, surintendant des finances, et Cornuel, président des comptes, qui conduisoit tout le détail des affaires sous lui, vinrent à goûter Galland, sur lequel ils se déchargeoient de ce qu'il y avoit de plus pénible, parce que Bullion ne vouloit faire que le gros, et que Cornuel étant malsain et homme de plaisir, étoit bien aise d'avoir quelqu'un qui le soulageât. Ce fut donc par cette voie que Galland fit une si grande fortune, ayant fait bâtir la belle maison de Petit-Bourg près d'Essone, qui est aujourd'hui à l'abbé de La Rivière, et possédant des biens immenses lorsqu'il mourut, tant en argent qu'en autres bons effets. Mais, au milieu de cette abondance et d'une fortune si riante, lui et sa femme avoient le déplaisir de n'avoir point d'enfans, quoiqu'ils en désirassent extrêmement pour leur laisser tous ces grands biens qu'ils avoient acquis. Il étoit encore assez jeune quand il mourut, et il laissa, selon le bruit commun, plusieurs millions, qui furent partagés entre sa femme, laquelle en emporta plus de moitié à cause de la communauté, et son frère, qui est encore aujourd'hui secrétaire du conseil.

Sa femme demeura quelque temps veuve; mais ayant beaucoup de passion d'avoir des enfans, d'acquérir quelque qualité dans le monde, et de se mettre à couvert de la persécution qui s'étoit élevée contre les partisans et les gens d'affaires, et dont elle s'étoit déjà sentie en plusieurs rencontres, surtout durant le blocus de Paris en 1649, elle fit résolution de se remarier à quelque homme de bon âge, et des plus qualifiés de la robe : ce qu'ayant communiqué à ses plus particuliers amis, ils lui proposèrent divers partis; mais entre tous elle s'arrêta à Saint-Envestre, fils aîné du président Le Coigneux, reçu en survivance de l'office de président à mortier de son père, et pourvu de celui de président en la deuxième chambre des requêtes du Palais. Car, outre cette dignité et l'éclat de la famille, il étoit à peu près de même âge qu'elle, seulement de quelques années plus jeune, et avoit la réputation d'homme d'esprit et de vigueur, comme il le fit paroître dans les assemblées du parlement, pendant tous les mouvemens excités à cause du cardinal Mazarin. Mais il étoit aussi un peu capricieux, aussi bien que son père, et avoit l'humeur fière et impérieuse. Ce mariage ayant été proposé, fut conclu par l'entremise de la femme de Garnier, conseiller au grand conseil, laquelle étoit fille d'un apothicaire nommé de Vouges, célèbre à Paris pour la gelée excellente qui se faisoit chez lui pour les malades, et intime amie de cette riche veuve.

Elle fit à son mari des avantages considérables par son contrat de mariage, et qui montoient à plus de cent mille écus(1). Quand le mariage fut consommé, il trouva moyen de se mettre en possession de tout le bien de sa femme; et pour l'y faire consentir plus facilement, il lui témoignoit beaucoup d'affection, et avoit grande complaisance pour elle : mais lorsqu'il eut tout en sa disposition, il commença à ne se plus contraindre ; et

(1) Dangeau confirme le récit de Conrart. Voici ce qu'on lit dans son journal manuscrit, à la date du 24 avril 1686 : « Le président Le Coi-
« gneux mourut à Paris. Il étoit second président du parlement; il
« avoit été marié trois fois. Sa première femme étoit veuve de M. Gal-
« land, et par sa mort les créanciers de M. Galland profiteront beau-
« coup. Il épousa en secondes noces une sœur du feu maréchal de
« Rochefort; sa troisième femme, qui vit encore, étoit nièce du feu
« duc de Navailles, et fille de l'aîné de la maison. »

elle, qui croyoit qu'elle seroit toujours adorée après avoir fait pour lui tout ce qu'il avoit désiré, et qui avoit accoutumé de l'être de toutes les personnes avec qui elle vivoit ordinairement, ne pouvoit s'accoutumer aux indifférences et aux caprices de son mari. D'ailleurs elle découvrit qu'il avoit des amourettes : ce qui mêla de la jalousie parmi ses autres mécontentemens, et causa ensuite beaucoup de mauvais ménage; car, prenant du dégoût l'un de l'autre, ils ne songèrent plus qu'à se faire des niches, et expliquoient toutes choses en mal. Quand il venoit des demoiselles de campagne de mauvaise mine, qu'elle ne connoissoit pas, pour solliciter son mari pour quelque procès, elle disoit que c'étoit des messagères d'amour qui lui apportoient des lettres ou des nouvelles de ses maîtresses. S'il en venoit de belles, elle disoit qu'il leur avoit donné assignation sous prétexte de sollicitation. Si elle voyoit des plaideurs mal vêtus, et dont on ne lui pouvoit dire les noms, elle ne manquoit pas à les soupçonner d'être aussi des porteurs de *poulets*, ou des faiseurs d'ambassades; et elle engageoit le portier à lui dire précisément les noms de toutes les personnes qui venoient demander son mari, lequel voyant qu'elle l'avoit gagné de la sorte, le chassa, et mit à sa porte un suisse qui ne connoissoit personne, qui n'entendoit pas un mot de français, et qui ne savoit pas même qui étoit la maîtresse de la maison. Elle de son côté, sachant qu'il avoit de l'aversion pour une certaine fille qu'elle vouloit prendre pour femme de chambre, et qu'il l'avoit priée plusieurs fois de ne pas prendre, ne manqua pas à la faire venir. Quand il la vit, il lui dit en se raillant d'elle qu'il vouloit faire faire son portrait et le mettre sur sa cheminée, afin de l'avoir toujours devant les yeux, et de s'accoutumer à la voir pour apprendre à la souffrir, parce qu'elle lui étoit insupportable; et il persécuta tant sa femme de renvoyer cette fille, qu'enfin elle fut contrainte de le faire.

Ce qui augmentoit encore le désordre étoit la femme de Galland, sœur de la présidente Le Coigneux (les deux frères avoient épousé les deux sœurs), laquelle étant d'une humeur aigre et fière, et ayant toujours applaudi à toutes les passions de sa sœur dans l'espérance de sa succession, la portoit en cette rencontre à se faire séparer d'avec le président, afin qu'elle retirât son bien, qu'en cas qu'elle vînt à mourir ils eussent eu trop de peine à se faire rendre par le mari, s'il en demeuroit en possession. Elles avoient aussi un frère nommé Le Camus comme elles, qui étoit le plus impertinent homme du monde, et dont il n'y avoit personne qui ne tâchât d'éviter la conversation. Ce galant homme sachant que le président le méprisoit, comme recevant toujours de lui des rebuffades telles qu'il les méritoit, pour s'en venger aigrissoit de tout son pouvoir l'esprit de sa sœur; de sorte que les choses en vinrent à telle extrémité, que cette femme, emportée de colère et de jalousie, ne voulût plus qu'on lui apprêtât à manger à la cuisine, mais dans une petite chambre haute, et proche du grenier. Elle se barricadoit dans sa chambre avec son frère, sa sœur, et quelques femmes du quartier qui étoient aussi ses adoratrices, sans vouloir permettre que son mari y entrât. C'étoit de ces personnes qu'étoit composé son conseil, toutes ces femmes lui disant sans cesse qu'après ce qu'elle avoit fait pour son mari il n'y avoit point de déférence ni de respect qu'elle n'en dût attendre; et qu'au lieu de cela il la payoit d'une lâche ingratitude, et la traitoit comme une petite soubrette; qu'il falloit qu'elle le mît à la raison en se faisant séparer. Et si quelqu'un lui répondoit que cette séparation ne se pouvoit faire sans l'autorité du magistrat; que pour la faire faire il falloit avoir des preuves de mauvais traitemens, et qu'elle n'en pouvoit donner parce qu'il n'y en avoit point: mais que quand il y en auroit, il ne se trouveroit personne qui voulût déposer, à cause de la qualité et de l'autorité de son mari; elles répondoient que cela étoit bon pour des femmes de basse condition; mais que pour des personnes comme elle, les mauvais traitemens dont elle se plaignoit, qu'il ne l'honoroit pas assez, qu'il ne lui donnoit point d'argent, qu'il éloignoit d'elle les personnes qui lui étoient les plus chères, suffisoient pour lui faire rendre son bien; et que quand elle l'auroit, il falloit qu'elle le quittât là. Le mari voyant que le frère et la sœur étoient les principales causes de ce mauvais ménage, crut qu'il leur falloit empêcher de la voir; que par ce moyen elle changeroit d'humeur, et que les autres femmes feroient moins d'impression sur son esprit; ou qu'en tout cas si elles continuoient à lui donner de mauvais conseils, il ne lui seroit pas malaisé d'en prévenir les effets, défendit à son beau-frère d'y venir; et ayant témoigné qu'il ne vouloit plus que la sœur y vînt non plus, celle-ci au contraire y fit porter son lit, comme en dépit de lui; et la haine devint plus âpre que jamais. Cela se rencontra justement au temps qu'une partie du parlement étoit à Pontoise (1); et comme le président Le Coigneux fut un de ceux qui s'y rendirent durant son absence, le frère et la sœur de la présidente étoient sans cesse auprès d'elle à l'animer contre son mari.

Il arriva un jour par rencontre qu'ayant reçu de ses lettres (car ils s'écrivirent plusieurs fois durant cette absence, même avec beaucoup de civilité), comme son frère sortoit de chez elle, il trouva un petit laquais qui apportoit un paquet du président à un de ses secrétaires qu'il avoit laissé à Paris pour faire ses affaires, et auquel il s'adressoit. Le Camus ayant reconnu l'écriture, prit le paquet, disant qu'il le donneroit au secrétaire; le petit laquais insiste, et dit qu'il avoit ordre de ne le délivrer qu'à lui-même; mais l'autre l'ayant renvoyé, porta le paquet à la présidente, qui eut la curiosité de l'ouvrir, et y trouva une lettre d'amour que son mari envoyoit au secrétaire pour la rendre à la personne qu'il connoissoit, et qui n'y étoit pas nommée. Cela l'outra au dernier point; et depuis elle jeta dans le feu, toutes cachetées, toutes les lettres qui lui furent écrites par son mari, lequel ayant appris ce procédé, pria Bachaumont (2) son frère, conseiller au parlement, qui étoit demeuré à Paris, d'aller voir sa belle-sœur, de savoir d'elle le sujet de son mécontentement, et de lui offrir de sa part toute sorte de satisfaction si elle avoit quelque sujet de plainte. Elle ne le voulut point entendre, et sa colère l'irritoit de jour en jour. Enfin,

(1) *A Pontoise :* En 1652. — (2) *Bachaumont :* L'ami de Chapelle. Il s'appeloit François Le Coigneux de Bachaumont, et il étoit conseiller clerc au parlement de Paris.

le mari étant revenu de Pontoise, parle à la sœur, femme de Galland, à la femme de Garnier, à celle de Pelaud, et à celle de Sanguin, qui étoient ses confidentes ordinaires et ses conseillères d'Etat. Elles lui donnèrent toutes le tort, dirent que sa femme avoit grand sujet de se plaindre de lui, et qu'il devroit mourir de honte de la traiter mal comme il faisoit. La femme de Garnier, entre autres, lui dit tout ce que la rage lui put inspirer, croyant en avoir plus de droit que les autres, parce qu'elle le connoissoit de plus long-temps, et qu'elle avoit aidé à faire le mariage; elle lui dit donc qu'il étoit un lâche et un ingrat, qu'il ne méritoit pas d'avoir rencontré une femme vertueuse et riche comme étoit la sienne; qu'il avoit toujours été sans honneur, sans amitié, et même sans humanité; que pendant que son père étoit en exil à la suite de M. d'Orléans, persécuté à outrance par le cardinal de Richelieu, il recevoit tout le revenu du bien de la maison que l'on avoit pu mettre à couvert; et qu'au lieu de le faire tenir à son père, qui en avoit très-grand besoin, il l'employoit ici à des meutes de chiens et autres équipages de chasse, et à se donner du plaisir de toutes façons; qu'il avoit maltraité même jusqu'à ses maîtresses, parce qu'ayant été autrefois amoureux de la présidente Tambonneau, un jour qu'il l'attendoit chez elle le soir, au retour de la promenade, s'étant caché derrière la porte, il aperçut le comte d'Aubijoux qui la ramenoit à sa porte dans son carrosse; et que l'ayant descendue, elle avoit crié tout haut : « Madame, je suis « votre servante très-humble, » pour faire croire au Coigneux, qu'elle avoit reconnu en arrivant, qu'elle revenoit avec des femmes : quand elle fut entrée, il lui dit cent injures, et lui donna même un soufflet. Qu'à cette heure qu'il étoit marié, il n'étoit pas plus raisonnable; qu'il méprisoit sa femme; qu'il la privoit de la vue de ses proches, et particulièrement de celle de son frère, qu'elle aimoit plus que personne; qu'il ne lui donnoit point d'argent pour ses nécessités suivant sa condition; qu'il faisoit des galanteries; qu'on en avoit des preuves par ses propres lettres; que sa femme vouloit mettre une fin à tout cela. La femme de Pelaud l'étant allé voir à son retour, après beaucoup de complimens qu'elle lui fit, tomba sur l'histoire de la présidente de Pommereuil, et lui dit qu'ayant eu sujet de se plaindre de son mari, et de vouloir être séparée, quoiqu'il y eût très-long-temps qu'ils fussent mariés, et qu'ils eussent des enfans, elle n'avoit point voulu quitter son logis, d'où le mari avoit enfin été contraint de sortir, avec son fils du premier lit; et que comme il avoit voulu faire transporter les meubles par des archers, sa femme étoit survenue avec d'autres gens armés, et elle-même ayant une hallebarde à la main, et qu'elle les avoit mis en fuite; qu'il lui faudroit une pareille femme à celle-là pour le mettre à la raison.

Un créancier à qui Le Camus, frère de la présidente Le Coigneux, devoit vingt-deux mille livres dont il ne pouvoit tirer paiement, le fit guetter, un jour qu'on savoit qu'il devoit revenir d'une maison qu'il a à ....; par vingt ou trente soldats des gardes qui étoient au Roule, conduits par un sergent qui le connoissoit. Il étoit à cheval, lui troisième; un des soldats s'approche de lui comme pour lui demander l'aumône, et saisit la bride de son cheval, pendant que les autres le lèvent par un pied, et le jettent de l'autre côté. Il mit la main au pistolet; mais les autres avoient leurs épées nues, et étoient en trop grand nombre pour leur résister; si bien qu'il fut obligé de remettre son pistolet dans le fourreau, et de suivre les soldats, qui le menèrent au fort l'Evêque. Il en donna incontinent avis à ses sœurs, qui commencèrent à pester contre le président Le Coigneux, disant que c'étoit lui qui avoit fait faire cette pièce à leur frère pour leur faire déplaisir, et qu'il s'en falloit venger. Cependant, de douleur ou de dépit, la présidente tombe en foiblesse, on court; on crie *au secours!* dans tout son appartement. Le président entendant du bruit, et en sachant le sujet, n'osa monter en haut, de peur de trouver les portes barricadées à l'ordinaire, et de trouver ces femmes encore plus en fureur contre lui que jamais. Il envoya prier la femme de Garnier, qui y étoit, de descendre : ce qu'ayant fait, il lui dit que si sa femme le vouloit prier d'aller délivrer son frère, il s'y en iroit du même pas, et le rameneroit sans qu'il lui en coûtât un sou; mais qu'à moins que de l'en prier, il n'iroit point, parce qu'il ne vouloit rien faire pour celui qui étoit en prison, comme ayant fort mal vécu avec lui. La femme de Garnier remonte, et fait cette proposition aux deux sœurs, qui d'un commun accord la rejettent; et parce que, nonobstant leur refus, elle vouloit redescendre, et dire au président que sa femme le prioit donc d'aller mettre son frère en liberté, elles l'enfermèrent, et envoyèrent quérir Galland, à qui elles dirent qu'il falloit qu'il s'en allât à l'instant même le faire sortir, et payer les vingt-deux mille livres, s'il ne le pouvoit autrement. Galland, qui est soumis à sa femme en toutes choses, va au fort l'Evêque, s'oblige pour les vingt-deux mille livres, et délivre Le Camus. L'archer tenoit sa dette si mauvaise, qu'il l'avoit offerte plusieurs fois pour dix mille livres, et il l'eût sans doute abandonnée encore à moins. Au retour de la prison, il revint tout courant trouver sa femme et sa belle-sœur, dont il croyoit recevoir mille remercîmens et mille louanges; mais il fut bien étonné quand il s'entendit appeler par elles lâche, sans courage, sans vigueur, etc., sur ce qu'elles s'étoient imaginé que l'ayant fait élargir si promptement, c'avoit été par le crédit du président Le Coigneux; et qu'elles ne vouloient point qu'il s'en mêlât. Après qu'elles eurent bien crié et bien tempêté, enfin il obtint qu'elles lussent le papier qu'il tenoit à la main, qui étoit la quittance par laquelle il paroissoit qu'il avoit payé actuellement cette somme de vingt-deux mille livres : de sorte qu'elles s'apaisèrent un peu contre lui; mais elles se remirent à pester contre le président, et à tel point qu'enfin il fut conclu que sa femme le quitteroit, et se retireroit dans un couvent.

Le dimanche 10 novembre 1652, veille de saint Martin, cette résolution fut exécutée; et elle s'en alla au monastère des Filles Saint-Thomas, proche la porte de Richelieu. Le mari étant dans son appartement, qui est en bas au-dessous de celui de sa femme, et n'entendant plus marcher comme de coutume, en demanda la raison; et comme pas un des gens ne savoit la retraite de la présidente, ou ne la vouloit dire, il monte en haut lui-même; et trouvant toutes les portes ouvertes, dit, d'un ton moitié raillerie et moitié de colère : « Oh! oh! on a décampé « d'ici! » Il fait venir le suisse, à qui il demande si madame est sortie. Le suisse répond en son baragouin qu'il a vu sortir en carrosse trois femmes et un homme, mais qu'il ne la connoissoit pas : car, comme j'ai déjà dit, il n'avoit point vu sa maîtresse, ou il ne l'avoit vue que masquée; et ainsi, étant aussi grossier et aussi neuf qu'il étoit, il ne l'eût pu discerner d'avec une autre. Il apprit bientôt par quelqu'un du voisinage et qu'elle s'étoit retirée de chez lui, et où elle s'en étoit allée. Il prie Garnier de l'aller trouver pour la disposer à revenir. Il s'acquitte de cette commission, et fait voir à la présidente tous les inconvéniens qui se peuvent rencontrer dans cette affaire, et qu'elle ne lui peut être que désavantageuse, puisqu'elle ne pouvoit produire aucune plainte contre son mari capable d'obtenir une séparation. Elle combattit tout ce qu'il lui allégua plutôt par son opiniâtreté que par de bonnes raisons; et enfin il ne la put réduire à autre chose qu'à offrir de remettre ses intérêts entre les mains du président de Novion et du procureur général Fouquet. Garnier rapporta cela au président Le Coigneux, et lui conseilla d'aller lui-même la trouver, et de faire en sorte qu'elle revînt avec lui, pour empêcher le bruit et les discours que cette affaire causeroit dans Paris. Il le crut, et y alla le lundi, jour de saint Martin. Il lui parla à la grille; et lui ayant demandé pour quel sujet elle avoit quitté son logis, lui remontra que s'il eût voulu il l'eût obligée d'y revenir par une voie moins civile et moins douce que celle dont il se servoit, parce qu'il n'y avoit point de maison religieuse où l'on pût retenir une femme sans le consentement de son mari, et sans la permission du magistrat; qu'il feroit enfoncer les portes et rompre les grilles pour la tirer de là, s'il vouloit (en effet, Daubray, lieutenant civil, ayant su qu'elle s'en étoit allée de la sorte, avoit été trouver le président Le Coigneux, et lui avoit offert d'y aller avec des archers, pour la lui ramener de gré ou de force; mais il l'en avoit remercié) : mais qu'il avoit mieux aimé venir lui-même lui représenter le tort qu'elle se faisoit de croire de mauvais conseils, et de s'exposer aux railleries et aux entretiens des compagnies; qu'il la prioit de s'en revenir avec lui sans passer plus outre; et que si elle lui vouloit dire quel sujet elle avoit de se plaindre, il lui donneroit toute sorte de satisfaction. Elle ne se laissa point fléchir à toutes ces bonnes paroles, et se retrancha toujours dans la proposition qu'elle avoit faite à Garnier d'en passer par ce qu'en diroient le président de Novion et le procureur général : de sorte que n'en pouvant tirer autre chose, quelque remontrance et quelque promesse qu'il lui pût faire, il fut contraint de s'en revenir. Garnier y retourna encore l'après-dînée, et en arrivant chez ces religieuses trouva en bas Daurat, conseiller de la troisième chambre des enquêtes, qui lui dit que madame Le Coigneux lui avoit écrit pour le prier de la venir trouver en ce lieu-là : ce qui surprit assez Garnier, vu que Daurat est ennemi déclaré du président Le Coigneux, avec lequel il a eu de grandes prises dans toutes les assemblées du parlement pendant les mouvemens contre le cardinal Mazarin, ce conseiller ayant toujours été un des plus violens frondeurs, et elle n'ayant point d'habitude particulière avec lui : ce qui lui fit juger qu'il falloit que cette femme fût animée au dernier point contre son mari, puisqu'elle recherchoit même ses ennemis pour prendre conseil de ce qu'elle devoit faire contre lui. Garnier dit à Daurat que madame Le Coigneux vouloit peut-être lui parler de ses mécontentemens contre monsieur son mari, et de la séparation qu'elle avoit envie de demander en justice. A quoi Daurat répondit que si c'étoit pour cela qu'elle l'avoit envoyé querir, il alloit lui dire qu'elle avoit grand tort d'être venue en ce lieu-là; qu'il falloit qu'elle retournât avec son mari; et qu'à moins que d'avoir attenté à sa vie, elle n'avoit aucune cause légitime de le quitter. Sur quoi Garnier s'en retourna chez lui, et le laissa monter au parloir, où il dit à la présidente les mêmes choses, mais sans effet. Cependant le mari, voyant que tout ce qu'il avoit fait n'avoit rien produit, se résolut à laisser là sa femme, jusqu'à ce qu'il lui prît envie de revenir; mais il représenta lui-même, et fit aussi représenter par d'autres, à la supérieure de ce couvent, le tort qu'elle avoit d'avoir reçu et de retenir chez elle une femme mariée, et mariée à un homme de cette qualité, qui la pouvoit venir reprendre, et la mettre en peine; outre qu'un homme de sa condition lui pouvoit nuire en beaucoup de rencontres. Cette supérieure reconnoissant alors qu'elle avoit fait une faute, se résolut de la réparer en travaillant à la réconciliation du mari et de la femme; et en effet elle s'y prit si bien, qu'en peu de temps elle la détermina à revoir son mari. Elle y eut d'autant moins de peine, qu'au milieu de tout son dépit et de toute sa colère elle conservoit toujours de l'affection pour lui, et étoit plutôt animée de jalousie que de haine; joint qu'ayant reconnu que les femmes qui jusque là avoient été confidentes de la présidente étoient celles qui lui avoient mis le plus d'aigreur dans l'esprit, elle la sut ménager de telle sorte, qu'elle prit résolution de se raccommoder sans leur en parler; de quoi elles furent fort piquées, et particulièrement sa sœur, femme de Galland. La délibération étant donc prise, et le président ayant été averti, il s'en alla au monastère, où il parla à sa femme et à la supérieure, à qui il promit de lui donner toute la satisfaction qu'elle désireroit; et lui ayant offert de la remettre en son logis dans son carrosse, elle le pria de la laisser aller en chaise, parce qu'elle se trouvoit mal; à quoi il acquiesça, et même l'y fit accommoder avec des carreaux qu'il avoit fait apporter. Aussitôt qu'elle fut arrivée chez eux, il lui donna deux cents louis d'or, lui disant qu'elle en feroit ce qu'il lui plairoit; et qu'il ne vouloit plus qu'elle se plaignît qu'il ne lui donnoit point d'argent.

Le lendemain, il lui fit encore confirmer par Garnier qu'il feroit tout ce qu'elle désireroit pour son contentement, à la réserve de deux choses : la première fut qu'elle ne verroit point sa sœur, ni quelques autres personnes qui n'avoient pour but que de les mettre mal ensemble; et la seconde, qu'elle ne lui parleroit point de chasser le valet contre lequel elle avoit témoigné tant d'aversion. Sur cela elle se plaignit hautement, disant qu'il lui manquoit de parole ; que la supérieure des religieuses chez qui elle s'étoit retirée l'avoit assurée de sa part qu'il lui donneroit cette satisfaction, qui étoit la seule qu'elle désiroit ; et que lui-même lui ayant promis indéfiniment de faire tout ce qu'elle désireroit pourvu qu'elle revînt avec lui, c'étoit la traiter plus mal que jamais que de lui tenir cette rigueur, après qu'elle étoit revenue avec tant de franchise, et d'une manière si obligeante pour lui. Garnier néanmoins l'adoucit le mieux qu'il put, et par toutes les raisons qu'il lui allégua lui fit comprendre qu'après ce qui s'étoit passé, si elle s'opiniâtroit encore à vouloir que son mari fît une chose où il croyoit qu'il alloit de son honneur, elle n'en pouvoit recevoir que du déplaisir. Elle donna en quelque façon les mains à souffrir ce qu'elle ne pouvoit empêcher : mais comme les femmes avec qui elle avoit accoutumé de se divertir ne la voyoient plus depuis qu'elle s'étoit résolue à revenir chez elle sans le leur communiquer, la solitude où elle se trouvoit lui étoit fort ennuyeuse, et elle se considéroit comme méprisée de son mari, séparée de ses proches, et abandonnée de ses amis. La femme de Garnier fut la seule qui l'alla voir dès le jour de son retour, qui l'en loua, et lui protesta avec grande tendresse d'être absolument à elle, et d'y vouloir demeurer inviolablement attachée. Elle reçut d'autant plus favorablement ces témoignages d'amitié, qu'elle n'en recevoit plus de personne ; de sorte qu'elle la conjura instamment de la voir à toute heure pour la consoler dans ses déplaisirs. Au bout de quelques jours, d'autres femmes de sa connoissance la vinrent voir, avec lesquelles elle commença une petite société pour jouer au hoca (1) les après-dînées, afin de se désennuyer. Le soir, elles soupoient ensemble dans sa chambre, mais fort frugalement ; car le mari avoit ordonné qu'elles n'auroient qu'un potage avec un chapon bouilli, et un chapon rôti quand elles ne seroient que trois ; et lorsqu'elles seroient quatre, qu'on y ajouteroit deux perdrix. Cela dura ainsi quelque temps ; mais comme les esprits du mari et de la femme sont fort inquiets, et ne peuvent demeurer long-temps en même assiette, il commença à s'ennuyer de ce qu'elle ne soupoit jamais avec lui, d'autant plus qu'elle faisoit manger ses gens à part : ce qui étoit cause qu'il falloit tenir quatre ordinaires différens, tant à dîner qu'à souper : un pour lui, un pour ses gens, et un pour elle et un pour ses gens. Il commanda donc à son cuisinier que quand il souperoit au logis, il lui fît servir la moitié du potage et du chapon, et à sa femme l'autre moitié avec un chapon rôti, ou une perdrix seulement, sans autre chose : ce qui la piqua extrêmement, disant à toute heure à Garnier et à sa femme qu'il n'y avoit jamais eu de barbarie semblable de refuser le nécessaire à une femme de qui on avoit reçu tant d'avantages et tant de témoignages d'affection ; de sorte qu'au lieu d'avoir quelque plaisir dans son ménage, elle ne travailloit qu'à lui donner tous les jours des mécontentemens.

Lorsque le président s'étoit retiré à Pontoise, il avoit fait transporter beaucoup de meubles précieux de son logis pour les mettre en sûreté ; et il s'étoit vendu aussi quelque vaisselle d'argent. Or, comme

---

(1) *Au hoca* : Jeu de hasard fort à la mode alors, et que des édits proscrivirent dans la suite.

tout cela étoit porté par l'inventaire qu'elle avoit fait faire en l'épousant, et qui étoit mentionné dans son contrat de mariage (ce qui l'en rendoit responsable), il pria Garnier de voir cet inventaire avec la présidente, et de lui faire marquer les choses qui avoient été vendues, afin de l'en décharger; et celles qui étoient hors du logis pour les y rapporter. Garnier crut que c'étoit une occasion assez favorable pour les faire parler ensemble, et peut-être pour les raccommoder. Il dit donc au président qu'à son avis cela se feroit mieux entre lui et madame sa femme, qui avoient connoissance de ces choses dont il s'agissoit, que par lui, qui n'en savoit que ce qu'il lui en pourroit dire. Le président répondit qu'il craignoit que sa femme ne lui dît des choses fâcheuses, et qu'il ne fût obligé de se mettre en colère contre elle : ce qu'il eût été bien aise d'éviter. Garnier l'assura qu'elle ne le feroit point; et pour en être encore plus certain, il l'alla trouver à sa chambre, et lui dit que si elle l'avoit agréable, monsieur son mari la viendroit trouver pour lui parler de quelque chose qui regardoit leurs affaires; mais qu'il la prioit de ne lui rien dire qui le pût fâcher, comme de son côté il étoit très-disposé à ne lui parler qu'avec toutes sortes de civilités. Elle consentit à cela; et le président étant monté avec l'inventaire à la main, s'enquit de sa santé, parce qu'elle étoit au lit. Elle lui répondit, sans le regarder, qu'elle se portoit mal, et qu'elle étoit enrhumée. Un peu après, il la pria de lui dire quels meubles avoient été transportés, pendant son absence, et ce que l'on avoit vendu de vaisselle d'argent, afin qu'il le marquât sur l'inventaire; et à mesure qu'il lui lisoit un article, elle lui disoit où étoit ce qu'il contenoit, ou s'il avoit été vendu ; mais toujours avec une grande indifférence, et ne portant jamais les yeux sur lui, mais sur Garnier, quand elle les levoit en haut. Un peu après qu'ils eurent commencé, le marquis de La Vieuville et le président de Thoré vinrent demander le président Le Coigneux, qui fut obligé de descendre pour leur parler, et madame de La Leu vint aussi pour rendre visite à la présidente : ce qui fit craindre à Garnier et à sa femme, qui espéroient faire le raccommodement cette après-dînée-là, que si cette femme faisoit sa visite longue, ils ne pourroient venir à bout de le retenir, et que peut-être une autre fois l'occasion ne s'en offriroit pas si favorable ; de sorte que Garnier envoya sa femme au bas du degré prier madame de La Leu de n'être pas long-temps avec la présidente, afin qu'ils pussent renouer la conférence d'elle et de son mari : car, pour le marquis de La Vieuville et le président de Thoré, ils jugeoient bien qu'ils ne tarderoient pas long-temps à le quitter. En effet, il en arriva ainsi ; et toutes ces personnes s'en étant allées, Garnier pria le président de remonter à la chambre de sa femme pour achever ce qu'ils avoient déjà ébauché. Il y retourna donc, et recommença la vérification des articles qui restoient ; et comme Garnier vit qu'ils étoient en train d'achever cet ouvrage assez doucement, il se retira, et les laissa tous deux seuls. Ils y furent jusqu'à onze heures du soir. Le président lui conta depuis qu'après qu'il s'en fut allé ils s'étoient querellés, fait mille reproches et dit mille injures ; qu'après ils s'étoient radoucis ; qu'ils avoient pleuré tous deux ; qu'ils s'étoient embrassés, et dit mille douceurs; qu'ils avoient soupé ensemble; et qu'enfin ce qu'il y avoit de plus doux et de plus secret dans le mariage s'étoit passé entre eux.

Une des choses qui avoit autant irrité l'esprit de cette femme étoit que son mari avoit désiré une reconnoissance de Galland et de sa femme, présomptive héritière de la présidente, comme toutes ses perles et ses diamans, dont l'inventaire étoit chargé, étoient entre ses mains à elle et en sa possession, afin que si après sa mort ils ne se trouvoient point, on ne l'en rendît pas responsable: ce qu'il avoit sujet d'appréhender à cause de la haine qu'ils avoient pour lui, et de ce qu'il leur avoit défendu sa maison; à quoi la présidente répondoit que cette précaution lui étoit injurieuse, et qu'il ne devoit pas soupçonner qu'elle voulût donner pour huit ou dix mille écus de bagues à son préjudice, et pour les lui faire perdre, après lui avoir donné quatre ou cinq cent mille livres comme elle avoit fait, et après avoir rejeté le conseil qu'on lui donnoit de former opposition au sceau et au parlement à l'expédition des provisions de son office de président à mortier, et à la réception de son résignataire, lorsqu'il étoit en termes de s'en défaire pour être premier président. Le mari fut touché et convaincu de cette raison, qu'il savoit être véritable, et que c'avoit été le président de Novien qui lui avoit donné ce conseil pour empêcher le président Le Coigneux d'être premier président, parce qu'il y prétendoit lui-même. Il témoigna donc qu'elle l'avoit obligé en cette rencontre, et qu'il lui en savoit gré; de sorte que depuis cela ils vivoient mieux ensemble, ne mangeant et ne couchant plus séparément comme auparavant, au moins quand elle se portoit assez bien pour ne garder pas la chambre; et même quand elle étoit tard à quelque dévotion, et qu'il ne la pouvoit attendre à dîner, parce qu'il étoit obligé de retourner de bonne heure au Palais pour juger des procès de commissaires à la chambre de l'édit où il présidoit, il avoit soin de lui faire garder de ce qu'il y avoit de meilleur sur la table. Enfin ces deux personnes ont toutes deux de la vertu et de bonnes qualités, de l'amitié l'un pour l'autre, et beaucoup de sujets d'être contens, et de vivre bien ensemble. Cependant ils ne le peuvent, parce qu'il y a de la bizarrerie dans l'esprit de tous les deux; qu'ils sont tous deux fiers et orgueilleux, la femme de son bien et le mari de sa dignité, chacun croyant avoir beaucoup fait pour son compagnon de l'épouser: outre que le mari est enclin aux amourettes et la femme à la jalousie, laquelle est d'autant plus fâcheuse en elle qu'elle a de l'affection pour son mari, et que sa plus grande passion est qu'il n'aimât qu'elle. Et ce qui rend tout cela encore plus rude et plus incommode, elle prête l'oreille aux mauvais conseils que des personnes qui la flattent lui donnent continuellement, de gourmander son mari et de vivre mal avec lui.

SUR D'ESTRADES ET SUR CHAVIGNY LE PÈRE (1).

Le cardinal de Richelieu ayant fait faire quelques vaisseaux en Hollande, y avoit envoyé une promesse

(1) Manuscrits de Conrart, tome 10, page 221.

de quatre cent cinquante mille livres pour satisfaire les marchands qui avoient ou fourni les vaisseaux, ou avancé l'argent pour les payer : mais s'étant passé beaucoup de temps sans que cette promesse eût été acquittée, ces marchands songèrent à exposer cette promesse pour en traiter. Le prince d'Orange Henri-Frédéric l'ayant su, en avertit Estrades (1) qu'il aimoit extrêmement, et lui dit que c'étoit une affaire sur laquelle il pouvoit gagner cinquante mille écus, parce qu'étant connu et estimé du cardinal de Richelieu, il pourroit lui faire comprendre que s'il ne donnoit ordre que sa promesse fût acquittée, on la promeneroit par toute la Hollande, et que comme il avoit trop de soin de sa réputation pour le souffrir, il ne manqueroit pas à ordonner à Bullion, surintendant des finances, de fournir les fonds nécessaires pour cela ; sur quoi il feroit obtenir une grande remise à Estrades, les marchands étant bien aises de la faire, et de toucher le reste en argent comptant.

Estrades venant en France apporta des lettres du prince d'Orange au cardinal de Richelieu ; et pour mieux parvenir à son dessein en parla à Chavigny (2), qui étoit alors des plus puissans auprès de lui. Chavigny lui dit qu'il en falloit parler à Senneterre, ami intime de Bullion, et lui donner part du profit, parce qu'il étoit homme fort intéressé. Estrades lui dit franchement ce qu'il croyoit qu'il y auroit de profit; et parce que Chavigny faisoit profession d'a-

---

(1) *Estrades* : Godefroi, comte d'Estrades, fait maréchal de France en 1675. Le recueil de ses négociations a été imprimé à La Haye en 1743, en 9 vol. in-12. — (2) *Chavigny* : Claude Le Bouthillier, comte de Chavigny, surintendant des finances. Il mourut le 13 mars 1652.

mitié particulière avec lui, il lui confia la conduite de l'affaire, lui permettant d'en prendre portion, et d'en donner à Senneterre telle part qu'il voudroit. L'affaire fut proposée au cardinal, qui jeta feu et flamme contre Bullion de ce qu'il n'avoit pas acquitté cette partie comme il le lui avoit ordonné il y avoit long-temps, et dit qu'il vouloit absolument qu'elle fût entièrement payée. Sur cela Estrades s'en retourna en Hollande, croyant avoir au moins une bonne partie des cinquante mille écus de la remise qu'il avoit obtenue. Chavigny acheva seul l'affaire en son absence, et en bailla sept mille livres à Senneterre, et quatre mille livres à l'homme d'affaires d'Estrades, et prit le reste des cinquante mille écus pour lui, n'ayant fait tenir que cent mille écus pour retirer la promesse du cardinal. Senneterre ayant su cela, ne le put souffrir, parce que Chavigny faisoit profession d'être le meilleur de ses amis; mais plus encore parce qu'une si belle proie lui étoit échappée, mettant l'intérêt au-dessus de l'amitié; et ce fut la véritable cause, mais cachée, de la rupture, ce qui en parut n'en ayant été que le prétexte. Chavigny employa ce qu'il gagna en cette affaire au bâtiment de l'hôtel de Saint-Paul, qu'il avoit acheté environ deux cent mille livres, et qui lui revenoit à plus de huit cent mille livres, par l'aveu même de Saint-Sauveur son surintendant, quoique tout ne fût pas encore achevé.

MORT DE CHAVIGNY LE FILS (1).

Chavigny (2) ayant pris le parti du prince de Condé par l'ardente passion qu'il avoit contre le cardinal Mazarin, et selon quelques-uns par l'ambition de rentrer dans le ministère, voyant le grand engagement du prince avec les Espagnols, que Paris se disposoit à recevoir le Roi, et que le duc d'Orléans étoit las de la guerre, eût bien voulu se tirer aussi du parti honnêtement. Le prince de Condé, qui entretenoit toujours quelques négociations avec le cardinal, se trouva même plusieurs fois (on dit jusqu'à cinq) avec l'abbé Fouquet, et une entre autres chez la duchesse de Châtillon, pour conférer avec cet abbé, qui est frère du procureur général, et qui agissoit pour le cardinal. On disoit que la conférence n'alloit que jusqu'à un certain point, et que le duc d'Orléans y avoit donné son consentement. Goulas, secrétaire de ses commandemens, et Chavigny, dont il étoit ami intime, s'y trouvèrent aussi. Quelque temps après (3), un courrier fut pris par les troupes du prince de Condé, comme il étoit dans son camp vers Villeneuve-Saint-Georges, auquel on trouva une lettre écrite en chiffres par l'abbé Fouquet au cardi-

(1) Manuscrits de Conrart, tome 10, page 221. — (2) *Chavigny* : Léon Le Bouthillier, comte de Chavigny, ministre secrétaire d'État, gouverneur de Vincennes et d'Antibes, etc. — (3) *Quelque temps après* : Au mois de juin 1652.

nal, par laquelle il lui mandoit qu'il falloit tenir bon à refuser au prince ce qu'il demandoit pour ses amis, et qu'il s'en relâcheroit; et que s'il vouloit tenir trop ferme, le duc de Rohan, Chavigny et Goulas assuroient que le duc d'Orléans s'accommoderoit sans lui. Quelques-uns ont dit que c'étoit une ruse du cardinal, qui avoit fait écrire la lettre exprès, et exposé le courrier pour donner jalousie au prince du duc d'Orléans, et faire perdre aux trois ci-dessus nommés sa confiance. Le prince ayant fait déchiffrer cette lettre, la porta chez le duc d'Orléans, où ces trois messieurs se rencontrèrent, qui demeurèrent fort surpris. Le prince ne voulut pas les pousser, de peur qu'ils ne découvrissent au duc d'Orléans qu'il avoit négocié sans lui avec le cardinal : mais un jour qu'ils furent chez lui quelque temps après, comme il étoit tombé malade, les uns disent qu'il malmena Chavigny; et les autres, qu'il lui répondit, à ce qu'il alléguoit pour sa justification, en termes et d'une mine qui tenoient de l'indifférence, de la raillerie et du dédain tout ensemble : ce qui fit que Chavigny n'eut plus de part en ses bonnes grâces, ni aux affaires ; de quoi il se saisit tellement, qu'étant revenu chez lui fort enflammé et fort oppressé, il se mit au lit. Il y avoit déjà long-temps que l'agitation d'esprit et le travail de corps, qui étoient extraordinaires depuis son engagement dans le parti, l'avoient échauffé et desséché d'une étrange sorte, outre que sa façon de vivre y avoit beaucoup contribué; car la crainte de devenir gros lui avoit fait prendre la résolution, quoiqu'il eût le sang fort chaud, le foie grand, et qu'il se fît grande dissipation d'esprits, de manger fort peu, et de ne souper point du tout, pratiquant une abstinence presque aussi grande que celle de Cornaro (1), mais non pas aussi réglée, ni accompagnée d'autant de tranquillité : ce qui ne contribue pas moins que la sobriété à la vie longue et heureuse.

Se trouvant donc en cet état, les médecins, qui ne jugeoient de son mal que par la fièvre qui étoit médiocre, et non pas par son agitation d'esprit, croyoient que ce n'étoit rien. Mais lui qui se sentoit, et qui jugeoit bien que, dans le combat qui se faisoit entre les passions de son ame et l'affoiblissement de ses sens et de son corps, il ne pouvoit plus résister, et qu'il falloit qu'il succombât, disoit à ceux qui l'approchoient qu'il n'en releveroit point.

Dans cette pensée, il demanda Saint-Quelain, prêtre de Port-Royal, qui étoit son confesseur ordinaire, et lui parla comme un homme qui se disposoit à mourir. Saint-Quelain, à qui Chavigny avoit fait entendre plusieurs fois qu'il vouloit mettre sa conscience en repos touchant le bien qu'il possédoit, et faire de grandes aumônes aux pauvres pour lui tenir lieu de restitution, lui dit, avant que d'entendre sa confession, qu'il étoit bien aise de l'avertir que, pour ce qui regardoit son bien et la manière dont il l'avoit acquis, cela n'entreroit point en leur entretien, parce que lui-même devoit être son propre juge, et que s'il avoit des restitutions à faire, elles devoient précéder sa confession pour la rendre légi-

---

(1) *Celle de Cornaro* : Louis Cornaro, vénitien, après avoir détruit sa santé par toutes sortes d'excès, s'imposa un régime de vie si réglé et si sobre, qu'il vécut près d'un siècle. Il mourut à Padoue en 1566.

time. Sur cela, Chavigny, quelque foible qu'il fût, se fit lever, n'ayant que sa robe de chambre sur lui, et alla dans son cabinet, où il prit une cassette qu'il fit apporter dans sa chambre; et s'étant remis au lit, la déposa entre les mains de Saint-Quelain et de Du Guet-Bagnols (1), homme d'esprit, fort riche, et qui, ayant été maître des requêtes, avoit vendu sa charge pour se dévouer entièrement aux œuvres de piété et de charité, suivant les maximes de Port-Royal, dont il tenoit la conduite, leur disant que dès long-temps il avoit mis dans cette cassette pour huit ou neuf cent mille livres d'effets qu'il avoit destinés aux pauvres, pour tenir lieu de restitution de ce qu'il pouvoit posséder de son bien avec scrupule; et qu'il les prioit, soit qu'il mourût ou qu'il ne mourût pas, d'en vouloir faire la distribution en conscience : ce qu'ils lui promirent. Cela se fit fort secrètement, et sans que la femme de Chavigny en sût rien.

S'étant confessé ensuite, on différa de le faire communier, à cause de quelque remède qu'il avoit à prendre, et parce que tous les médecins assuroient qu'ils ne voyoient rien à appréhender. Mais tout-à-coup on vit l'assoupissement, qu'il n'avoit eu que fort léger, augmenter : lui-même le sentant, demanda le cardinal de Retz pour se réconcilier avec lui; et craignant qu'il ne pourroit venir à temps, il dit que s'il perdoit la parole et la connoissance avant qu'il arrivât, il prioit ses amis présens de lui témoigner qu'il

---

(1) Il avoit mandé Du Guet-Bagnols, sur ce que Saint-Quelain n'avoit pas voulu se charger seul d'une chose de cette importance, qui pouvoit le mettre en peine s'il fût venu faute de Chavigny, comme il arriva en effet. (*Note de Conrart.*)

mouroit son serviteur. En effet, à peine eut-il dit cela, que l'assoupissement devint tel qu'il n'entendoit ni ne voyoit plus, quoiqu'il eût les yeux ouverts et fort grands. Il avoit le visage rouge et enflé extraordinairement, la respiration si contrainte qu'il sembloit à tout le monde qu'il allât crever; et en cet état il faisoit une peine étrange à tous ceux qui le regardoient, et d'autant plus grande qu'il étoit impossible de le soulager. Il y fut pour le moins quarante heures : ce qui étoit un pitoyable spectacle.

Le cardinal de Retz y alla; mais il ne le put reconnoître, et encore moins lui parler. M. le prince y fut aussi; mais ce fut la même chose. Comme il étoit dans la chambre, il dit : « Ce fut chez moi que « le mal lui prit. » La duchesse d'Aiguillon, qui étoit présente, répondit d'un ton et avec un geste qui faisoient assez entendre sa pensée : « Il est vrai, mon« sieur; ce fut chez vous qu'il prit le mal, ce fut chez « vous en effet. » N'ayant donc pu être secouru par tous les soins des médecins et de ses amis, non pas même pour le mettre en état de recevoir le viatique, il mourut (1) en cet état, que l'on jugeoit plus fâcheux pour ceux qui le voyoient souffrir que pour lui-même, qu'on croyoit qui ne souffroit pas (2)....... Madame de Chavigny (3) fut fort sollicitée de la part du duc d'Orléans et du prince de Condé, de vive voix et par écrit, pour faire entrer quelques-uns de leur parti dans la ville d'Antibes et dans le château du bois

---

(1) *Il mourut :* Le 11 octobre 1652, à Paris. — (2) Quelques mots ont été rognés dans cet endroit en reliant le manuscrit. — (3) *Madame de Chavigny :* Anne-Phelypeaux de Ville-Savin. Elle mourut en 1694, âgée de quatre-vingt-un ans.

de Vincennes, dont il avoit le gouvernement; et elle sembloit n'y avoir pas grande répugnance, sur la crainte qu'elle avoit que sa famille ne fût maltraitée de la cour, si quelques-uns de ses amis fidèles, entre autres la duchesse d'Aiguillon, ne lui eussent fait connoître que le premier pas qu'elle feroit contre le service du Roi causeroit la ruine d'elle et de ses enfans; et qu'ayant de grands biens à conserver, elle devoit se mettre en état d'être bien traitée de la cour, et assistée des amis qu'elle y auroit, en demeurant dans le devoir, auquel toutes sortes de raisons l'obligeoient. Elle ne s'engagea donc à rien, et il fut résolu que l'on recevroit dans ces deux places ceux qui se présenteroient pour y entrer de la part du Roi; aussi bien étoit-il déjà le maître dans Antibes, qui étoit la principale, d'où le cardinal avoit trouvé moyen de faire sortir Campels, qui étoit lieutenant de Chavigny, lequel on disoit lui avoir donné ordre de s'en assurer pour le service des princes.

Un exempt fut envoyé dans le bois de Vincennes, et l'on fut assez long-temps sans disposer du gouvernement. Le bruit couroit que le cardinal le vouloit garder pour lui, n'ayant point de maison de campagne, et celle-ci étant agréable et à sa bienséance, puisqu'elle étoit forte, et très-proche de Paris.

La veuve de Chavigny ne parut pas extrêmement affligée; elle a toujours été estimée d'humeur fort indifférente, et sans amitié. Mais on s'étonnoit de ce qu'au moins par intérêt, si ce n'étoit par tendresse, elle ne sentoit pas plus vivement la mort d'un mari jeune, habile, et qui soutenoit seul (1) tout l'honneur et toute

---

(1) *Et qui soutenoit seul:* Ces mots sont raturés au manuscrit origi-

l'espérance de l'avancement de sa famille, et qui avoit toujours si bien vécu avec elle, que, bien qu'elle n'eût qu'un esprit médiocre et de bourgeoisie, qu'elle fût estimée sans amitié et peu capable de bien garder un secret, il lui communiquoit toutes choses, et même les plus importantes; outre qu'étant mort dans l'engagement d'un parti contraire au Roi, il ne laissoit personne pour appuyer sa famille, parce que son fils aîné (1), qui est conseiller au parlement, n'a aucune des qualités nécessaires pour cela, son père l'ayant toujours jugé tel lui-même, et tous les autres étant fort jeunes, et incapables d'agir. Comme elle est d'humeur intéressée, et avare au dernier point, une des premières choses à quoi elle pensa fut de voir ce que son mari laissoit de bien; et n'ayant pas trouvé tout ce qu'elle croyoit, elle se plaignit fort haut que ses enfans seroient gueux, et que ses filles n'auroient peut-être pas de chemises. Au bout de quelques jours Saint-Quelain et Bagnols la vinrent trouver, et lui dirent que son mari les avoit rendus dépositaires d'une cassette où il leur avoit dit qu'ils trouveroient pour huit ou neuf cent mille livres d'effets, et dont il avoit même donné la clef à Saint-Quelain, afin que s'il venoit faute de lui, ou que Dieu lui redonnât sa santé, il pût distribuer aux pauvres ce qu'il y trouveroit, sans qu'il eût besoin d'aucun ordre ni d'aucun consentement de lui. La veuve parut fort surprise de ce discours; et sachant que son mari n'avoit pu écrire

---

nal, et Conrart y a substitué ceux-ci : *en qui consistoit*. La première leçon a semblé préférable.

(1) *Son fils aîné* : Armand-Léon Le Bouthillier, comte de Chavigny, maître des requêtes, mourut en 1684.

sa volonté touchant cette cassette, et qu'ainsi elle pourroit faire condamner Saint-Quelain et Bagnols à la lui rendre s'ils en faisoient difficulté, elle commença à leur exagérer sa grande famille, le peu de bien qu'elle trouvoit, le malheur du temps présent, l'appréhension de l'avenir, la persécution qu'ils avoient à craindre; que les premiers pauvres auxquels on étoit obligé de subvenir étoient ses propres enfans, etc.; et qu'ainsi elle les prioit de considérer qu'elle ne devoit point consentir à de si grandes charités, qui seroient cruelles contre sa famille. Ils lui répondirent qu'il n'étoit point besoin de leur alléguer tant de raisons; qu'ils savoient bien que son mari n'ayant rien écrit de son intention, elle pouvoit disposer du dépôt dont eux-mêmes lui étoient venus donner connoissance; qu'ils étoient prêts de le lui remettre; qu'elle considérât seulement ce que son mari avoit fait pour la décharge de sa conscience, et ce qu'il vouloit en déclarer, s'il n'eût pas été surpris en un moment par la léthargie; que c'étoit à elle à examiner ce qu'elle étoit obligée de faire là-dessus; et que comme la chose étoit délicate et importante, ils lui conseilloient de ne s'en croire pas, mais de consulter des personnes habiles et pieuses, qui pussent mettre sa conscience en repos. Il fut enfin convenu de quelques docteurs de Sorbonne, qui, ayant été consultés, la firent résoudre de donner aux pauvres une partie de cette grande somme que son mari avoit destinée tout entière, à condition de retirer le surplus; mais tout ce qu'ils purent obtenir fut qu'elle en laisseroit environ cent mille livres entre les mains de Saint-Quelain et de Bagnols pour les distribuer en aumônes, et qu'ils lui rendroient tout le reste : ce qui fut exécuté.

On disoit par la ville qu'il laissoit huit cent mille livres de rente ; mais ceux qui avoient connoissance de ses affaires assuroient qu'il n'en avoit pas deux cent mille. Son bien en fonds n'étoit pas fort grand, mais il avoit beaucoup de vaisselle d'argent, de pierreries, de curiosités de cabinet, de meubles précieux, et même quantité d'argent monnoyé ou de contrats de constitution; outre que sa mère [1], veuve de Bouthillier, surintendant des finances, dont il étoit fils unique, avoit de très-grands biens dont elle s'étoit réservé la jouissance; et Ville-Savin et sa femme aussi, qui n'avoient d'enfant que la femme de Chavigny.

Sa déclaration pour le parti des princes avoit étonné toutes les personnes de bon sens, vu que devant toute sa fortune, qui étoit si grande pour sa condition, au feu Roi et au cardinal de Richelieu, c'étoit user d'une extrême ingratitude que de contribuer comme il faisoit à la ruine de la France, que l'un et l'autre avoient mise en la plus grande splendeur où elle ait jamais été. Et pour ce qui regardoit ses intérêts, on trouvoit qu'il avoit eu beaucoup d'imprudence d'exposer tout ce qu'il avoit à perdre à faire subsister un parti rebelle; mais la passion l'avoit emporté sur le devoir et sur l'intérêt, et même sur la piété, dont il faisoit une profession étroite, jurant et protestant à tous ses amis qu'il ne se déclaroit contre le cardinal que parce qu'il gouvernoit mal, et à dessein de procurer la paix au dedans et au dehors. On tenoit qu'ayant reconnu qu'il avoit mal pris ses mesures, il cherchoit une voie pour

[1] *Sa mère :* Marie de Bragelongne.

se retirer; mais c'étoit une chose difficile, et il trouvoit encore plus de péril à se mettre mal avec les deux partis qu'à suivre le plus mauvais. Dans cette inquiétude il fut surpris de la mort à l'âge de quarante-quatre ans, et après peu de jours d'une maladie que l'on ne crut dangereuse que deux jours avant qu'il expirât.

Fabert, gouverneur de Sedan, qui étoit son ami intime, ayant su qu'il étoit prêt de s'engager avec les princes, avoit fait deux voyages exprès à Paris et à la cour incognito pour essayer de l'en détourner : ce qu'il ne put faire, non seulement parce qu'il étoit déjà trop embarqué, mais principalement parce que les mouvemens de vengeance qu'il sentoit contre le cardinal étoient trop ardens en lui. En cette occasion il lui fit voir même qu'il n'étoit pas tout-à-fait sincère; car sachant que Fabert étoit inflexible en ce qui regardoit le service du Roi et le bien de l'Etat, il lui cacha plusieurs choses, et lui protesta toujours qu'il n'avoit dessein que de travailler à la paix et à la réunion de la maison royale, quoique l'on vît bien ce qu'il faisoit sous main pour fortifier les princes au désavantage de la cour.

Ayant su qu'Arnauld d'Andilly, que la dévotion avoit fait retirer à Port-Royal, et qui avoit été de tout temps son ami particulier, le blâmoit fort de ce qu'il prenoit un parti contraire au Roi, il l'alla voir; et s'étant enfermé avec lui, il lui fit un discours de ses intentions si sincères en apparence, si généreuses et si désintéressées, que depuis ce jour-là Andilly affirmoit à tout le monde qu'il n'y avoit pas une ame meilleure, plus chrétienne ni plus française que celle de

Chavigny, et qu'il approuvoit tout ce qu'il faisoit comme très-utile au bonheur de la France, dont, à son compte, il alloit être le restaurateur; tant il est aisé de prévenir un esprit crédule et préoccupé comme est celui-ci, qui est toujours le mieux intentionné du monde, mais qui se laisse aisément prévenir, et qui juge que tout le monde est aussi homme de bien que lui, pourvu qu'on le lui die avec de l'esprit et de belles paroles.

SUR LA DUCHESSE DE LONGUEVILLE. (1)

Pendant la prison des princes, on avoit proposé de les faire sortir et de les accommoder avec la cour, par le moyen du mariage du prince de Conti avec une des nièces du cardinal : ce que madame de Longueville appréhendoit sur toutes choses; et quoiqu'elle eût autant de haine pour les frondeurs que pour le cardinal, elle aimoit pourtant mieux leur avoir l'obligation de sa liberté et de celle des princes qu'à lui, à cette condition-là (j'ai vu ce sentiment écrit de sa propre main). Durant qu'elle a été à Stenay, la princesse palatine étoit ici sa correspondante la plus confidente. Monsieur étoit celui qui faisoit tenir ses lettres aux princes, et qui lui envoyoit leurs réponses très-fréquentes. Il y en a eu quelques unes de perdues, que la cour a vues; mais un très-grand nombre ont été rendues sûrement. Elle rompit avec Tracy, qui avoit rendu de longs et importans services à M. de Longueville et à elle; et il revint en France

(1) Manuscrits de Conrart, tome 10, page 207.

après avoir obtenu un passe-port du Roi. On disoit qu'il étoit amoureux d'elle, et qu'il lui avoit écrit une lettre, et une à Verpilière (c'est une fille qui est auprès d'elle et qu'elle aime fort), par lesquelles cela paroissoit, quoique couvertement. Néanmoins on ne croit pas que cela seul ait été cause de sa disgrâce ; mais Saint-Romain et Sarrazin, qui s'étoient érigés en petits ministres auprès de cette princesse, craignirent qu'il ne les supplantât, ou du moins qu'il ne partageât avec eux sa confidence ; c'est pourquoi ils le rendirent suspect, et firent en sorte qu'elle lui témoigna quelque froideur, dont s'étant dégoûté il se retira. Il avoit voulu donner de la défiance de M. de Turenne à madame de Longueville, sur ce qu'il étoit assuré de la citadelle de Stenay, et qu'il n'avoit rien fait de considérable avec des troupes capables de beaucoup entreprendre durant toute la campagne de l'année 1750 : car pendant que l'armée du Roi s'opposoit à celle des Espagnols en Champagne, il pouvoit venir avec la sienne jusqu'aux portes de Paris, et faire d'étranges ravages partout ; et cependant il ne fit rien. Madame de Longueville, qui se voyoit entre ses mains et en la puissance des Espagnols, jugea qu'il valoit mieux dissimuler que de témoigner du ressentiment du procédé de M. de Turenne, puisqu'elle n'étoit pas en état de s'en venger ; et Tracy, qui est un franc Picard et tout-à-fait un homme d'honneur, jugeant qu'elle se faisoit tort de ne le pas croire, aima mieux quitter que de voir les conseils des autres, qu'il trouvoit fort mauvais, être suivis au préjudice des siens, qui étoient fort sincères, et qui eussent été fort utiles à qui eût eu des forces pour se faire faire raison.

SUR MADEMOISELLE DE LONGUEVILLE (1)

MADEMOISELLE DE LONGUEVILLE (2) ayant eu dès le commencement divers ordres de se retirer, après avoir été à Bagnolet, à Coulommiers et à Trie, obtint enfin la permission de demeurer aux Filles de Sainte-Marie, au faubourg Saint-Jacques, à condition de n'en point sortir, et de ne recevoir de visites que des domestiques de monsieur son père et des siens. Pendant qu'elle étoit en ce lieu-là, Mont. (3) trouva moyen de lui faire tenir des lettres de M. de Longueville, dont le caractère étoit un peu déguisé, de peur qu'il ne fût reconnu si les lettres eussent été prises. Elle s'imagina que c'étoit des lettres supposées, qu'on lui avoit fait rendre par artifice, afin de donner occasion à la cour de la faire chasser de Paris quand on sauroit qu'elle auroit reçu des lettres; et elle en fit des plaintes à tous ceux qu'elle voyoit, disant hautement qu'elle vouloit en avertir la cour, et y faire voir ces lettres, qui n'étoient point de monsieur son père (quoiqu'elles en fussent très-certainement). Ses femmes la confirmoient aussi dans cette humeur, et lui disoient qu'il falloit faire confronter l'écriture de ces lettres

---

(1) Manuscrits de Conrart, tome 10, page 207. — (2) Marie d'Orléans, demoiselle de Longueville, fille du premier lit du duc de Longueville. Elle épousa le duc de Nemours, qu'elle perdit au bout de deux ans, le 14 janvier 1659. On a d'elle des Mémoires sur la Fronde, qui font partie de cette série, tome 34. — (3) *Mont.*: Ce nom n'est indiqué au manuscrit que par ces lettres initiales.

par les experts, contre de véritables lettres de M. de Longueville; et que cela en feroit reconnoître la fausseté. Elle s'expliquoit de cela de telle sorte, qu'on jugeoit bien à ses paroles qu'elles accusoient madame de Longueville sa belle-mère et madame la princesse la douairière de lui avoir fait jouer cette pièce; et quoi que les véritables serviteurs de sa maison lui pussent dire pour lui faire connoître le tort qu'elle faisoit à messieurs les princes par cet éclat, en leur empêchant et de faire tenir leurs lettres et d'en recevoir, il ne fut jamais possible de lui faire changer de sentimens. Après les remontrances du parlement sur la requête qu'elle y avoit présentée, elle eut permission d'aller loger à l'hôtel de Soissons, où elle a toujours été depuis.

Quelque temps après que les princes eurent été arrêtés, comme tous ceux de leur parti cherchoient les moyens de tenter leur liberté par toute sorte de voies, il y eut quelqu'un qui proposa d'engager le duc d'Epernon à ne point consentir au mariage du duc de Candale son fils avec une des nièces du cardinal Mazarin, qu'à condition que l'accommodement des princes se feroit; à quoi l'on croyoit que le duc d'Epernon se porteroit d'autant plus volontiers, qu'il lui importoit extrêmement de n'avoir pas pour ennemi le premier prince du sang, les autres princes, et les plus considérables du royaume après eux. Mais la duchesse de Longueville, à qui on en avoit fait l'ouverture, ne voulut pas y entendre, sur ce qu'elle disoit qu'il étoit impossible de faire aucune liaison avec le duc d'Epernon sans abandonner ceux de Bordeaux, lesquels ayant tout sacrifié pour le parti des princes, ce seroit une lâcheté et une ingratitude horrible que de les abandonner; et que pour elle, elle n'y consentiroit jamais (1).

Lorsque le duc de Longueville étoit à Munster (2) pour le traité de la paix générale, un peu devant que la duchesse sa femme l'y allât trouver, le cardinal Mazarin dit au prince de Condé qu'il lui vouloit témoigner le respect qu'il avoit pour lui et la parfaite confiance qu'il prenoit en sa générosité, en lui découvrant que la paix ne se feroit point, quoique l'on y vît de si grandes apparences que la plupart croyoient que toutes choses fussent d'accord. Il lui représenta sur cela l'intérêt qu'il avoit à ne la point faire; et après lui en avoir déduit toutes les raisons, il lui dit que les fortifications des places de la Lorraine, auxquelles il savoit bien que les Espagnols s'arrêteroient, seroient le point sur lequel il donneroit ordre de rompre (et en effet ce fut sur cela que l'on rompit). Il ajouta : « Vous
« voyez, monsieur, qu'en vous confiant ce secret je
« vous donne moyen de me perdre un jour, si j'étois
« si malheureux que de perdre vos bonnes grâces;
« mais j'ai été bien aise de vous faire connoître, par
« une chose qui m'est aussi importante que celle-là,
« que je n'ai aucune réserve pour vous, et que je
« veux bien que mon salut ou ma ruine dépende de
« Votre Altesse (3). »

(1) Manuscrits de Conrart, tome 10, page 208. — (2) *A. Munster* : En 1644. — (3) Manuscrits de Conrart, tome 10, page 208.

SUR LA DUCHESSE DE CHATILLON (1).

Un peu devant que les princes fussent en liberté, la duchesse de Châtillon (2) fut à Mouron visiter la princesse de Condé, qui y avoit toujours été depuis son retour de Bordeaux. Un nommé Cambiac, qui est au prince son mari, partit de Paris incontinent après cette duchesse; et comme il prit le chemin des gens à cheval, qui est le plus droit et le plus court, il arriva à Mouron avant elle. Ayant dit à la princesse qu'il avoit un paquet pour madame de Châtillon, qui alloit arriver bientôt, elle le prit, et l'ayant ouvert y trouva une lettre sans souscription ni suscription, laquelle ayant été confrontée avec d'autres de M. de Nemours (3), fût reconnue pour être de son écriture. Il lui disoit beaucoup de douceurs, et lui témoignoit particulièrement que depuis son départ il étoit tellement changé qu'il n'étoit pas reconnoissable; qu'il ne faisoit que languir en son absence, et que si elle duroit long-temps elle ne le retrouveroit plus en vie, etc.; ajoutant qu'elle avoit grand intérêt, vu l'humeur de M. le prince, de se mettre en possession de la terre de Merlou, que madame la princesse la douairière lui avoit laissée par testament, avant qu'il fût en li-

---

(1) Manuscrits de Conrart, tome 10, page 208. — (2) *La duchesse de Châtillon* : Elisabeth-Angélique de Montmorency-Boutteville, veuve de Gaspard de Coligni, duc de Châtillon, tué au combat de Charenton le 8 février 1649. Elle se remaria en 1664 à Christian-Louis, duc de Mecklenbourg. — (3) *M. de Nemours* : Tué en duel le 30 juillet 1652. (*Voyez* plus haut, page 174 et suivantes.)

berté. Cette lettre fit faire beaucoup de discours ; et quand la duchesse fut arrivée, la princesse la lui rendit; et lui ayant fait connoître qu'elle l'avoit lue, et qu'elle s'étonnoit des choses qu'elle y avoit trouvées, la duchesse, sans s'étonner autrement, lui dit qu'elle ne savoit ce que c'étoit, et qu'assurément quelqu'un auroit contrefait l'écriture de M. de Nemours pour lui faire une pièce; qu'elle n'avoit aucune habitude avec lui; que cette lettre ne s'adressoit point à elle, etc. La vérité est toutefois qu'il y avoit quelque galanterie entre lui et elle; et l'on étoit bien aise à la cour d'avoir cette occasion de draper la duchesse, qui faisoit la prude et la sévère plus qu'aucune autre dame.

ACTION EXTRAORDINAIRE
DU CARDINAL DE SOURDIS (1).

Lorsque le Roi étoit à Bordeaux pour son mariage en 1615, ceux de la religion se saisirent d'une petite ville nommée La Réole. Il fut décidé dans le conseil que l'on enverroit des gens de guerre pour la reprendre; et le maréchal de Roquelaure ayant été choisi pour les commander, refusa d'y aller, à cause de quelques canons qu'il demandoit, et qu'on ne vouloit pas lui donner. La Reine se trouvant embarrassée pour nommer quelqu'un qui fût propre à exécuter cette commission, le cardinal de Sourdis (2), qui étoit aussi

(1) Manuscrits de Conrart, tome 10, page 211. — (2) *Le cardinal de Sourdis:* François d'Escoubleau, cardinal en 1598, mourut à Bordeaux en 1628, à l'âge de cinquante-trois ans.

archevêque de Bordeaux, étant présent, dit à la Reine qu'il l'assuroit que M. de Thémines (qui fut depuis maréchal de France) ne refuseroit pas ce commandement, si Sa Majesté jetoit les yeux sur lui pour le lui donner. La Reine le fit appeler (car il étoit aussi dans la chambre), et lui dit la parole que M. de Sourdis venoit de donner pour lui. A quoi il répondit qu'il ne le dédiroit jamais de rien, et qu'il obéiroit toujours aux commandemens dont il plairoit à Sa Majesté de l'honorer ; mais qu'il la supplioit seulement de lui faire une grâce, qui étoit de faire surseoir au parlement le jugement du procès criminel d'un gentilhomme de ses parens qui étoit prisonnier dans Bordeaux, et qui avoit beaucoup d'ennemis, lesquels ne manqueroient pas de tâcher à le perdre pendant son absence, si l'on ne suspendoit les poursuites. Cela lui fut promis solennellement ; et il partit pour aller attaquer La Réole.

Pendant son voyage ceux du parlement firent si bien qu'ils rendirent arrêt sourdement, par lequel le gentilhomme étoit condamné à avoir la tête tranchée. Le matin, on vint dire au cardinal de Sourdis qu'il y avoit un échafaud dressé devant la prison pour exécuter ce gentilhomme : ce qui étonna le cardinal au dernier point. Il va à l'instant même chez la Reine ; mais l'huissier lui refuse la porte. Il presse, il fait instance, il parle haut, il se plaint de ce qu'on lui manque de parole ; il voit par le trou de la serrure que chacun faisoit des actions qui marquoient qu'on ne le vouloit point voir que le gentilhomme ne fût exécuté. Cela lui fit prendre une résolution extrême, mais pourtant avec adresse. Il approche son oreille du trou de la serrure, feignant qu'on lui disoit quelque chose en dedans la chambre; et tout d'un coup il se retourne, et dit à beaucoup de gentilshommes de ses amis qui l'avoient suivi, ou qui l'étoient venus trouver : « Messieurs, allons, allons vite à la prison ; « la Reine m'a accordé la grâce du prisonnier. » Et en marchant il répétoit toujours les mêmes paroles : ce qui faisoit grossir à chaque moment la troupe de ceux qui l'accompagnoient. Comme il entra dans la place où étoit dressé l'échafaud, un homme qui étoit à une fenêtre pour regarder l'exécution, ayant des chausses noires et un pourpoint blanc, descend en hâte, et arrive à la prison comme le geolier en ouvroit la porte au cardinal de Sourdis, qui y arrivoit aussi en même temps que lui. Cet homme, inconnu non seulement au cardinal, mais à tous ceux de sa suite, qui étoient en grand nombre, porte un coup d'épée au geolier et le tue tout roide, puis se jette dans la foule et se sauve, sans que jamais on ait ouï parler de lui depuis. Le cardinal de Sourdis fut fort marri de la mort de ce geolier, qui avoit été son domestique, et à qui il avoit procuré lui-même cette charge. Ensuite il entre dans la prison et en tire le gentilhomme, lequel avoit été tellement affoibli par la frayeur de la mort depuis qu'il sut sa condamnation, qu'il ne put marcher pour sortir, et il fallut qu'on le portât dehors. Aussitôt le cardinal de Sourdis entra avec le prisonnier qu'il avoit sauvé dans un bateau qu'on lui tenoit près, et s'en alla à Lormont. Le parlement s'assembla et rendit arrêt, en vertu duquel, dès l'après-dînée même, le cardinal fut trompeté par toute la ville. Pour lui, il interdit le lendemain toutes les églises de la ville; de sorte qu'il ne se disoit plus de messes que chez le Roi. Le cardinal écrivit au Roi et à la Reine avec des soumissions les plus grandes du monde, s'excusant sur la nécessité où il se voyoit engagé pour l'intérêt de M. de Thémines son ami, à qui l'on avoit manqué de parole dans une affaire où il alloit de son honneur, et pendant qu'il étoit employé avec succès pour le service du Roi; car il avoit pris La Réole. Enfin l'affaire s'accommoda; l'arrêt fut supprimé et l'interdiction levée, et le cardinal de Sourdis retourna dans Bordeaux. M. de Césy (1), qui a été ambassadeur pour le Roi à Constantinople, étoit alors à Bordeaux, et fut contraint par le cardinal de Sourdis, dont il étoit ami, de l'accompagner dans toute cette aventure. C'est lui qui en a conté l'histoire à M. l'évêque d'Angers, de qui je l'ai apprise à Paris le 13 octobre 1656.

SUR LE SURINTENDANT D'EMERY (2).

Lorsque la princesse de Guémené souffroit les visites fréquentes de M. d'Emery (3), contrôleur géné-

---

(1) *M. de Césy :* Philippe de Harlay, comte de Césy, ambassadeur à Constantinople, mourut en 1652. On l'appeloit Champvalon dans sa jeunesse, et il épousa sous ce nom Jacqueline de Bueil, comtesse de Moret, maîtresse de Henri IV, à des conditions très-plaisamment racontées dans la deuxième partie de l'Euphormion de Barclay (édition Elzévir de 1637, page 195), et dans le Journal de Henri IV, à la date du 5 octobre 1604. Ce mariage fut déclaré nul, à la requête de la comtesse de Moret, qui épousa le marquis de Vardes; et le comte de Césy contracta une nouvelle union avec Marie de Béthune. — (2) Manuscrits de Conrart, t. 10, page 141. — (3) *M. d'Emery :* Michel Particelli, sieur d'Emery, que

ral des finances, tout le monde croyoit qu'il fût amoureux d'elle, et qu'elle le reçût tous les jours à ce dessein-là. Cependant elle n'avoit aucune intention que d'en tirer avantage dans ses affaires, parce qu'elle savoit que la Reine, avec qui elle étoit fort bien, avoit si bonne opinion de lui, et en disoit tant de bien, qu'il y avoit apparence qu'avec le temps il pourroit avoir autant de part que personne au gouvernement. Comme la médisance eut semé partout le bruit de ces prétendues amourettes, la princesse de Guémené se résolut de faire cesser ce commerce si fréquent, qui avoit donné lieu à la calomnie. Mais parce qu'elle eût été bien aise de se garantir de blâme sans néanmoins rompre avec cet homme dont la faveur lui pouvoit être fort utile, elle lui fit entendre doucement qu'elle seroit bien aise qu'il ne la vît pas si souvent, et qu'il se contentât de la visiter de temps en temps, comme ses autres amis faisoient. Il fit semblant de s'y vouloir accommoder ; mais il ne tarda guère à prendre habitude avec madame de La Bazinière (1), de qui il avoit dit autrefois pis que pendre, pensant obliger par là la princesse

---

le cardinal de Retz a si bien peint. « C'étoit, dit-il, l'esprit le plus
« corrompu de son siècle; il ne cherchoit que des noms pour trouver des
« édits.... Il disoit en plein conseil (je l'ai ouï) que la foi n'étoit que pour
« les marchands ; et que les maîtres des requêtes qui l'alléguoient pour
« raison dans les affaires qui regardoient le Roi méritoient d'être pu-
« nis. » (*Mémoires du cardinal de Retz,* tome 44, pag. 190 de cette série.)

(1) *Madame de La Bazinière :* Françoise de Barbezière, femme de Macé-Bertrand, seigneur de La Bazinière, trésorier de l'épargne, prevôt et maître des cérémonies des ordres du Roi. Son mari ayant été enveloppé dans la disgrâce de Fouquet, fut aussi renfermé à la Bastille. On croit que c'est ce qui a fait donner à la tour de l'angle sud-est de ce château le nom de *tour de la Bazinière.*

de Guémené à lui laisser reprendre le premier train de ses visites chez elle. Il s'en déclara à la marquise de Sablé (1), de qui le commandeur de Jars (2) lui avoit donné la connoissance, et parce qu'il la voyoit aussi en ce temps-là fort fréquemment, la servant même avec grand soin dans ses procès contre ses enfans, et lui témoignant beaucoup d'amitié. Elle lui fit honte de vouloir mettre en parallèle la princesse de Guémené et madame de La Bazinière, et d'user de cet artifice envers la première, dont il ne lui prônoit jamais que la vertu et la dévotion, la sagesse, le grand sens et le grand esprit, puisque les louanges qu'il lui donnoit marquoient qu'il n'avoit aucun dessein que de se conserver son amitié, et qu'elle y étoit disposée, lui ayant témoigné qu'elle vouloit bien qu'il continuât à la voir de temps en temps.

Il arriva durant ces intrigues que la princesse de Guémené, qui ne prenoit pas plaisir aux discours que tenoit partout madame de La Bazinière, qu'elle avoit fait quitter la princesse de Guémené à M. d'Emery pour elle, écrivit une grande lettre de plaintes à la marquise de Sablé; et feignant de lui en faire un secret dont elle ne vouloit pas que personne eût connoissance, elle la prioit néanmoins, par un billet séparé, de la faire voir comme d'elle-même à M. d'E-

(1) *La marquise de Sablé* : Augustine Leroux, veuve d'Abel Servien, marquis de Sablé, surintendant des finances. Amie de La Rochefoucauld et de l'abbé Esprit, elle ne fut pas étrangère à la composition des *Maximes*. On lui en attribue même quatre-vingt-onze, qui ont été placées à la suite de celles du duc son ami, dans l'édition d'Amsterdam; *Pierre Mortier*, 1705. On les trouve aussi dans quelques éditions postérieures. — (2) *Le commandeur de Jars* : François de Rochechouart de Jars, commandeur de Malte, mort en 1670.

mery, et de lui faire croire qu'elle lui faisoit une fort grande confidence. Cela fut exécuté selon son intention par la marquise, à laquelle il demanda cette lettre, sous de grandes promesses de la lui rendre, et de la tenir fort secrète. Il ne l'eut pas plus tôt, qu'il la porta à madame de La Bazinière, et lui fit passer cette prétendue confidence pour une trahison que la marquise avoit faite à son amie. Madame de La Bazinière le conta ainsi à tout le monde; et cela fit un étrange vacarme dans Paris. La marquise écrivit au commandeur de Jars que comme il avoit été l'entremetteur de sa connoissance avec M. d'Émery, elle vouloit aussi qu'il fût témoin du sujet qu'elle avoit de se plaindre de lui et de ne le plus voir; et qu'elle le prioit de lui dire qu'il ne se donnât plus la peine de venir chez elle. Depuis cela l'ayant rencontré chez M. le chancelier (1), il voulut s'approcher d'elle pour lui parler; mais elle, avec une mine fort froide, lui fit une petite révérence, et passa outre sans s'arrêter; si bien qu'ils ne se virent plus.

Quelque temps après M. d'Emery fut renvoyé chez lui; les brouilleries du parlement s'échauffèrent; le Roi sortit de Paris, et après quatre ou cinq mois d'absence y revint. Le maréchal de La Meilleraye avoit été fait surintendant des finances en la place de M. d'Emery; mais tant par son humeur violente que par les difficultés de trouver de l'argent, il quitta cette charge, après avoir fait ses conditions avec la cour; et au lieu de surintendant, on fit deux directeurs des finances, qui furent messieurs Haligre et

(1) La marquise de Sablé étoit alliée du chancelier Seguier; son fils, que l'on appeloit Laval, avoit épousé la fille du chancelier.

de Morangis, sous lesquels M. Tubeuf conduisoit presque toutes les affaires. Cela dura ainsi jusqu'au mois de novembre 1649; mais comme on ne voyoit point de fonds pour payer les armées, et particulièrement les troupes d'Erlack, qui menaçoient à toute heure de quitter si elles n'étoient payées, et pour fournir aux autres dépenses qui sont grandes et inévitables, on résolut de faire un surintendant pour y pourvoir; et parce que M. d'Emery avoit plus de connoissances que personne des affaires et de ceux qui étoient capables d'y entrer, on estima qu'il pourroit les rétablir mieux qu'aucun autre. Néanmoins, comme tous ceux qui y pouvoient quelque chose regardoient plutôt à leur intérêt particulier qu'à l'utilité publique, chacun commença à faire ses desseins. La Reine et le cardinal désiroient de faire revenir M. d'Emery pour les raisons que je viens de dire; M. le duc d'Orléans n'y étoit pas contre, et M. le prince s'y portoit assez. Le premier président soutenoit que comme M. d'Emery avoit fait le mal, il n'y avoit que lui qui y pût remédier. Les frondeurs même étoient partagés sur son sujet; car toute la cabale du président Le Coigneux lui étoit favorable à cause de l'alliance, le fils de M. d'Emery ayant épousé la fille du président Le Coigneux. Coulon (1) désiroit aussi son retour, à cause qu'il espéroit d'y retrouver son compte, sa femme ayant été autrefois fort bien avec M. d'Emery. D'autres encore, moins intéressés que ceux-là, ne s'y opposoient pas, dans l'espérance qu'ils avoient que comme M. d'Emery avoit toujours été agréable à la Reine, et qu'il avoit de l'ambition et de

(1) *Coulon* : Conseiller au parlement, grand frondeur.

la hardiesse pour beaucoup entreprendre, il pourroit peut-être prendre la place du cardinal, à quoi il trouveroit sans doute grande protection de la part des princes. Néanmoins M. le prince, avant que de donner sa parole, demanda au président de Maisons s'il vouloit penser à cette charge, et qu'il s'emploieroit pour la lui faire avoir. Il lui répondit sur l'heure qu'il lui étoit trop obligé d'avoir eu cette pensée pour lui; mais qu'il aimoit son repos, et sa charge qui l'occupoit déjà beaucoup avec ses autres affaires; et qu'ainsi il lui rendoit grâces de l'honneur qu'il lui faisoit. Son fils et ses amis ayant su cela, le blâmèrent extrêmement d'avoir fait cette réponse si brusquement, et résolurent de faire tous leurs efforts pour remettre l'affaire en négociation; ils y employèrent tout leur crédit et toute leur faveur. La marquise de Sablé, de qui le président de Maisons conduit toutes les affaires comme les siennes propres, fit agir tous ses amis, qui sont en grand nombre et des plus puissans, et particulièrement madame de Longueville et le prince de Conti, qui firent tout ce qu'ils purent pour faire le président de Maisons surintendant.

Pour M. le prince, après le refus du président de Maisons, il avoit eu quelque inclination à favoriser les violentes poursuites du marquis de La Vieuville, qui avoit eu cette charge du temps du connétable de Luynes, et qui mouroit d'envie d'y rentrer. En effet, il en étoit assez capable par sa sorte d'esprit, tout porté au calcul, à l'économie et au bon ordre; mais d'ailleurs son humeur est si extravagante, et ses saillies si ridicules, que tout le monde jugeoit qu'il y réussiroit encore moins la seconde fois que la première. Pour tâcher néanmoins à y parvenir, il fit jouer toutes sortes de ressorts : ses amis cabalèrent ; il faisoit faire des complimens et des promesses sous main aux gens d'affaire, remerciant ceux qui lui étoient favorables, et flattant les autres pour tâcher à les gagner. Mais tout cela ne servit de rien, ni tout ce que put faire le marquis de Sablé et les autres amis du président de Maisons, lequel se conduisit si mal, que même après que l'affaire fut renouée par ceux qui agissoient pour lui, M. le prince lui en parla ; il lui dit encore qu'il ne faisoit que suivre les pensées de ses amis ; mais que pour lui, il aimeroit mieux demeurer en l'état où il se trouvoit que de se charger d'un si grand fardeau. On croyoit pourtant à la cour qu'il avoit des sentimens tout contraires ; mais qu'il en faisoit le dégoûté pour s'en faire prier ; jusque là qu'il fut accusé d'avoir fait imprimer un libelle sur le retour de d'Emery, au bout duquel est l'arrêt du parlement rendu contre son frère après sa banqueroute de 1620, quoiqu'on tienne pour certain que ce fut de la part du marquis de La Vieuville qu'il fut publié.

Il y en a qui assurent que le cardinal donna l'exclusion au président de Maisons parce que ce fut lui qui lui donna avis, au commencement de janvier 1649, qu'il y avoit une cabale formée pour arrêter le Roi dans Paris, et que ce fut sur cet avis qu'il l'en fit sortir : mais, soit qu'il ait été éclairci depuis que l'avis étoit faux, soit que le mauvais succès de la sortie du Roi lui ait donné du dépit pour tous ceux qui y ont contribué ; tant y a que depuis cela il a toujours été mal satisfait du président de Maisons. On alléguoit pour prétexte que c'étoit un homme obéré, qui se mêloit de toutes sortes d'affaires, et qui n'étoit pas en estime dans sa compagnie; mais ces raisons étoient fort foibles, s'il n'y eût point eu d'obstacles d'ailleurs, et particulièrement la dernière, vu que d'Emery, en faveur duquel on donnoit l'exclusion au président de Maisons, étoit mille fois plus odieux que lui au parlement et au peuple : aussi étoit-ce ce qui fit tenir son retour si long-temps en balance; joint que, selon la manière d'agir du cardinal, il étoit bien aise qu'on en parlât pour ressentir en quelle disposition seroient les esprits, et pour les y accoutumer petit à petit.

Comme on vit donc que les murmures n'étoient pas grands, parce que du côté du parlement j'ai déjà dit que la plupart des frondeurs ne lui étoient pas contraires (et à l'égard du peuple, on faisoit courre le bruit que ce qu'il reviendroit seroit pour rétablir ses affaires, pour faire payer les rentes, pour faire venir du blé et pour le faire donner à bon marché, parce qu'alors il étoit presque aussi cher que pendant que Paris étoit bloqué), ainsi il revint en son logis; il y fut visité par toutes les personnes de la cour et de la ville, à qui il parut aussi doux et aussi civil qu'il étoit autrefois rude et orgueilleux. Force gens contribuèrent à son retour; mais le vieux Senneterre [1] est sans doute celui à qui il en a la principale obligation. Il leva tous les doutes et tous les obstacles que faisoit principalement M. le duc d'Orléans, et

---

[1] *Le vieux Senneterre* : Henri, seigneur de Saint-Nectaire, que par corruption l'on écrivoit *Senneterre*, marquis de La Ferté-Habert, ambassadeur en Angleterre, ministre d'Etat, mort en 1662, à l'âge de quatre-vingt-neuf ans. C'est le père du maréchal de La Ferté-Senneterre.

fit en sorte qu'il eut sujet de croire que le duc de Beaufort, le coadjuteur et M. de Broussel n'y trouvoient rien à dire.

Quand il fut revenu, la marquise de Sablé pria madame de Longueville de lui dire qu'elle ne croyoit pas qu'il trouvât mauvais qu'elle eût sollicité pour le président de Maisons, lui ayant les obligations qu'elle lui avoit; mais que ses sollicitations n'avoient toujours été qu'en cas qu'il eût l'exclusion; et que le président de Maisons l'ayant eue, elle aimoit mieux qu'il fût dans la charge qu'aucun autre, parce qu'elle l'en tenoit le plus capable, et qu'elle estimoit que les affaires ne se pouvoient bien remettre que par son moyen.

La charge fut donnée à M. d'Avaux [1] et à lui conjointement; et M. d'Avaux eut le premier lieu [2], comme plus ancien conseiller d'Etat. Par cette raison il devoit avoir le choix de l'emploi : et parce qu'au retour de d'Emery, Tubeuf, qui depuis long-temps n'étoit pas bien avec lui, jugeant bien qu'il lui seroit impossible de servir sans descendre de plusieurs degrés et sans recevoir beaucoup de dégoûts, résolut de demander à se décharger de l'épargne, qui étoit le plus beau de son emploi, parce que d'Emery voudroit assurément qu'il tombât entre les mains de quelqu'un qui dépendît de lui; il n'eut pas plus tôt pris cette résolution, que d'Emery pensa au moyen de se conserver en effet l'épargne; et, pour y par-

---

(1) *M. d'Avaux* : Jean-Jacques de Mesmes, comte d'Avaux, président à mortier, membre de l'Académie française, mort en 1688. Son plus jeune frère, Jean-Antoine, comte d'Avaux, fut le célèbre diplomate de cette famille. — (2) *Le premier lieu* : C'est-à-dire qu'il fut en première ligne.

venir, il dit à M. d'Avaux qu'il étoit juste qu'il choisît des emplois en la charge pour ceux qui lui plairoient le plus. M. d'Avaux lui dit que M. Pepin étoit homme de mérite, et qu'il considéroit extrêmement; qu'il le désiroit pour son premier commis, et qu'il seroit bien aise qu'il eût la guerre. M. d'Emery répondit que c'étoit le plus beau et le plus honorable de la charge; mais qu'il consentoit de bon cœur qu'il la donnât à M. Pepin, ne voulant rien que ce qui lui seroit agréable. Comme il vit que c'étoit une chose résolue, il dit comme par manière d'acquit et en passant à M. d'Avaux : « J'ai avec moi ………. (1), qui est un
« bon garçon, et qui fera bien les états de l'épargne
« si vous le trouvez bon, parce qu'il a toujours été
« nourri dans cette nature d'affaires. » M. d'Avaux, qui ne savoit encore ce que c'étoit, lui dit qu'il le vouloit bien; et l'autre lui repartit : « Monsieur, cela
« demeure donc arrêté. » Ce jour même on représenta à M. d'Avaux combien il lui importoit que ce que faisoit M. Tubeuf fût fait par une de ses créatures, pour se conserver l'autorité de la charge; mais Pepin ayant plutôt regardé à la qualité de conseiller d'Etat et à douze mille livres d'appointemens attachés à l'emploi de la guerre, qu'à la conséquence de celui de l'épargne, et croyant d'ailleurs que M. Tubeuf ne voudroit point le quitter, et qu'ainsi la guerre seroit l'emploi le plus utile et le plus assuré, il se détermina à suivre sa première pensée; si bien que M. d'Avaux acquiesça à ce qu'il voulut.

(1) *J'ai avec moi* …… : Ce nom est en blanc au manuscrit. Il paroit que d'Emery ne nomma pas dans ce moment sa créature. C'étoit un maitre des comptes nommé Guerapin, ainsi qu'on le voit plus bas.

Le lendemain, Guerapin, maître des comptes, et qui avoit été premier commis de d'Emery avant sa retraite, alla voir M. d'Avaux, et lui dit que M. d'Emery ayant jeté les yeux sur lui pour lui donner la commission de l'épargne, selon la parole qu'il lui avoit donnée le jour précédent qu'il la lui laisseroit, il venoit lui offrir son service, et lui rendre grâce de ce qu'il l'avoit agréé. A quoi M. d'Avaux ne répondit que par des paroles de civilité ; et depuis les choses sont demeurées en ces termes.

M. d'Avaux ne tarda guère à s'ennuyer de cet emploi, dans lequel n'ayant pas été nourri, et consistant en plusieurs choses basses et peu convenables à la délicatesse de son esprit, il ne trouvoit pas autrement sa satisfaction dans l'exercice de sa charge ; et sans l'exercice son humeur altière ne pouvoit aussi être contente.

J'ai oublié à dire que pendant que M. d'Emery étoit retiré à sa maison de Châteauneuf, il tenoit tous les jours grande table, recevoit bien toute la noblesse du pays, la caressoit, prêtoit de l'argent à ceux qui en avoient besoin, et se mit bien ainsi dans tout le pays. Mais avec tout cela, quoiqu'il eût très-grand sujet de se croire heureux, il ne songeoit qu'à revenir à Paris, et mettoit toute sa félicité à rentrer dans les affaires; de sorte que quand quelqu'un qui venoit de Paris passoit proche du lieu où il étoit, il le faisoit prier de l'aller voir, le recevoit avec mille caresses, de quelque petite condition qu'il fût ; il le traitoit bien, l'entretenoit avec plaisir, et ne le pouvoit laisser aller qu'avec peine, et après une fort longue conversation.

ANECDOTE
RELATIVE AU CHANCELIER DE SILLERY (1).

Le cardinal de Sourdis étant un jour au conseil, du temps du roi Louis XIII, se prit de parole avec le chancelier de Sillery (2), qui étoit alors un des plus puissans ministres, et lui dit tout ce qu'il eût pu dire à un autre dont il n'eût rien dû appréhender. Madame de Sourdis (3), mère du cardinal, ayant su ce qui s'étoit passé, alla en diligence chez le chancelier, et se jeta à ses pieds, protestant qu'elle ne s'en ôteroit point qu'il ne lui eût pardonné la faute de son fils. Il la pressa plusieurs fois de se lever, et n'en ayant pu venir à bout, il fut enfin contraint de lui dire qu'il la pardonnoit à cause d'elle. « Mais, lui « dit-il, madame, je ne le fais qu'à condition que « vous me permettrez de vous dire une vérité qui ne « vous sera pas agréable. » Elle, qui s'estimoit assez heureuse d'obtenir ce pardon à quelque prix que ce

---

(1) Manuscrits de Conrart, tome 10, page 133. — (2) *Le chancelier de Sillery* : Nicolas Brulart, marquis de Sillery, seigneur de Puisieux, chancelier de France, mourut en 1624. On a de lui des Mémoires (Paris, Charles de Sercy, 1676, 2 vol. in-12), qui ne sont qu'un recueil de pièces du temps. — (3) *Madame de Sourdis* : Isabelle Babou de La Bourdaisière, femme de François d'Escoubleau-Sourdis, marquis d'Alluye. Elle étoit tante de Gabrielle d'Estrées. La tige de cette famille étoit Laurent Babou, notaire à Bourges vers 1480. Louis XV, qui par les femmes descendoit de ce notaire en ligne directe au onzième degré, par la duchesse de Bourgogne, plaisantoit quelquefois de cette parenté avec ceux de ses courtisans qui paroissoient disposés à rougir de certaines alliances.

fût, lui dit qu'elle ne se fâcheroit de rien qu'il lui pût dire, quoiqu'elle appréhendât fort qu'il ne lui parlât de certaines choses qu'il eût pu lui dire. Alors il lui dit : « Madame, je ne m'étonne pas si vos enfans font « de telles choses ; car vous êtes la plus mauvaise « mère du monde. » Cela la surprit extrêmement, vu qu'il n'y a guère de mère qui voulût faire pour avancer ses enfans ce que celle-là avoit fait. Et après lui avoir répété qu'elle n'avoit rien épargné pour les faire instruire, et pour les rendre honnêtes gens ; qu'après elle les avoit mis dans le monde, et avoit fait pour leur fortune tout ce qui lui avoit été possible, elle le supplia de lui dire donc en quoi il la trouvoit mauvaise mère. A quoi il répondit : « Madame, n'est-ce « pas être fort mauvaise mère que d'avoir gardé toute « la sagesse pour vous, et n'en avoir rien laissé à vos « enfans ? » Ce qui se trouva être une galanterie obligeante, au lieu d'une plainte qu'il sembloit qu'il voulût faire d'elle.

SUR HENRI IIe DU NOM, PRINCE DE CONDÉ (1).

Lorsque feu M. le prince se fut retiré malcontent de la cour en 1614, il écrivit trois lettres, au Roi, à la Reine et au parlement, qu'il fit imprimer et courir partout (2). Le prince de Conti son oncle, qui étoit fort simple, et tellement bègue qu'il étoit presque muet,

---

(1) Manuscrits de Conrart, tome 10, page 134. — (2) *Courir partout* : Ces lettres ont été insérées dans le Mercure françois, tome 3, page 224 et suivantes.

entendant plusieurs personnes qui raisonnoient sur cette retraite et sur ces lettres, leur fit entendre sa pensée en quelques mots qu'il prononça comme il put de cette sorte : « Monsieur père, capitaine, « trois batailles; monsieur neveu, secrétaire, trois « lettres; » voulant dire que Louis de Bourbon, prince de Condé, son père, et aïeul de M. le prince, parce qu'il étoit capitaine, avoit donné trois batailles lorsqu'il s'étoit retiré malcontent de la cour; mais que M. le prince son neveu, qui étoit plus homme de plume que d'épée, s'étoit contenté de faire trois lettres, et qu'il ne feroit rien davantage : ce qui fut trouvé de fort bon sens, et même fort ingénieux.

SUR LE NOMMÉ BAVES, DE LILLE (1).

Un jeune homme nommé Baves, fils d'un marchand de Lille en Flandre, s'étant mis en tête de venir en France pour y demeurer quelque temps, en obtint la permission de sa mère, qui étoit veuve alors, avec promesse qu'elle lui feroit tenir cinq cents écus par an pour sa subsistance. Il arriva à Paris l'an 1633 ou 1634, un an ou deux avant la rupture entre les deux couronnes, et se fit appeler .... (2). Il se logea en une maison où l'on tenoit des pensionnaires; et comme il y avoit ordinairement des hôtes de diverses provinces, outre que son naturel étoit porté à la curiosité de savoir toutes sortes de nouvelles, cette

(1) Manuscrits de Conrart, tome 10, page 137. — (2) *Se fit appeler* .... : Il y a un blanc dans le manuscrit.

occasion lui en augmenta la passion, en lui en fournissant les moyens. Il passa ainsi quinze ou seize ans à mener une vie assez agréable; mais l'an 1648, ayant été accusé d'être espion pour les Espagnols, il fut mis à la Bastille, où il demeura environ trois mois, au bout desquels on lui ouvrit les portes sans l'avoir interrogé, et sans qu'on lui eût parlé de rien. Cet accident commença à le dégoûter du séjour de Paris, où il voyoit aussi que toutes choses tendoient au désordre où elles tombèrent enfin au commencement de 1649; joint que la dépense y étant plus grande, et sa mère ayant diminué sa pension, qu'il eût été nécessaire d'augmenter, il ne pouvoit plus subsister qu'avec peine. A quoi il faut ajouter une autre raison assez extravagante, et qui étoit néanmoins sans doute la plus forte dans son esprit : c'est qu'en quelque voyage qu'il avoit fait dans son pays il avoit vu chez sa mère, où il étoit logé, la fille d'une de ses sœurs qui y demeuroit aussi, laquelle lui avoit tellement plu (car c'étoit une des plus belles filles de la ville) qu'il en étoit devenu éperdument amoureux; ce qui étoit aperçu même à Paris de tous ceux qui le fréquentoient, parce qu'il leur parloit incessamment de sa belle nièce avec des termes et une émotion extraordinaires.

Etant donc retourné à Lille, il pria d'abord sa mère de ne point tenir sa petite-fille chez elle pendant qu'il y seroit : on la mit dans une religion, où elle fut quelque temps; mais s'en étant lassée, elle fit tant d'instances pour revenir chez sa grand'mère, qu'enfin elle en obtint la permission. Elle n'y fut pas plus tôt, que Baves s'en plaignit, et conjura sa mère qu'au moins cette fille demeurât dans une chambre où il ne la pût voir ; il la pria elle-même, et après lui commanda en paroles rudes et avec menaces de ne se trouver jamais devant lui, ou qu'il lui en prendroit mal : ce qui lui fit éviter sa présence autant qu'il lui fut possible. Mais il arriva un jour par malheur que comme il montoit le degré, elle descendoit ; si bien que s'étant rencontrés tête à tête, il tira un couteau de sa poche dont il lui donna un coup dans le sein, qu'elle avoit découvert, lui disant : « T'avois-je pas « défendu de paroître jamais devant moi, et de me « laisser jamais voir ton sein ? » Elle, ayant reçu ce coup, tomba par terre, et avec un fort grand effroi le pria d'avoir pitié d'elle et de lui pardonner. Mais, au lieu de cela, du même couteau dont il l'avoit déjà frappée, et d'un autre qu'il tira encore de sa poche, lequel on dit qu'il avoit fait faire exprès, il lui en donna plusieurs coups dont elle mourut sur le lieu même : et non content de cela, il lui marcha sur le ventre après sa mort, disant mille ordures et mille outrages.

Le bruit de cet accident ayant fait accourir plusieurs voisins et autres personnes de leur connoissance, on lui conseilla de se sauver en quelque abbaye, jusqu'à ce qu'il eût résolu où il pourroit chercher une demeure assurée hors de son pays : ce qu'il fit. Mais sur les poursuites qui furent faites en justice contre lui, lorsqu'on eut découvert l'abbaye où il s'étoit retiré, on l'y alla chercher ; et comme ceux qui en avoient la commission ne le connoissoient pas, ils prirent un autre garçon pour lui, et le vouloient emmener ; mais lui qui étoit présent, pressé par les remords de sa conscience, leur dit que c'étoit lui qui avoit fait le crime que l'on vouloit punir ; qu'il le feroit encore si c'étoit à recommencer ; qu'il s'offroit volontairement à tout ce qu'on lui voudroit faire souffrir ; et qu'aussi bien la vie lui étoit ennuyeuse. De sorte qu'il fut conduit à Lille sous bonne et sûre garde, où l'on lui fit son procès ; et il fut condamné à avoir le poing coupé, et à être étranglé ensuite. Ce qui fut exécuté au mois de novembre 1649.

SUR LA DUCHESSE DE ROQUELAURE
ET SUR LE MARQUIS DE VARDES [1].

Sur la fin de l'année 1657, la duchesse de Roquelaure, sœur du comte Du Lude [2], mourut âgée de vingt-trois ans. C'étoit une des plus belles personnes de la cour : elle ne fut malade que peu de jours, ensuite d'un accouchement difficile ; et s'étant fait un transport au cerveau, il fut impossible de la sauver. C'est ce que tout le monde a su et cru de sa mort : mais long-temps avant que d'accoucher, et paroissant de fort bonne santé, elle avoit dit à quelques personnes avec qui elle étoit dans la dernière confidence, qu'elle ne vivroit plus guère, et qu'une passion ardente et cachée qu'elle avoit dans le cœur la tueroit. Cette passion étoit pour le marquis de Vardes, qu'elle ai-

---

[1] Manuscrits de Conrart, tome II, page 893. — [2] *Sœur du comte Du Lude* : Charlotte-Marie de Daillon Du Lude, femme du duc de Roquelaure que ses bouffonneries ont rendu célèbre.

moit plus que sa vie, et à qui elle avoit accordé toutes choses seulement pour lui plaire, et pour tâcher à l'obliger de l'aimer aussi tendrement qu'elle l'aimoit: ce qu'il étoit incapable de faire; car étant traité si favorablement d'une personne si accomplie et admirée de tout le monde, il n'avoit presque que de l'indifférence pour elle, jusqu'à se plaindre du temps qu'il perdoit à attendre et à rechercher les occasions de recevoir ses faveurs : elle les lui facilitoit pourtant le plus qu'il lui étoit possible, et se conduisoit avec tant de discrétion que jamais ni son mari ni aucun autre ne reconnut rien de cette intrigue qu'elle avoit. Quand il la devoit voir en particulier, il se tenoit caché dans un certain lieu secret du logis, qui étoit une espèce de caveau ou de petit cellier, où il demeuroit jusqu'à ce que les choses fussent en état de l'introduire dans sa chambre; et un jour qu'il y fut quarante-huit heures, il s'y ennuya tellement qu'il a avoué à quelqu'un qu'il n'a jamais eu de plus grande joie que quand il sortit de ce lieu-là : ce qui marquoit qu'il n'estimoit pas la récompense qu'il recevoit de cette petite peine autant qu'elle le méritoit (1). Souvent, pendant que le mari jouoit dans sa chambre, le galant étoit dans celle de la dame en toute sûreté, parce que le confident de leur amour étoit l'abbé

(1) Bussy-Rabutin a bien jugé le marquis de Vardes dans la lettre qu'il adresse à madame de Sévigné le 17 août 1654. « Je sais, dit-il, « par M. le prince de Conti, que Vardes a dessein d'être amoureux de « madame de Roquelaure cet hiver ; et sur cela, madame, ne plaignez- « vous pas les pauvres femmes qui bien souvent récompensent par une « véritable passion un amour de dessein, c'est-à-dire donnent du bon « argent pour de la fausse monnoie ? » (Lettres de madame de Sévigné; Paris, Blaise, 1818, tome I, page 24.)

de .... (1), que le duc avoit mis auprès d'elle comme un espion pour empêcher qu'elle ne fît aucune galanterie; et elle avoit été si adroite qu'elle avoit trouvé moyen de le gagner, et de l'obliger à tromper son mari en sa faveur. Lors même qu'elle vit que Vardes lui échappoit et qu'elle ne le pouvoit plus retenir, elle voulut se forcer d'écouter les recherches de M. d'Anjou (2), qui en devint en ce temps-là passionnément amoureux, et qui s'y prenoit de si bonne grâce et s'y conduisoit si sagement, qu'un homme qui eût eu deux fois son âge, beaucoup d'expérience, et qui n'eût pas eu les avantages de sa naissance et de sa condition, n'y eût pu mieux réussir. Le voyant agir de cette sorte, elle faisoit tout ce qu'elle pouvoit pour répondre aux avances qu'il faisoit, afin de guérir une passion par une autre; mais la première étoit si avant dans son cœur, qu'elle ne l'en pouvoit bannir. Les choses étoient en cet état-là quand elle mourut: et bien que cette intrigue fût extraordinairement secrète, je l'ai sue d'original de quelqu'un qui en eut la confidence, et qui me l'a contée depuis la mort de cette belle personne (3).

Le marquis de Vardes avoit épousé la fille (4) du feu premier président de la chambre des comptes, Nicolaï; et peu après leur mariage, le bruit courut partout qu'il étoit impuissant: ce qui passoit pour une

(1) *L'abbé de ....* : Ce nom est en blanc dans le manuscrit. — (2) *M. d'Anjou* : Philippe de France, frère de Louis XIV, qui porta le titre de duc d'Anjou jusqu'en 1661, que Gaston, duc d'Orléans, étant mort, le Roi lui donna le titre de duc d'Orléans, qu'il a transmis à sa maison. — (3) Le grave Conrart raconte cette anecdote du même sérieux qu'il auroit fait le récit d'une affaire d'Etat. C'est un trait de plus pour le tableau des mœurs de ce temps-là. — (4) *La fille* : Catherine Nicolaï.

vérité parmi ceux qui ne le connoissoient pas particulièrement; mais ceux qui le connoissoient assuroient qu'il ne l'étoit pas, mais qu'il n'étoit pas fort vigoureux, et que c'est ce qui avoit donné lieu à ce bruit. Sa femme soutenoit à sa mère et à tous ses parens que tant s'en falloit que cela fût; que même il étoit fort vert-galant. Sa femme mourut fort jeune en 1661, avec une résolution du plus grand philosophe du monde. Elle lui a laissé une fille (1).

FRAGMENT
SUR MADEMOISELLE DE SCUDERI (2).

Le père de *Sapho* (3) étoit de Provence; mais s'étant habitué en Normandie, où il eut des emplois considérables, et entre autres la charge de lieutenant du Havre-de-Grâce, place la plus importante de la province, sous l'amiral de Villars qui en étoit gouverneur, sa fortune étant bonne, il épousa une fille riche et de bonne naissance (4); mais le duc de Villars ayant succédé à l'amiral son frère en ce gouvernement, sa femme (5), qui étoit sœur de la duchesse de Beaufort, et qui s'est assez fait connoître à la cour et ailleurs,

(1) Marie-Elisabeth Du Bec, fille unique du marquis de Vardes, épousa, le 28 juillet 1678, Louis de Rohan-Chabot, duc de Rohan, prince de Léon. (*Voyez* les Lettres de madame de Sévigné, du 20 juin 1678, tome 5, page 333; Paris, Blaise, 1818.) — (2) Manuscrits de Conrart, tome 11, page 447. — (3) *Le père de Sapho* : Georges de Scuderi. On sait que le nom de *Sapho* et de *dixième muse* fut décerné par son siècle à mademoiselle de Scuderi. — (4) Elle s'appeloit Marie de Brilly. — (5) *Sa femme* : Julienne-Hippolyte d'Estrées, femme de Georges de Brancas, duc de Villars.

prit en telle haine ce lieutenant après l'avoir trop aimé, qu'elle ruina toutes ses affaires, lesquelles il ne laissa pas en bon état en mourant. Sa veuve demeura chargée d'un fils et d'une fille ; le fils est Georges de Scuderi, gouverneur de Notre-Dame-de-la-Garde, et capitaine d'un vaisseau français entretenu, lequel ayant long-temps servi le Roi dans ses armées de terre et de mer, s'est rendu célèbre dans toute la France par un grand nombre d'écrits de prose et de vers dont il a enrichi le public, et s'est retiré au pays de sa naissance, où il s'est honorablement marié (1). Sa fille, nommée Madelaine, fut élevée très-soigneusement par sa mère, qui étoit habile femme. Mais comme elle ne vécut pas long-temps après son mari, cette fille étant encore fort jeune fut recueillie par un de ses oncles qui demeuroit à la campagne, et qui, étant un des plus honnêtes hommes du monde, avoit l'esprit excellent, et étoit consommé dans la science du monde. Trouvant en elle une naissance tout-à-fait heureuse, et des inclinations également portées à la vertu et à la connoissance des belles choses, il fit éclore ces semences naturelles, que les soins de la mère avoient si bien cultivées qu'elles étoient par manière de dire toutes prêtes à fleurir. Il lui fit apprendre les exercices convenables à une fille de son âge et de sa condition, l'écriture, l'orthographe, la danse, à dessiner, à peindre, à travailler en toutes sortes d'ouvrages. Mais outre les choses qu'on

---

(1) *Il s'est honorablement marié* : Il épousa Marie-Françoise de Martin Vast, femme qui réunissoit à beaucoup d'esprit et de jugement un naturel qui n'étoit pas ordinaire dans la famille de son mari. On a conservé une partie de sa correspondance avec le comte de Bussy-Rabutin.

lui enseignoit, comme elle avoit dès-lors une imagination prodigieuse, une mémoire excellente, un jugement exquis, une humeur vive, et naturellement portée à savoir tout ce qu'elle voyoit faire de curieux et tout ce qu'elle entendoit dire de louable, elle apprit d'elle-même les choses qui dépendent de l'agriculture, du jardinage, du ménage de la campagne, de la cuisine; les causes et les effets des maladies, la composition d'une infinité de remèdes, de parfums, d'eaux de senteur, et de distillations utiles ou galantes, pour la nécessité ou pour le plaisir. Elle eut envie de savoir jouer du luth, et elle en prit quelques leçons avec assez de succès; mais comme c'est un exercice où il faut donner un grand temps, quoique ce ne soit qu'un pur divertissement et un amusement agréable, elle ne se put résoudre à être si prodigue du sien, qu'elle tenoit mieux employé aux occupations de l'esprit. Entendant souvent parler des langues italienne et espagnole, et de plusieurs livres écrits en l'une et en l'autre qui étoient dans le cabinet de son oncle et dont il faisoit grande estime, elle désira de les savoir, et en peu de temps elle y réussit admirablement, tant pour l'intelligence que pour la prononciation; de telle sorte qu'il n'y avoit ni poëte ni orateur qui lui fût difficile. Dès-lors se trouvant un peu plus avancée en âge, elle donna tout son loisir à la lecture et à la conversation tant de ceux de la maison, qui l'aimoient tous aussi bien qu'elle, et qui étoient très-honnêtes gens et très-bien faits, que des bonnes compagnies qui y abordoient tous les jours de tous côtés. Au bout de quelques années qu'elle passa dans cette douceur de vie avec beaucoup d'utilité et de plaisir, son oncle étant mort, et se voyant obligée à s'établir en quelque lieu, elle crut qu'elle feroit mieux de se retirer à Paris qu'à Rouen ; et son frère qui savoit que les pièces de théâtre étoient alors fort estimées, et que plusieurs en faisoient leur occupation, à cause que c'étoit un des principaux divertissemens du cardinal de Richelieu, premier ministre d'Etat, en ayant composé quelques unes qui furent bien......

(*Le surplus manque* (1).)

LETTRE DE CONRART A...... (2)

De Fontainebleau, le 29 septembre 1661.

On fit partir hier trois brigades de mousquetaires, qui vont sans doute arrêter trois personnes ; je n'en sais qu'une, qui est madame Du Plessis-Bellière (3), à qui le Roi avoit donné permission de demeurer à Châlons au lieu de Montbrisson, à cause de ses maladies ou feintes ou véritables. Mais c'est une per-

(1) On regrette que Conrart n'ait pas terminé l'article qu'il vouloit consacrer à mademoiselle Scuderi, pour laquelle il professoit une admiration qui étoit alors généralement partagée. Nous avons fait quelques recherches sur cette femme célèbre et sur son frère ; elles ont été insérées dans la Biographie universelle de Michaud, tome 41, p. 382 et suivantes. — (2) Le brouillon de cette lettre, écrit de la main de Conrart, se trouve dans son manuscrit, tome 11, page 167. On ignore à qui elle a été adressée — (3) Suzanne de Bruc, femme de Jacques de Rougé, seigneur Du Plessis-Bellière. Elle étoit sœur du marquis de Montplaisir, lieutenant de roi d'Arras, dont les poésies ont été recueillies très-imparfaitement, en 1759, par Saint-Marc.

sonne qu'on veut perdre avec M. le surintendant (1). En effet la Reine mère a dit que c'étoit une femme à raser, et à mettre aux Madelonnettes. J'ai ouï assurer de bonne part qu'on a trouvé une lettre d'elle à M. le surintendant la plus infâme qui se puisse imaginer : ce qui est incroyable, quoique personne ne doute ici qu'elle soit vraie. « Je vous ai découvert, lui dit-elle, « une fille qui ne vous coûtera que trente pistoles ; « et si vous la trouverez autant à votre goût,....... « que celles qui vous coûtent tant d'argent (2). » Je suis assuré, du moins, qu'elle étoit de la plupart de ses intrigues, nonobstant sa dévotion extérieure, ses simagrées, et la hardiesse qu'elle avoit de prétendre au gouvernement des enfans de France que le Roi a donné si justement à madame de Montausier. Voici une particularité notable des mémoires de M. le surintendant. Outre tout ce que je vous ai mandé, il avoit écrit qu'en cas qu'on le prît prisonnier, il faudroit aller enlever M. Le Tellier, le mener dans Béthune, Amiens, Calais ou Arras ; qu'on lui serrât les pouces jusqu'à ce qu'il eût obtenu sa liberté ; et que si cela ne réussissoit, il faudroit se mettre en campagne. Mais la manière dont il parle de M. de Lyonne est agréable : « C'est, dit-il, un homme sans cœur, d'esprit fort « médiocre, qui n'est propre à rien, et à qui on fera « faire toutes choses pour cent pistoles. » Le Roi a

---

(1) *Avec M. le surintendant :* Fouquet venoit d'être arrêté à Nantes le 5 septembre précédent. (*Voyez* la lettre de Louis XIV à la Reine sa mère dans les OEuvres de ce prince ; Paris, 1806, tome 5, page 50.) — (2) Il fut trouvé dans les cassettes de Fouquet des lettres qui compromirent plusieurs femmes de la cour. Fouquet soutint que ces billets avoient été supposés par ses ennemis. (*Voyez* les OEuvres de Fouquet ; Paris, 1696, tome 16, page 337.)

montré ce portrait à M. de Lyonne; je sais cela de bonne part. Je ne vous dis rien d'une lettre écrite à M. le surintendant par une dame, à ce qu'on dit; vous en aurez assez ouï parler à Paris. On la débite ici en ces termes : « Je ne vous aime point; je hais le pé- « ché; mais je crains encore plus la nécessité : c'est « pourquoi venez tantôt me voir. » Je vous défie, vous qui êtes en réputation d'écrire les plus belles lettres du monde, d'en faire d'aussi essentielles et d'aussi significatives que celles-là. On l'attribue à madame Beaufremont, en un temps où elle avoit besoin de dix mille écus; mais je ne le crois pas (1). Je vous avoue même que c'est à celle-là que l'on attribue des intrigues encore plus importantes, comme d'avoir voulu gagner l'esprit du Roi par des artifices au préjudice de la Reine mère.

On tint hier conseil chez M. le chancelier, où étoient des conseillers d'Etat et messieurs du conseil de conscience, pour aviser à ce qu'on auroit à faire pour les jansénistes, et pour la demande de l'ordre de Malte contre la Hollande, touchant la restitution des commanderies qui étoient dans les Provinces-Unies, ou l'évaluation en argent. Le Roi a pris cette affaire fort à cœur, à la sollicitation de messieurs de Malte, jusque là que cela a déjà suspendu pour quelque temps l'alliance entre nous et la Hollande, dont le traité étoit prêt à conclure : je ne sais encore ce qui a été conclu là-dessus. Mais pour le jansénisme, je m'assure que l'on poussera terriblement les choses. Le Pape a cassé le mandement des grands vicaires, et

(1) On croit pour certain qu'elle est de la marquise de La Baume. (*Note de la main de Conrart.*)

ordonné qu'ils en feroient un nouveau; faute de quoi il a député des commissaires pour les déposer, et en mettre d'autres en leur place. Je ne doute point que la Reine mère ne poursuive avec toute rigueur ceux qui ne voudront pas signer le formulaire.

Depuis ma lettre écrite, j'ai ouï dire que l'on alloit querir M. le surintendant pour le mener à la Bastille, si sa santé peut permettre qu'il fasse ce voyage.

Observation sur la lettre précédente.

La malignité s'exerça en attribuant à diverses femmes de la cour des lettres trouvées dans les cassettes du surintendant. Il paroîtroit que madame Du Plessis-Bellière auroit été chargée par Fouquet de faire des propositions à mademoiselle de La Vallière. Ce sont, au reste, de ces points historiques qui ne sont pas susceptibles d'être éclaircis. On fera seulement connoître ici une lettre de madame Du Plessis-Bellière, adressée à cette époque à M. de Pomponne, qui étoit dans les intérêts du ministre disgracié. L'original de cette lettre ne porte ni suscription ni signature; mais Pomponne a écrit au dos : *Madame Du Plessis-Bellière*; et le texte de cette pièce ne peut pas laisser de doute sur la personne qui l'a écrite.

« De Châlons, ce 19 septembre 1661.

« Vous pouvez croire que je n'ai pas douté de vos bontés pour tout
« ce qui nous regarde. Je vous connois trop pour n'estre pas persuadée
« de vostre générosité, et vous me connoissez assez aussi pour vous
« imaginer ce que je souffre d'un si grand coup. Ce n'est pas que je
« n'aye assez prévu qu'il pouvoit arriver du mal à M. le S. (1); mais
« je ne l'avois pas prévu de cette sorte, et je me consolois qu'on l'os-
« tast de la place où il estoit, voyant qu'il le désiroit luy-mesme pour
« songer à son salut. Mais, mon pauvre monsieur, le savoir en l'estat où
« il est, et ne pouvoir lui donner aucune consolation! Je vous avoue
« que je suis dans une affliction incroyable; de sorte que je suis tombée
« malade d'une fièvre qui n'est pourtant pas violente. Si elle me conti-
« nue, je me ferai saigner demain. Vous avez sçu que j'avois eu ordre
« d'aller à Montbrison; mais comme ma fille (2) n'a jamais voulu me

(1) *M. le S.*: Le surintendant. — (2) *Ma fille*: Catherine de Rougé, maréchale de Créqui.

« quitter, l'on a changé mon ordre, et je suis arrivée ici d'hyer au soir,
« après avoir fait soixante lieues de marche. Je vous supplie de me
« faire sçavoir des nouvelles de la santé de M. le S., si vous en avez.
« Je crois qu'il n'y aura pas de mal à cela, et qu'ils ne le trouveront
« pas mauvais à la cour, quand lesl ettres seroient vues.

« Faites-moi sçavoir quand vous serez à Paris, et me croyez vostre, etc. »

SUR BARTET, SECRÉTAIRE DU CABINET (1).

Un paysan de Béarn, d'un village à deux lieues de Pau, étant venu à Paris, y fut laquais ou portier, et ensuite se maria à la parente d'un prêtre fort dévot, nommé Charpentier, laquelle étoit de Chaillot, petit village à une lieue de Paris. Au bout de quelque temps, n'ayant tous deux que cent francs environ pour tout bien, Bartet (c'est ainsi que le mari s'appeloit) propose à sa femme de s'en aller tous deux en Béarn, sur l'espérance qu'il avoit d'y faire quelque profit par son industrie. Elle y consent : ils achètent un cheval de cinquante francs sur lequel ils s'en vont tous deux, et les autres cinquante francs pour les frais de leur voyage. Etant arrivés au lieu de sa naissance, il vend le peu de bien qu'il y avoit, et s'en va à Pau, où il lève une petite boutique de mercier pour vendre des verres, des bouteilles, des allumettes, et autres choses de peu de prix. Il n'y avoit alors aucun marchand dans Pau, qui n'étoit presque qu'un village, considérable seulement par le château, estimé la principale maison des princes de Béarn; mais le conseil souverain et tous leurs officiers se tenoient à

(1) Manuscrits de Conrart, tome 5, page 83.

Orthez, ville ancienne, et où il y a évêché. Le dessein de Bartet lui réussit si bien, par la conjoncture du changement qui arriva en Béarn lorsque le roi Louis XIII y fut (1), et qu'il y établit un parlement, une chambre des comptes et la religion catholique romaine, que Pau étant devenu une ville fort peuplée, et lui y étant seul marchand, il s'enrichit en peu de temps, et gagna près de cent mille livres. Se voyant si accommodé, sa plus grande ambition fut de faire l'aîné de trois fils qu'il avoit avocat au parlement de Navarre, séant à Pau. Ce garçon, qui avoit un grand feu d'esprit, et qui étudia assez bien, parvint au but où son père avoit borné son ambition; et ayant été reçu avocat, plaida quelques causes avec succès.

En ce même temps la femme d'un conseiller au parlement, nommé M. de Casaux, avoit une femme de chambre qu'elle aimoit beaucoup; et comme elle avoit grande part en la confidence de sa maîtresse, elle ne cachoit aussi à sa maîtresse pas un de ses secrets. Le jeune Bartet alloit souvent dans cette maison; et étant devenu amoureux de cette fille, il ne la trouva pas fort cruelle; de sorte qu'il en obtint avec assez de facilité ce qu'il désiroit. Il alloit souvent à une maison de campagne de ce conseiller, où la dame passoit la plus grande partie de l'été; et comme elle faisoit coucher avec elle cette femme de chambre favorite, et qu'elle savoit l'intrigue qui étoit entre elle et Bartet, on dit qu'elle souffroit qu'il couchât avec elle dans sa propre chambre. Le mari ayant aperçu quelque chose de ces amourettes, les épia un jour, et les surprit sur

(1) *Y fut* : En 1620. (*Voyez* les Mémoires de Fontenay-Mareuil, tome 50, page 496, première série de cette Collection.)

le fait; et comme il est fort violent, se saisissant de Bartet, qui n'étoit pas en état de se défendre, il protesta qu'il ne le quitteroit point qu'il n'eût épousé cette fille, puisqu'il l'avoit débauchée; et sur-le-champ envoya querir le curé du village, qui les maria.

Bartet étant sorti des mains du conseiller, fit si bien par la faveur de l'évêque, qui s'en mêla, et par de l'argent que son père donna sous main, que le mariage fut déclaré nul, à condition qu'il donneroit quelque chose à la fille. Après cette aventure, il crut qu'il devoit quitter le pays, au moins pour quelque temps; et ayant eu des lettres de recommandation du père Audebert, jésuite célèbre qui étoit alors supérieur à Pau; il s'en alla à Rome, où d'abord il trouva moyen d'entrer chez le duc de Bouillon, qui y étoit réfugié. Ensuite il y fit diverses connoissances; et comme il s'introduit facilement, il entra au service du prince Casimir, frère du roi de Pologne, qui lui a succédé au royaume, lequel le reçut volontiers, parce qu'il lui étoit donné de la main des jésuites, dans l'ordre desquels il avoit été quelque temps; et c'étoit pour en être dispensé qu'il avoit fait le voyage de Rome. Etant au service de ce prince lorsqu'il vint à la couronne, il fut employé par lui en diverses affaires, et fit beaucoup de voyages, particulièrement en France : ce qui le fit connoître des ministres, et entre autres du cardinal Mazarin, lequel le trouvant homme d'esprit et capable d'emplois, il lui proposa de s'arrêter à la cour : ce qu'il fit, ayant obtenu du roi de Pologne qu'il y seroit son résident.

Bientôt après il se maria à la fille d'un chirurgien qui avoit quelque bien, mais médiocre; et il s'y résolut, parce qu'il n'étoit nullement accommodé.

Le duc de La Vieuville, qui du temps du feu Roi avoit déjà eu la charge de surintendant des finances, remuoit ciel et terre pour y parvenir de nouveau. Bartet s'engagea de l'y servir, et de faire réussir l'affaire, pourvu qu'il lui donnât de quoi payer la charge de secrétaire du cabinet, qu'il avoit envie d'avoir. Le marquis de La Vieuville le lui promit; et il fit si bien avec la princesse palatine, de qui le chevalier de La...... étoit amoureux, qu'il en vint à bout; de sorte qu'il fut secrétaire du cabinet. Ensuite il fit les allées et venues de la Reine au cardinal Mazarin et du cardinal à la Reine, pendant que ce cardinal étoit retiré à Cologne; car comme le passe-port qu'il avoit obtenu des Espagnols n'étoit que pour six mois, et que quand ils furent expirés ils ne le voulurent point continuer, il fallut trouver une autre voie, qui fut de gagner un des commandans de la garnison de Cambray, qui facilitoit le passage de Bartet; lequel, pour le danger qu'il y avoit d'être arrêté parcequ'il n'avoit point de passe-port, ne portoit ni lettres ni chiffres, mais recevoit seulement de bouche les ordres qu'il avoit à porter, dont on se fioit à sa parole; et l'on a même remarqué que le cardinal, à son retour, ayant voulu désavouer Bartet de quelque chose qu'il avoit dit de sa part à la Reine, il lui soutint en face devant elle qu'il l'en avoit chargé, et lui marqua si bien toutes les circonstances, et avec tant d'assurance, que le cardinal en demeura convaincu et muet; de sorte que Bartet fut comme disgracié cinq ou six mois, le cardinal ne le regardant et ne lui parlant point: mais enfin il se raccommoda par ses intrigues, et fut chargé de diverses autres affaires importantes, entre autres de l'accommodement de Mézières, qu'on vouloit tirer des mains de la veuve de Bussy-Lameth, qui en avoit été le dernier gouverneur, et qui, pour être parent et ami particulier du cardinal de Retz, étoit suspect à la cour. Mais de cette affaire, comme de toute sa conduite, il parut que, pourvu qu'il parvînt à ses fins, il ne se soucioit pas autrement de tenir sa parole ni de blesser son honneur : car ayant traité de la réduction de cette place avec le duc de Noirmoutier et le marquis de Fabert, le dernier voyant qu'il tâchoit de les surprendre, et qu'il ne vouloit pas exécuter ce qu'il avoit promis, lui fit des reproches piquans, et qu'un autre eût eu peine à souffrir; et l'autre, quoique son ami, ne put s'empêcher de le blâmer des mêmes choses dont le marquis de Fabert faisoit de si grandes plaintes.

Comme il est très-audacieux et très-libre de paroles, il n'épargne personne, et drape indifféremment sur amis et ennemis : ce qui fait qu'il se brouille souvent avec ceux mêmes qui lui peuvent être le plus utiles, ou à qui il a le plus d'obligations. Il se raccommode aussi bientôt avec ceux qui ont plus de soin de leur fortune que de leur honneur, et qui croient que par l'accès qu'il a auprès des puissances il leur pourra nuire, ou qu'il les pourra servir. Entre les autres railleries qu'il fait sans cesse de toutes sortes de personnes, la princesse palatine, sœur de la reine de Pologne, est de celles qu'il a traitées le plus cruellement, s'étant vanté d'avoir eu avec elle des familiarités : de quoi elle ne se soucia point, aimant mieux souffrir cette médisance que de s'exposer à recevoir de mauvais offices de lui.

Le duc de Candale (1) ne fut pas si endurant; car ayant su que Bartet avoit dit de lui que qui lui auroit ôté ses grands cheveux, ses grands canons, ses grandes manchettes et ses grosses touffes de galans, il ne paroîtroit plus qu'un squelette ou un atome, il le fit épier un jour, sur la fin du mois de juin 1655, comme il passoit à dix heures du matin par la rue Saint-Thomas du Louvre, par onze hommes à cheval, deux desquels se saisirent des rênes des chevaux de son carrosse, deux autres portèrent le pistolet à la gorge du cocher, et deux autres vinrent à lui le pistolet et le poignard à la main. Etant ainsi arrêté, les deux qui s'étoient approchés de lui prirent des ciseaux, lui coupèrent les cheveux, lui arrachèrent son rabat, ses canons et ses manchettes, et après cela le laissèrent aller (2). D'abord il crut qu'on le vouloit assassiner, et que c'étoit ce même conseiller du parlement de Pau, nommé Casaux, qui est son ennemi dès long-temps (il disoit que c'étoit une vieille querelle entre leurs maisons depuis deux cents ans), qui étoit l'auteur de cette ac-

(1) *Le duc de Candale :* Fils du duc d'Epernon. C'étoit l'homme le plus recherché de son temps; il donnoit le ton pour la mode. — (2) *Et après cela le laissèrent aller :* Cette aventure fit beaucoup rire aux dépens de Bartet. Madame de Sévigné en plaisante avec Bussy-Rabutin dans sa lettre du 19 juillet 1655. Mademoiselle de Montpensier la raconte aussi dans ses Mémoires, tome 41, page 488, de cette série. On fit sur Bartet le couplet suivant :

> Comme un autre homme
> Vous étiez fait, monsieur Bartet;
> Mais quand vous seriez chez Prudhomme (*),
> De six mois vous ne seriez fait
> Comme un autre homme.

(*) *Prudhomme :* C'étoit le nom d'un baigneur.

tion; de sorte qu'étant saisi de frayeur, comme il l'avoue lui-même, il leur dit qu'il les prioit de lui donner un peu de temps pour penser à son ame, parce qu'elle étoit en très-mauvais état. Mais quand il fut hors de péril, et qu'il eut considéré de quelle manière il avoit été traité, il jugea que ce pouvoit bien être M. de Candale qui lui avoit fait faire cette insulte, parce qu'il avoit déjà ouï parler du discours qu'il l'accusoit d'avoir tenu; et le bruit commun lui confirma bientôt que la chose étoit ainsi. Il nie pourtant avoir jamais tenu ce discours de M. de Candale, et dit que la véritable cause de son mécontentement vient de ce qu'étant tous deux amoureux de madame de Gouville (1), M. de Candale, qui savoit que Bartet étoit mieux traité que lui, en eut du dépit, et prit cette occasion de la raillerie des canons et des manchettes pour lui faire faire un affront. Il ajoute que M. de Candale se plaint aussi de ce qu'il lui a rendu de mauvais offices auprès du cardinal Mazarin, et que même avant tout cela il étoit arrivé chez madame de Nouveau (2) une chose qui l'avoit fâché, et que Bartet conte de cette sorte. Il dit donc que M. de Candale étant dans une chambre avec ...., et lui ayant rencontré madame Cornuel dans une autre, elle étoit venue au devant de lui, et lui avoit demandé s'il trouvoit que ce fût bien parler que de dire *un esprit fretté?* A quoi il répondit qu'elle s'adressoit bien

---

(1) *Madame de Gouville:* Lucie de Cottentin de Tourville, femme de Michel d'Argouge, marquis de Gouville. — (2) *Madame de Nouveau:* La femme de Jérôme de Nouveau, surintendant général des postes, homme ridicule, dont La Bruyère s'est moqué sous le nom de Ménalippe.

mal de choisir un pauvre Gascon pour juge d'une phrase
française ; mais que si elle vouloit qu'il en dît son sentiment, il trouvoit que cette façon de parler ne valoit
rien ; qu'il falloit être sans jugement pour parler ainsi,
et cent autres exagérations semblables, qui sont de
son style ordinaire : qu'elle avoit ajouté que M. de Candale disoit pourtant que c'étoit lui qui s'en étoit servi,
et que sur cela M. de Candale étant sorti de l'autre
chambre, elle lui avoit crié tout haut que M. Bartet
soutenoit qu'il n'avoit jamais dit *un esprit fretté ;*
ce que Bartet lui-même lui confirma avec les mêmes
amplifications dont il avoit déjà usé : ce qui fâcha, à
ce qu'il dit, M. de Candale, lequel ayant eu ensuite les
autres dégoûts que j'ai touchés, il lui avoit fait jouer
cette pièce à la vue de tout Paris, dont il avoit fait
informer sur l'heure même, et envoyé son frère à la
cour pour en avertir le cardinal Mazarin, lequel fit une
réponse fort obligeante à la lettre qu'il lui avoit écrite,
lui mandant que quand il n'auroit pas l'honneur d'être
officier domestique du Roi, et résident d'un autre
grand monarque avec lequel on vouloit bien vivre,
il n'auroit pas laissé pour son propre mérite de s'intéresser grandement en la réparation qu'il avoit droit
de prétendre, y ayant même ajouté au bas quelques
lignes de sa main, pour l'assurer que le Roi vouloit
qu'il fût fait justice de cet attentat, qui que ce fût
qui en fût l'auteur ; que, pour engager toute la cour
à lui être favorable, il avoit fait dire d'abord par son
frère qu'il croyoit que c'étoit ce conseiller de Pau,
son ennemi, qui l'avoit fait traiter de la sorte : ce qui
avoit si bien réussi que tous les grands avoient représenté au Roi et à Son Eminence de quelle conséquence

étoit cette entreprise; que s'il n'en étoit fait justice on en feroit tous les jours de semblables contre tout le monde, et que personne ne seroit en sûreté; que le maréchal de Villeroy en avoit parlé fortement, et le maréchal d'Albret protesté qu'il porteroit les intérêts de Bartet comme les siens propres (ils avoient pourtant été brouillés huit jours auparavant, et le maréchal d'Albret disoit pis que pendre de Bartet; mais il se raccommoda incontinent); que M. de Candale voyant que l'on faisoit du bruit de son action et à la cour et au parlement, M. le chancelier, M. le premier président et M. Bignon ayant témoigné qu'ils étoient fort mal satisfaits de son procédé, il avoit fait dire à M. le premier président qu'il étoit marri de n'avoir pas communiqué son dessein à M. le chancelier et à lui avant de l'exécuter : à quoi M. le premier président avoit répondu que ni M. le chancelier ni lui n'étoient pas des gens qu'il fallût consulter sur de semblables choses, mais qu'ils étoient magistrats pour châtier ceux qui les faisoient.

Tels étoient les discours que Bartet faisoit à ses amis, avec mille protestations de pousser l'affaire jusqu'au bout. M. de Candale, de son côté, disoit qu'il avoit envoyé chez Bartet lui dire qu'ayant donné charge à son capitaine des gardes de lui faire ce qui lui étoit arrivé, il lui avoit aussi ordonné de lui déclarer que c'étoit de sa part qu'il le faisoit; que ce capitaine des gardes assuroit l'avoir fait; mais que puisqu'il paroissoit, par l'opinion qu'il disoit avoir, que ce fût ce conseiller du parlement de Pau, son ancien ennemi, qui en fût l'auteur, et que la peur l'avoit empêché d'entendre ce que le capitaine de ses gardes lui avoit dit par son ordre, il lui mandoit que c'étoit lui qui l'avoit fait traiter comme il l'avoit été; et que si dans ce jour-là il ne jetoit dans le feu les informations qu'il avoit fait commencer, il lui feroit donner dès le soir même les étrivières : ce que Bartet nie formellement lui avoir été dit.

Il ne se vit jamais rien de si avantageux que lui en actions et en paroles. Le comte Du Lude et lui étoient amoureux de cette madame de Gouville, de qui j'ai déjà parlé; et Bartet en étoit tellement passionné, que souvent, après avoir été six heures avec elle, il ne pouvoit attendre qu'il fût de retour chez lui pour lui écrire, et il entroit en la première maison de sa connoissance, d'où il lui écrivoit de grandes lettres. Un jour s'étant rencontrés aux Tuileries, le comte Du Lude, qui menoit une dame, salua Bartet comme il passoit devant eux; mais lui, sans le saluer, et mettant les mains sur les côtés, le regarda fièrement, et passa outre. Sur cela le comte Du Lude dit partout que si Bartet n'y prenoit garde, il pourroit bien recevoir quelques distributions de coups de bâton. Quand il sut que le comte Du Lude le menaçoit de la sorte, il alla trouver Roquelaure, beau-frère du comte, et lui dit : « Monsieur, monsieur le duc, on dit que le comte Du « Lude tient de certains discours de moi que je ne puis « croire. Je n'ai garde de m'imaginer qu'il ait pensé « à ce que l'on dit qu'il me veut faire faire; car ce « sont des choses qui ne lui peuvent être entrées « dans l'esprit en parlant d'un homme de ma sorte : « mais je ne crois pas même qu'il se soit plaint de « moi, parce que je ne lui en ai donné aucun sujet. » Roquelaure lui répondit, de ce ton haut et fier qui

lui est naturel : « Monsieur, monsieur Bartet, si le
« comte Du Lude s'est plaint de vous, il y a apparence
« que vous lui en avez donné sujet; et si vous lui
« en avez donné sujet, je pense, monsieur, monsieur
« Bartet, que vous devez craindre qu'il ne fasse ce
« qu'il a dit qu'il fera; car il est homme de parole,
« et à qui il ne faut pas se jouer. »

Un autre jour, dans une grande compagnie où l'on parloit des provinciaux, l'on disoit qu'ils étoient long-temps avant que de se défaire des vices de leur terroir, et que ceux qui avoient été nourris toute leur vie à la cour avoient un terrible avantage sur eux. Bartet, prenant la parole pour tous les provinciaux, dit qu'il voudroit bien que l'on lui montrât un homme né dans la cour, et qui y auroit toujours vécu, qui osât aller disputer le terrain aux grands seigneurs des provinces comme lui, qui étoit venu d'une des extrémités de la France le disputer à la cour aux plus grands seigneurs qui y fussent. Madame Cornuel, qui étoit présente, lui répondit : « Faites qu'il y ait une
« cour dans chaque province, et nos courtisans iront
« disputer le terrain fort vaillamment; mais n'y ayant
« que des brutaux et des ignorans, ils seroient bien
« sots de quitter la cour pour leur aller contester des
« choses qui n'en valent pas la peine (1). »

(1) Bartet fut disgracié. Voici ce que Dangeau en dit dans son journal manuscrit, à la date du 16 janvier 1690 : « Le Roi a permis à M. Bartet
« de reparoître à la cour. Il y a plus de trente ans qu'il est exilé. Il a
« été secrétaire du cabinet. On croit que c'est le duc de Villeroy qui a
« demandé son retour au Roi. » Bartet mourut à Neufville, près de Lyon, chez le maréchal de Villeroy, en 1707. Il étoit plus que centenaire. (*Voyez* les Mémoires de Choisy, tome 2, page 205; Utrecht, 1727.)

SUR LE PRÉSIDENT DE NESMOND (1).

Le président de Nesmond, second président du parlement de Paris, ayant été nommé entre les juges de la chambre de justice, y assista jusqu'au mois de ..... 1664 (2), qu'étant tombé malade d'une fièvre quarte, on prit cette occasion de travailler sans lui, parce qu'on le soupçonnoit d'être plus favorable à M. Fouquet que l'on n'eût voulu. Cette fièvre quarte lui ayant duré jusque vers la fin du mois de novembre, il lui survint un érysipèle à une cuisse, qui fit espérer d'abord qu'il en pourroit être soulagé; mais le 29, en le débandant, les médecins reconnurent des marques de gangrène, qui leur firent juger que la chaleur naturelle étoit éteinte, et qu'il ne dureroit tout au plus que jusqu'au lendemain. Dans ce danger si surprenant et si pressant, on crut qu'il l'en falloit avertir, et lui faire recevoir les sacremens sans retardement. Madame de Miramion (3), qui est extrêmement dévote, et dont la fille a épousé le fils aîné du président de Nesmond, se chargea de lui annoncer cette nouvelle, dont il fut grandement étonné. Elle lui proposa d'abord de se confesser, et il témoigna qu'il s'y disposeroit pour le lendemain, qui étoit le jour de Saint-

(1) *Manuscrits de Conrart*, tome 13, page 629. — (2) Le président de Nesmond assista aux séances de la chambre de justice jusqu'au vendredi 10 octobre 1664. (*Journal manuscrit de M. d'Ormesson.*) — (3) *Madame de Miramion*: Marie Bonneau, veuve de Jean-Jacques de Beauharnais, seigneur de Miramion. Elle fonda les filles de la Sainte-Famille, qui, réunies à celles de Sainte-Geneviève, furent appelées *miramionnes*.

André, et le premier dimanche de l'avent. Mais voyant qu'il ne comprenoit pas l'extrémité de son mal, elle lui dit nettement qu'il n'y avoit pas de lendemain pour lui : et sur cela on fit venir son confesseur, et on lui apporta les sacremens. Etant mort sur les onze heures du soir, le premier président (1), frère de sa femme, reçut les visites de la plupart de messieurs de la grand'-chambre, et particulièrement des présidens à mortier, durant tout le dimanche, et leur témoigna qu'il avoit dessein de faire prendre place le lendemain de grand matin à son neveu, fils aîné du défunt, reçu depuis quelques années en survivance, les priant de s'y trouver de bonne heure pour favoriser cette installation. Il envoya même jusqu'à dix heures du soir chez ceux qu'il crut être plus de ses amis, leur recommander de se rendre au Palais dès quatre heures du matin, et d'y entrer par chez lui (2). Ensuite il fit fermer toutes les portes du Palais ; et son neveu s'étant rendu auprès de lui à deux ou trois heures du matin, il le mena à la grand'chambre, où il se trouva jusqu'à quinze juges, qui rendirent des arrêts où il opina. Après cela il alla prendre sa place à la chambre de la Tournelle, où le président Le Coigneux présida ; et le président de Mesmes, qui y présidoit auparavant, alla prendre sa place à la grand'chambre.

Tout cela se faisoit avec tant de précautions, à cause que le fils aîné du président de Longueil de Maisons,

(1) *Le premier président :* Guillaume de Lamoignon. — (2) On lit dans le journal manuscrit de M. d'Ormesson : « Le lundi premier décembre (1664), je fus dès quatre heures du matin au Palais par la « porte des écuries, où tous les amis de M. le premier président et de « M. de Nesmond étoient avertis d'aller pour installer M. de Nesmond « à la place de monsieur son père. Chacun sait cette affaire. »

qui étoit reçu en survivance de son père long-temps avant celui du président de Nesmond, prétendoit prendre sa place le premier en vertu d'un acte que son père avoit mis depuis la maladie du président de Nesmond le père entre les mains de Boileau, greffier de la grand'chambre, par lequel il se désistoit de la fonction de sa charge en faveur de son fils, lequel étant allé de très-grand matin au Palais, et en trouvant toutes les portes fermées, n'y put entrer qu'après que le jeune président de Nesmond y eut été installé. Comme il alla en la chambre de la Tournelle, il l'y trouva assis, et lui dit que ce n'étoit pas là sa place, et qu'elle lui appartenoit. L'autre lui dit qu'il avoit pris possession de sa charge en la grand'chambre, et qu'ensuite il étoit venu en la Tournelle, où il s'étoit rendu des arrêts auxquels il avoit opiné; et qu'ainsi il étoit en possession, et qu'il ne croyoit pas qu'il dût y avoir aucune contestation entre eux. M. de Maisons allégua sa réception en survivance, beaucoup plus ancienne que celle de M. de Nesmond; l'acte de démission de son père en sa faveur, antérieur à la prétendue prise de possession qu'on lui alléguoit. Il se plaignit de la violence du premier président, qui avoit fait fermer les portes du Palais; ce qui l'avoit empêché de prendre sa place le premier, comme il eût fait sans cela; et il protesta de se pourvoir pour la conservation de son droit. Leurs amis s'entremirent incontinent pour les accommoder; et Novion même, qui avoit intérêt que le président de Maisons le père quittât sa place de second président parce qu'il y fût monté, ne laissa pas de l'aller trouver à Maisons pour lui témoigner que, s'il la vouloit garder, il oublieroit volontiers la démission qu'il avoit faite en faveur de son fils; à quoi le président de Maisons se rendit assez aisément : de sorte que la chose demeura arrêtée que M. de Maisons garderoit sa place de second président, et que M. de Nesmond le fils demeureroit en possession de la sienne.

On disoit sur cela que chacun avoit son compte en cet accommodement, excepté M. de Maisons le fils, qui à l'âge de quarante-deux ans, et étant depuis plusieurs années sans charge, attendroit peut-être encore long-temps celle de son père, qui n'avoit intention de s'en dépouiller que par sa mort; d'autant plus qu'il alloit être second président, et qu'il se vouloit conserver en ce poste, qui le rendoit considérable dans sa compagnie, du moins jusqu'à la fin du procès que son second fils l'abbé de Longueil avoit intenté contre lui pour la succession de sa mère, dont il demandoit compte à son père : ce qui les avoit tellement aigris l'un contre l'autre, qu'il n'y avoit sorte de chicane dont ils ne se servissent pour se persécuter l'un l'autre. Et pour confirmer cela, on alléguoit qu'il avoit tenu le bec en l'eau à son fils aîné depuis dix ou douze ans, sous divers prétextes, tantôt du service de la chambre de l'édit, tantôt de l'affaire contre son cadet, etc.; et que même ayant vu le président de Nesmond malade à l'extrémité, au lieu de faire prendre place au parlement à son fils aîné, il s'en étoit allé à Maisons, donnant ainsi le temps à M. de Nesmond le fils de le prévenir.

On disoit aussi que la civilité que lui fit le président de Novion de l'aller trouver à Maisons étoit pour le porter à garder sa place, nonobstant l'intérêt particulier qu'il y avoit en demeurant le troisième de la grand'chambre, parce que tous deux étant opposés au premier président, ils pourroient lui tenir tête plus souvent et plus fortement, étant unis ensemble contre lui, que s'il n'y en eût eu qu'un.

Le président de Mesmes voyant le président de Nesmond prêt à mourir, offrit à M. d'Avaux son fils, reçu aussi en survivance, de lui céder sa place. Il l'en remercia d'aussi bonne grâce que l'offre lui avoit été faite, disant que son propre intérêt l'obligeoit à désirer que son père demeurât revêtu de la charge, parce que cela le rendoit beaucoup plus considérable que s'il en eût été revêtu lui-même; et que de plus il importoit à toute leur famille qu'elle fût sur la tête de deux personnes plutôt que d'une, dans l'incertitude de ce qui se feroit pour le droit annuel qui étoit prêt à finir, et auquel on prévoyoit qu'il y auroit quelque grand changement : de sorte qu'il ne parla plus de la quitter, et demeura quatrième président de la grand'-chambre.

Plusieurs ont cru que le président de Nesmond ayant fait son testament pendant le cours de sa maladie, y avoit chargé ses héritiers de demander pardon pour lui à la famille de M. Fouquet de ce qu'étant un de ses juges à la chambre de justice, il avoit été d'avis que messieurs Voisin et Pussort demeurassent aussi juges de M. Fouquet, et opinassent en la délibération, sur la requête de récusation par lui présentée contre eux touchant les procès-verbaux des registres de l'épargne, faits par eux en qualité de commissaires de la chambre, et où il articuloit des faussetés manifestes qu'ils avoient commises; ajoutant qu'il ne s'étoit résolu que sur les pressantes instances qui lui en avoient été faites pour sauver l'honneur de ces deux messieurs; qu'on l'avoit assuré qu'ils se désisteroient eux-mêmes du jugement du procès dès que la chambre auroit prononcé en leur faveur : en quoi il avoit été trompé et abusé par ceux qui lui avoient donné cette parole formelle, qui lui avoit fait consentir à ce qu'on lui avoit demandé sous un prétexte si spécieux, dont il demandoit pardon à Dieu et à M. Fouquet. On disoit aussi que la cour ayant su que cet article étoit dans le testament de M. de Nesmond, on alla de la part du Roi dire à ses héritiers que Sa Majesté ne vouloit pas qu'il parût. C'est pourquoi on n'a pas su précisément ce qui en est; mais ils ont toujours dit qu'il n'y avoit rien dans le testament. Ce que l'on a tenu pour constant est que M. de Nesmond, pendant sa maladie, a fait le même discours à quelques-uns de ses plus particuliers amis; il est vrai aussi qu'après la mort du président de Nesmond M. Phelypeaux de Pont-Chartrain, président des comptes et l'un des commissaires de la chambre de justice, ayant conté dans une compagnie ce qui se disoit partout de cette plainte de M. de Nesmond, on le rapporta au Roi, qui témoigna à l'archevêque de Paris (1), ami particulier du président Phelypeaux, qu'il ne trouvoit pas bon qu'il en eût parlé de la sorte. L'archevêque envoya à l'heure même chez son ami savoir s'il étoit au logis, et le prier de l'attendre. Mais il le prévint, et l'alla trouver chez lui, croyant qu'il eût à lui parler de quelque affaire importante et pressée. L'archevêque lui apprit le mécontentement du Roi

---

(1) *L'archevêque de Paris :* Hardouin de Péréfixe.

pour le discours qu'il avoit tenu, et le président répondit que c'étoit un bruit répandu dans toute la ville, et qu'il n'avoit rien dit qu'il n'eût ouï dire à cent autres; mais que puisque le Roi le trouvoit mauvais, il n'en parleroit plus; et la chose en demeura là (1).

SUR LE DUC MAZARIN (2).

Le 8 décembre 1664, jour de la Notre-Dame, le duc Mazarin (3), grand-maître de l'artillerie, étant dans la chambre du Roi, suivoit Sa Majesté pas à pas, et tournoyoit comme ayant envie de lui parler. Le Roi s'en étant aperçu, lui demanda s'il avoit quelque chose à lui dire : il répondit, en tâtonnant et en hésitant, que oui; mais qu'il n'en osoit prendre la liberté. Le Roi repartit qu'il le pouvoit, et qu'il n'y falloit point faire davantage de façon; et l'autre marchandant encore, Sa Majesté lui demanda s'il s'agissoit de quelque mauvais dessein qu'il eût découvert que quelqu'un eût eu contre sa personne ou contre l'Etat; mais que quoi que ce fût, il lui ordonnoit de le dire franchement. Sur cela le duc lui dit qu'ayant fait ses dévotions le matin, et étant en la présence de Dieu, il lui étoit venu une pensée; puis il s'arrêta, et le Roi le pressa encore d'a-

(1) *Voyez* la lettre de madame de Sévigné à M. de Pomponne, du 2 décembre 1664, tome 1, page 84 de l'édition de Blaise, 1818. — (2) Manuscrits de Conrart, tome 13. — (3) *Le duc Mazarin* : Le mari d'Hortense Mancini, dont les pieuses extravagances divertissoient la cour de Louis XIV.

chever de s'expliquer. Alors il dit, d'un ton à demi-bas et tremblant, que la pensée qui lui étoit venue étoit que Dieu n'étoit peut-être pas content de ce qui se passoit entre Sa Majesté et mademoiselle de La Vallière, et qu'il avoit cru être obligé en conscience de l'en avertir. Le Roi ayant entendu cela, s'approcha de son oreille, et lui dit d'une manière douce et favorable : « M. Mazarin, je vous conseille de ne parler jamais de « cela à personne, car vous feriez faire un fort mau- « vais jugement de vous : pour moi, je vous promets « de n'en rien dire, et qu'il ne tiendra pas à moi que « la chose demeure secrète. » Néanmoins dès le lendemain tout le monde le sut, et le Roi dit qu'il falloit bien que le grand-maître en eût fait confidence à quelque dévot comme lui, qui ne lui eût pas été fidèle. Mais la vérité est que le Roi l'ayant conté à la Reine sa mère, elle le dit à la comtesse de Flex sa dame d'honneur; elle au maréchal de Villeroy : et ainsi de main en main la chose devint toute publique, et ne servit de rien qu'à tourner le pauvre duc Mazarin en ridicule.

On contoit diverses choses que le Roi avoit dites au duc Mazarin ; mais il n'y a rien de vrai que ce qui est écrit ci-dessus.

SUR LE MARQUIS DE VARDES.

Environ le même temps, le marquis de Vardes s'entretenoit un soir avec le chevalier de Lorraine dans un coin de la chambre du Roi; et comme ils parloient l'un à l'autre de leur ajustement, et particulièrement de leur belle tête, le marquis dit que pour lui il n'étoit qu'un barbon, qu'il étoit veuf, et qu'il avoit fait son temps : « Mais pour vous, dit-il au chevalier, vous êtes « en un âge et en un état à tout entreprendre : vous n'a-« vez qu'à jeter le mouchoir, et il n'y a point de dame « qui ne le veuille relever. » Après qu'ils se furent quittés, le chevalier de Lorraine rencontra le marquis de Villeroy, auquel il conta l'entretien qu'il avoit eu avec Vardes. De ce même pas le marquis de Villeroy, qui est ennemi de Vardes et qui sait aussi que Madame ne l'aime pas, s'en alla chez elle, et lui dit ce que le chevalier lui venoit d'apprendre ; et il ajouta que Vardes avoit dit au chevalier qu'il avoit tort de s'amuser aux filles de Madame, et que, fait comme il étoit, il ne devoit pas s'arrêter aux suivantes, mais à la maîtresse ; et qu'il y trouveroit peut-être même plus de facilité. De quoi Madame se mit en grande colère, et en fit sa plainte à Monsieur, qui arriva un peu après ; et lui s'en alla tout droit faire la sienne au Roi, qui témoigna que si Vardes avoit parlé ainsi, il méritoit la Bastille. Vardes ayant appris cela en parla au Roi, et lui fit mille sermens qu'il n'y avoit rien de plus faux que ce qu'on lui faisoit dire ; qu'il étoit prêt de le soutenir devant Sa Majesté à quiconque auroit la hardiesse de le dire ; et lui conta la chose comme elle s'étoit passée. Le Roi lui répondit qu'il ne trouvoit pas à propos de faire cet éclaircissement, parce qu'il sembleroit à Madame que Sa Majesté ne voudroit pas la satisfaire, et qu'il valoit mieux qu'il passât quelque temps dans la Bastille ; après quoi la chose se pourroit éclaircir. Vardes ne répliqua rien, et se rendit sur-le-champ à la Bastille; mais Bezemeaux, qui en est capitaine, ne voulut point le recevoir qu'il n'eût été apprendre la volonté du Roi, lequel le lui ordonna; de sorte qu'il le reçut. On ne sut pas au vrai si ce fut le chevalier de Lorraine ou le marquis de Villeroy qui ajoutèrent au discours de Vardes ce qu'il prétendoit n'avoir point dit, et qui regardoit Madame; mais on en soupçonna plus le marquis que le chevalier, et il en fut extrêmement blâmé de tout le monde. Le Roi même témoigna qu'il se lassoit des plaintes si fréquentes de Monsieur et de Madame pour de semblables bagatelles; et l'on jugea que si elles continuoient, il s'en soucieroit moins qu'il n'avoit fait jusqu'alors. On jugeoit aussi que quand Vardes seroit hors de la Bastille, il y auroit de grands démêlés entre tous ces jeunes gens.

Madame voyant que toute la cour alloit tous les jours visiter Vardes à la Bastille, considéra cette prison pour lui plutôt comme un triomphe que comme une punition; de sorte qu'elle fit de nouvelles instances au Roi pour l'éloigner, afin que sa disgrâce fût mieux marquée. Le Roi lui commanda de se retirer dans son gouvernement d'Aigues-Mortes, mais sans rigueur, et d'une manière qui lui faisoit plutôt espérer d'en revenir bientôt que craindre d'y être longtemps. Il y alla aussitôt: et au bout de quelque temps, comme le bruit couroit que l'on le reverroit bientôt à la cour (sur ce que le Roi ayant donné des brevets pour quarante personnes qui, à l'exception de toutes les autres, pouvoient porter des vestes de couleur de feu en broderie d'or [1], et en ayant envoyé un à Vardes),

---

[1] Le justaucorps à brevet étoit bleu, garni de galons et broderies d'or

Madame fit de nouvelles batteries contre lui et contre la comtesse de Soissons, qui de son côté faisoit tous ses efforts pour obtenir le retour de Vardes : de sorte que cela devint une affaire d'importance, par la jalousie et le désir de vengeance de ces deux dames, qui sembloient tirer au bâton pour se perdre l'une l'autre, quelque différence qu'il y eût entre elles.

La comtesse de Soissons voyant les efforts que faisoit Madame contre elle, dit un jour au Roi (qui depuis la mort du cardinal Mazarin avoit toujours continué de la voir, allant même presque tous les jours chez elle, et y jouant souvent jusqu'à minuit et une heure) que Madame ne devoit point faire tant de bruit, et qu'elle savoit des choses essentielles sur son sujet, capables de la faire taire. Le Roi l'ayant pressée de s'expliquer, elle lui dit qu'elle avoit entre les mains des lettres écrites par le comte de Guiche à Madame, où Sa Majesté étoit fort maltraitée, et que c'étoit une cabale qui s'étoit formée de long-temps contre lui. Le Roi en parla à Madame, qui voyant les choses en cette extrémité, et craignant plus que tout le retour de Vardes, se résolut de découvrir tous les mystères qui jusqu'alors avoient été fort soigneusement cachés, nonobstant qu'il y allât beaucoup de son intérêt et de la ruine du comte de Guiche, qu'elle aimoit. Elle lui dit donc que, quelque temps après que le Roi eut témoigné par ses fréquentes visites à mademoiselle de La Vallière l'affection qu'il avoit pour elle, ils résolurent tous ensemble de l'en

---

et d'argent. Les brevets qui autorisoient à les porter ne font point mention de la veste couleur de feu dont parle Conrart. (*Voyez* un de ces brevets dans les OEuvres de Louis xiv; Paris, 1806, tome 6, page 375.)

détacher s'il leur étoit possible, et de lui substituer la petite de La Mothe-Houdancourt, que Sa Majesté avoit vue de bon œil durant quelques jours, et qui étoit fort attachée à la comtesse de Soissons, et par conséquent à Vardes. Que, pour y parvenir, Vardes composa en français une lettre sous le nom du roi d'Espagne à la Reine sa fille, par laquelle il paroissoit fort en colère de ce que le Roi préféroit à elle une petite fille de nulle considération; qu'elle s'en devoit plaindre hautement; et que le Roi son mari étoit un fanfaron qui ne résisteroit point si on lui tenoit tête, etc. Que cette lettre avoit été mise en espagnol par le comte de Guiche, qui avoit imité le caractère du roi d'Espagne le mieux qu'il avoit pu, ayant vu de ses lettres à la Reine, à qui il écrit toujours de sa main. Que la comtesse de Soissons s'étant rencontrée chez la Reine à l'ouverture d'un paquet du Roi son père, en avoit ramassé et serré l'enveloppe, sans qu'on s'en aperçût; qu'on avoit fait faire un cachet aux armes d'Espagne, tout semblable à celui dont les lettres du roi d'Espagne avoient accoutumé d'être cachetées; et que cette lettre contrefaite étant enfermée dans cette enveloppe véritable, le paquet en avoit été porté, comme de la poste, à la senora Molina, première femme de chambre de la Reine, qui les reçoit ordinairement (1). Qu'ayant appris par une lettre précédente que le roi d'Espagne étoit malade, elle appréhenda qu'il n'y eût dans celle-ci quelque mauvaise nouvelle de sa santé; c'est pourquoi elle l'ouvrit hors de la présence de la Reine, et qu'ayant déplié la

---

(1) Ceci se passoit en 1662. (*Voyez* les Mémoires de madame de Motteville, tome 40, page 179, de cette série.)

lettré, voyant le caractère un peu différent de celui des autres lettres, son soupçon en fut augmenté; de sorte qu'elle se résolut de la lire avant que de la lui rendre. Que voyant qu'elle étoit écrite sur un sujet si délicat, et avec des termes si offensans pour le Roi, elle avoit cru la lui devoir faire voir plutôt qu'à la Reine : ce qu'elle fit. Que le Roi l'ayant lue, la jeta au feu; et qu'encore qu'il en fût fort piqué, il trouva pourtant à propos de n'en faire point d'éclat. Il faut noter que le Roi, parlant en secret à Vardes de cette supposition pour savoir par qui il croyoit qu'elle eût été faite, Vardes, à ce qu'on dit, lui nomma madame......... (1).

(*Le surplus manque.*)

SUR LE LIVRE INTITULÉ *JUNIUS BRUTUS* (2).

Quelqu'un ayant demandé à M. Daillé (3) si M. Duplessis-Mornay, avec lequel il avoit demeuré longtemps, étoit auteur du livre intitulé *Junius Brutus,*

---

(1) *Lui nomma madame.....* : Vardes ayant eu l'infamie de jeter les soupçons du Roi sur la maréchale de Navailles, fut envoyé, au mois de mars 1665, dans la citadelle de Montpellier. Corbinelli, compromis dans la même affaire, partagea la disgrâce de Vardes. (*Voyez* notre édition des Lettres de madame de Sévigné, tome 7, page 121; Paris, 1818.) — (2) Manuscrits de Conrart, tome 11, page 1112.) — (3) *M. Daillé* : Jean Daillé, célèbre ministre protestant, avoit été pendant sept ans précepteur du petit-fils de Duplessis-Mornay. Nous n'avons point examiné le point de critique sur lequel porte la remarque de Conrart; mais nous avons cru qu'elle pourroit intéresser les personnes qui dirigent leurs recherches sur le livre dont il y est parlé, et qui doit être devenu rare.

il répondit : « C'est une question que je n'ai jamais osé
« faire à M. Duplessis, parce qu'elle me sembloit trop
« délicate; mais je vous dirai que M. Duplessis, au
« bout de la galerie où étoient ses livres, dans le châ-
« teau de Saumur, avoit un petit cabinet dans lequel
« il n'y avoit que ceux qu'il avoit faits ou composés,
« bien reliés, et même la plupart imprimés sur du
« vélin. Parmi ces livres-là il y avoit aussi un exem-
« plaire du Junius Brutus, lequel M. Duplessis me
« faisoit ôter toutes les fois que quelque personne de
« qualité désiroit de voir ce petit cabinet. Il me don-
« noit la clef, et disoit que j'allasse devant et que j'ou-
« vrisse la porte, ajoutant tout bas ou me faisant signe
« que j'ôtasse ce livre de Junius Brutus : ce que je
« faisois; car M. Duplessis savoit bien que ce livre
« n'étoit pas dans l'approbation de tout le monde, et
« vouloit éviter les occasions d'en parler. »

Observation.

En donnant la liste des ouvrages de Conrart, nous avions négligé d'indiquer les six madrigaux dont il a orné la Guirlande de Julie d'Angennes, duchesse de Montausier. (*Voyez* la Guirlande de Julie; Paris, imprimerie de Monsieur, 1784, in-8°.)

FIN DES MÉMOIRES DE CONRART.

MÉMOIRES

DU

PÈRE BERTHOD.

NOTICE
SUR LE PÈRE BERTHOD
ET SUR SES MÉMOIRES.

Il s'est rencontré des hommes qui, en faisant le bien, n'ont écouté d'autre voix que celle de leur conscience. Leur noble tâche accomplie, ils se sont mis à l'écart, ont fui les récompenses, et auroient même voulu dérober leur nom à la reconnoissance de la postérité.

Ce peu de mots renferme tout le caractère du père Berthod. Sa vie privée est inconnue; on ignore l'époque, le lieu de sa naissance, et jusqu'à l'année de sa mort. Il nous a seulement appris qu'il s'appeloit François Berthod, et qu'il étoit gardien du couvent des cordeliers de Brioude.

Ce religieux eut en 1652 la plus grande part au retour du Roi dans sa capitale. Ami du père Faure [1], évêque de Glandèves, il fut honoré de la confiance de la Reine régente, du cardinal Mazarin, et de messieurs Servien et Le Tellier. Demeuré dans Paris, il correspondoit, à l'aide d'un chiffre, avec M. de Glandèves, qui, de son côté, instruisoit la Reine des dis-

---

[1] François Faure, savant cordelier, avoit été protégé particulièrement par le cardinal de Richelieu. Anne d'Autriche lui donna la charge de sous-précepteur de Louis XIV. Nommé en 1651 à l'évêché de Glandèves, il fut transféré à celui d'Amiens en 1653. Il mourut en 1687.

positions de la capitale, et déposoit aux pieds du trône les vœux ardens des Parisiens, courbés sous le joug d'une faction qui sembloit dès-lors préluder aux plus grands attentats. Le prélat transmettoit les ordres de la cour au père Berthod, qui soutenoit les royalistes, échauffoit ou modéroit leur zèle, et dirigeoit toute l'entreprise.

Quelques hommes particulièrement dévoués au Roi avoient pratiqué des intelligences dans la bourgeoisie de Paris, et même parmi les gens du peuple. C'étoient Le Prevôt de Saint-Germain, conseiller clerc au parlement; de Bourgon, conseiller d'Etat; Du Fay, commissaire général de la marine; et Rossignol, maître des comptes. Le père Berthod, l'ame de leur conseil, mandoit leurs résolutions à la cour, et leur faisoit connoître la volonté royale.

Le Prevôt, chef apparent des royalistes, semble avoir eu plus de zèle que de véritable habileté. On seroit porté à le penser d'après un passage d'Omer Talon, dans lequel cet impartial magistrat taxe d'imprudence et de témérité le projet de Le Prevôt (1). Montglat, qui demeura fidèle au Roi, présente cependant le même fait sous un aspect différent; il montre dans Le Prevôt un homme courageux, qui n'a pas craint de s'exposer aux plus grands dangers pour contribuer au rétablissement de l'autorité légitime (2). Il ne faut donc pas s'en rapporter au cardinal de Retz, qui dans ses Mémoires immole Le Prevôt au ridicule. « Prevôt, dit-il, autant fou
« qu'un homme le peut être, au moins de ceux à

---

(1) Mémoires d'Omer Talon, tome 8, 2ᵉ partie, page 100, ancienne édition. — (2) Mémoires de Montglat, tome 50, page 366, de cette série.

« qui on laisse la clef de leur chambre, se mit dans
« l'esprit de faire une assemblée au Palais-Royal des
« véritables serviteurs du Roi..... Elle fut composée
« de quatre ou cinq cents bourgeois, dont il n'y en
« avoit pas soixante qui eussent des manteaux noirs.
« Prevôt dit qu'il avoit reçu une lettre de cachet du
« Roi, qui lui commandoit de faire main-basse sur
« tous ceux qui auroient de la paille au chapeau, et
« qui n'y mettroient pas du papier. Il lut effective-
« ment cette lettre : et voilà le commencement de
« la plus ridicule levée de boucliers qui se soit faite
« depuis la procession de la Ligue (1). » Le cardinal,
en homme habile, se moque du personnage principal,
pour envelopper tout le parti dans la même dérision ;
mais il n'a garde d'avouer les démarches qu'il avoit
inutilement faites pour se placer à la tête du mouvement royaliste, et de faire connoître le refus humi-
liant qu'il avoit éprouvé de la bourgeoisie. Quoi qu'il
en soit, le génie du cardinal de Retz et son talent
comme écrivain ont tellement subjugué certains esprits, qu'ils semblent avoir oublié que le factieux
prélat a été plutôt l'apologiste que l'historien de la
Fronde, et qu'il s'étoit mis dans la nécessité, pour
atténuer l'audace de sa conduite, d'exalter la révolte
aux dépens de la fidélité. Aussi le plus souvent les
efforts tentés par les Parisiens pour se soustraire à la

(1) Mémoires du cardinal de Retz, tome 46, page 184, de cette série.
On pourroit citer ici un passage des Mémoires de Joly, qui est tout-à-
fait dans le même esprit. (*Voyez* le tome précédent, page 240. Mais il
ne faut pas oublier que Joly, placé dans la dépendance du cardinal,
étoit au moins aussi factieux que son maître, et qu'il étoit de son intérêt de présenter les événemens dans le sens le plus favorable aux
frondeurs.

tyrannie des princes ont-ils été représentés, d'après ses récits, comme l'œuvre de la sottise et du fanatisme; peu s'en faut même qu'un compilateur du dernier siècle n'accuse Le Prevôt d'avoir provoqué une nouvelle Saint-Barthelemy (1). Effet ordinaire des grandes commotions politiques : la vérité est d'abord étouffée par les ouvrages des hommes qui écrivent dans l'intérêt et sous la dictée d'une faction; puis le temps vient peu à peu la découvrir, et il finit par la dégager des voiles qui ne permettoient plus de l'apercevoir.

Après une négociation de plusieurs mois, le père Berthod et ses amis virent leurs travaux couronnés par le succès. Le Roi rentra dans Paris le 21 octobre 1652, et il y fut accueilli par les acclamations de tout un peuple, enivré de bonheur à la vue de son roi; acclamations que nous avons aussi entendues dans ces derniers temps, et dont les anniversaires des 12 avril, 3 mai 1814, et 8 juillet 1815, rappelleront à jamais le touchant souvenir.

Les services que le père Berthod venoit de rendre à la couronne firent jeter les yeux sur lui comme sur l'homme le plus capable de conduire à son terme une négociation qui paroissoit beaucoup plus difficile que la première. Le parti des princes s'étoit concentré dans la province de Guienne; le comte d'Harcourt, à la tête de l'armée royale, avoit fait rentrer un grand nombre de places dans l'obéissance; mais la ville de Bordeaux, soulevée par le prince de Conti, par madame la princesse et par la duchesse de Longueville, étoit encore le foyer de la sédition.

(1) Mailly, Esprit de la Fronde, tome 5, page 618.

Le parlement de Guienne, comme celui de Paris, avoit suivi le parti des princes; mais il ne tarda pas à reconnoître qu'en s'éloignant du trône il avoit lui-même sapé son autorité; et, pour prix de sa révolte, il fut abreuvé d'humiliations.

Une faction populaire s'étoit formée dans Bordeaux. Des hommes de la dernière classe du peuple, excités et dirigés par quelques meneurs, se réunissoient près des ruines du château du Ha, sur une vaste esplanade plantée d'ormes, d'où cette assemblée séditieuse prit le nom d'*Ormée*. La haine qu'avoit inspirée le duc d'Epernon, par sa hauteur et ses exactions, servit de prétexte à ces mouvemens tumultueux. Les ormistes, à l'exemple des ligueurs, eurent leurs articles d'union (1); ils eurent aussi leurs prodiges et leurs augures (2). Leurs décisions furent qualifiées de plébiscites (3), et revêtues d'un sceau sur lequel on voyoit un ormeau entortillé d'un serpent, avec ces mots: *Estote prudentes sicut serpentes*; et au revers la Liberté, entourée de l'exergue: *Vox populi, vox Dei* (4).

Le parlement défendit, par arrêt du 5 avril 1652, de s'assembler ailleurs que dans la maison de ville (5). Cette injonction ayant été méprisée par les factieux, le parlement en ordonna de nouveau l'exécution;

---

(1) Articles de l'union de l'Ormée en la ville de Bordeaux, dans la collection de Mazarinades de la bibliothèque de l'Arsenal, tome 75, pièce 52. — (2) Histoire véritable d'une Colombe qui a paru miraculeusement en l'Ormaye de Bordeaux le 15 avril 1652; Paris, Chevalier, 1652, même volume, pièce 24. — (3) La généreuse Résolution des Gascons, même volume, pièce 36, page 7. — (4) *Ibid.*, pages 3 et 7; et le Manifeste des Bourdelois dans le même volume, pièce 42, page 5. — (5) Huitième Courrier bourdelois; Paris, 1652, page 5, même volume, pièce 68.

mais l'Ormée rendit à son tour une décision monstrueuse, qualifiée d'ordonnance ou de plébiscite, que l'on a cru devoir insérer ici à cause de sa singularité démagogique.

« Sur l'advis receu par la compagnie de l'Ormée
« d'un certain arrest du parlement en ceste ville,
« injurieux et desraisonnable, afin d'empescher et
« destruire les bons desseins de ladite assemblée,
« nous disons que si ledit arrest est publié par la ville,
« qu'il sera couru sur les autheurs, adhérans et com-
« plices d'iceluy; faisant défenses audit parlement,
« sur peine de la vie, d'user à l'advenir de semblables
« procédures, pour auxquelles s'opposer ladite as-
« semblée prendra les armes; enjoignant aux bour-
« geois de la ville d'y tenir la main, à peine d'estre
« déclarés traistres à leur patrie, et comme tels bannis
« à-perpétuité de ladite ville, et leurs biens confis-
« qués. *Signé* L'ORMÉE, avec plusieurs signatures. »

En effet, le parlement ayant fait publier son arrêt le 13 avril, les huissiers furent repoussés, et l'arrêt déchiré. L'Ormée, enhardie de plus en plus, organisa un gouvernement démocratique; elle chargea plusieurs de ses membres de veiller *au bien public;* elle nomma des généraux et des officiers de tout grade, ainsi que des juges qui devoient terminer tous les procès dans les vingt-quatre heures, sans intervention de procureurs ni d'avocats, « ayant consi-
« déré que tout homme qui a procès déduit aussi
« bien les raisons de sa cause que le meilleur avocat
« ou procureur de la cour » (1).

(1) Le Manifeste des Bourdelois, t. 75 des Mazarinades de la bibliothèque de l'Arsenal, pièce 42.

La lutte entre cette faction et le parlement devenoit chaque jour plus violente. Le 13 de mai, un nouvel arrêt publié le lendemain défendit encore les réunions de l'Ormée ; le peuple, non content d'avoir maltraité les huissiers, courut au Palais, et demanda avec menaces la révocation de l'arrêt ; l'Ormée porta l'audace jusqu'à ordonner que les magistrats qu'il qualifioit de suspects sortiroient de Bordeaux (1).

Le prince de Conti lui-même, obligé de subir le joug de la révolte, fut réduit à l'humiliation de solliciter auprès de l'Ormée un délai qui lui fut refusé. Il fallut se soumettre à la force; et le président Pichon sortit de la ville, accompagné de plusieurs autres magistrats (2).

Cependant la terreur régnoit dans Bordeaux. Les princes, divisés de passions et d'intérêts, s'emparèrent tour à tour des fureurs des ormistes, dont ils firent les instrumens de leurs haines et de leurs dissensions domestiques (3). Les habitans du quartier du Chapeau-Rouge essayèrent vainement de résister à ces désordres; les ormistes l'emportèrent, et les rues de Bordeaux furent jonchées de morts (4). Ces factieux, maîtres de l'autorité, plongèrent la capitale de la Guienne dans toutes les horreurs d'une sanglante anarchie.

Telle étoit la position de Bordeaux au mois de dé-

(1) Douzième Courrier bourdelois, t. 75 des Mazarinades de la bibliothèque de l'Arsenal, pièce 72. — (2) Journal de tout ce qui s'est passé à Bordeaux depuis le premier juin jusqu'à présent; Paris, 1652, même volume, pièce 45. — (3) Mémoires de La Rochefoucauld, article intitulé *Fin de la guerre de Guienne*. — (4) Journal de tout ce qui s'est passé en la ville de Bourdeaux, depuis le 24 juin, entre les bourgeois de la ville et les ormistes; Paris, 1652, tome 75 des Mazarinades de la bibliothèque de l'Arsenal, pièce 50.

cembre 1652, quand le père Berthod et M. de Bourgon furent envoyés en Guienne avec les pouvoirs les plus amples. Le père Berthod arriva à Bordeaux le 24 décembre 1652, et il descendit au couvent des cordeliers, dont le père Ithier étoit gardien. Nous ne le suivrons pas dans le détail des actes de son dévouement au service du Roi, et des périls auxquels il n'échappa que par une protection visible de la Providence : nous craindrions de diminuer l'intérêt qui s'attache à ses récits. Cette relation a d'autant plus de prix que nous ne connoissons pas d'écrivains du temps qui soient entrés dans les mêmes détails. Montglat seulement indique les faits principaux dans ses Mémoires(1), et dom Devienne fait connoître brièvement l'objet de la mission dont le père Berthod fut chargé (2).

On ignore ce que devint le père Berthod après avoir eu tant de part à l'extinction des troubles de la Fronde. Il est vraisemblable qu'il demeura près de l'évêque de Glandèves, devenu évêque d'Amiens, et qu'il écrivit par son ordre, peut-être même par obéissance, les deux relations que nous publions pour la première fois. L'auteur n'y parle jamais en son propre nom; il raconte ce qui lui est personnel avec autant de simplicité que s'il parloit d'un autre; mais il fait connoître une multitude de circonstances que lui seul a pu savoir, et par là il trahit l'*incognito* sous lequel sa modestie sembloit vouloir se cacher.

L'éditeur possède un manuscrit de ces Mémoires en un volume in-folio, d'une belle écriture du temps. Les armes de Nicolas Le Camus, premier président

---

(1) Tome 5o de cette série, page 405 et suiv. — (2) Histoire de Bordeaux, 1771, in-4°, première partie, page 462.

de la cour des aides, prevôt et maître des cérémonies des ordres du Roi en 1715, fixées au commencement du volume, paroissent indiquer qu'il provient de la bibliothèque de ce magistrat.

Il en existe une autre copie parmi les manuscrits de Conrart que nous avons décrits dans la Notice sur cet académicien, page 22 de ce volume; elle se trouve dans le tome 12, page 593 et suivantes. On y lit à la marge, et de la main de Conrart, l'annotation qui suit : *Par le père Berthod, depuis évêque de Glandèves.*

La dernière partie de cette note renferme une erreur. Ce n'est pas le père Berthod qui fut nommé à l'évêché de Glandèves, mais le père Ithier, qui, traîné devant le tribunal de l'Ormée pendant les derniers troubles de Bordeaux, courut les plus grands dangers pour le service du Roi[1]. Nous nous sommes quelquefois servi du manuscrit de l'Arsenal pour rectifier des erreurs de copiste qui s'étoient glissées dans le nôtre.

Les deux parties dont se composent les Mémoires du père Berthod sont indiquées sous le titre de

---

[1] On lit dans le *Gallia christiana* ce bel éloge du père Ithier, auquel on attribue une partie des actions du père Berthod : .... « *No-« mine Regis ei data est amplissima potestas cum seditiosis agendi ;...* « *sed, re à pacis hostibus cognitá, conjicitur in vincula Itherius, et* « *perpetuo carceri mancipatur pane et aquá tantummodò pascendus.* « *Attamen in vinculis Regis negotia movit, tantùmque suis lit-« teris ac emissariis profecit, ut plura civium millia palam decla-« rarint se ad pristinam obedientiam redire velle, et ad regiorum « exercituum duces Itherium ipsum è carcere eductum miserint, qui « omnibus compositis pacem in urbe restituit.* » (*Gallia christiana,* tome 3, page 1247.)

Relations dans le tome 2 de la Bibliothèque historique du père Le Long, sous les numéros 23701 et 23747. Il y est dit que ces deux manuscrits se trouvoient alors dans les bibliothèques du chancelier d'Aguesseau et du premier président de Mesmes.

On a éclairci par des notes, et par le rapprochement des gazettes du temps, les passages qui auroient pu présenter de l'obscurité.

Le portrait du père Berthod a été gravé dans le format in-12, par Bonnart, en 1663, d'après Barthelemy.

L. J. N. Monmerqué.

MÉMOIRES

DU

PÈRE BERTHOD.

PREMIÈRE PARTIE.

Secret de la négociation du retour du Roi dans la ville de Paris, en l'année 1652.

[1652] Après l'incendie et les meurtres de l'hôtel-de-ville, les bons serviteurs du Roi, qui gémissoient dans l'oppression violente que l'ambition du prince de Condé leur faisoit souffrir, sans avoir presque la liberté de se plaindre, résolurent de sortir de cette tyrannie, et tâcher de rendre à Sa Majesté quelque preuve de leur fidélité et du zèle qu'ils avoient pour son service, en chassant de Paris ceux qui obsédoient le peuple, et qui par leurs menaces l'empêchoient de témoigner l'inclination qu'il avoit pour la personne du Roi et pour la défense de l'autorité royale.

Pour cela M. Le Prevôt de Saint-Germain, conseiller de la grand'chambre du parlement de Paris et chanoine de Notre-Dame, parla à M. l'évêque de Glandèves, auparavant nommé le père Faure, et depuis M. d'Amiens, auquel il fit la proposition de faire revenir Paris dans son devoir par la voie de la douceur; et s'il se rencontroit quelques factieux qui fussent dans l'obstination, de les obliger par la force de se remettre dans le service du Roi, au moins en apparence, s'ils n'étoient pas obéissans dans le cœur.

M. de Glandèves, après avoir bien examiné les pensées de M. Le Prevôt, qu'il voyoit tout-à-fait généreuses, pour le rétablissement de l'autorité royale, et se ressouvenant que M. de Bourgon lui avoit fait un semblable discours quelques jours auparavant en revenant de la cour, lorsque le Roi étoit à Melun, se résolut de faire cette proposition à la Reine, et de lui envoyer quelqu'un pour entretenir Sa Majesté et pour en parler à M. le cardinal Mazarin.

Ce fut environ le 20 juillet que cette résolution fut prise. Il fut question de choisir une personne d'esprit et bien intentionnée pour envoyer à la Reine. M. de Glandèves, après en avoir cherché beaucoup dans son esprit, n'en trouva point de plus propre pour cela que le père François Berthod, religieux cordelier, gardien du couvent de Brioude, parce qu'il étoit fort assuré de son zèle pour le service du Roi, de la fidélité et de l'adresse avec laquelle il avoit agi dans d'autres rencontres. Il en parla donc au père Berthod, et n'eut pas grande peine à le disposer à faire voyage à la cour pour cette affaire; car il le trouva dans les mêmes sentimens de messieurs Le Prevôt et de Bourgon; mais la difficulté fut si grande de sortir de Paris, à cause des gardes exactes que l'on faisoit aux portes, où tous les capitaines de la ville qui commandoient ne laissoient sortir personne qui eût la simple réputation d'être serviteur du Roi, qu'il lui fut impossible d'aller trouver la Reine.

Cette impossibilité fit que M. de Glandèves pria le

père Berthod, qui avoit un chiffre qui étoit connu de Sa Majesté et de M. le cardinal, et dont il s'étoit autrefois servi, d'en écrire à Son Eminence. La même difficulté se trouva d'envoyer la lettre, à cause du danger qu'il y avoit que le messager ne fût pris ; et ce malheur arrivant, toute l'affaire eût été découverte, les desseins renversés, et ceux qui faisoient les propositions couroient grand risque d'être assassinés par ceux de la faction des princes. Cela fit résoudre M. de Glandèves d'aller lui-même à la cour avec passe-port de M. d'Orléans ; car autrement il n'eût pu sortir de la ville.

Avant que de sortir de Paris, il donna un billet au père Berthod pour voir M. Le Prevôt et négocier avec lui dans la ville, pendant que M. de Glandèves agiroit à la cour pour faire agréer les propositions à la Reine, à Son Eminence et à messieurs les ministres.

Dès que M. de Glandèves fut parti et que le père Berthod eut parlé à M. Le Prevôt, ce dernier, qui avoit déjà gagné quelques marchands, les envoie quérir souvent, les va trouver plusieurs fois. Il parle à des conseillers du parlement, entre autres à M. Doujat, qui travailla toujours admirablement dans les assemblées de son corps ; il engage des maîtres des requêtes dans son parti. M. le président de Bercy et M. de Laffemas, qui étoient très-zélés pour le service du Roi, et qui travailloient fortement dans leurs quartiers à faire revenir le peuple dans son devoir, se joignirent à lui, et ne manquoient pas à certains jours de se rendre avec les bourgeois bien intentionnés chez M. Le Prevôt, pour délibérer des choses qu'on avoit à faire pour faire réussir un dessein si juste et si généreux, que tous leurs amis approuvoient, et dont ils n'osoient encore parler qu'entre eux, de peur d'être découverts, et que leur intrigue n'allât jusqu'aux oreilles des princes.

Néanmoins, comme l'intention de M. Le Prevôt alloit à gagner les bourgeois, il falloit de nécessité se découvrir à quelques-uns, afin que ceux-là en attirassent d'autres. Cette négociation fut sue de M. Du Fay (1), commissaire général de l'artillerie, et fort bon serviteur du Roi, qui travailloit merveilleusement pour le même dessein de M. Le Prevôt, sans pourtant se connoître ni s'être communiqués l'un l'autre. D'autre côté, le père Berthod voyoit ses amis, consultoit souvent M. Rossignol (2), qui lui donnoit la connoissance de ceux qu'il savoit être bien intentionnés; et tous, chacun en particulier, représentoient au peuple son aveuglement à soutenir le parti des princes, l'intérêt qu'il avoit de secouer le joug de leur tyrannie; qu'insensiblement on engageoit les Parisiens dans le parti de l'Espagnol, avec lequel M. le prince avoit traité; que son intention butoit à la souveraineté sans se soucier que son ambition ruinoit toute la France, et rendoit les Parisiens criminels de lèse-majesté (3).

On leur représentoit encore leur aveuglement à ne pas connoître les villages circonvoisins de Paris, ex-

---

(1) *Du Fay :* Le cardinal de Retz s'en moque dans ses Mémoires, tome 46, page 222, de cette série. — (2) *M. Rossignol :* Antoine Rossignol, maître des comptes. C'étoit un homme très-savant, qui avoit la plus étonnante facilité pour lire toutes sortes de chiffres. Perrault l'a mis au nombre de ses hommes illustres. — (3) *Criminels de lèse-majesté :* Ceci paroît n'avoir été que trop vrai. Jean de Coligny-Saligny, qui avoit eu la confiance de M. le prince, le dit positivement dans ses Mémoires, écrits sur les marges du missel de sa chapelle. « Il s'est, dit-il, voulu

posés à la fureur des armées étrangères et à la violence même des soldats de l'armée du Roi, qui ne pouvoient s'éloigner de la ville, tandis que les Lorrains et les Espagnols en étoient proches; que les maisons étoient brûlées, pillées et abattues; que le nom du Roi commençoit à devenir odieux, par l'aversion que ses ennemis avoient de la royauté aussi bien que de Sa Majesté sacrée; que les prêtres n'osoient plus faire leurs fonctions dans la campagne, où les églises étoient profanées, le sang de Jésus-Christ foulé aux pieds, son corps mis à rançon par les Allemands, les religieuses violées, leurs monastères abattus, et les reliques des saints, qui reposoient sur les autels, jetées aux chiens et brûlées, par dérision et mépris.

On leur faisoit souvenir des cris infâmes contre l'autorité royale, dont les rues de Paris avoient retenti; des placards, qui ne parloient pas moins que de se défaire du Roi et du parlement, d'établir une république comme celle d'Angleterre; qu'ils ne considéroient pas que Paris étoit dépeuplé d'un tiers; qu'une infinité de familles en étoient sorties de peur d'y périr, parce qu'elles étoient dans l'obéissance et dans le service du Roi; que la misère et la pauvreté avoient fait mourir depuis six mois un nombre incompréhensible de personnes de tout âge, de tout sexe et de toutes conditions; que les rentes de la ville ne se payoient plus; que la moitié des maisons étoient vides; que la plus grande partie des autres étoient inutiles à ceux qui en

« servir de son esprit pour ôter la couronne de dessus la tête du Roi ; je
« sais ce qu'il m'en a dit plusieurs fois, et sur quoi il fondoit ses per-
« nicieux desseins. Mais ce sont des choses que je voudrois oublier, bien
« loin de les écrire. » (Mémoires manuscrits de Coligny-Saligny.)

étoient les propriétaires, les habitans n'ayant pas le moyen de payer les loyers; que les bourgeois les plus aisés étoient privés de leurs revenus; que le commerce étant cessé, les marchands ne pouvoient plus subsister; que les artisans et les manouvriers périssoient, faute d'emploi; que tous les ports de la rivière étoient dégarnis; que les magasins de blé, de vin, de bois, et d'autres choses nécessaires pour la subsistance de la ville, étoient vides; et que le peu qui y restoit alloit bientôt être consommé, si les armées ennemies continuoient à en tirer le pain et les autres vivres pour leur subsistance, comme elles faisoient tous les jours; que les champs à huit ou dix lieues des environs de Paris n'étoient ni labourés ni ensemencés; que les villages y étoient abandonnés, et les pauvres peuples dispersés par les bois, attendant la paix pour réhabiter leurs maisons, ou la mort pour voir la fin de leurs misères. En un mot ces messieurs, qui commençoient à travailler pour le rétablissement de l'autorité royale, pour la tranquillité publique et pour le repos des habitans de Paris, leur représentoient toutes ces choses dans toutes les occasions, et leur faisoient connoître l'obligation qu'ils avoient de chercher leur liberté; qu'elle ne se pouvoit recouvrer qu'en demandant généreusement le retour du Roi; que s'ils n'agissoient promptement, il étoit indubitable que les ennemis passeroient l'hiver dans leurs faubourgs et dans leurs portes; que par ce malheur Paris ne pouvoit espérer de tous les lieux circonvoisins aucunes provisions, non plus que des provinces éloignées, qui ne voudroient pas hasarder leurs denrées à la violence des ennemis de l'Etat; qu'ainsi il ne falloit plus marchander à demander le

Roi, puisque de sa seule présence dépendoit l'abondance dans la ville, le commerce chez les gens de négoce, et le repos dans les familles.

Qu'au reste ils devoient présentement assez connoître que le nom de M. le cardinal Mazarin, dont on s'étoit servi pour faire lever les armes, n'étoit qu'un prétexte chimérique, puisqu'après son éloignement, que M. le prince avoit si fort demandé, et après lequel il avoit protesté si hautement dans tant d'assemblées du parlement qu'il se remettroit dans son devoir, il n'avoit rien fait de ce qu'il avoit promis. Au contraire, dans le temps que Son Eminence s'étoit retirée hors du royaume, M. le prince y avoit rappelé le duc de Lorraine, fait revenir l'armée de Wirtemberg et celle de Fuensaldagne, et avoit signé de nouveau le traité qu'il avoit fait auparavant avec les Espagnols.

Que quand même le prétexte du cardinal Mazarin eût été véritable, le peuple devoit considérer que ce ministre n'étoit pas dangereux à la France comme les armées que le prince y avoit fait venir; que le gouvernement de Son Eminence, durant cinquante ans, ne pouvoit nous produire la centième partie du mal que la guerre civile qu'on avoit allumée en faisoit souffrir en quatre jours; que par là ils devoient apprendre la différence qu'il y avoit entre obéir aux volontés du Roi, en s'assujétissant aux lois du gouvernement légitime, et se soumettre aux cruautés et aux excès d'une tyrannie qu'on établissoit avec tant de violence et de rigueur, qui les entraîneroit dans une vie languissante et misérable; que tout ce que le peuple de Paris pouvoit attendre du procédé de M. le prince ne pouvoit être qu'une ruine totale et sans ressource, parce que si le Roi connoissoit la ville engagée avec son ennemi, Sa Majesté seroit obligée de s'en éloigner pour toujours, dans la juste appréhension qu'elle auroit de se voir dans un lieu où ses sujets le regarderoient comme un objet d'aversion, au lieu de lui rendre les respects et les soumissions qu'ils sont obligés par les devoirs de leurs consciences, et par les lois divines et humaines; qu'ainsi le Roi étant éloigné de Paris, il falloit nécessairement que la ville pérît; qu'elle deviendroit déserte : car si Sa Majesté faisoit son établissement dans une autre, celle-ci alloit tomber dans la dernière des misères, puisque le commerce en seroit retiré, et que les finances du Roi, qui la rendoient florissante, seroient diverties, et portées dans un autre endroit.

Toutes ces raisons et quantité d'autres, dites en plusieurs endroits, firent ouvrir les yeux au peuple; et quantité des principaux bourgeois, qui mouroient d'envie de témoigner leur zèle pour le service du Roi, commencèrent de prendre cœur, et de former entre eux de petites assemblées pour concilier les esprits, et former petit à petit un corps considérable qui pût avec plus d'assurance témoigner qu'on ne vouloit plus souffrir la tyrannie, et qu'on vouloit aller dire au Roi publiquement ce qu'on n'osoit quasi penser en particulier, tant il étoit dangereux de se montrer affectionné pour Sa Majesté; et il l'étoit tellement, qu'il y avoit beaucoup moins de péril d'être estimé lorrain que royaliste, et celui qui portoit une écharpe rouge (1) ou une écharpe jaune (2) étoit en droit de

---

(1) *Une écharpe rouge:* Couleur de Lorraine. — (2) *Une écharpe jaune:* Couleur espagnole.

courre sus aux livrées du Roi, tant la tyrannie s'étoit établie.

Et l'on peut ici donner cette gloire à M. Bidal, marchand de soie de la rue au Foirre (1), que malgré les menaces que lui fit faire M. le prince, sur ce qu'il avoit convoqué quelques assemblées de son corps dans Saint-Innocent, il ne laissa pas de continuer très-souvent, et d'échauffer les cœurs des marchands que la crainte des persécutions avoit refroidis; et au sortir de ces assemblées il alloit chez M. Le Prevôt faire rapport des résolutions qu'on y avoit prises.

Cependant M. Du Fay, qui avoit beaucoup d'habitudes sur les ports, gagna quantité de bateliers, de crocheteurs et d'autres, et faisoit de grands progrès sur l'esprit de cette sorte de gens, qu'il remettoit dans l'obéissance du Roi par ses persuasions et par son argent, qu'il donnoit pour les détourner du parti des princes.

M. Le Prevôt en fut averti, et dès le même moment il alla à l'Arsenal, où M. Du Fay demeuroit, lui communiqua son dessein, la correspondance qu'il avoit avec M. de Glandèves, auquel le père Berthod, par son chiffre, écrivoit tous les jours les progrès de la négociation; et ils demeurèrent d'accord de travailler conjointement, afin qu'ils pussent avec plus de fa-

(1) On lit la *rue aux Foires* dans notre manuscrit, et dans celui de Conrart on lit la *rue au Foirre*. C'étoit l'ancien nom de la rue *aux Fers*, qui régnoit le long du cimetière des Innocens, et dans laquelle il y a encore beaucoup de marchands de soieries. « La rue aux Fers, dit Sau-
« val, tient au marché aux Poirées, et semble faire partie des halles.
« On croit qu'elle a servi de marché, et que c'est pour cela qu'en 1297
« on la nommoit la rue *au Feure*; en 1552 la rue *au Feurre près Saint-*
« *Innocent*; et en 1563, la rue *aux Foires près des halles*. » (Antiquités de Paris, tome 1, page 134.)

cilité faire réussir l'entreprise qu'ils avoient commencée.

Pendant que tout ceci se faisoit à Paris, M. de Glandèves travailloit à la cour, où, dès qu'il fut arrivé, il communiqua à la Reine et à M. le cardinal le dessein pour lequel il étoit venu les trouver. Il en conféra amplement avec M. Servien et M. Le Tellier, qui témoignèrent grande joie de la bonne résolution que prenoient les bien intentionnés de Paris de travailler au recouvrement de leur liberté, et à demander le retour du Roi. Dès l'heure même ces deux messieurs travaillèrent incessamment à disposer les choses en telle sorte que la cour n'apportât point d'obstacles à l'exécution d'une chose qui ne pouvoit être que très-avantageuse au Roi, très-utile à l'Etat, et de laquelle dépendoit le repos et la tranquillité du royaume. Aussi M. Servien ne s'éloigna jamais de cette proposition, et il chercha, dès le moment que M. de Glandèves l'eut faite jusqu'à ce qu'elle eût réussi, tous les expédiens pour la faciliter du côté de la cour, pendant que M. Le Tellier expédioit tous les ordres qu'il jugeoit nécessaires pour parvenir à l'accomplissement d'une chose si juste, et qu'il ne désiroit pas avec moins de passion que M. Servien.

En moins de dix ou douze jours, M. Le Prevôt de Saint-Germain et ceux de son parti travaillèrent si admirablement qu'ils gagnèrent quantité de bourgeois, beaucoup de marchands, grand nombre de bateliers et de femmes qui alloient tous les jours au Luxembourg, à l'hôtel de Condé, au Palais, et partout où elles pouvoient rencontrer les princes, crier *la paix! la paix!* et qu'il falloit faire revenir le

Roi dans Paris. Mademoiselle Guérin fit merveille en ce genre de criailleries, par les femmes qu'elle gagna sous la promesse qu'on leur faisoit de les faire payer de leurs rentes de l'hôtel-de-ville; comme effectivement on le fit lorsque la cour étoit à Pontoise. Dès ce temps-là on travailla si vigoureusement que les princes commencèrent à s'étonner de voir le peuple changé si soudainement, sans savoir d'où en pouvoit provenir la cause. On leur disoit bien qu'il y avoit des personnes dans Paris qui agissoient contre leurs sentimens, et qui faisoient tout ce qu'elles pouvoient pour ménager les bourgeois et les disposer à demander le Roi sans condition; mais on ne leur disoit pas qui c'étoit, ni comment cela se faisoit.

Néanmoins les négociateurs travailloient si heureusement, qu'en moins de douze jours ils avoient disposé le peuple au point de faire sortir de la ville quarante mille hommes, et aller au devant du Roi et de la Reine, et de toute la cour, pour savoir si Leurs Majestés vouloient venir à Saint-Denis ou à Saint-Germain. Aussi étoit-ce le principal article des lettres du père Berthod, qui, comme secrétaire de la négociation, l'écrivoit à M. de Glandèves, qui les faisoit voir à M. le prince Thomas (1) et à messieurs Servien et Le Tellier, après en avoir dit la substance à la Reine et à M. le cardinal Mazarin.

Le 5 ou 6 d'août, quantité des principaux bourgeois de la ville allèrent chez M. Le Prevôt lui demander s'il avoit parole positive que le Roi voulût venir; et qu'en cas que cela fût, et que Sa Majesté

---

(1) *Le prince Thomas:* Thomas-François de Savoie, prince de Carignan.

voulût oublier toutes les injures qu'on avoit dites et faites contre les personnes les plus sacrées de l'Etat ; aussi bien que contre son autorité royale et sa personne même, ils s'engageoient à pousser les princes à bout, et à les chasser de Paris au cas qu'ils empêchassent le retour du Roi.

Cette proposition des bourgeois fut écrite aux correspondans de la cour, qui la proposèrent à la Reine et à Son Eminence; et le lendemain on répondit à M. Le Prevôt, par la voie et le déchiffrement du père Berthod, que la cour donnoit sa parole du retour du Roi, du pardon des injures faites par le peuple à Sa Majesté et à son autorité royale; mais qu'il falloit chercher les moyens de chasser M. le prince de Paris, et de prendre pour cela des mesures si justes qu'il n'en pût arriver d'inconvénient pour la ville, ni d'accident pour la cour.

Dans cette réponse, qui fut le 7 d'août, M. le cardinal s'engagea à quitter le Roi et à se retirer de la cour et même hors du royaume, si sa présence auprès de Sa Majesté apportoit de l'obstacle à la négociation qu'on faisoit à Paris; mais aussi que si son éloignement n'étoit pas nécessaire, et que l'affaire pût réussir sans cela, il ne le falloit pas engager dans une chose si importante; que néanmoins il s'en remettoit aux négociateurs, par le jugement desquels il passeroit, comme étant les chefs de la conduite, où il y alloit du rétablissement de l'autorité souveraine et de l'affermissement de la couronne. Et certainement on peut dire en cette rencontre que celui qui pouvoit donner la loi à tout le royaume s'étoit rendu l'homme de France le plus soumis, puisque d'une chose si importante comme de celle de son éloignement d'auprès du Roi, il s'en remettoit au jugement de deux ou trois personnes qui ne seront jamais bien éclairées que lorsque Son Éminence leur communiquera ses lumières dans les matières de l'Etat. Ainsi en cet endroit, aussi bien qu'en tous les autres, on peut dire que M. le cardinal Mazarin n'a jamais considéré ses intérêts, lorsqu'il s'est agi de conserver l'autorité royale.

En ce temps-là la Reine écrivit à tous les conseillers du parlement qui soutenoient le parti du Roi, de se rendre à Pontoise pour y servir Sa Majesté. M. Le Prevôt reçut une lettre comme les autres; mais parce que quelques-uns de ses confrères le pressoient de partir, et qu'il fit écrire par le père Berthod pour savoir ce qu'il devoit faire en ce rencontre, la Reine lui en écrivit une autre de sa main qui lui ordonnoit de demeurer à Paris. Il la fit voir aux bourgeois, qui en témoignèrent grande joie, parce que s'il s'en fût allé, ils se fussent trouvés sans un chef de résolution, comme étoit M. de Saint-Germain, et par conséquent eussent vu leurs bons désirs étouffés.

M. Le Prevôt ne fut donc point à Pontoise; il demeura dans Paris, où il continua de travailler avec plus de zèle qu'il n'avoit fait encore, parce qu'on l'avoit assuré de la cour qu'on approuveroit son dessein. M. Servien lui avoit écrit qu'on y faisoit fondement, et qu'on le prioit de presser l'affaire avec plus de diligence qu'il se pourroit. Aussi y travailla-t-il avec toute la vigueur qu'on pouvoit attendre dans une semblable conjoncture.

La cour, d'autre côté, travailloit à favoriser la négociation de Paris; car sur ce qu'on écrivoit à M. de Glandèves que si le Roi y vouloit venir avec toute sa cour, sans exception de personne, tout le monde iroit au devant de Sa Majesté; mais que si M. le cardinal Mazarin se retiroit pour quelque temps, l'applaudissement des Parisiens seroit incomparablement plus grand, et la chose seroit bien plus facile, parce que qui que ce soit n'auroit sujet de dire que le Roi amenoit avec lui ce qui servoit de prétexte à M. le prince pour continuer la guerre. Son Eminence n'hésita point à demander son congé, et en pressa si fort le Roi, que Sa Majesté y donna son consentement le 11 ou 12 d'août.

Ce jour-là même, M. de Laffemas, maître des requêtes, étant pressé par la Reine d'aller à Pontoise porter le petit sceau de la chancellerie du parlement, dont il étoit saisi parce que c'étoit son mois pour sceller, fut trouver M. Le Prevôt, afin d'aviser ce qu'il avoit à faire là-dessus, parce qu'il étoit nécessaire à Paris, et que s'il alloit à Pontoise beaucoup de gens qu'il gouvernoit pourroient se refroidir dans le service du Roi. M. Le Prevôt en parla au père Berthod; et après avoir examiné toutes choses sur cette matière, il fut résolu que M. de Laffemas feroit le malade un jour; que ce jour-là il donneroit le petit sceau à un de ses confrères pour sceller, et que le lendemain ce confrère l'emporteroit à Pontoise, feignant de n'en avoir rien dit à M. de Laffemas, afin qu'il se pût justifier par cette excuse au parlement de Paris, lorsqu'on lui viendroit demander le sceau.

Cette résolution fut approuvée de la cour, c'est-à-dire de la Reine, de M. le cardinal, du prince

Thomas, du maréchal Du Plessis, de messieurs Servien et Le Tellier, qui étoient les seuls qui avoient connoissance de l'intrigue, et auxquels M. de Glandèves communiquoit toutes les lettres qu'il recevoit de Paris touchant cette négociation, qui prenoit un fort bon chemin ; car les gros bourgeois, aussi bien que le petit peuple, et les marchands médiocres, avoient pris résolution de ne point payer la taxe que les princes avoient fait faire sur les maisons : même on battit un dizenier dans la rue Saint-Denis, parce qu'il avoit témoigné être zélé pour les princes, en faisant son rôle.

Les lettres de la cour, du 14, embarrassèrent un peu M. Le Prevôt, parcequ'elles portoient que le Roi n'entreroit point dans Paris avec M. le cardinal, ni sans lui, que les princes n'en fussent dehors. Cette résolution étoit malaisée à exécuter, parce que ce qu'il y avoit de serviteurs du Roi dans la ville, au moins de ceux qui s'étoient déclarés, n'avoient pas assez de force ni d'autorité pour les chasser, ni pour l'entreprendre avec tant soit peu de hauteur, ni même n'avoient point de lieu pour les garder, parce que la Bastille et les autres endroits propres pour mettre des personnes de l'importance des princes étoient occupés par ceux de leur parti. Il fallut donc songer à trouver les moyens d'y réussir par quelque autre voie, et ce fut celle de proposer l'union des serviteurs du Roi, qui seroit signée de chacun en particulier, pour la rendre plus authentique. Le jour pour faire cette signature fut pris au 15 août; mais on ne réussit pas, et M. Le Prevôt, qui en avoit la parole, ne la put faire exécuter, parce que beaucoup de personnes de la cour, quantité de conseillers du parlement qui étoient à Pontoise, écrivoient fort différemment sur le départ de M. le cardinal; et cette irrésolution fit que ceux qui avoient promis de signer ne vouloient point s'engager qu'ils n'eussent été éclaircis là-dessus, afin de poser le fondement de leur union sur le départ ou sur la demeure de Son Eminence auprès du Roi.

Le même jour, le parlement de Paris envoya le sieur Guyet chez M. de Laffemas, pour lui dire qu'il allât sur l'heure même prendre sa place à la grand'-chambre pour délibérer sur les affaires présentes; mais M. de Laffemas, qui jugea bien qu'on lui vouloit parler du sceau, et qui avoit sa réponse toute prête, feignit de se trouver mal, et promit d'aller au parlement à la première assemblée. Ce refus fit murmurer la compagnie, qui attendoit le retour du sieur Guyet; et M. d'Orléans témoigna d'en être fâché, sur ce que, quelques jours auparavant, Son Altesse Royale ayant envoyé chez M. de Laffemas le prier de sceller la rémission de M. de Beaufort pour la mort de M. de Nemours, il s'en étoit excusé, disant qu'il n'étoit plus en son pouvoir de le faire, parce que le Roi lui ayant souvent envoyé demander le petit sceau, il n'avoit à la fin pu s'empêcher de l'envoyer à Sa Majesté.

Pour justifier ce qu'avoit dit M. de Laffemas, le père Berthod écrivit à M. de Glandèves d'envoyer en diligence deux lettres de cachet, l'une datée du 10 août, qui diroit à M. de Laffemas avec aigreur que le Roi lui avoit écrit deux lettres qui lui commandoient de porter le petit sceau à la cour; qu'il les avoit méprisées, et n'avoit point voulu obéir : mais afin qu'il ne s'excusât plus, qu'on lui écrivoit cette troisième, par laquelle Sa Majesté lui commandoit de donner le sceau au porteur; et l'autre lettre devoit être du 13, qui diroit que le Roi l'avoit reçue, mais qu'il avoit oublié le coffre. M. de Laffemas se servit de ces deux lettres quelques jours après au parlement lorsqu'on voulut lui faire représenter le sceau, qu'il avoit mis chez un de ses amis, feignant qu'il étoit à Pontoise (1).

Durant trois ou quatre jours que le parlement de Paris frondoit dans la dernière extrémité contre celui de Pontoise, M. Le Prevôt et ses amis travailloient pour empêcher qu'on ne donnât de l'argent aux princes, et si heureusement que les dizeniers, le 16 août, allant par les maisons pour lever les taxes, furent moqués de tout le monde, et particulièrement sur le pont Notre-Dame, où on avoit disposé les marchands à leur faire une raillerie.

Ces marchands voyant venir le dizenier, résolurent de le jouer. Cinq ou six d'entre eux, des extrémités et du milieu du pont, l'allèrent trouver comme il commençoit sa quête, et lui dirent : « Monsieur, « nous sommes bons serviteurs du Roi; mais point « de Mazarin! Ainsi notre argent est tout prêt; venez « le querir quand vous voudrez : mais auparavant « allez faire payer ceux de l'autre côté; ils sont tous

---

(1) M. de Laffemas fut mandé au parlement le 17 août, pour y rendre compte de sa conduite. Il s'y présenta le 19, assisté de trois maîtres des requêtes ses confrères. Un d'eux déclara que M. de Laffemas leur ayant fait connoître la conduite qu'il avoit tenue, ils l'avoient approuvée. Le parlement, dit Omer Talon, trouva cet avis inepte; et il ordonna, par arrêt du 20 août, que Laffemas représenteroit le sceau sous trois jours, sinon qu'il y seroit pourvu. (*Mémoires d'Omer Talon* à cette date.)

« mazarins. » Le collecteur prit cela pour argent comptant; il s'en va de l'autre côté du pont, où on lui dit la même chose. Cela obligea M. le dizenier de s'en retourner chez lui sans oser demander un denier. Tout le quartier Notre-Dame refusa hautement. Il n'y eut qu'un nommé Bezart, avocat, qui envoya ses dix écus quatre jours devant qu'on les lui demandât, et en tira quittance, qu'il fit voir pour montrer son zèle, et qui s'étoit flatté que sa diligence à payer le feroit nommer échevin de la Fronde. Mais se voyant trompé, et qu'on en avoit élu d'autres, il alla redemander son argent, que le dizenier lui rendit, en prenant un écrit de sa main pour témoigner qu'il l'avoit retiré.

Tous les autres jours se passèrent à faire revenir le peuple dans le service du Roi, et à leur assurer que M. le cardinal Mazarin se retiroit; comme en effet il partit le 22 pour prendre la route de Sedan, et se voulut éloigner de la cour, parce qu'on lui avoit écrit de Paris que cela étoit nécessaire pour faciliter le retour du Roi, et même pour donner sujet à M. d'Orléans de faire son accommodement, qui n'avoit toujours demandé que l'éloignement de Son Eminence.

Cette sortie de M. le cardinal surprit extrêmement les princes, qui allèrent au Palais faire leur déclaration, dans laquelle Leurs Altesses protestèrent qu'ils étoient prêts à mettre les armes bas, présupposé que la sortie de M. le cardinal fût effective, et qu'il plût au Roi de faire ce qu'il conviendroit pour le repos de l'Etat, de donner une amnistie générale en bonne forme, d'éloigner les troupes des environs de Paris, de retirer celles qui étoient en Guienne et dans les autres provinces, et de rétablir les choses au même état qu'elles étoient auparavant qu'ils eussent pris les armes.

Cette déclaration des princes fit connoître à M. Le Prévôt, et à ceux qui avoient le secret de la négociation, que Leurs Altesses, et particulièrement M. le prince, en vouloient à quelque autre chose qu'à M. le cardinal, puisque Son Eminence étant partie, ils ne parloient pas de poser les armes; mais ils demandoient que le Roi fît éloigner ses troupes d'où elles étoient, et une infinité d'autres choses, auparavant qu'ils se missent en devoir de faire ce qu'ils étoient obligés: ce qui donna occasion de prendre de plus fortes résolutions, et de rendre par force le Roi maître dans Paris, puisque les princes s'opposoient à sa venue. Ce fut alors que le sieur Du Fay fit voir à M. Le Prevôt un dessein qu'il avoit fait de rendre Sa Majesté maître de la Bastille et de l'Arsenal; il fit voir les poudres, les pétards, les grenades, les échelles, et toutes les machines qu'il avoit disposées pour l'exécution.

Le projet qu'on en avoit fait fut envoyé à la cour sous le chiffre du père Berthod, adressé à M. de Glandèves, qui le communiqua à la Reine, à M. le prince Thomas et à messieurs Servien et Le Tellier, qui l'agréèrent d'autant plus volontiers qu'ils y trouvèrent qu'on ne leur demandoit que trois cents hommes seulement pour venir à bout de leur entreprise. On faisoit voir l'endroit par où on les feroit entrer dans Paris, la façon qu'ils y demeureroient sans être connus; qu'ils n'avoient pas besoin d'y venir avec des armes, parce qu'on en avoit de toutes prêtes pour leur en donner dans l'occasion.

Dans le même mémoire on demandoit un pouvoir

du Roi de s'assembler et d'élire des officiers, afin de se rendre plus aisément et avec plus d'autorité maîtres de ces deux places et de la porte Saint-Antoine, et un ordre en blanc pour le remplir du nom de celui qui seroit le chef de l'entreprise, qu'on ne vouloit point nommer dans le mémoire, de peur que l'affaire ne se découvrît.

Ce dessein, après avoir été examiné dans le conseil secret, fut approuvé; et l'on écrivit à ceux qui travailloient à Paris de tenir les choses en état pour être exécutées lorsque le Roi en donneroit les ordres.

Cette résolution de la cour, et l'approbation qu'on y faisoit du dessein de la Bastille et de l'Arsenal, augmenta le courage de M. Le Prevôt, de M. Du Fay et de leurs correspondans, qui ne manquoient point les occasions d'exciter les bourgeois à rentrer dans le service du Roi, et à abandonner le parti des princes; et cela se faisoit avec tant de succès, que si, huit jours après que M. le cardinal s'en fut allé, le Roi fût venu à Saint-Germain ou à Saint-Denis, plus de cinquante mille hommes eussent été au devant de Sa Majesté.

M. le prince, qui voyoit un changement si soudain dans l'esprit du peuple, remuoit toutes sortes de machines pour empêcher qu'on abandonnât son parti. Il intimidoit les uns par les menaces, il faisoit faire des promesses très-avantageuses aux autres, et il avoit des gens qui remplissoient la ville de faux bruits, disant que la Reine ne vouloit point la paix; qu'elle avoit refusé des passe-ports aux députés des princes; que M. le cardinal étoit de retour auprès du Roi; qu'il étoit *incognito* dans Compiègne; que la cour s'en alloit à Amiens, et que l'armée du maréchal de Turenne demeureroit autour de Paris, pour empêcher que les vivres n'y entrassent.

Cependant M. Le Prevôt, par les chiffres du père Berthod, écrivoit tous les jours à M. de Glandèves, et le père Berthod, de son chef, mandoit aussi les sentimens de plusieurs bourgeois qu'il voyoit, par la correspondance qu'il avoit avec M. Rossignol; et toutes leurs lettres, durant sept ou huit jours, pressoient extrêmement d'envoyer l'amnistie, afin que le peuple connût que le Roi vouloit oublier toutes choses, et que sa clémence étoit plus grande que les offenses qu'on avoit commises contre son autorité.

Le Roi, pour satisfaire son peuple, donna cette amnistie le 26 d'août, qui fut envoyée aussitôt à Paris (1).

Dans ce temps-là M. de Beaufort et M. Broussel assemblèrent le corps de ville, et mirent en délibération de taxer les communautés ecclésiastiques séculières et régulières, comme on avoit fait les bourgeois. Cela donna sujet à M. Le Prevôt de faire remuer ces corps ecclésiastiques comme on avoit fait les bourgeois; et il commença par le chapitre de Notre-Dame, faisant visiter tous les chanoines en particulier par M. Rivière leur confrère. Ce chapitre s'étant assemblé, donna sujet aux autres communautés d'en faire de même. Les religieux de l'abbaye Saint-Germain, qui voyoient quelquefois M. Le Prevôt, qui les excitoit à ne pas souffrir qu'on leur fît donner de l'argent pour faire la guerre contre le Roi, tinrent chapitre

(1) *Voyez* les Mémoires du cardinal de Retz, tome 46, page 141, de cette série.

pour cela, et virent d'autres communautés régulières qui firent la même chose; et chacun en particulier demeuroit d'accord qu'il falloit faire une députation générale au Roi pour lui aller demander la paix sans condition.

D'autre côté, les marchands qui alloient en foule chez M. Le Prevôt s'assembloient en plusieurs endroits, et particulièrement aux Augustins; et, sans se soucier des défenses de M. d'Orléans et des menaces de M. le prince, ils continuèrent tous les jours ces assemblées, et souvent ils alloient trouver Son Altesse Royale pour lui demander la paix.

Ce compliment des marchands souvent réitéré, et d'autres semblables que leurs femmes alloient faire au Luxembourg, embarrassoient les affaires de M. le prince, jusque là que Leurs Altesses appelèrent plusieurs fois ceux qui leur alloient faire ces harangues des séditieux et des rebelles; mais l'importunité du peuple les obligea de faire retirer leurs troupes de Suresne et de Saint-Cloud, et la crierie de cent ou quatre-vingts femmes qu'on envoyoit au Palais demander la paix aux princes fut si grande, que M. le prince en vint aux invectives avec deux ou trois des plus résolues, leur reprochant qu'elles étoient payées par les mazarins; et elles eurent assez de hardiesse pour lui répondre qu'elles n'étoient pas femmes à dix-sept sols comme les assassins de l'hôtel-de-ville (1). Cette aversion du peuple pour M. le prince, et les belles dispositions qu'on voyoit à recevoir le Roi et toute la

---

(1) On a vu dans les Mémoires de Conrart que le massacre du 4 juillet 1652 paroît avoir été au moins toléré par le prince de Condé. (*Voyez* p. 136 et 137 de ce volume.)

cour, faisoit que M. Le Prevôt écrivoit tous les jours de faire approcher Sa Majesté de Paris, et le grand danger qu'il y avoit que ce retardement ne dégoûtât les Parisiens, auxquels M. le prince faisoit faire cent mauvais contes; et, entre autres personnes, deux mauvais religieux, très-malintentionnés pour le service du Roi, faisoient un mal dans la ville qui n'étoit pas concevable.

L'un étoit le père Georges (1), capucin, qui couroit par les maisons de ceux qu'il avoit pratiqués pendant qu'il avoit prêché l'avent et le carême, et avec lesquels il avoit mangé souvent; et il leur disoit que la Reine avoit de très-méchans sentimens pour Paris, qu'elle n'en demandoit que la destruction, qu'elle ne respiroit que le sang et la vie des Parisiens; qu'elle en vouloit éloigner le Roi, pour, par son absence, faire mourir le peuple de faim, ou bien y entrer les armes à la main, et mettre toutes les maisons au pillage, aussi bien que les femmes à la merci des soldats, après qu'ils auroient fait passer les hommes par le fil de l'épée.

L'autre étoit un père que je ne nomme pas, par le respect que j'ai pour son ordre, qui est un des plus austères du royaume; et si je dis le nom du père Georges, c'est parce que tout le monde sait qu'il a été prê-

---

(1) « Je m'en allai aux Capucins de Saint-Honoré, où préchoit le « père Georges, grand frondeur. Monsieur y étoit. » (Mémoires de mademoiselle de Montpensier, tome 41, page 164, de cette série.) Ce père Georges étoit un capucin d'Amiens. Sa conduite factieuse auroit dû lui faire interdire la prédication; il prêcha cependant le carême suivant à Saint-Roch. (*Voy.* la liste générale de tous les prédicateurs qui doivent prêcher le carême de l'année 1653; Paris, Colombel, 1653, dans le recueil de Mazarinades de la bibliothèque de l'Arsenal, t. 166, pièce 54.)

cher les intérêts de M. le prince jusque dans le camp des Lorrains et des Allemands. Ce père donc ne manquoit pas d'aller en quantité de lieux faire le zélé pour le bien de l'Etat, et disoit partout que véritablement tout le monde devoit souhaiter le Roi avec grande passion, qu'il n'y avoit personne qui ne le dût désirer à Paris : mais que nous ne devions point espérer de paix tant que la Reine seroit auprès de son fils ; qu'elle avoit le Mazarin dans le cœur, quoiqu'il ne fût pas auprès d'elle ; que l'intérêt du Roi son fils ne lui étoit pas considérable, et qu'elle exposeroit, tant qu'elle vivroit, les peuples dans toutes sortes de malheurs, lorsqu'elle connoîtroit qu'ils choqueroient ses sentimens et ses desseins pour le rétablissement du Mazarin ; qu'ainsi tant que cette femme seroit auprès du Roi, toute la France ne devoit espérer que misère ; et puisque les princes avoient encore leur armée sur pied, il falloit s'en servir à pousser la Reine à bout, et trouver moyen de se saisir de sa personne, afin qu'après l'avoir mise en lieu de sûreté, et exterminé tous les ministres qui étoient auprès du Roi, on pût mettre Sa Majesté entre les mains des princes, lesquels, comme enfans de la maison royale et intéressés dans la conservation de la couronne, gouverneroient l'Etat dans la tranquillité, et travailleroient efficacement pour le soulagement des peuples. Que M. le prince avoit les meilleurs sentimens du monde pour la ville de Paris, qu'il se tuoit pour sa conservation, et que tout le bien qu'il avoit dépensé à faire la guerre ne lui seroit pas considérable, pourvu qu'il pût mettre le peuple en repos.

Avec ces belles et malicieuses paroles, ce bon père

prônoit ceux qu'il alloit voir à la ville, sous prétexte de faire les affaires de son couvent, et s'en servoit pour entretenir les personnes de condition qui alloient se promener dans son monastère. La façon douce avec laquelle il débitoit son raisonnement ne faisoit pas moins d'effet que la violence du père Georges, qui crioit partout que la Reine étoit la plus méchante femme du monde; et tous deux ensemble détournoient beaucoup de personnes du service du Roi.

Cela n'empêcha pas que M. Le Prevôt, M. Du Fay, le père Berthod et leurs amis ne vissent les bien intentionnés, et qu'ils ne les pressassent de faire quelque chose pour se délivrer de la tyrannie; et leurs sollicitations firent que les six corps des marchands s'assemblèrent aux Grands Carneaux (1), où les marchands de soie, animés par M. Bidal, firent des miracles pour porter les autres corps à demander la paix; et sur ce que celui des drapiers s'étoit effarouché à cause de quelques propositions que des partisans de M. le prince avoient faites, qui alloient à intimider tous ceux qui s'assembleroient contre le consentement des princes, ces marchands de soie les firent revenir à eux; et tous ces corps ensemble résolurent de députer vers le Roi pour lui demander la paix, et supplier Sa Majesté de revenir à Paris ou de s'en approcher, afin que tous ensemble ils pussent aller lui témoigner leurs obéissances et leurs respects.

(1) *Aux Grands Carneaux* : Ancien hôtel gothique qui existe encore dans la rue des Bourdonnais. Depuis plus d'un siècle on y a établi un magasin de soieries, avec l'enseigne de *la couronne d'or*. Il a appartenu à Philippe, duc d'Orléans, frère du roi Jean. (*Voyez* l'Histoire de la ville de Paris, de dom Félibien, tome 1, page 660; et les Recherches sur Paris, de Jaillot, tome 1, *quartier Sainte-Opportune*, page 14.)

Cependant M. Le Prevôt et le père Berthod pressoient M. de Glandèves par leurs lettres d'envoyer les ordres du Roi pour exécuter l'affaire de la Bastille, parce qu'alors (qui étoit au commencement de septembre), avec les trois cents hommes qu'ils demandoient de la cour, ils se rendoient maîtres de l'Arsenal, prenoient toute l'artillerie des princes qui étoit dedans, et entroient dans la Bastille en moins de demi-heure, selon les mesures que M. Du Fay avoit prises, et qui étoient infaillibles. Ils s'engageoient encore, par leurs lettres, de chasser M. le prince de Paris, pourvu que le Roi s'en approchât, et qu'il témoignât qu'il y vouloit entrer.

Toutes ces choses furent écrites à M. de Glandèves, pour les communiquer à la Reine et à son conseil secret, presque dans toutes les lettres que M. Le Prevôt et le père Berthod écrivoient; et néanmoins on ne les exécutoit point du côté de la cour. Cela pensa gâter toute la négociation; car les bourgeois se dégoûtoient de voir qu'on ne donnoit point de bonnes réponses aux négociateurs de Paris, ou plutôt qu'on ne tenoit rien de ce qu'on leur promettoit dans les réponses que M. de Glandèves faisoit à leurs lettres. M. le prince, dans ce temps-là, reçut cent mille écus du roi d'Espagne, et vingt mille des frondeurs; fit mettre des soldats dans les cabarets et chambres garnies autour de l'Arsenal, pour s'en saisir lorsqu'il en auroit donné l'ordre; et avec l'argent d'Espagne, et celui qu'il avoit touché de ceux de son parti, il faisoit des troupes dans Paris pour fortifier son armée.

En ce temps-là les communautés ecclésiastiques séculières et régulières s'assemblèrent en corps, et nommèrent des députés pour aller demander au Roi la paix et son retour; et alors M. le cardinal de Retz, pour faire croire à la cour et au peuple de Paris qu'il étoit l'auteur de cette députation, en voulut être le chef, pour dire qu'il l'avoit provoquée, quoiqu'il n'y eût point contribué, et que c'eût été M. Le Prevôt seul qui l'eût fait faire (1).

Pendant que toutes choses se disposoient si bien dans Paris pour le retour du Roi, les troupes du duc de Lorraine et celles de Wirtemberg arrivèrent auprès de Villeneuve-Saint-Georges; et ce duc et le chevalier de Guise auprès d'Orléans, le 5 de septembre.

La venue de M. de Lorraine ne surprit pas moins les négociateurs qu'elle étonna la cour; et personne ne pouvoit comprendre qu'après des paroles si solennelles qu'il avoit données au Roi il n'y avoit pas quinze jours, il voulût, à la vue et au su de tout le monde, faire gloire de ne rien tenir de ce qu'il promettoit.

Les malintentionnés pour le service du Roi firent chez eux des feux de joie de cette arrivée, et courre le bruit par la ville que ce duc devoit combattre l'armée du Roi; qu'infailliblement il triompheroit du maréchal de Turenne, et qu'il l'ameneroit dans Paris dans peu de jours, mort ou vif; qu'après cela M. le prince iroit assiéger Pontoise, et prendre le Roi entre les bras de sa mère. Cela fit chanceler le peuple; et

---

(1) Le cardinal de Retz attribue à l'abbé Fouquet les intelligences que la cour entretenoit avec les bourgeois de Paris. Le frère du surintendant n'est cependant pas nommé dans les Mémoires de Berthod, dont le récit coïncide avec celui du marquis de Montglat et avec celui de Joly. Ce dernier dit que les députés les mieux reçus furent ceux de la bourgeoisie, qui étoient ceux dont la cour avoit le plus besoin pour assurer le retour du Roi dans Paris.

les bourgeois, qui avoient toujours témoigné grande passion pour le retour du Roi et de la Reine, commençoient de murmurer contre la cour, et s'étoient laissés persuader que la Reine ni son conseil n'aimoient point Paris, et qu'ils empêchoient le Roi d'y venir.

M. Le Prevôt fit savoir ce mécontentement du peuple à la cour, et obligea M. de Glandèves de presser la Reine de venir à Saint-Germain pour désabuser Paris; autrement que tout étoit perdu. Cela en fit prendre la résolution; et pour le mieux persuader, on le fit écrire dans plusieurs lettres de la cour à quantité de personnes de condition de la ville.

Cette nouvelle rassura les bourgeois, et les sollicitations des négociateurs les échauffèrent incomparablement davantage qu'ils ne l'étoient auparavant la venue du duc de Lorraine; jusque là qu'ils prièrent M. Le Prevôt et le père Berthod d'assurer la Reine que si le Roi vouloit venir à Paris, il n'y avoit rien qu'ils n'entreprissent contre les princes, au cas qu'ils s'opposassent à son entrée.

Le bruit de cette nouvelle, qu'on faisoit courre, déconforta la Fronde à un point qui n'étoit pas imaginable. On conseilloit à M. d'Orléans d'aller par les rues, et de crier au peuple: « Quoi! messieurs, « me voulez-vous abandonner? » M. Broussel commença à parler de se défaire de sa charge; le président Charton donnoit les princes à tous les diables; enfin tous les frondeurs se désespéroient, et tout leur parti ne savoit où il en étoit.

Les six corps furent, dans cette conjoncture, au palais d'Orléans prier Son Altesse Royale de leur donner des passe-ports pour sortir de Paris, puisque le Roi avoit eu la bonté de leur en envoyer pour aller à la cour rendre à Sa Majesté les assurances de leur fidélité et de leur obéissance à son service. Ils représentèrent à M. d'Orléans que la ruine de Paris approchoit, et que sa destruction étoit évidente si le Roi n'y revenoit bientôt, parce que sa seule présence étoit capable d'y faire rétablir le commerce et remettre les peuples dans leur devoir. A cela Son Altesse Royale leur répondit qu'il falloit qu'ils eussent patience jusques au samedi suivant, afin qu'il allât en communiquer au parlement, et de là à l'hôtel-de-ville, pour leur dire leur résolution. Avec cette douce réponse M. d'Orléans les renvoya; mais M. de Beaufort les malmena beaucoup : il les traita de factieux, et d'auteurs de sédition ; et il les menaça que s'ils ne se joignoient au parlement, au corps de ville et à M. Broussel, qu'il feroit arborer sur les murailles de Paris des étendards qui auroient pour devise : *ville perdue*. Ces députés des six corps lui répondirent vertement qu'ils n'étoient point détachés du parlement, parce qu'ils n'avoient jamais été unis avec lui ; et pour l'hôtel-de-ville ils ne se détacheroient jamais des anciens échevins ; mais que M. Broussel et les échevins nouvellement élus n'auroient jamais rien à démêler avec eux.

M. d'Orléans, au lieu d'aller au Palais le lendemain, qui étoit le 20, comme il l'avoit promis aux bourgeois, fut avec M. le prince, le duc de Lorraine et le comte de Fiesque dîner chez M. de Chavigny, où le président de Maisons les alla trouver sur les trois heures, et tinrent conseil dans le jardin ; où il fut résolu de pousser la Reine à bout par les armes, et de la chasser d'auprès du Roi.

Toutes ces résolutions violentes de M. le prince n'empêchoient pas les bons bourgeois, animés par M. Le Prévôt, M. Du Fay et les autres, de persister dans le dessein de sortir de Paris malgré Son Altesse Royale, au cas qu'elle ne leur voulût point accorder de passe-ports, et d'aller assurer le Roi de leur fidélité.

Ce fut en ce temps-là que M. le cardinal de Retz, ayant su leur résolution et leur constance à demander la paix et le Roi, leur fit proposer qu'ils trouvassent bon qu'il fût de la partie, et qu'il portât la parole pour les députés.

Le président Charton se déclara aussi pour le Roi en parlant à M. d'Orléans, et pria une personne affectionnée au service de Sa Majesté d'écrire en cour, et de savoir si elle trouveroit bon qu'étant à Pontoise ou à Saint-Germain il allât l'assurer de sa fidélité pour son service; et que, dès à présent, il offroit au Roi quatre ou cinq colonels et quinze capitaines avec leurs soldats de la garde bourgeoise, pour faire tout ce que Sa Majesté désireroit.

Pendant que tout ceci se faisoit à Paris, la cour, qui recevoit tous les jours les lettres du père Berthod par les mains de M. de Glandèves, prit résolution d'envoyer des chefs dans la ville, puisque M. Le Prevôt le demandoit avec tant d'empressement; et certainement il avoit grande raison de le faire, parce que ceux qui communiquoient avec lui ne lui demandoient autre chose; et si M. de Glandèves ne le leur eût promis par des lettres très-expresses, qu'on fut contraint de faire voir à quelques particuliers, assurément la négociation s'alloit échouer.

La cour écrivit sur cela aux négociateurs de lui envoyer quelque personne de condition, afin d'en délibérer avec lui (1). Le président de Bercy fut choisi pour cela ; la cour en demeura d'accord, et lui donna rendez-vous pour l'aller prendre avec escorte à Belleville-sur-Sablon. Le président de Bercy s'y rendit par deux fois, deux jours consécutifs, avec grand risque de sa personne ; car il fut poursuivi par un parti des princes presque jusqu'aux portes de Paris; et n'y ayant point trouvé l'escorte, il ne put passer pour aller à Pontoise.

La cour donc, sans attendre le président de Bercy, prit résolution d'envoyer des hommes de commandement, et nomma messieurs le duc de Bournonville, Lambert, de Refuge et de Courcelles pour être les chefs des entreprises et des coups hardis qu'il faudroit faire dans Paris, en cas que M. le prince et ceux de son parti voulussent faire des violences. Ces hommes de commandement furent bien nommés ; mais aucun d'eux ne parut à Paris de quelques jours après, parce que de tous ceux-là il n'y eut que le duc de Bournonville qui osât se hasarder dans un temps et dans une conjoncture si dangereuse.

En attendant quelqu'un de ces commandans, les négociateurs travailloient toujours fortement pour

---

(1) *Avec lui* : Locution alors en usage, ainsi qu'on le voit dans les Observations de Vaugelas et du père Bouhours sur la langue française. Il étoit si bizarre de considérer un substantif comme tout à la fois masculin et féminin dans la même phrase, que cette manière de parler est aujourd'hui rejetée universellement.

augmenter leur intrigue; et ce qui leur aida beaucoup fut qu'on leur envoya de la cour des ordres pour agir avec plus de fermeté.

On les fit voir à quantité de bourgeois bien intentionnés, qui s'échauffèrent par là dans le service du Roi, parce qu'ils voyoient que Sa Majesté vouloit absolument revenir à Paris.

Mais ce n'étoit pas assez d'avoir les bons bourgeois: les négociateurs avoient besoin du petit peuple, et ne le pouvoient gagner que par de l'argent, qu'ils demandoient tous les jours à la cour, et qu'on ne leur envoyoit pas, quoique le sieur Langlois, valet de chambre de la Reine, donnât de fort bons expédiens pour en trouver, sans en prendre sur le peuple, ni même dans les coffres du Roi.

Tous ces expédiens furent inutiles; les réponses de la cour, au lieu de parler d'argent, disoient tout autres choses qui ne laissoient pas de satisfaire les affectionnés au service, parce qu'elles promettoient toujours le retour du Roi, et témoignoient que Leurs Majestés étoient fort satisfaites du procédé des négociateurs : et ce qui les réjouit beaucoup, et qui leur fit croire que la cour vouloit tout de bon revenir à Paris, ce fut que dans une lettre du 20 de septembre, que M. de Glandèves écrivit au père Berthod de la part du conseil secret, il disoit positivement que la cour ne vouloit pas que le cardinal de Retz fût dans la négociation.

Cette lettre fut reçue de M. Le Prevôt de Saint-Germain et des autres amis, qui en eurent une joie qui n'étoit pas commune, parce que si la cour les eût obligés de donner la participation entière de leur négociation au cardinal de Retz, ils eussent été au désespoir : tout eût été découvert, l'affaire étoit perdue, et rien ne se fût passé qu'il n'en eût averti M. d'Orléans : et quand même il auroit gardé le secret, les bons bourgeois avoient une si horrible aversion de lui, qu'ils vouloient tout abandonner s'il en avoit la moindre connoissance.

Les principaux frondeurs, qui voyoient que les serviteurs du Roi grossissoient leur parti, se vouloient faire de fête pour rentrer dans le bon chemin; mais c'étoit par leur intérêt, et non pas pour l'inclination qu'ils eussent au service de Sa Majesté. Le président de Maisons, auquel on avoit ôté la surintendance et la capitainerie de Saint-Germain, dit à mademoiselle Guérin de prier le père Berthod d'écrire à la Reine que si on lui vouloit rendre ses charges, il iroit à Pontoise, et meneroit une douzaine de conseillers avec lui. Le père Berthod en écrivit un mot; mais la cour se moqua de cette proposition.

Cependant les bourgeois, qui avoient su que le Roi avoit envoyé des ordres très-exprès pour leur permettre de s'assembler, allèrent trouver M. Le Prevôt pour lui dire qu'ils avoient jugé à propos de ne plus différer à se déclarer, et qu'ils avoient résolu de s'assembler le lendemain, qui étoit le mardi 24 septembre, à dix heures du matin, dans le Palais-Royal; et ils le prièrent de trouver bon qu'on fît courir les billets pour cela. M. Le Prevôt y consentit; et dès le même moment on envoya chez les plus affectionnés, afin qu'ils avertissent leurs amis de cette assemblée, et qu'ils les obligeassent d'y aller.

Ce lendemain étant arrivé, à la pointe du jour on

trouva affiché à la porte du Palais-Royal, et dans d'autres endroits de la ville, un placard intitulé *le Manifeste des bons serviteurs du Roi étant dans Paris, et leur généreuse résolution pour la tranquillité de la ville*.

Ce placard étoit la même chose qu'on avoit fait courre chez les bourgeois, et que j'ai jugé à propos de mettre dans cette relation.

« Enfin le cardinal Mazarin est sorti; M. d'Orléans
« est content : il doit tenir sa parole, et se rendre au-
« près de Sa Majesté. M. le prince gronde encore;
« il cherche de nouveaux prétextes de nous troubler;
« il a juré de perdre la France, et de mettre le feu de
« la division partout; il a commis une félonie sans
« exemple, traitant avec l'Espagne pour être roi de
« Navarre et de la Guienne; il a mal réussi jusqu'à
« présent; il se désespère, fait encore entrer des
« troupes étrangères en France pour achever de nous
« ruiner, fait des négociations nouvelles en Angle-
« terre; il a des traités particuliers avec plusieurs
« gouverneurs des places, même avec des conseillers
« et des présidens des cours souveraines, qui sont
« tombés, par ses persuasions, dans le dernier aveu-
« glement. Tous reconnoissent leur faute; ils ap-
« préhendent la justice, ils ne savent où ils en sont;
« leur conscience leur sert de bourreau; ils déses-
« pèrent de la clémence du Roi, sans considérer qu'il
« a plus de bontés pour leur pardonner qu'ils n'ont
« de malice pour l'offenser. Le prince, ou, pour
« mieux dire, la cause de tous nos maux, rallume les
« derniers feux de sa violence; il ne veut point se
« soumettre, il veut nous perdre; il est résolu de

« s'emparer des meilleurs quartiers de la ville, et de
« désoler le royaume. Faut-il souffrir ceci davantage
« à Paris, pour nous y attirer tous les fléaux du ciel,
« comme il a déjà fait par ses rebellions et par ses
« impiétés? Sa Majesté demande qu'il en sorte avec
« une cinquantaine de ses adhérens, qu'il mette les
« armes bas, et qu'elle lui pardonnera.

« Pour exécuter la volonté du Roi, il n'y a plus
« d'officiers établis dans la ville de Paris. Ceux qui
« se le disent, et qui prétendent gouverner et policer
« cette grande ville, n'ont aucune puissance et mis-
« sion légitime; et l'on ne les peut reconnoître que
« comme des monstres enfantés par la rebellion : on
« ne leur peut obéir sans blesser sa conscience et sa
« réputation, sans se rendre criminels de lèse-ma-
« jesté. Cependant la désolation est partout; les gens
« de bien souffrent; la justice n'a plus de fonction;
« les marchands voient perdre leurs biens par les ban-
« queroutes qui se font tous les jours, et la cessa-
« tion du commerce; les pauvres artisans sont à la
« mendicité; les malades meurent sur le pavé; les
« hôpitaux ne sont pas capables d'en contenir le
« nombre; tout le monde généralement se plaint, et
« il en reste peu qui ne commencent à sentir le mal
« universel; la tyrannie est armée dans la ville d'im-
« pies et de satellites; elle viole les lois et le droit des
« gens; elle brûle et saccage les citoyens dans les
« lieux publics, et continue à faire publier des li-
« belles pour tâcher à faire persuader que ses auteurs
« et ses suppôts sont bien intentionnés : mais on est
« désabusé. Nous voyons notre Roi à nos portes, qui
« nous tend les bras, et qui comme un bon père ne

« nous a fait que montrer les verges d'une main, et
« de l'autre les fruits de la paix et de sa clémence;
« et néanmoins il y a des esprits si malheureux dans
« Paris, qu'ils aiment mieux périr en continuant tou-
« jours à faire des brigues pour envelopper tout le
« monde dans une désolation publique, que de se
« soumettre à l'obéissance du Roi, et à ce qu'ils doi-
« vent à la charité du prochain. C'est ce qui a fait
« résoudre grand nombre des plus notables de la
« ville de s'assembler, et de conférer sur les moyens
« de rétablir toutes choses dans leur ordre; et ne
« trouvant point de puissances légitimes dans la ville,
« ils en ont demandé une au Roi, qui la leur a ac-
« cordée, et en conséquence ils ont résolu l'exécu-
« tion des choses suivantes, au péril de leurs vies et
« de leurs biens.

« Premièrement, de s'opposer et empêcher par
« toutes voies qu'il ne soit levé aucunes taxes, sous
« quelque prétexte que ce soit, sur les particuliers,
« habitans de la ville, et de faire rendre l'argent à
« ceux qui peuvent avoir payé par timidité; et où il
« s'en trouvera l'avoir payé pour contribuer volontai-
« rement à la rebellion des princes, il sera fait note
« contre eux, pour être punis comme perturbateurs
« du repos public.

« En second lieu, qu'il sera député vers Sa Majesté
« pour la supplier très-humblement de revenir dans
« Paris pour y établir le repos et l'abondance, par le
« rétablissement du commerce, sur l'assurance qui
« lui a été donnée de la fidélité des bons citoyens ses
« sujets, et de l'exil des rebelles, pour le pardon
« desquels on implorera sa clémence.

« En troisième lieu, que Sa Majesté sera aussi très-
« humblement suppliée de faire retirer ses troupes
« des environs de Paris, et de les envoyer dans les
« pays ennemis, ou du moins sur les frontières du
« royaume, pour sa conservation, sur l'assurance que
« l'on donnera de courir sur les troupes du prince de
« Condé s'il ne les fait retirer, et que lui-même ne
« se mette en son devoir.

« Il faut être espagnol, et se déclarer ouvertement
« rebelle et perturbateur du repos public, pour ne se
« pas joindre à l'exécution de ce projet, et se résoudre
« à être maudit et exterminé par le peuple.

« Et afin que l'on puisse discerner les bien inten-
« tionnés au service du Roi et de la patrie, ils porte-
« ront à leur chapeau un ruban blanc ou du papier,
« au lieu de paille, que l'artifice et la tyrannie du
« prince a fait porter à tous les habitans de Paris. »

Ce manifeste étant affiché par tous les carrefours
et aux places publiques, donna sujet à quantité de
bourgeois, qui ne savoient pas qu'on se devoit assembler, d'aller au Palais-Royal de bon matin; et sur les
neuf heures il se trouva rempli de plus de quatre mille
personnes, dont il y en avoit les trois quarts des plus
riches bourgeois, parmi lesquels étoient des conseillers du parlement, des trésoriers de France, des secrétaires du Roi, des gentilshommes, et beaucoup
d'honnêtes gens; le reste étoit du menu peuple.

Dans cette conjoncture et assemblée, M. Le Prevôt
de Saint-Germain harangua si éloquemment pour le
bien de la paix et pour le service du Roi, qu'il fit
pleurer une grande partie de l'assemblée; et au même
temps qu'il eut achevé, ce furent des acclamations

publiques et des cris de *vive le Roi!* qui furent ouïs de tous les environs du Palais-Royal (1).

Quelques-uns commencèrent de parler suivant le discours qu'avoit fait M. Le Prevôt, qui ne tendoit qu'à la paix, et à demander avec instance et soumission au Roi son retour, à éloigner les troupes espagnoles de Paris, et empêcher la faction des séditieux qui fomentoient la révolte, et maintenoient le petit peuple et les foibles esprits dans la désobéissance et dans la rebellion. Quelques-uns proposèrent d'aller sur l'heure au palais d'Orléans demander à Son Altesse Royale toutes les choses dont on venoit de parler; mais la pluralité de ceux qui opinoient fut d'attendre après l'assemblée qui se tiendroit au même lieu, à pareille heure, le lendemain.

Avant que de sortir de l'assemblée, le manifeste des bons serviteurs du Roi y fut lu, et chacun prit à son chapeau du ruban blanc ou du papier, pour se faire distinguer d'avec ceux du parti des princes, qui portoient de la paille; et ils sortirent ainsi du Palais-Royal.

A vingt pas de là, le petit peuple bien intentionné, qui suivoit le bourgeois, rencontra une charrette des troupes du duc de Lorraine chargée de vin, qu'on menoit au camp des princes; elle fut pillée au même temps, et les chevaux emmenés par ceux qui les avoient détachés.

Sur le midi, le maréchal d'Etampes arriva au Pa-

(1) Le cardinal de Retz dit que les véritables serviteurs du Roi furent hués comme on hue les masques. (*Voyez* ses Mémoires, tome 46, page 184, de cette série.) On a suffisamment prémuni les lecteurs contre la prévention de cet écrivain dans la Notice sur le père Berthod.

lais-Royal, lequel, sur la nouvelle que M. le duc d'Orléans avoit eue de cette assemblée, l'avoit envoyé pour prier les bourgeois de remettre leurs convocations jusqu'au vendredi suivant; qu'il assuroit qu'en ce temps-là la paix seroit faite, et que cependant Monsieur donneroit des passe-ports aux six corps pour aller en cour.

Outre cela, ce maréchal représenta au peuple qui étoit resté après que les principaux de l'assemblée se furent retirés, qu'ils faisoient dans ces rencontres-là des actions coupables de crimes de lèse-majesté; que les choses de cette conséquence ne se faisoient point sans une permission particulière du Roi. Et sur cela un de la troupe ferma la bouche au maréchal d'Estampes, en lui faisant voir une copie de l'ordre que le Roi avoit envoyé aux bourgeois de Paris pour s'assembler, quand il leur plairoit, pour la conservation de leur ville, et pour y maintenir l'autorité royale.

Cet ordre avoit été lu dans l'assemblée par le sieur de Bourgon; il étoit conçu en ces termes:

« DE PAR LE ROI.

« Sa Majesté étant bien informée de la continuation
« des bonnes intentions des habitans et bons bour-
« geois de sa bonne ville de Paris pour son service
« et pour le bien commun de ladite ville, et des dis-
« positions dans lesquelles ils sont de s'employer de
« tout leur pouvoir pour y remettre toutes choses
« dans l'état auquel il se doit, et pour se retirer de
« l'oppression où ils sont présentement, et se re-
« mettre en liberté sous son obéissance, Sa Majesté

« a permis et permet auxdits habitans et à chacun
« d'eux en particulier, et en tant que besoin est
« elle leur enjoint et ordonne très-expressément, de
« prendre les armes, s'assembler, occuper les lieux
« et postes qu'ils jugeront à propos, combattre ceux
« qui voudront s'opposer à leurs desseins, arrêter les
« chefs et se saisir des factieux par toutes voies, et
« généralement faire tout ce qu'ils verront être né-
« cessaire et convenable pour rétablir le repos et
« l'entière obéissance envers Sa Majesté, et pour
« faire que ladite ville soit gouvernée par l'ordre
« ancien et accoutumé, et par les magistrats légi-
« times, sous l'autorité de Sa Majesté, laquelle leur
« donne tout pouvoir de ce faire par la présente
« qu'elle a signée de sa main, et y a fait apposer le
« cachet de ses armes, voulant qu'elle serve de dé-
« charge et de commandement à tous ceux qui agi-
« ront, en quelque sorte et manière que ce soit,
« pour l'exécution d'icelle.

« Donné à Compiègne, le 16 septembre 1652.

« *Signé* Louis; *et plus bas*, Le Tellier. »

Cet ordre du Roi étonna beaucoup M. le maréchal d'Étampes; mais il le fut encore davantage quand on l'assura que plus de quinze cents bourgeois avoient signé une promesse inviolable de s'assister mutuellement envers tous et contre tous pour la conservation des intérêts du Roi, une union pour leur défense particulière les uns des autres; en telle sorte que s'il arrivoit qu'il fût fait insulte à quelqu'un d'entre eux, ils promettoient d'en entreprendre la défense à force ouverte. Et dans cette occasion le sieur Le Roy d'Argencé, gentilhomme servant de Sa Majesté, servit admirablement, aussi bien que dans d'autres occasions : tellement que le premier effet que produisit cette assemblée fut d'intimider le palais d'Orléans, et d'obliger d'envoyer des passe-ports aux six corps, que Son Altesse Royale avoit toujours jusques alors refusés (1).

Pendant ce temps-là les échevins et le prevôt des marchands s'assemblèrent à l'hôtel-de-ville, où l'appréhension les prit jusqu'au point que M. Broussel fit la démission de sa charge de prevôt des marchands, en laquelle il avoit été élu le jour de l'incendie et du massacre de l'hôtel-de-ville; et les nouveaux échevins en firent de même de leur échevinage.

D'autre côté, les amis de M. le prince faisoient tout leur possible pour détourner les bourgeois de continuer leurs assemblées; et pour le leur mieux persuader ils leur faisoient entendre que le Roi n'agréoit pas M. Le Prevôt pour chef de l'assemblée, parce qu'il étoit conseiller au parlement, et que ce qui la lui avoit fait convoquer étoit pour mettre sa compagnie à couvert. Mais ces frondeurs ne disoient pas que M. Le Prevôt avoit ordre très-exprès du Roi et de la Reine d'agir dans Paris pour toutes les choses qui regardoient le service de Sa Majesté; aussi ne le savoient-ils peut-être pas.

Toute l'après-dînée se passa, dans la rue de Saint-

(1) Le cardinal de Retz dit que le maréchal d'Etampes dissipa l'assemblée en deux ou trois paroles. Puis il montre son esprit de faction et de révolte dans ces mots qui le peignent : « Si Monsieur et M. le prince « se fussent servis de cette occasion comme ils le pouvoient, le parti « du Roi étoit exterminé ce jour-là dans Paris pour très-long-temps. » (*Voy.* les Mémoires du cardinal de Retz, t. 46, p. 184, de cette série.)

Honoré, en chamailles entre ceux qui portoient de la paille et du papier; et, dans ce petit jeu, quelques-uns y furent fort mal menés.

Le lendemain mercredi 25, on envoya dire à M. Le Prevôt qu'à la prière du sieur Le Vieux, ancien échevin et procureur du Roi de la ville, ils avoient remis l'assemblée au samedi suivant, à la charge que sur l'heure même ils partiroient pour aller en cour demander au Roi son retour à Paris, à quoi ils s'étoient accordés; et on donna dans le même temps ordre aux colonels des portes de ne laisser entrer aucun soldat, et de ne point laisser sortir de vivres ni de munitions de guerre pour les Lorrains, ni pour l'armée des princes.

L'après-dînée, les colonels s'assemblèrent chez M. de Sève-Chastignonville (1), qui travailloit parfaitement dans son quartier pour le service du Roi, et ils résolurent d'envoyer des députés à Sa Majesté, quoique M. d'Orléans ne le voulût pas; et comme ils étoient sur le point de se lever, M. Ladvocat (2), lieutenant colonel de M. de Menardeau-Champré, conseiller de ville, entra dans l'assemblée, et la supplia très-instamment de surseoir leur députation jusqu'au samedi suivant, et qu'alors le corps de ville se joindroit à eux pour suivre leur sentiment, et enverroit dire au Roi, de sa part, avec leurs députés, tout ce qu'ils jugeroient à propos, et ne feroit rien qui ne fût conforme à la volonté des colonels, et tout-à-fait dans le service

---

(1) *De Sève-Chastignonville :* Il étoit le plus ancien des colonels de la ville de Paris. (*Voyez* les Mémoires du cardinal de Retz, page 190 du tome 46 de cette série.) — (2) *M. Ladvocat :* Beau-frère d'Arnauld de Pomponne.

du Roi, sans y considérer les intérêts des princes.

L'assemblée accorda à M. Ladvocat ce qu'il désira; mais comme elle avoit résolu qu'on enverroit commandement aux portes de ne laisser sortir aucuns vivres ni munitions de guerre pour les armées de Lorraine, de Wirtemberg et des princes, et qu'on ne laisseroit sortir aucun soldat, il fut arrêté que leur ordonnance seroit affichée par les carrefours de la ville de Paris, publiée à son de trompe, et que défenses seroient faites aux volontaires de battre ni faire battre le tambour, à peine de la vie.

Le parlement de Paris, qui avoit vu que cette assemblée du Palais-Royal avoit mis la peur au palais d'Orléans, et épouvanté les nouveaux échevins aussi bien que M. Broussel, s'assembla le 26. Son Altesse Royale se trouva à cette assemblée, et mena M. de Beaufort avec lui pour conclure l'affaire de l'abolition de la mort de M. de Nemours; mais quelques-uns de la compagnie trouvèrent des difficultés qui firent remettre l'affaire à un autre jour pour y délibérer. Après cela on parla de l'assemblée du Palais-Royal. D'abord, cinq ou six des conseillers conclurent à donner un *veniat* à M. Le Prevôt; mais de quatre-vingt-treize conseillers, il n'y en eut que trente-cinq de cette opinion, tout le reste fut d'avis contraire; et après cela on donna arrêt par lequel deux de la compagnie furent députés pour informer de toutes les assemblées qui se feroient dans Paris, et il fut fait défenses à tous les habitans, et autres qui étoient dans la ville, de porter aucunes marques au chapeau, pour signifier qu'on étoit de quelque parti.

Cet arrêt du parlement de Paris n'eut pas grande

vigueur; car le jour même on en envoya un autre de Pontoise, portant autorisation de l'assemblée du Palais-Royal, avec éloge à M. Le Prevôt de ce qu'il avoit fait, et prière à lui de continuer toutes fois et quantes il le jugeroit à propos. Cela donna tant de cœur aux bien intentionnés, que la nuit du même jour, sur les onze heures, M. de Beaufort se présentant à la porte Saint-Bernard pour faire passer un chariot de bagages et de vivres, fut arrêté par le lieutenant de la colonelle, qui lui dit qu'il avoit ordre de son lieutenant colonel de ne laisser sortir quoi que ce fût, et lui montra cet ordre par écrit. A cela, M. de Beaufort dit à l'officier qu'il allât dire à son lieutenant colonel qu'il étoit là, et qu'il vouloit passer : ce que l'officier ayant été dire au lieutenant colonel, nommé M. de La Barre, ce dernier répondit qu'il allât dire à M. de Beaufort que s'il n'étoit pas satisfait de l'ordre qu'on lui avoit fait voir, qui défendoit de laisser sortir aucuns vivres ni bagages, qu'il lui enverroit la copie d'un autre qu'il venoit de recevoir de l'assemblée des colonels de la ville, qui étoit plus exprès, en ce qu'il y étoit ajouté de ne laisser sortir aucuns vivres sans passe-ports de la ville, et non de M. d'Orléans. Le lieutenant de la compagnie s'en retourna trouver M. de Beaufort, auquel il fit savoir ce que son lieutenant colonel lui avoit dit; et ainsi il fut contraint de faire ramener son chariot dans sa maison.

M. le prince d'autre côté voyant que les choses n'alloient pas bien pour lui, alla chez M. d'Orléans, auquel il se plaignit avec grande aigreur de ce que Son Altesse Royale n'avoit pas fait faire main-basse sur l'assemblée du Palais-Royal, et que s'il eût été dans la ville cela ne se fût pas passé de la sorte. Monsieur répondit qu'il lui avoit donné Paris, mais que ce n'étoit pas pour le perdre. M. le prince, d'un ton aigre, dit à Son Altesse Royale que s'il lui avoit donné Paris, lui M. le prince lui avoit donné quinze mille hommes. M. d'Orléans repartit qu'il lui en avoit donné davantage, et que présentement il lui avoit donné son frère le duc de Lorraine et ses troupes. Après ces paroles ils s'en dirent d'autres qui les firent séparer l'un de l'autre mécontens; et de là M. le prince s'alla mettre au lit, et tomba malade à se faire traiter par les médecins.

Pendant ce temps-là M. de Chavigny et le président Violle, conseillers de M. le prince, voyant la démission de M. Broussel et des nouveaux échevins, que les députés des six corps et ceux des colonels étoient allés à la cour, et que tout le monde vouloit aller trouver le Roi, sans en demander la permission à M. d'Orléans, tirèrent grand avantage de tout cela, et publièrent parmi ceux de leur parti que tout ce monde ayant fait leurs députations au Roi, assuré de la fidélité et de l'obéissance des bourgeois de Paris, et fait voir à Sa Majesté qu'il y seroit le maître absolu, néanmoins à toutes ces supplications et à toutes ces démonstrations de zèle et d'obéissance la cour demeureroit inébranlable, et la Reine inexorable, inflexible, et opiniâtrée à ne point laisser venir le Roi. Ainsi M. de Chavigny et le président Violle tiroient cette conséquence que les bourgeois ayant fait leur devoir pour faire revenir le Roi, la cour se moqueroit d'eux, et qu'alors ils se dépiteroient, et se rangeroient tout-à-fait du côté des princes.

La cour, qui ne manquoit pas d'être avertie de tout ce qui se passoit par le moyen de ses correspondans, envoya à Paris M. le duc de Bournonville pour négocier avec ceux qui avoient commencé l'entreprise, et pour exécuter quelque chose de considérable lorsqu'il en seroit besoin. Il y arriva le lendemain de l'assemblée du Palais-Royal ; et dès le moment qu'il eut mis pied à terre il commença de travailler efficacement, et trouva qu'on avoit si bien disposé les choses, que dès qu'il fut arrivé et qu'on l'eut fait savoir aux négociateurs on résolut une nouvelle assemblée des colonels, dans laquelle on ordonna de ne reconnoître plus les ordres de M. d'Orléans ni de M. de Beaufort.

L'assemblée du Palais-Royal, qui se devoit faire le 27, ne se fit point, parce que les députés des six corps et ceux des colonels étant partis pour la cour, on voulut attendre leur retour, et savoir quels ordres ils apporteroient ; et durant ce jour-là plus de cinq cents personnes de condition allèrent offrir à M. Le Prevôt, chez lequel le duc de Bournonville se rendoit très-souvent, les uns cent, les autres deux cents hommes, pour suivre exactement ses ordres et faire tout ce qu'il voudroit ; et tous ceux qui dans la ville avoient excité le menu peuple à crier, après les affectionnés au service du Roi, *au mazarin!* commencèrent à faire les sages, à parler contre les mauvaises intentions de M. le prince à la canaille qui faisoit auparavant si grand bruit pour la Fronde, ne disant mot, quoiqu'ils eussent vû quelques bateliers qu'on avoit gagnés au parti des royalistes enfoncer un bateau chargé de poudres et de mèches qu'on menoit par ordre de M. d'Orléans, sur la rivière, à l'armée des princes.

Ce jour-là même il entra dans la ville quelques officiers de cavalerie et d'infanterie pour y demeurer *incognito*, et ne paroître qu'au temps qu'on auroit besoin d'eux pour servir à quelque entreprise, ou à repousser les séditieux qui voudroient empêcher les assemblées, et les autres choses qui regarderoient le service du Roi et le repos de la ville. Et la cour, qui jusque là avoit été lente, et qui par là donnoit sujet de plainte aux négocians, commença d'ouvrir les yeux et de connoître les belles dispositions de Paris; et elle y envoya M. de Pradelle, capitaine aux Gardes, et M. de Rubentel, lors lieutenant du même corps, pour commander les gens de guerre dans les occasions.

Les négociateurs, qui voyoient que toutes choses alloient à leur but, écrivirent leur sentiment à la cour; et afin que chacun ne fît pas des lettres selon son sens, et qu'il ne se trouvât point de contradiction dans ce qu'ils manderoient, les sieurs Le Prevôt, de Bournonville, Pradelle, Rubentel, de Bourgon, Du Fay et le père Berthod se rendoient tous les jours en certains lieux cachés; où chacun rapportoit ce qu'il avoit fait, ce qu'il avoit vu : et le père Berthod, sous le chiffre de la cour, y écrivoit toutes choses au nom de la compagnie; et M. de Glandèves, qui recevoit les lettres et qui les faisoit voir au conseil secret, mandoit au père Berthod le sentiment de la cour pour le faire savoir aux négociateurs, qui travailloient autant qu'il leur étoit possible à faire les choses avec douceur, et même dans l'agrément de tout le peuple; car ils avoient toujours pour but de rendre le Roi maître de Paris sans coup férir et sans répandre de sang, s'il se pouvoit. Pour cela ils pressoient la cour, attendu la déposition de M. Broussel, de renvoyer à Paris M. Le Fèvre, prevôt des marchands, pour y faire sa charge, et M. le maréchal de L'Hôpital celle de gouverneur de la ville, parce qu'on suivroit beaucoup mieux et plus facilement leurs ordres, comme étant en droit de commander par le pouvoir de leurs charges, que si on faisoit un prevôt des marchands par commission, en l'absence de M. Le Fèvre.

En ce même temps M. Le Prevôt reçut un ordre du Roi qui l'établissoit prevôt des marchands; mais il ne voulut point prendre cette charge, parce qu'il n'avoit d'autre but que d'y rétablir M. Le Fèvre, qui avoit été légitimement élu, et qui avoit été contraint de sortir de Paris par la violence de ceux qui soutenoient le parti des princes.

Quoique tout cela fût secret, M. d'Orléans ne laissoit pas d'en soupçonner quelque chose; et la peur commença de le prendre à tel point, qu'il ne souffroit l'entrée dans son palais qu'à des gens qui étoient connus pour être tout-à-fait à lui. Il commanda même que le guichet des principales portes fût ouvert, et envoya querir les échevins de la ville, auxquels il dit qu'il savoit que le régiment de Piémont et celui de Cœuvres, avec cent chevaux de l'armée du maréchal d'Estrées, s'étoient approchés de Paris pour exécuter quelque entreprise; que le sieur de Pradelle, capitaine aux Gardes, les devoit commander; qu'il étoit arrivé dans la ville pour cela; qu'il étoit logé chez M. Le Prevôt, et qu'il prioit la compagnie d'empêcher qu'il n'arrivât du désordre. Après que Son Altesse Royale eut parlé quelque temps là-dessus, et que par son discours il eut fait connoître qu'il craignoit pour sa personne, il proposa de faire un corps de garde de bourgeois devant le Palais-Royal, et qu'un échevin iroit trouver le sieur Desbournais, qui en étoit concierge, pour empêcher qu'on n'y entrât, non pas même ceux qui s'y présenteroient pour la promenade; que les colonels Aubry, qui étoit du parti des princes, et Scarron pour le Roi, garderoient l'Arsenal conjointement; que le lieutenant colonel du sieur de Champlâtreux iroit trouver M. Le Prevôt pour l'obliger de faire sortir M. de Pradelle de chez lui: sinon, qu'on y donneroit bon ordre.

Ensuite de cela l'assemblée proposa diverses choses sur lesquelles on ordonna, quelque résistance que M. d'Orléans y apportât, qu'il ne sortiroit aucun vivre pour les armées des princes, et qu'il seroit commandé au munitionnaire de s'en pourvoir ailleurs, à la réserve de dix muids de vin par jour pour l'étape des généraux: et sur ce que M. le duc d'Orléans demanda qu'on laissât sortir ceux qui avoient passe-port de M. de Beaufort, il fut hautement résolu qu'on n'en feroit rien.

Pendant que cela se faisoit au palais d'Orléans, les bien intentionnés travailloient efficacement pour hâter le retour du Roi; mais quelques-uns qui agissoient sans concerter avec les principaux négociateurs pensèrent gâter l'affaire; car un de ceux qui avoient vu l'assemblée du Palais-Royal, pour témoigner son zèle envoya en cour, au même temps qu'elle fut finie, porter la nouvelle de ce qui s'y étoit passé. La cour, qui ne s'informa pas beaucoup d'où il venoit, crut qu'elle le pouvoit charger de quelque chose de conséquence.

Elle le chargea donc d'un paquet; mais comme elle n'en avoit point donné avis à messieurs Le Prevôt et de Bournonville, cet envoyé le rendit à celui qui l'envoyoit, qui l'ouvrit en présence de quatre hommes de médiocre condition, et qui n'avoient nulle part au secret de la négociation. Dans ce paquet il se trouva une amnistie pour tous les bourgeois et habitans de Paris, et une lettre pour les colonels. Au même temps l'un de ces quatre en alla avertir M. le prince. Cependant ce zélé fit imprimer l'amnistie sans en parler à personne, et en donna quantité de copies à un homme pour les afficher par les carrefours; mais cet homme fut pris par un conseiller que M. le prince avoit mis au guet, et mené prisonnier dans la Conciergerie avec tous ses imprimés. Mais tout cela ne servit de rien; car les serviteurs du Roi, qui commençoient de lever le masque, en firent imprimer d'autres, qui furent publiées et affichées par la ville.

Cette amnistie porta grande joie dans le cœur des bourgeois qui se sentoient coupables; mais elle mit le dépit dans l'esprit de M. le prince, lequel, quoique malade, jura hautement que par la mort, puisque M. d'Orléans ne vouloit pas se remuer plus qu'il faisoit, dans peu de jours il seroit tout espagnol ou tout mazarin.

Cependant tout le monde s'attendoit de voir grande rumeur le samedi 28, et que les gens des princes prendroient les armes pour aller garder le Palais-Royal, la Bastille et l'Arsenal, comme M. d'Orléans l'avoit proposé: mais tout demeura calme, personne ne bougea, et ceux qui avoient fait plus les mauvais se contentèrent de faire du bruit chez eux, n'osant pas en faire dans les rues, de peur de n'être pas les plus forts, parce qu'ils voyoient les bons bourgeois qui levoient le masque hautement, et qui commençoient de pousser les frondeurs dans toutes les rencontres.

Les négociateurs voyant les choses en si belle disposition pressoient la cour par leurs dépêches, avec tout l'empressement imaginable, de s'approcher de Paris, de faire venir le Roi à Saint-Germain ou plutôt à Saint-Denis, s'il se pouvoit; mais surtout qu'il falloit prendre garde à quelques-uns qui étoient auprès de la Reine, et les observer, parce que certainement ceux qui approchoient Sa Majesté de plus près, et qui faisoient les affectionnés au service du Roi, écrivoient à M. d'Orléans tout ce qui se faisoit à la cour, et ce que les négociateurs y mandoient de Paris; et Son Altesse Royale ne put s'empêcher un soir de dire, dans la chaleur d'un discours qu'il faisoit sur ce qui se passoit: « Sans la lettre que nous avons reçue, nous « étions perdus. »

L'appréhension de M. d'Orléans n'avoit pas été si cachée que ceux de la cour n'en connussent presque le fond, et elle en fit chanceler quelques-uns. Le sieur Fontrailles, et le sieur Coulon le conseiller, parlèrent contre madame d'Aiguillon et contre M. de Chavigny, qu'ils accusèrent d'être mazarins dans le cœur. Tout s'ébranloit à vue d'œil; la députation des six corps auprès de Sa Majesté donnoit l'envie aux corps des métiers et au menu peuple d'aller trouver le Roi. Enfin la médaille étoit tournée; on voyoit et on entendoit dans les rues beaucoup plus de royalistes que de frondeurs.

M. le coadjuteur, qui se faisoit de fête plus que

tout autre, envoya querir M. Le Prevôt pour savoir quel sentiment la cour avoit de lui. M. Le Prevôt l'assura qu'elle en étoit très-satisfaite; mais qu'on ne pouvoit s'empêcher de dire quelquefois qu'il n'avoit pas toujours été dans le bon chemin. Il avoua que cela étoit vrai; mais qu'il y avoit long-temps qu'il s'étoit reconnu, et qu'il désiroit avec passion faire voir le désir qu'il avoit de servir le Roi dans ce rencontre, pourvu qu'on lui témoignât agréer son service, et qu'on lui ordonnât de travailler : cela vouloit dire, au langage de M. le cardinal de Retz, qu'il vouloit être le maître de l'affaire; mais M. Le Prevôt ne lui répondit autre chose sur cette matière, sinon qu'il falloit faire les choses par les formes. M. le cardinal de Retz repartit là-dessus qu'il y avoit les vieilles et les nouvelles formes. M. Le Prevôt répondit qu'il entendoit les vieilles; et M. le cardinal de Retz lui ayant demandé quelles étoient ces vieilles formes, il lui répondit que c'étoit de jeter dans la rivière ceux qui n'alloient pas droit dans le service du Roi. Cette parole fit faire la conférence plus longue; et pour conclusion, pour ne pas dégoûter M. le coadjuteur, on lui promit part dans la négociation, mais en telle sorte qu'il n'en seroit jamais qu'un des membres, et point du tout le chef.

Le conseil secret de la cour pour cette négociation, qui avoit cru long-temps que c'étoit une bagatelle, s'étoit tout-à-fait détrompé; et voyant que c'étoit une chose solide, pressoit les négociateurs pour la cassation des officiers du parlement qui étoient à Paris, et demandoit avec instance si on ne pourroit pas donner un arrêt pour cela au parlement de Pontoise. Mais les négociateurs n'y voulurent jamais donner les mains, parce que c'eût été une chose très-dangereuse, et qui eût ruiné toutes les belles dispositions où étoient les affaires pour le service du Roi; car n'ayant pas dans Paris le gouverneur, le prevôt des marchands et le lieutenant civil, la ville se trouvoit sans magistrats. Aussi écrivirent-ils que lorsque M. le maréchal de L'Hôpital et M. Le Fèvre y seroient de retour, il n'y auroit rien à craindre, et on pourroit tout entreprendre; qu'ainsi il falloit les renvoyer, et engager les échevins et les députés des six corps, qui étoient allés trouver le Roi, de les ramener avec eux, et enjoindre aux échevins et aux députés de les reconnoître et de leur obéir.

M. le cardinal de Retz, qui avoit vu que M. Le Prevôt ne l'avoit pas traité comme il désiroit, et qui vouloit se rendre le maître de l'affaire, persuada, pour y mieux réussir, à M. d'Orléans de chasser de Paris le duc de Bournonville, ou de le faire arrêter prisonnier. Aussi Son Altesse Royale envoya chez le duc, le dimanche 29 au matin, le comte de Saint-Amour, pour lui dire qu'il étoit dans la pensée de le faire arrêter, sur ce qu'on lui avoit assuré qu'il avoit été envoyé de la cour pour négocier avec les autres qui travailloient à la négociation pour le retour du Roi, sans la participation des princes. Le duc de Bournonville fit voir en une infinité de raisons qu'il étoit à Paris pour toute autre chose que pour cela, et que ses affaires particulières l'y avoient amené; et pour le faire voir à M. d'Orléans, qu'il offroit de s'en retourner à la cour, si Son Altesse Royale lui vouloit donner passe-port pour sortir de Paris; et par là que

Monsieur connoîtroit que lui, duc de Bournonville, n'y étoit point pour les affaires du Roi; mais qu'il s'en iroit avec cette condition que si, étant de retour à la cour, le Roi le renvoyoit à Paris pour son service, alors il exécuteroit hautement les ordres de Sa Majesté, et qu'il n'y avoit rien qu'il n'entreprît contre ceux qui s'y opposeroient. Le comte de Saint-Amour alla porter cette réponse à M. d'Orléans, qui au même temps le renvoya au duc de Bournonville avec un passe-port pour s'en retourner en cour, qu'il reçut, et promit de partir le mardi ensuivant.

Le comte de Saint-Amour crut ce que le duc de Bournonville lui dit, et le crut si bien qu'il le pria de faire en sorte que M. Le Tellier lui envoyât un passe-port pour aller à son pays, et de représenter à la Reine qu'il avoit payé sa rançon à celui auquel Sa Majesté l'avoit donnée, lorsqu'il avoit été fait prisonnier.

Le père Berthod écrivit qu'on envoyât ce passe-port, si on le jugeoit à propos; et si on ne le vouloit pas donner, qu'on écrivît quelques raisons pourquoi on le refusoit, afin que le comte de Saint-Amour crût que le duc de Bournonville étoit auprès du Roi, et qu'il avoit parlé de son affaire; qu'on fît courre le bruit à la cour que ce duc y étoit revenu, qu'il n'y avoit demeuré qu'une nuit, et qu'on l'avoit envoyé vers M. le cardinal. Tout cela fut exécuté ponctuellement du côté de la cour; et le duc de Bournonville, au lieu de sortir de Paris, y demeura travesti, et travailla avec plus d'ardeur qu'auparavant. Il alloit en vingt endroits par jour; il faisoit autant de billets pour envoyer chez ses amis. M. de Pradelle, qui étoit aussi travesti, faisoit la même chose. M. de Rubentel étoit dans toutes les assemblées de l'hôtel-de-ville, pour savoir ce qui s'y passoit. Il voyoit les bourgeois qui y devoient assister, auxquels il inspiroit de bons sentimens pour le service du Roi et pour son retour. M. de Bourgon alloit chez les colonels avec M. de La Barre son beau-frère, pour les confirmer dans leurs belles résolutions. Le père Berthod voyoit les gros marchands de la rue Saint-Denis, du Petit-Pont, et de la rue aux Foires (1); et tous rapportoient à M. Le Prevôt ce qu'ils avoient fait et ce qu'ils avoient vu, pour en donner avis tous les jours à la cour. Enfin on ne vit jamais tant de chaleur et tant d'empressement qu'en avoient ces négociateurs. M. Du Fay, de son côté, avoit si bien préparé l'affaire de la Bastille, et la fit voir si claire et si nette à M. de Pradelle et au père Berthod, qui s'y furent promener *incognito*, qu'ils reconnurent que deux heures après que la cour auroit donné son consentement, on s'en rendroit maître sans faire grand bruit ni courre aucun risque. La cour, sur cet article, écrivit qu'il ne falloit pas encore tenter l'exécution du dessein de la Bastille, parce qu'elle avoit appréhension que cela n'alarmât la bourgeoisie : mais bien loin de l'alarmer, si cette affaire se fût exécutée en ce temps-là, M. Du Fay avoit parole de la faire garder par deux compagnies bourgeoises qui commençoient de crier *vive le Roi!* au lieu qu'autrefois elles crioient *vivent les princes!*

Le menu peuple se déclara en plusieurs endroits de la ville : dans les cabarets on crioit *la paix!* on y

---

(1) *La rue aux Foires :* La rue aux Fers. (*Voyez* plus haut la note de la page 305 de ce volume.)

buvoit à la santé du Roi; des carrosses furent arrêtés, et on obligea ceux qui étoient dedans d'y boire, quoiqu'ils n'en eussent pas d'envie. Les bateliers, qu'on avoit gagnés, se battirent sur le port contre les Lorrains, et les empêchèrent d'emporter le blé qu'ils avoient acheté pour leur armée, et le jetèrent dans l'eau avec l'argent qu'ils avoient apporté pour le payer: les provisions de bouche qu'on menoit au camp des princes furent prises par la populace à la porte de Saint-Antoine. Enfin, le premier et le 2 d'octobre, on vit des dispositions admirables pour le retour du Roi, et pour pousser tous les frondeurs; et dès ce temps-là la cour pouvoit, si elle eût voulu, venir à Paris sans aucun danger.

Quoique toutes les choses fussent dans la meilleure assiette du monde, elles se pouvoient pourtant gâter, parce que la cour, qui vouloit avec ardeur ce qu'elle n'avoit au commencement goûté qu'à demi, envoyoit des ordres de toutes parts, se fioit à une infinité de personnes, et leur disoit l'essentiel de la négociation. Cela fut cause que M. Le Prevôt, M. de Bournonville et tous leurs amis dépêchèrent en cour pour dire à la Reine et à ceux du conseil secret le désordre que cela pouvoit apporter, si on ne les avertissoit de ce qu'on envoyoit de la cour à Paris sur le sujet de la négociation, parce qu'il étoit nécessaire que les chefs de l'affaire, en cas de nécessité, sussent de quels quartiers de la ville et de quelles personnes ils pourroient être assurés.

La cour, depuis ce temps-là, avertit les négociateurs de tout ce qu'elle faisoit en cette affaire; mais comme elle s'étoit découverte à plusieurs personnes, elle la pensa perdre, parce que dans le même temps qu'elle envoya à Paris le sieur Onel, gentilhomme irlandais, pour travailler avec le duc de Bournonville, le sieur de Pradelle et les autres, M. d'Orléans en fut averti par des gens d'auprès du Roi; et Son Altesse Royale l'eût fait arrêter, si le sieur Onel n'en eût eu avis, et s'il ne se fût caché pour quelque temps.

Cependant l'affaire de la Bastille avoit été si bien conduite, que le sieur Du Fay, qui étoit chef de l'entreprise, obligea le père Berthod d'écrire une seconde lettre à la cour, pour dire qu'on la pourroit exécuter dès le lendemain qu'elle auroit fait savoir qu'elle le trouvoit bon. Sur cet article elle répondit, comme auparavant, qu'il falloit avoir patience encore pour quelque temps; et cela étoit fort raisonnable, parce que comme c'étoit une chose d'éclat, il ne falloit pas l'entreprendre, qu'au même temps on n'en fît d'autres de la même importance. Mais certainement elle reculoit beaucoup l'affaire de la négociation, en n'envoyant pas à Paris le gouverneur de la ville, le prevôt des marchands et le lieutenant civil, parce que ce retardement changeoit les esprits des bien intentionnés, qui ne pouvoient se persuader que le Roi voulût y revenir, puisqu'on marchandoit tant à y renvoyer ces magistrats; et ce retardement pensa perdre les négociateurs, qui ne savoient plus comment s'excuser vis-à-vis des bons bourgeois et des marchands, de la promesse qu'ils leur avoient faite que le gouverneur et les autres reviendroient au premier jour. Les frondeurs en tiroient grand avantage; car avec ceux du conseil des princes ils publioient par la ville, et faisoient courre le bruit dans les maisons, qu'absolument le Roi ne vouloit point revenir ; que la cour se moquoit des députations qu'on lui faisoit, et qu'elle ne donnoit aux députés que des réponses ambiguës sur le sujet de ce retour ; que de tous ceux qui étoient dans le conseil, il n'y avoit que le maréchal de Villeroy qui demeuroit d'accord de ce retour ; que M. Servien s'y opposoit fortement, que M. Le Tellier ne s'en soucioit pas, que le prince Thomas et les autres n'y avoient nulle inclination ; en un mot, que personne ne vouloit revenir. Néanmoins c'étoit une chose très-fausse ; car M. Servien pressoit continuellement pour ce retour. M. Le Tellier et les autres du conseil s'en impatientoient, et écrivoient tous les jours à Paris aux négociateurs d'avancer l'affaire le plus qu'ils pourroient. Et si les frondeurs eussent pu, ils se fussent bien gardés de parler du maréchal de Villeroy ; mais ils ne pouvoient s'en empêcher, parce qu'il écrivoit avec tant d'instance à ses amis pour le retour du Roi et pour le rétablissement de son autorité dans Paris, que ces correspondans avoient si hautement éclaté pour le service du Roi, que tout le monde le savoit.

D'autre côté, les frondeurs faisoient dire sous main que s'ils étoient assurés que la cour ne les voulût point pousser à bout, il seroit aisé de les faire revenir dans le service du Roi. Un président au mortier, en ce temps-là, voulut abandonner M. le prince, ou en faire la mine ; car dans une assemblée du parlement où l'avocat général Talon, les conseillers Clin et quelques autres ayant fait l'ouverture de décréter contre le sieur de Bourgon, il s'y opposa, et alla lui-même chez lui lui en donner avis dès l'après-dînée, et témoigna au sieur de Bourgon qu'il seroit bien aise de se convertir et de servir le Roi ; qu'il n'étoit pas satisfait de M. le prince, parce qu'il avoit une trop forte attache à l'Angleterre ; et que si la cour lui vouloit envoyer quelque ordre pour travailler pour le service du Roi, il s'y donneroit entièrement, et abandonneroit l'autre parti.

Le père Berthod écrivit cette proposition à la cour, parmi les autres choses qu'il y faisoit savoir tous les jours ; mais à cet article il eut pour réponse que quoi que dît ou fît ce président, on ne vouloit point avoir de confiance en lui, ni même qu'il eût part dans la négociation.

Pendant que les chambres assemblées parloient de décréter contre M. de Bourgon, M. de La Boulaye, qui avoit été averti le soir auparavant que ce jour-là il devoit y avoir du petit peuple qui devoit aller crier *vive le Roi!* et demander la paix au Palais, il s'y trouva avec sept ou huit cents hommes, et en prit trois ou quatre qu'il fit mettre dans la Conciergerie. Ces trois coquins, à la première interrogation qu'on leur fit, accusèrent mademoiselle Guérin de leur avoir donné de l'argent pour leur faire faire ce qu'ils avoient fait ; et dans le même moment on décréta contre cette demoiselle, et elle eût été conduite en prison si on l'eût trouvée chez elle, et si la Reine ne lui eût donné un logement pour se retirer dans le Palais-Royal.

Durant que ces choses-là se faisoient à Paris, les députés des six corps étoient à la cour pour assurer le Roi de leur service, et de la fidélité de leurs compagnies. Sa Majesté leur fit une réponse très-satisfaisante pour eux ; la Reine et tous les ministres les caressèrent, et leur donnèrent toute la satisfaction qu'ils pouvoient espérer. Cela fit résoudre six colonels, six conseillers de ville et quelques autres, d'aller faire une même harangue au Roi; mais auparavant que de partir de Paris, le Roi, suivant les prières que les négociateurs en avoient données à la cour, leur écrivit à chacun en particulier des lettres fort obligeantes, pour leur faire connoître qu'ils seroient très-bien reçus.

Comme la cour fut absolument résolue de revenir à Paris, M. de Glandèves, de la part du conseil secret, écrivit aux négociateurs de s'assurer de quelques quartiers considérables, afin qu'en cas qu'il se trouvât encore des rebelles qui voulussent s'y opposer, ces quartiers pussent servir de lieu de retraite à la cour, ou aux serviteurs du Roi qui travailloient à son retour.

Les négociateurs, qui n'avoient pas attendu que la cour leur donnât cet avis, et qui étoient assurés de fort bons postes, lui firent savoir qu'ils étoient les maîtres du Louvre, qui étoit lors occupé par le sieur Onel, qui n'y donneroit l'entrée à aucune personne du parti contraire à celui du Roi.

Le père Berthod fit un plan qu'il envoya à la cour, par lequel il fit voir, après l'avoir concerté avec les sieurs de Bournonville, de Pradelle, Rubentel et de Bourgon, qu'on se rendroit maître du Palais-Royal en faisant deux barricades, l'une dans la rue Saint-Honoré, qui prenoit le coin de la rue des Fromenteaux, qui va joindre le Louvre (1).

Dans la rue Vivien (2), par les amis qu'on y avoit,

(1) On ne voit pas dans le manuscrit l'indication de la seconde barricade.—(2) *La rue Vivien*: La rue Vivienne s'appeloit Vivien, du

on en devoit faire deux autres : l'une au coin de l'hôtel de Bouillon et de la rue Neuve des Bons-Enfans, et l'autre au-dessous du logis de M. Payen, dans la rue de Saint-Augustin. Ainsi toutes les avenues depuis le Palais-Royal jusques à la porte de Richelieu étoient fermées sans avoir besoin de soldats, sinon d'environ deux cents pour poster entre la Prevôté et le pont des Tuileries ; et avec un peu d'intelligence qu'on avoit à la porte de la Conférence, on se rendoit le maître de tout ce grand quartier-là. Par la porte de Richelieu et le marché aux Chevaux, qui n'étoient point gardés, on devoit faire entrer tel nombre de troupes qu'on eût voulu, parce que ces lieux-là sont peu habités, et que ceux qui les occupoient n'étoient pas malintentionnés ; outre que les soldats pouvoient aborder la muraille sans passer par les maisons.

Ce dessein étoit d'autant plus facile à exécuter que ce quartier-là n'est rempli que de couvens, et qu'il n'y a qu'un petit endroit de peuplé, duquel on avoit gagné les principaux habitans, sans leur découvrir le dessein. Ainsi, étant les maîtres de ces endroits-là, la porte Saint-Honoré ne pouvoit résister ; et quand elle le voudroit faire, les gens de condition donneroient main-forte aux serviteurs du Roi, et le maître de l'académie qui est dans la Grande-Rue avoit donné sa parole de faire quatre-vingts hommes en cette occasion ; outre qu'il ne falloit pas commencer par cette porte-là, parce que les troupes venant d'abord par le Roule, cela pourroit mettre l'alarme dans la ville.

On envoya encore un autre plan qui étoit tout du

nom d'une famille de Paris. (*Voyez* les Recherches sur Paris, de Jaillot, tome 2, *quartier Montmartre*, page 62.)

duc de Bournonville et du sieur de Bourgon, qui étoit de se saisir de l'île Notre-Dame, dont ils répondoient à la cour sur leur vie. Pour cet effet ils mettoient trois cents hommes *incognito* dans les cabarets et dans plusieurs maisons de l'île, et en demandoient mille ou douze cents, qu'on leur enverroit aisément si l'armée des princes se retiroit; et quand même elle ne le feroit pas, pourvu que le maréchal de Turenne passât la rivière, et qu'il fît mine de vouloir attaquer le pont des princes, que les troupes ennemies romproient elles-mêmes le voyant attaqué, et par là donneroient moyen au maréchal de Turenne de donner les mille ou douze cents hommes, qu'on feroit entrer par la porte Saint-Bernard, de laquelle on étoit déjà assuré par le moyen de M. de La Barre, beau-frère de M. de Bourgon.

Par ce poste-là, en cas de nécessité, on pouvoit aisément résister à l'armée des princes, au cas qu'elle se voulût opposer à l'entrée du Roi; et la chose étoit d'autant plus infaillible, que dans le même temps qu'on se rendroit maître de l'île on exécuteroit le dessein de la Bastille.

Ce fut le 5 d'octobre que ces plans furent envoyés à la cour, dans la pensée que les négociateurs avoient que le Roi s'approcheroit de Paris deux jours après, parce que toutes les choses se préparoient admirablement pour y faciliter l'entrée à Sa Majesté et à toute la cour. Cependant les colonels avoient fait assembler chacun chez eux les officiers de leur colonelle, où ils résolurent que tous unanimement recevroient les ordres du Roi, lui faciliteroient son entrée dans la ville, ouvriroient telles portes que Sa Majesté voudroit, et feroient main-basse sur tous ceux qui s'y opposeroient.

Le parlement fit grand bruit de ces assemblées; mais quelques-uns des colonels et des capitaines répondirent qu'ils ne reconnoissoient point le parlement en ce rencontre; qu'ils avoient bien fait ce qu'ils avoient fait, et qu'ils l'exécuteroient.

Le parlement envoya un de ses huissiers au sieur Michel, chez lequel la colonelle de M. Tubeuf s'étoit assemblée, pour lui dire qu'il vînt le lendemain au parlement, et qu'il apportât l'original du procès-verbal de ce qui s'étoit passé au Palais-Royal. Le sieur Michel se moqua de l'huissier, dit qu'il n'avoit point ce procès-verbal, quoiqu'il fût entre ses mains; et qu'il en allât chercher la copie à l'hôtel-de-ville s'il en avoit affaire. Le parlement, indigné de cette réponse, et d'autres presque semblables que plusieurs leur avoient faites, résolut de décréter contre M. le Prevôt de Saint-Germain. Cela fut cause que, pour se précautionner, les négociateurs jugèrent à propos de s'aller loger dans le Palais-Royal et dans le Louvre lorsqu'il seroit nécessaire.

M. de Beaufort, qui avoit su la résolution que les colonels avoient prise de députer vers le Roi, alla trouver M. de Sève-Chastignonville, qui étoit lors l'un des plus affectionnés au service du Roi et des mieux revenus de la Fronde, auquel il demanda s'il ne prenoit point de passe-port. M. de Sève-Chastignonville lui répondit qu'il n'en avoit point besoin. A quoi M. de Beaufort repartit qu'il le croyoit bien, puisque les colonels étoient les maîtres des portes; mais que la campagne n'étoit pas sûre pour eux. M. de

Sève répondit à cela qu'ils sortiroient avec quatre-cents chevaux; qu'ils ne craignoient rien, et qu'en tout cas il y avoit bonne représaille dans Paris.

Cela fut cause que M. le prince commença de désespérer de pouvoir empêcher de faire la paix, et prit résolution de sortir de Paris, puisqu'il n'y pouvoit être le maître; et le parlement, qui ne savoit plus que faire, envoya prier M. d'Orléans de se trouver au Palais le 11 octobre, pour délibérer sur la démission de M. de Beaufort de sa charge de gouverneur de Paris en la place du maréchal de L'Hôpital, parce que ce dernier devoit revenir dans trois jours, et qu'on ne pourroit empêcher le peuple de le rétablir dans sa charge. Certainement si dans ce rencontre la cour eût envoyé les hommes de commandement et les trois cents soldats que les négociateurs demandoient, les choses étoient si bien disposées qu'on se pouvoit aisément saisir de M. le prince, de M. de Beaufort, du sieur Broussel, et de plusieurs autres factieux.

Dans ce temps-là les troupes du duc de Lorraine vinrent proche de Paris, et lui dans la ville. D'abord son arrivée surprit le menu peuple, qui crut que son armée mettroit M. le prince sur le haut du pavé, et réduiroit les affaires du Roi dans un mauvais état; mais les honnêtes gens ne s'en étonnèrent point, parce qu'ils savoient que ce duc faisoit gloire de ne rien tenir de ce qu'il promettoit; et la façon de laquelle il agit en arrivant au palais d'Orléans fit connoître à tout le monde que c'étoit plutôt un goguenard qu'un homme à redouter. La belle salutation qu'il fit à Madame fut de lui dire: « Dieu te garde, « Margot! tu ne pensois pas me voir sitôt. » A quoi

Madame repartit que non, et lui demanda s'il étoit venu pour la fourber, comme il avoit déjà fait. Le duc de Lorraine lui répondit des railleries; puis se tournant vers M. d'Orléans, qui étoit dans la chambre : « Hé bien, mon frère, nous battrons-nous? Je suis « venu pour cela ici; les doigts m'en démangent; » et cent autres drôleries dans lesquelles il n'épargna pas M. le prince, auquel il promit d'amener dans deux jours à Paris le maréchal de Turenne mort ou vif, après avoir défait son armée : mais qu'il prioit M. le prince de ne rien prétendre au butin; qu'il l'avoit promis aux soldats, et qu'il ne se réservoit à lui, duc de Lorraine, que la vaisselle d'argent seulement. On vit bien que tout cela n'étoit que gaillardise; mais la venue de son armée et celle du duc de Wirtemberg anima si fort les bons bourgeois et les médiocres, et beaucoup de petit peuple, qu'ils en conçurent une haine mortelle contre M. le prince, et en grondèrent horriblement contre M. d'Orléans. Ils étoient en colère jusqu'à tel point que si dans ce temps-là quelqu'un d'autorité de la part du Roi se fût rendu leur chef, la bourgeoisie eût pris les armes, et se fût allée joindre au maréchal de Turenne.

Quoique Paris fût dans de si belles dispositions, que le secrétaire de la négociation l'écrivît tous les jours à la cour, qu'on la pressât de venir, tout cela n'échauffoit pas; et, dans cette conjoncture, ce retardement pensa dépiter tout le monde. Mais il falloit que l'affaire se fît; ceux qui l'avoient condamnée dans le commencement, qui l'avoient méprisée dans le milieu, avouèrent et écrivirent même aux correspondans de la cour que quoiqu'ils gâtassent tout par leurs longueurs, néanmoins, malgré toutes choses, il falloit que dans peu de jours les princes sortissent de Paris, et que le Roi en fût le maître.

Sur ce que les négociateurs avoient écrit à la cour qu'on envoyât des lettres du Roi les plus obligeantes qu'il se pourroit aux colonels, elles arrivèrent à Paris le 12 d'octobre, et furent en même temps portées à leur adresse par M. Le Prevôt et par M. de Bourgon. Ces lettres donnèrent sujet aux colonels de s'assembler à l'hôtel-de-ville, avec résolution d'en fermer les portes, et de n'y point laisser entrer M. de Beaufort : ce qu'ils firent, quelque instance et quelque prière qu'il leur en fît.

Cependant le sieur Du Fay, qui avoit gagné beaucoup de gens dans divers faubourgs, faisoit des progrès admirables ; il avoit des hommes détachés aux portes pour y faire insulte aux gens des princes et à ceux du duc de Lorraine ; et dans ce temps-là les trois cents hommes que les négociateurs demandoient tous les jours à la cour eussent été bien utiles, car le onzième, le duc de Lorraine et son train fut arrêté à la porte Saint-Martin, parce qu'il vouloit aller à son armée et sortir sans passe-port de la ville ; et ce duc se voyant pressé par le peuple, que les négociateurs avoient gagné, qui lui disoit des injures, eut recours au saint-sacrement qu'un prêtre de Saint-Nicolas portoit à un gagne-denier qui étoit malade : il monta jusqu'au grenier, touchant toujours le surplis du prêtre, redescendit le chapeau à la main avec lui, et ne l'abandonna point jusqu'à ce qu'il eût remis le saint-sacrement dans l'église. Ainsi, dans ce rencontre, cet acte de dévotion forcé servit au duc de Lorraine pour le garantir de l'insulte qu'on lui vouloit faire.

Le jour auparavant, on avoit tué à la porte Saint-Antoine cinq ou six soldats des troupes de ce duc; les placards des princes et des frondeurs étoient arrachés des coins des rues, et on y affichoit et publioit par la ville ce qui venoit de la part du Roi; les colporteurs commençoient de se battre les uns contre les autres sur le sujet des imprimés qu'ils vendoient : enfin c'étoit une disposition admirable pour le retour du Roi. Le sieur Du Fay tenoit depuis quinze jours cinquante hommes prêts *incognito* dans la Bastille (1), pour exécuter son dessein quand le Roi voudroit. M. Le Prevôt distribuoit de l'argent pour l'avancement de l'affaire, et tous les autres négociateurs étoient tous les jours à la ville chez les bien intentionnés, pour leur augmenter les bonnes intentions qu'ils avoient pour le service du Roi. Les colonels alloient dans les maisons par l'ordre de la ville, pour faire sortir tous les gens de guerre des armées des princes, des ducs de Lorraine et de Wirtemberg, de Paris. On les avoit si fort en horreur qu'il s'en falloit peu qu'on ne leur courût sus.

Sur la nouvelle que l'armée du duc de Lorraine avoit eue que leur chef étoit arrêté dans Paris, elle s'avança d'une lieue du côté de la ville, faisant de grandes menaces contre les bourgeois. M. le prince ne faisoit pas moins : il s'en alla en colère, et en sortant de Paris protesta qu'il se vengeroit contre les bourgeois, et qu'il les persécuteroit jusqu'au tombeau. Ce fut le 14 qu'il abandonna cette grande ville,

---

(1) *Dans la Bastille* : expression inexacte. Il faut entendre *dans l'Arsenal*, dépendance de la Bastille.

ou plutôt qu'il en sortit, par le désespoir de s'y voir méprisé par ceux qui l'y avoient adoré il n'y avoit pas deux mois.

Le même jour, les échevins s'assemblèrent à l'hôtel-de-ville, et tout d'une voix, ainsi que les bourgeois de leur assemblée, résolurent d'exécuter ponctuellement tout ce que le Roi leur avoit ordonné par la lettre qu'il leur avoit écrite : et sur ce qu'on avoit eu avis que quelques-uns vouloient empêcher qu'ils n'obéissent aux ordres du Roi jusqu'à ce que l'amnistie fût envoyée au parlement de Paris, le duc de Bournonville, les sieurs de Pradelle, de Rubentel, de Bourgon, de Chazan, de Ligny, de Poix, Du Bocquet et de Gandéville se trouvèrent aux environs de la Grève avec trois cents hommes, portant tous un ruban blanc au chapeau, pour marque qu'ils étoient au service du Roi, et tout prêts d'apporter remède pour les garantir de l'insulte qu'on avoit menacé de leur faire ; et depuis ce jour-là le sieur de Bournonville, et les quatre ou cinq autres qui travailloient pour l'avancement de l'affaire, et qui n'avoient agi qu'*incognito*, marchèrent par la ville avec la plume blanche au chapeau, et visitoient leurs amis publiquement ; et ce même jour-là quatre officiers allemands de l'armée de Wirtemberg furent dépouillés dans le milieu de la rue Saint-Martin, en plein midi, par des habitans de ce quartier-là, auxquels on avoit donné quelque argent pour les encourager à pousser les ennemis du Roi et les pilleurs des environs de Paris.

Pendant que cela se faisoit, le sieur Du Fay avoit préparé son affaire pour l'exécution du dessein de la Bastille, qu'il communiqua aux sieurs de Bournonville, Le Prevôt, Pradelle, Rubentel, Bourgon et le père Berthod. Le dernier, par l'avis des autres, l'écrivit à la cour, et lui fit connoître qu'il n'y avoit plus de risque à prendre cette place ; que l'affaire s'exécuteroit le troisième jour après la lettre reçue ; que la Bastille étant prise, on avoit parole des capitaines qui étoient en garde à la porte Saint-Antoine et à l'Arsenal, et des bons bourgeois, d'en faire faire des feux de joie, et de faire boire dans ces quartiers-là à la santé du Roi aussitôt que la chose seroit exécutée. Ce n'est pas qu'on eût découvert le dessein à ceux qui devoient faire ces réjouissances ; mais on étoit assuré d'eux qu'ils feroient tout ce qu'on voudroit après l'exécution d'une affaire importante pour le service du Roi et pour le repos de la ville.

La garde de la porte St.-Martin se monta le 17 d'octobre avec le ruban blanc au chapeau ; on y fit boire tous les passans à la santé du Roi, et dans ce temps-là vingt-cinq ou trente cavaliers, officiers ou gardes de M. le prince et de M. de Beaufort, se présentèrent à la porte avec un passe-port de M. d'Orléans, que les soldats bourgeois déchirèrent en pièces, et poussèrent ces cavaliers si vigoureusement qu'à peine purent-ils atteindre le logis de M. de Beaufort pour leur servir d'asyle.

Tout cela se fit par les soins du sieur de Poix, qui fit un festin solennel dans le corps-de-garde à toute la compagnie, à laquelle il avoit donné le ruban blanc. Il fut secondé en ce rencontre des sieurs de Chazan et de Ligny, à l'exemple desquels toute la compagnie fit des merveilles pour le service du Roi. Les colonels, qui pendant ce temps-là étoient allés à la cour faire leur députation au Roi, et qui en furent admirablement bien reçus (1), en revinrent le 19 avec le maréchal de L'Hôpital, le prevôt des marchands et les autres magistrats ; et M. d'Orléans sachant qu'ils arrivoient, fit écrire une lettre à M. de L'Hôpital par le maréchal d'Etampes, laquelle lui fut envoyée en grande diligence par un courrier, qui le trouva, à la tête des colonels, dans le bois de Boulogne.

Cette lettre portoit avis à M. le maréchal de L'Hôpital et aux autres de retourner à Saint-Germain ; qu'ils ne seroient pas reçus à Paris ; que toute la ville sachant leur venue, s'étoit mise en armes ; que les bourgeois avoient tendu les chaînes ; que chacun faisoit des barricades dans son quartier, et que le peuple étoit résolu de les égorger plutôt que de souffrir qu'ils entrassent dans la ville.

Cette lettre et le discours de celui qui la portoit, qui exagéra la chose jusqu'au point de la faire passer pour une révolte générale, fit faire halte à toute la compagnie pendant une demi-heure, dans l'incerti-

(1) *Bien reçus :* Une députation du corps de la milice de Paris fut reçue par le Roi à Saint-Germain-en-Laye le 18 octobre 1652. M. de Sève-Chastignonville fit une harangue dans le goût du temps, qui paroîtroit aujourd'hui fort ridicule. Le Roi répondit : « Messieurs, je me souvien-
« drai toute ma vie du service que vous m'avez rendu dans cette occa-
« sion ; je vous prie aussi de vous assurer toujours de mon affection.
« Quoique les affaires que m'ont suscitées ceux qui se sont révoltés contre
« moi me pussent obliger à faire d'autres voyages, néanmoins, puis-
« que vous me témoignez le désirer, j'ai résolu d'aller à Paris au plus
« tôt : je ferai savoir au prevôt des marchands et échevins ce qui est né-
« cessaire pour cela. » (*Voy.* la Relation de tout ce qui s'est fait et passé en la députation du corps de la milice de Paris, etc. ; Paris, Pierre Le Petit, 1652, in-4°, dans le recueil des Mazarinades de la bibliothèque de l'Arsenal, tome 166, pièce 25.)

tude s'ils avanceroient vers Paris, ou s'ils reculeroient du côté de Saint-Germain; et même quelques-uns de la troupe proposèrent de retourner trouver le Roi.

Si ce malheur fût arrivé, les affaires du Roi étoient perdues, et très-certainement Sa Majesté ne fût point venue dans Paris, parce que ceux qui restoient de la faction des princes n'attendoient que cela pour faire publier par la ville, et dans le même temps que le maréchal de L'Hôpital et sa troupe s'en retourneroit, que la cour se moquoit de Paris, et que toutes les paroles qu'on leur avoit données n'étoient que des leurres pour les mieux attraper, et pour donner sujet à la Reine de satisfaire à la passion qu'elle avoit de se venger des habitans de Paris et de faire périr la ville. Mais les intentions de la Reine étoient très-sincères; et les paroles que le Roi avoit données aux colonels, comme il avoit fait aux autres députés du corps de la ville, de venir dans Paris, étoient très-véritables. Dieu permit que pendant que le maréchal de L'Hôpital et sa troupe faisoient halte, un homme de condition qui alloit de Paris à Saint-Germain les voyant arrêtés, en demanda la raison; et l'ayant apprise, il leur fit connoître qu'on les trompoit, que c'étoit une ruse des princes; qu'il n'y avoit rien de si faux que ce qu'on leur avoit dit et écrit; que toute la ville étoit dans la plus grande tranquillité du monde, et dans la disposition de les recevoir avec joie, et comme les précurseurs du Roi. Dans cette assurance ils marchèrent vers Paris, où ils furent reçus avec des acclamations publiques.

Après qu'une partie des principaux de la ville eurent été assurer le maréchal de L'Hôpital de leur obéissance pour le service du Roi, il envoya les archers du guet et d'autres au pont de Charenton et au Port l'Anglais (1), chasser quelques-uns des gens des princes qui y étoient restés, et qui voloient tous ceux qui revenoient à Paris.

M. d'Orléans, voyant l'infaillibilité du retour du Roi, envoya le sieur d'Aligre en cour pour traiter de son accommodement; mais à toutes les propositions qu'il fit, il n'eut point d'autre réponse, sinon que le Roi vouloit qu'avant toutes choses Son Altesse Royale sortît de Paris; et Sa Majesté fit commandement au sieur d'Aligre d'aller porter cette parole à M. d'Orléans. Le sieur d'Aligre revint à Paris chargé d'une fort mauvaise commission pour lui : aussi fit-il ce qu'il put pour s'en débarrasser; car au lieu d'aller au palais d'Orléans il alla descendre chez madame d'Aiguillon, qui envoya quérir le sieur Goulas (2), en présence duquel le sieur d'Aligre déclara ce que le Roi lui avoit commandé de dire à Son Altesse Royale. M. Goulas pria M. d'Aligre de n'en parler point encore à M. d'Orléans; qu'il valoit mieux laisser passer la journée sans lui en rien dire; et que cependant on aviseroit au tempérament pour rendre sa commission plus douce, et moins fâcheuse à Son Altesse Royale.

Cette journée passa sans que M. d'Aligre parlât à M. d'Orléans (au moins le fit-il croire ainsi), et Son Altesse Royale consulta long-temps sur ce qu'il avoit

---

(1) *Port l'Anglais*: Aujourd'hui *Port-à-l'Anglais*, village sur la Seine, vis-à-vis de Maisons. — (2) *Goulas*: secrétaire des commandemens du duc d'Orléans.

à faire sur la conjoncture de l'arrivée du Roi le lendemain à Paris; mais, après une longue consultation, ils se trouvèrent si fort embarrassés, qu'ils ne purent prendre aucune résolution. Cependant le peuple, qui ne considéroit plus l'intérêt des princes, étoit dans des tressaillemens de joie qui n'étoient pas concevables, sur l'espérance qu'ils avoient de revoir le lendemain le Roi à Paris; et sur cela on peut dire qu'il n'y a que les Français qui aillent si vite d'une extrémité à l'autre; car on vit presque en un même temps la passion que le peuple avoit de servir les princes se convertir en une aversion mortelle pour eux.

Le lendemain lundi 21 octobre, le Roi fit son entrée dans Paris aux flambeaux, quoiqu'il fût parti de Saint-Germain dès les dix heures du matin; mais l'affluence du peuple qu'il trouva depuis le bois de Boulogne, qui alloit au devant de Sa Majesté, l'empêcha d'arriver de meilleure heure dans la ville. Le Roi entra donc aux flambeaux, à cheval (1); et Paris le reçut avec toutes les démonstrations de la plus éclatante joie qu'on pouvoit désirer pour un conquérant, et pour un libérateur de la patrie. Sa Majesté marcha depuis Saint-Germain, d'où elle partit, avec son régiment des Gardes françaises et suisses, ses compagnies de gendarmes et de chevau-légers, les

(1) *A cheval*: Le Roi entra par la porte Saint-Honoré, vers six heures du soir. Le prévôt des marchands lui fit un discours ridicule, plein d'emphase et d'expressions mythologiques. (*Voyez* la Relation véritable des particularités observées à la réception du Roi en sa bonne ville de Paris le lundi 21 octobre 1652; Paris, Noël Poulletier, 1652, in-4°, dans le recueil des Mazarinades de la bibliothèque de l'Arsenal, tome 166, pièce 27.)

gardes du corps, et d'autre cavalerie; et étant arrivé au bois de Boulogne, le Roi fit halte pour envoyer faire commandement à M. d'Orléans par le duc de Damville de sortir de Paris le même jour, ou de signer qu'il en sortiroit le lendemain; et que s'il n'obéissoit, Sa Majesté iroit descendre au palais d'Orléans, et le meneroit au Louvre. Son Altesse Royale fit quelque difficulté d'obéir; mais enfin il signa un écrit par lequel il promit de partir le lendemain, à cinq heures du matin.

Le duc de Damville étant revenu trouver à Chaillot le Roi, qui marchoit toujours; après une demi-heure de halte, Sa Majesté continua à marcher plus vite; et entrant dans Paris avec les acclamations qui font la plus grande beauté d'une cérémonie, elle fut descendre au Louvre, où elle arriva à huit heures du soir.

Dès que le Roi eut mis pied à terre, pour rendre cette journée la plus célèbre pour le rétablissement de l'autorité royale, Sa Majesté envoya ordre au sieur Louvières, fils de M. Broussel et gouverneur de la Bastille, d'en sortir, et de la remettre entre les mains du Roi; et faute d'obéir sur l'heure, l'exempt lui dit qu'il viendroit à la Bastille, et le feroit pendre à la porte. La Louvières obéit, et sur le minuit cette place fut remise à l'obéissance du Roi.

Dans le même temps le Roi envoya faire commandement à madame de Chavigny de lui remettre le château de Vincennes; et l'exempt lui dit que si elle n'obéissoit pas, qu'il avoit ordre de l'arrêter. La dame obéit, et l'exempt entra dans la place pour le Roi.

Le mardi 22, M. d'Orléans partit à cinq heures du

matin avec messieurs de Rohan et de Brissac pour s'en aller à Limours ; et le même jour le Roi envoya des lettres de cachet à Mademoiselle et aux dames de Montbazon, Frontenac, de Bonnelle, de Châtillon et de Fiesque, avec ordre de sortir de Paris dans vingt-quatre heures, et de se retirer en leurs maisons de la campagne. Mademoiselle, qui fut cachée un jour ou deux, fut enfin contrainte d'obéir, et s'en alla au Bois-le-Vicomte avec son secrétaire, une femme de chambre et madame de Frontenac seulement, et huit mille francs d'argent comptant.

Madame de Châtillon partit le jeudi pour aller à Pressy, auprès de madame sa mère; madame de Montbazon le jour auparavant pour aller en Touraine; et madame de Bonnelle à une de ses maisons, à six lieues de Paris. Il n'y eut que madame de Fiesque, qui s'étoit blessée deux jours devant d'une fausse couche, qui demeura jusques à ce qu'elle fût en état de s'en pouvoir aller; et cependant on lui donna des gardes, et on la fit visiter par M. Valot, premier médecin du Roi.

J'oubliois à dire que Sa Majesté, avant de partir de Saint-Germain, écrivit aux particuliers du parlement (1) qui étoient demeurés à Paris, une lettre par laquelle Sa Majesté leur mandoit que voulant faire son entrée dans Paris le 21, et le 22 tenir son lit de justice au Louvre, il leur ordonnoit de s'y trouver à sept heures au matin en robes rouges, pour y entendre ses volontés. De ceux-là furent exceptés les sieurs Brous-

(1) *Aux particuliers du parlement :* Le parlement de Paris, comme rebelle, n'est pas traité comme corps. Le Roi écrit aux *particuliers* dont il se composoit.

sel, Violle, de Thou, Portail, Bitaut, Foucquet de Croissy, Coulon, Machaut, Fleury, Martineau et Ginon, insignes frondeurs.

Ce 22, le Roi tint son lit de justice dans la galerie du Louvre, où tous les particuliers du parlement auxquels il avoit écrit se trouvèrent. Là, Sa Majesté fit publier l'amnistie par son chancelier, fit la réunion du parlement de Pontoise, qui étoit venu avec elle, à celui de Paris; et ayant dit ses volontés par la même bouche, le Roi se leva pour laisser la liberté des suffrages, et d'une commune voix les volontés du Roi passèrent par arrêt rendu le même jour.

Ses volontés furent la réunion du parlement de Pontoise aux particuliers du parlement de Paris qui avoient été interdits, la destitution des officiers frondeurs qui avoient été notés, auxquels le Roi ordonna de sortir de Paris. Sa Majesté fit défenses au parlement de prendre à l'avenir connoissance des affaires de l'Etat; elle fit aussi défenses aux officiers de ce corps de prendre soin ou direction des affaires des princes et grands du royaume, de recevoir des pensions d'eux, et d'assister à leurs conseils.

MÉMOIRES

DU

PÈRE BERTHOD.

SECONDE PARTIE.

Secret de la négociation pour la réduction de Bordeaux à l'obéissance du Roi, en l'année 1653.

[1652] LE Roi voyant le peuple de Paris soumis, et son autorité établie dans le parlement aussi bien que parmi la bourgeoisie et le petit peuple, assembla son conseil secret pour aviser aux moyens de remettre Bordeaux dans son devoir, et d'en faire sortir ceux qui maintenoient le peuple dans la rebellion, afin de donner sujet aux bourgeois de cette ville-là, qui avoient de bonnes intentions pour le service de Sa Majesté, de travailler à leur liberté, et de se remettre dans l'obéissance du Roi.

La Reine et M. Servien furent d'avis d'y envoyer secrètement le père Berthod et M. de Bourgon, parce qu'ils étoient assurés de leur affection pour le service du Roi, et qu'ils s'étoient parfaitement acquittés de leur entreprise dans l'affaire de Paris. Ils partirent donc tous deux, au mois de décembre 1652, avec des ordres de Sa Majesté qui leur donnoient pouvoir d'agir ainsi qu'ils aviseroient, sans leur prescrire aucune chose déterminément, laissant cette négociation absolument à leur conduite.

Ces deux négociateurs arrivèrent à Blaye après avoir passé par Angoulême, et pris escorte du marquis de Montausier, qui leur donna de ses gardes, suivant les ordres qu'il en avoit reçus du Roi.

Le sieur de Bourgon demeura dans Blaye auprès du duc de Saint-Simon, et le père Berthod passa à Bordeaux, parce qu'il y connoissoit tout le monde, y ayant autrefois demeuré trois ou quatre ans, et que le sieur de Bourgon n'y avoit aucune habitude.

Le père Berthod y arriva la veille de Noël, sur le midi ; et ce fut une assez bonne conjoncture, parce qu'ayant grande dévotion aux cordeliers, il prendroit occasion, pendant les fêtes, de parler à ses amis, et de rendre à quelques-uns des bien intentionnés des lettres de M. de Servien, qui leur mandoit d'agir suivant les ordres que le père Berthod leur donneroit.

Le jour même qu'il y arriva, il envoya querir le sieur Le Roux et le sieur de La Chaise son gendre, qu'il savoit avoir de bonnes intentions pour le rétablissement de l'autorité royale. Il les trouva autant affectionnés qu'on pouvoit espérer, et dans la disposition de tout entreprendre pour le service du Roi, lorsque les choses seroient en état de le pouvoir faire. Ils nommèrent au père Berthod ceux auxquels on se pouvoit fier dans la ville, et ceux qui étoient absolument pour le service du Roi. Ils lui dirent même que la maison des cordeliers n'étoit pas fort bien intentionnée; non plus que d'autres maisons religieuses, et quantité de curés des paroisses; que le père Ithier (1), gardien des cordeliers, avoit de grandes attaches à M. le prince de Conti, à madame de Longueville et au sieur Lenet (2), qui étoit l'intendant de M. le prince de Condé dans Bordeaux, et qui gouvernoit tout dans la ville. Mais le père Berthod assura ces deux messieurs de la fidélité du père Ithier pour le service du Roi, et qu'il n'avoit pas marchandé de quitter les intérêts de M. de Conti et de madame de Longueville, lorsqu'il lui avoit rendu une lettre de la Reine, qui lui ordonnoit de travailler conjointement avec le père Berthod pour faire revenir Bordeaux à l'obéissance de Sa Majesté; que leur intelligence étoit cachée, et que tous les religieux de la communauté n'avoient d'autre pensée du père Berthod que celle de croire qu'il étoit venu en Guienne pour se rétablir dans cette province-là, dont il avoit autrefois été; aussi leur avoit-il ainsi fait croire.

Pendant les fêtes il vit ses amis dans la ville, officia publiquement le jour de Saint-Etienne à la grand'messe et à vêpres, afin qu'on ne fût point surpris lorsqu'on le verroit dans les rues; et il disoit à tous ceux de sa connoissance qui le venoient voir, qu'il se venoit rétablir dans Bordeaux. Le jour des Innocens, M. le prince de Conti envoya querir le père Ithier pour lui dire qu'il venoit de recevoir des lettres de la cour qui lui marquoient que le père Berthod devoit venir à Bordeaux pour y travailler contre

(1) *Le père Ithier :* Jean-Dominique Ithier, franciscain, de l'ordre des Frères mineurs, dits cordeliers. — (2) *Au sieur Lenet :* Pierre Lenet, ancien procureur général au parlement de Dijon, avoit suivi le parti du prince de Condé. On a de lui des Mémoires, qui feront partie de cette série.

M. le prince de Condé et contre lui, et pour y faire ce qu'il avoit fait à Paris dans la négociation du retour du Roi; qu'il étoit pleinement informé comme il avoit agi; qu'on lui écrivoit de se saisir de sa personne, parce qu'il étoit très-dangereux et très-nuisible à leur parti; qu'ainsi il prioit le père Ithier de lui donner avis lorsqu'il seroit arrivé; qu'il étoit parti de Paris travesti par ordre de la Reine; et il lui marqua la manière dont il étoit vêtu. Le père Ithier répondit à M. de Conti que Son Altesse étoit sans doute mal informée; que le père Berthod étoit arrivé il y avoit quatre jours; qu'il étoit venu en habit de religieux; qu'il étoit tous les jours au chœur, et qu'il voyoit publiquement ses anciennes connoissances dans la ville; que ce père n'étoit venu à Bordeaux à autre dessein que d'y procurer son rétablissement dans la province d'Aquitaine, de laquelle il avoit été dix ou douze ans; et qu'il ne lui avoit point paru qu'il fût venu pour autre sujet que pour celui-là.

M. le prince de Conti se contenta de ce que le père Ithier lui dit, et lui ordonna de faire observer le père Berthod jusques après l'arrivée du premier courrier, qui lui donneroit de plus amples nouvelles.

Le père Ithier, qui dit au père Berthod ce qui s'étoit passé entre le prince de Conti et lui, le surprit extrêmement, et il jugea que quelques-uns d'auprès de la Reine ou de messieurs les ministres trahissoient les affaires du Roi, et par là rendoient tous les desseins pour Bordeaux inutiles. Aussi le père Berthod, depuis ce temps-là, n'osa plus voir ses amis bien intentionnés qu'en cachette, de peur de les rendre suspects et de leur ôter le moyen de servir le Roi,

[1653] Le premier jour de l'an 1653, M. le prince de Conti envoya un de ses valets de pied au père Berthod, pour lui dire qu'il vînt trouver Son Altesse avec le père Ithier, sur les quatre heures. Ils y allèrent tous deux ; et le prince de Conti, qui étoit seul dans sa chambre avec le sieur Lenet, dit au père Berthod qu'il l'avoit envoyé querir sur des lettres qu'il avoit reçues de Paris, qui lui donnoient avis qu'il en étoit parti par ordre du Roi, pour venir travailler contre son frère et contre lui ; qu'on lui mandoit l'obligation qu'il avoit de se saisir de sa personne, et qu'il ne pouvoit faire autrement que de le faire arrêter prisonnier ; que pour cela il avoit fait mettre les chevaux à son carrosse, et donné l'ordre à son capitaine des gardes de le faire conduire dans les prisons de l'hôtel-de-ville ; que néanmoins s'il lui vouloit dire la vérité, il le traiteroit doucement, et qu'il ne le livreroit pas entre les mains de l'Ormée (1), qui lui avoit député ses chefs pour le lui demander. Le père Berthod répondit à M. le prince de Conti qu'on avoit donné de mauvais mémoires à Son Altesse ; qu'il n'étoit parti de Paris pour Bordeaux qu'afin d'y venir chercher ses anciens amis, et de voir s'il trouveroit jour à se rétablir dans la province d'Aquitaine, de laquelle il étoit sorti par ordre du général de son ordre, pour aller dans la province de Saint-Bonaventure avec un de ses amis ; que cet ami étant mort, et n'ayant point d'autre attache dans cette province de Saint-Bonaventure, il revenoit dans celle de Guienne pour y chercher son repos.

M. le prince de Conti se moqua de cette réponse, et demanda au père Berthod s'il n'avoit pas pris congé

(1) *L'Ormée* : Faction populaire. (*Voy*. la Notice, p. 291 et suiv.)

de la Reine; s'il n'avoit pas eu conférence avec Sa Majesté plus de demi-heure; s'il n'avoit pas vu M. Servien, M. Le Tellier, M. l'archevêque de Bordeaux et M. l'évêque de Glandèves, auparavant nommé le père Faure. Le père Berthod voyant qu'il ne pouvoit nier toutes ces choses, lui confessa qu'il étoit vrai qu'il avoit vu toutes ces personnes-là; qu'il y alloit de sa satisfaction de prendre congé d'eux; que puisqu'ils lui faisoient l'honneur d'avoir eu quelques bontés pour lui, il y alloit de son devoir de leur avoir dit adieu, sortant de Paris pour n'y plus retourner, et qu'il s'en venoit dans la province de Guienne pour n'en plus sortir.

M. le prince de Conti voyant qu'il ne pouvoit rien tirer du père Berthod, lui fit voir deux lettres fort longues, qui lui disoient tout ce que ce père pouvoit avoir fait avant de partir de Paris; de quelle façon il étoit vêtu lorsqu'il monta à cheval avec le sieur de Bourgon, duquel on ne disoit pas le nom; mais on disoit le poil des chevaux sur lesquels ils étoient montés, et une marque que le sieur de Bourgon avoit à l'œil. A l'interligne d'une de ces lettres il y avoit : « Je vous enverrai par le premier ordinaire « la copie du chiffre du père Berthod, parce qu'on « n'a pas le loisir de le transcrire pour vous le don- « ner par celui-ci. »

Parmi toutes ces choses vraies, il y en avoit quantité de fausses; et cela servit beaucoup au père Berthod, qui vit qu'en déniant les choses fausses qu'on écrivoit dans ces lettres, il en pouvoit dénier beaucoup de vraies. Comme il se vit trahi du côté de la cour, il se résolut de dire ce qu'il ne pouvoit cacher. Il dit donc à M. le prince de Conti que ce qu'il avoit dit à Son Altesse de son établissement dans la province de Guienne étoit vrai ; qu'il n'avoit eu d'autre pensée en partant de Paris que celle-là ; et que lorsqu'il avoit pris congé de la Reine et des autres messieurs qu'il lui avoit nommés, Sa Majesté lui avoit dit que puisqu'il avoit toujours été affectionné au service du Roi et qu'il venoit à Bordeaux, qu'il écrivît en quelle disposition étoit le peuple, et s'il y avoit apparence qu'on y pût rétablir l'autorité du Roi ; que suivant ce qu'il en manderoit, on y enverroit quelqu'un pour y travailler, ou que peut-être on lui enverroit à lui-même des ordres pour cela ; et que sans doute le traître qui écrivoit à Son Altesse en avoit ouï dire quelque chose, et que sur cela il lui avoit écrit qu'il lui enverroit la copie du chiffre dont on se vouloit servir ; mais que pour lui père Berthod, il n'avoit point eu encore d'ordre pour travailler, et qu'il ne savoit pas si on lui en enverroit ; et quand même on le lui feroit, qu'il n'étoit pas résolu de l'accepter, parce qu'il vouloit vivre en repos.

M. de Conti voyant qu'il n'en pouvoit avoir plus de lumières, et croyant que le père Berthod lui disoit la vérité, lui proposa de faire pour lui et pour M. le prince son frère ce qu'il eût voulu faire pour la cour ; que puisqu'il étoit découvert, il ne pouvoit rien faire pour le service du Roi ; que quand même il y travailleroit efficacement, il y courroit risque de sa vie ; que ses travaux seroient sans récompense ; que la cour étoit ingrate ; qu'il le pouvoit connoître par ce qu'il avoit fait à Paris, dont il n'avoit eu aucune satisfaction ; mais que s'il vouloit prendre son parti et celui de monsieur son frère, il y trouveroit son compte ; qu'il lui donneroit des bénéfices, et que présentement il lui feroit donner l'argent qu'il désireroit. Le père Berthod répondit qu'il étoit né serviteur du Roi, qu'il y avoit vécu, et qu'il y vouloit mourir; et que s'il avoit du bien à espérer, il le vouloit acquérir par de bonnes actions, et non pas pour avoir trahi Sa Majesté et son Etat.

Sur cela M. le prince de Conti renvoya le père Berthod dans son carrosse, à dix heures du soir, au couvent des cordeliers avec le père Ithier, auquel il donna ordre secrètement de le faire observer, et dit au père Berthod qu'il lui enverroit le lendemain le sieur Lenet, pour voir s'il avoit pensé à la proposition qu'il lui venoit de faire de prendre son parti, et d'abandonner celui du Roi.

Le père Berthod s'en retourne, non sans inquiétude de se voir découvert par la perfidie de ceux qui approchent de Leurs Majestés; car M. le prince de Conti dit que dès aussitôt que le père Berthod fut sorti d'auprès de la Reine pour venir à Bordeaux, une des femmes qui étoit dans la chambre de Sa Majesté en alla avertir ceux du parti de M. le prince, et leur dit qu'on l'envoyoit à Bordeaux. Son Altesse dit encore le nom de celui qui lui avoit écrit, qui depuis pour cela, et pour d'autres plus grandes trahisons, a fini ses jours par la main du bourreau.

Le lendemain, le sieur Lenet alla trouver le père Berthod, auquel il renouvela les propositions de M. le prince de Conti, et lui dit quantité de choses pour l'obliger de les accepter. Il fut contraint de s'en retourner après lui avoir parlé environ une heure, sans tirer d'autre résolution du père Berthod que celle de ne se vouloir pas ranger du parti de M. le prince.

Le sieur Lenet voyant que ce père ne vouloit point abandonner le parti du Roi, lui vint dire, après avoir fait cinq ou six conférences inutiles, qu'il pouvoit, lui père Berthod, dans la conjoncture des affaires présentes, faire lui seul la paix générale. Le père répondit que si cela étoit, qu'il s'y donneroit tout entier, pourvu que son honneur et sa conscience s'y trouvassent sauvés; mais qu'il n'avoit pas assez de présomption pour se persuader qu'une personne comme lui dût faire une chose à quoi messieurs Servien, d'Avaux et tant d'autres plénipotentiaires n'avoient pu réussir. Lenet repartit que certainement il le pouvoit faire s'il vouloit suivre les instructions qu'il lui donneroit; qu'en cela il serviroit le Roi, M. le prince, son parti, et qu'il donneroit le repos à tout le royaume; et voici comme il débuta.

« La paix générale, dit-il, dépend de la Reine et de
« M. le cardinal, comme je vous ferai voir dans les
« articles que j'en ai dressés par l'ordre du roi Catholi-
« que; mais il y a cette restriction que le roi d'Espagne
« a donné sa parole à M. le prince qu'il ne signeroit
« jamais les articles de la paix que Son Altesse n'eût
« fait la sienne avec le roi de France. Si la Reine et
« M. le cardinal font la moindre démarche pour traiter
« d'accommodement avec M. le prince, Son Altesse
« viendra les bras ouverts pour donner les mains à tout
« ce qu'ils désireront. Sa Majesté et Son Eminence ne
« veulent point entendre parler de paix avec M. le
« prince tant qu'ils verront qu'ils auront avantage sur
« son parti; au contraire, ils le pousseront le plus
« qu'ils pourront. Bordeaux est le seul endroit dans
« le royaume où Son Altesse peut se réfugier et y

« prendre de nouvelles forces. La Reine et M. le car-
« dinal sont dans l'espérance de faire revenir cette ville
« dans son devoir, d'y rétablir l'autorité du Roi, et d'en
« chasser le parti de M. le prince ; et sous cette es-
« pérance ils ne veulent point d'accommodement avec
« lui : mais si Sa Majesté et Son Eminence se voient
« hors de possibilité de prendre Bordeaux, certaine-
« ment ils parleront de paix avec Son Altesse. Et
« comme je vous viens de dire, dit-il au père Berthod,
« dans la première démonstration que la Reine et M. le
« cardinal en feront faire, M. le prince donnera entière-
« ment les mains. Ainsi l'accommodement étant fait
« entre le Roi et Son Altesse, il ne tiendra plus qu'à
« Leurs Majestés et à Son Eminence de faire la paix
« générale, puisque le roi d'Espagne la désire si pas-
« sionnément, et qu'il fera tout ce que le roi de
« France voudra, pourvu que la paix de M. le prince
« soit faite. »

Le père Berthod l'ayant écouté, lui dit que ce qu'il disoit étoit la plus belle chose du monde ; mais qu'il ne voyoit pas que lui père Berthod pût contribuer à cette paix générale, ni la faire tout seul comme il disoit. Lors Lenet lui repartit : « Voici comme vous
« ferez : vous êtes envoyé ici pour le service du Roi. »
Sur cela le père Berthod lui répondit qu'il supposoit faux. « Supposons, dit Lenet, qu'il soit vrai que vous
« y soyez envoyé ; quoi qu'il en soit, vous devez écrire
« à la cour la disposition de Bordeaux. Vous écrirez
« donc à la Reine et aux ministres que vous avez trouvé
« dans cette ville plus de la moitié de bons bourgeois ;
« qu'ils ont inclination à la paix ; mais que les or-
« mistes, qui sont les petites gens gouvernés par

« quelques-uns du parlement, sont attachés si fort
« aux intérêts de M. le prince, du prince de Conti et
« de madame de Longueville et du reste de leur cabale,
« se portent avec tant de violence contre ceux qui par-
« lent de la paix, que les premiers bourgeois qui té-
« moignent la souhaiter sont battus, chassés, et leurs
« maisons pillées et brûlées ; de sorte que ces bien
« intentionnés sont dans une timidité si grande qu'ils
« sont hors de pouvoir de rien faire, parcequ'ils n'o-
« sent se découvrir l'un à l'autre, de peur d'être mal-
« traités par ceux de la faction des princes. Qu'ainsi
« vous voyez, dit Lenet au père Berthod, Bordeaux
« hors d'état de revenir à l'obéissance du Roi. Nous
« écrirons encore, dit Lenet, de notre côté à nos
« amis, à Paris, la même chose que vous manderez
« dans vos lettres. Ce que nous écrirons sera vu à la
« cour, on le trouvera conforme à ce que vous direz,
« et par là vous ferez perdre l'espérance à la Reine et
« à M. le cardinal de faire sortir Bordeaux des mains
« de M. le prince. Cette espérance étant perdue, ils
« traiteront avec Son Altesse ; et faisant leur accom-
« modement par le moyen de vos lettres, qui leur
« ôteront l'envie de plus penser à Bordeaux, vous
« seul serez cause de la paix générale, puisque le
« roi d'Espagne ne retarde à la faire que parce que
« M. le prince n'a pas fait la sienne. » A ces beaux
discours le père Berthod répondit qu'il aimoit mieux
qu'il y eût une guerre générale que d'avoir fait cette
paix en trahissant le Roi, et faisant contre son honneur
et sa conscience. Après plusieurs discours sur cette
matière, Lenet s'en retourna, et promit au père de revenir le lendemain pour savoir sa dernière résolution.

Le lendemain, Lenet revint trouver le père; et lui ayant demandé s'il avoit songé à la proposition qu'il lui avoit faite le jour précédent, il lui répondit que oui, qu'il avoit trouvé quelque lumière pour servir en cela le Roi et le parti de M. le prince, et ne perdre point son honneur; mais qu'il lui falloit du temps pour bien prendre ses mesures, et qu'il lui demandoit huit jours pour lui donner sa dernière parole. Lenet s'en retourne fort joyeux dire à M. le prince de Conti et à madame de Longueville le progrès qu'il croyoit avoir fait sur l'esprit du père Berthod; ils l'écrivirent à la cour comme une chose qu'ils croyoient être très-avantageuse pour le bien de leur affaire; et parce que les lettres étoient interceptées et portées à la Reine, Sa Majesté commençoit de douter de la fermeté du père Berthod, jusques à ce qu'elle vit de ses lettres entre les mains de M. l'évêque de Glandèves, qui assuroient la Reine que ce qu'il en faisoit n'étoit que pour mieux jouer son personnage, et qu'il n'avoit pas trouvé de meilleur expédient, pour ne pas perdre les affaires du Roi, que de donner quelque espérance à Lenet de se ranger du parti des princes.

Peu de temps après que Lenet eut quitté le père, un des principaux de l'Ormée le vint trouver, et lui dit: « Mon père, je vous viens avertir, comme votre ami « ancien, que M. le prince de Conti vous donnera « un passe-port, si vous vous roidissez à ne vous pas « mettre de la faction, afin qu'on voie qu'il tient les « paroles qu'il a données; mais aussi je vous assure « que dans le moment que vous serez prêt à vous « embarquer, vous serez saisi par une vingtaine

« d'ormistes qui se moqueront de votre passe-port,
« et qui vous massacreront comme ils firent le pauvre
« M. Thibaut. Ainsi prenez vos mesures là-dessus,
« et ne me découvrez pas, car je vous donne cet
« avis comme à une personne que j'aime depuis long-
« temps. »

Le père Berthod, dès l'heure même, songe à son évasion ; il en cherche les moyens, et pour cet effet, par le moyen de madame Lozon, il envoie chercher un paysan à trois lieues de Bordeaux pour envoyer à Blaye, parce qu'il étoit extrêmement dangereux d'en prendre de la ville ni des environs, d'autant qu'ils eussent tous trahi leur père et leur frère pour un quart d'écu.

Pendant que cette dame envoie querir son paysan, le père Berthod pense aux moyens d'écrire au duc de Saint-Simon et au sieur de Bourgon, parce que s'il écrivoit selon le chiffre qu'il avoit, et que le paysan fût pris, la lettre pourroit être vue par M. le prince de Conti, qui avoit le même chiffre, qu'on lui avoit envoyé de Paris.

Le père donc écrivit une lettre chimérique au curé de Blaye, dans laquelle, sous le nom d'un de ses oncles, il lui parloit de la résignation d'un bénéfice ; et quand la lettre eût été trouvée et le paysan pris, il n'y avoit rien à craindre, puisqu'elle ne parloit point du père Berthod ni de sa détention, et encore moins du dessein qu'il avoit de se sauver. En marge de cette lettre il y avoit : « Je vous envoie de l'eau pour
« les yeux. Frottez-vous-en, cela vous éclaircira la
« vue. » Ce paysan part avec la lettre pour le curé de Blaye et la fiole d'eau pour les yeux, avec ordre,

s'il étoit pris, de dire qu'il portoit le tout au curé; et s'il ne l'étoit pas, de rendre l'eau et la lettre au duc de Saint-Simon.

Le paysan, après avoir fait de grands détours pour éviter l'armée navale des Bordelais, arrive à Blaye, donne la lettre et la fiole au duc de Saint-Simon, qui, n'y trouvant rien d'écrit que ce qui paroissoit pour le curé de Blaye, la communique au sieur de Bourgon; et tous deux ensemble, après avoir bien considéré le derrière de la lettre, et n'y voyant point d'apparence d'écriture, crurent qu'il la falloit frotter de l'eau que le père Berthod leur envoyoit : ce qu'ils firent, et aussitôt ils découvrirent cinq ou six lignes d'écriture aussi noire que la plus belle encre du monde, qui disoient :

« Je suis arrêté par M. le prince de Conti et par « l'armée; envoyez-moi au plus tôt le même batelier « qui m'a conduit de Blaye à Bordeaux; qu'il apporte « des habits de matelot dans sa chaloupe. Faites dili- « gence; autrement je suis perdu, et les affaires du « Roi ruinées. »

Le duc de Saint-Simon, qui étoit bien intentionné pour le service de Sa Majesté, et qui ne manquoit pas d'occasions à le faire paroître, envoie, dès aussitôt qu'il eut reçu le billet du père Berthod, le batelier qu'il demandoit au couvent de la Grande Observance, qui dit à ce père que le duc de Saint-Simon et le sieur de Bourgon l'avoient fait venir en grande diligence avec des habits de matelot qu'il avoit dans sa chaloupe, et lui avoient dit de faire tout ce qu'il voudroit. Le père Berthod donne au batelier les habits de religieux qu'il avoit apportés de Paris, et qu'il avoit quittés pour en prendre de ceux de Bordeaux, afin d'être plus conforme à eux, et qu'on prît moins garde à lui lorsqu'il étoit dans les rues. Il donna donc ses habits au batelier, avec ordre d'aller mettre sa chaloupe au fond des Chartreux, et de le venir voir tous les matins pour savoir ce qu'il auroit à faire.

Pendant quatre ou cinq jours que le batelier demeura à bord, le sieur Lenet alla trouver deux ou trois fois le père Berthod, auquel il demanda s'il étoit résolu de servir M. le prince. Le père lui répondit qu'oui; mais qu'il vouloit faire ses conditions. Lenet alla porter cette nouvelle au prince de Conti et à madame de Longueville; et Lenet étant revenu le lendemain trouver le père, lui dit que M. le prince de Conti viendroit le lendemain des Rois dîner au couvent, et qu'alors ils feroient leur traité en la manière que le père voudroit. Le père Berthod répondit que ce dîner ne dépendoit pas de lui, que c'étoit une affaire du père Ithier; à quoi Lenet répondit qu'ils en étoient d'accord ensemble.

Le père Berthod se voyant sur le point d'être perdu, parce qu'il ne vouloit point s'engager avec le prince de Conti, mit toutes les dispositions à sa fuite; et afin de la faciliter davantage, il persuade au père Ithier de remettre ce dîner à une autre fois; il lui représente qu'il ne prenoit garde que la ville en seroit scandalisée, parce que ce lendemain des Rois étoit le commencement d'un carême volontaire que les religieux de saint François font en leurs maisons; que M. le prince de Conti venant dîner au couvent, et lui père Ithier, aussi bien que lui père Berthod, étant à sa table, seroient obligés de manger de la viande; et quoiqu'il n'y eût pas de mal de le faire, puisque ce n'étoit pas un carême d'obligation, qu'il y avoit toujours de la mauvaise édification, puisqu'on ne mangeoit point de viande dans le couvent. Le père Ithier, persuadé de cette raison, trouve moyen de s'excuser envers M. le prince de Conti, et prie Son Altesse de mettre la partie à une autre fois.

Cependant le père Berthod, qui avoit découvert le dessein pour lequel il étoit venu à Bordeaux au père Galtery, et qui s'étoit engagé de servir le Roi dans l'occasion présente, lui dit qu'il s'en vouloit aller dès qu'il en trouveroit l'occasion; qu'il ne pouvoit plus retarder son départ sans gâter les affaires du Roi: mais il ne lui dit pas que le batelier étoit tout prêt; il le pria seulement de n'en rien dire au père Ithier, et qu'il le rendît capable (1) de son évasion lorsqu'il en auroit appris la nouvelle.

Le jour des Rois étant arrivé, le père Berthod se fait inviter à dîner pour le lendemain par une personne de la ville, avec le père Ithier et le père Galtery, afin que si M. le prince de Conti venoit pour dîner il ne trouvât ni les uns ni les autres, et qu'ainsi il n'engageât point le père Ithier à des choses qu'il ne vouloit pas faire, ou à s'exposer à sa colère ou à la fureur des ormistes.

Ce jour-là même, le sieur de Chambret, qui savoit que le père Berthod étoit à Bordeaux, et ce qu'il y étoit venu faire, y arrive. Dès le même moment il alla

(1) On lit *capable* dans notre manuscrit, ainsi que dans celui de Conrart (tome 12, page 538.) Le sens est obscur; il indique qu'il y a eu une légère altération de faite par les anciens copistes. Il semble qu'il androit lire *responsable*.

voir ce père, et lui dit que la cour l'avoit envoyé, ainsi qu'ils en étoient tous deux demeurés d'accord avec messieurs Servien et d'Amiens (1). Le père Berthod lui représenta le contre-temps dans lequel il étoit venu, le danger où il se mettoit si on venoit à savoir leur entrevue; et il renvoya le sieur de Chambret sans faire mine de le connoître, comme une personne avec laquelle il n'avoit point d'habitudes particulières.

Le lendemain des Rois arrivé, les trois pères s'en vont dîner chez la personne qui les avoit invités, et laissent ordre de dire à M. le prince de Conti, s'il venoit pour dîner, qu'ils n'y étoient pas, et qu'ils étoient sortis dans la pensée qu'ils avoient que Son Altesse ne se donneroit pas la peine de venir au couvent ce jour-là pour y dîner.

Sur les onze heures, M. le prince de Conti, qui étoit dans l'impatience de traiter avec le père Berthod, envoie aux Cordeliers dire qu'il ne viendroit point dîner, mais que sur les deux heures il ne manqueroit pas de s'y rendre; qu'ainsi le père Ithier et le père Berthod n'en bougeassent pas. Le portier fit savoir l'intention du prince de Conti à ces trois pères, et cela fit hâter le père Berthod de songer à son départ. Aussi quitta-t-il sa compagnie au moitié du dîner, faisant croire au père Ithier qu'il avoit donné le rendez-vous au sieur Chambret à midi, et qu'il ne pouvoit lui man-

---

(1) Le père Faure, évêque de Glandèves, qui dirigeoit le père Berthod, venoit d'être nommé évêque d'Amiens. Il avoit remercié le Roi de cette nomination le 25 février précédent. (*Voyez* les Nouvelles à la main, dans le recueil des Mazarinades de la bibliothèque de l'Arsenal, t. 166, pièce 57.)

quer de parole. Le père Ithier le laisse aller, après lui avoir fort recommandé de se trouver au couvent à une heure, pour ne pas fâcher le prince de Conti.

Le père Berthod quitte donc sa compagnie, s'en va prendre un religieux aux Cordeliers, pour l'accompagner par la ville; il le conduit sur le Charton, sans lui parler de quoi que ce fût de son dessein; et lorsqu'il se vit par delà le château Trompette, il dit à celui qui l'accompagnoit qu'il l'avoit choisi comme son ami, pour le mener en un lieu où il ne vouloit point que d'autre personne que lui eût la connoissance de ce qu'il y feroit; qu'il avoit donné le rendez-vous à un homme de grande condition, dans un cabaret borgne au fond des Chartreux; qu'ils y devoient parler d'une affaire très-importante; qu'il avoit choisi ce lieu-là pour n'être pas découvert, et qu'il le prioit que si, dans la suite de leurs discours et dans l'ardeur de leur conférence, il entendoit quelque chose de ce qu'ils diroient, il n'en parlât jamais à personne; que c'étoit une matière fort chatouilleuse, et qu'il lui feroit courre risque de sa personne, si le prince de Conti en avoit la moindre connoissance. Le compagnon, qui étoit ami du père Berthod, et qui savoit en gros qu'il étoit serviteur du Roi, sans pourtant qu'il en sût aucune chose en particulier, lui promit de le servir ainsi qu'il le désiroit, et que quoi qu'il pût entendre de la conférence, il n'en parleroit point.

Ces deux pères étant arrivés dans ce cabaret borgne, le père Berthod, qui avoit porté une écritoire et du papier, écrivit une grande lettre au père Ithier, dans laquelle il le prioit de ne trouver pas mauvais s'il s'en alloit sans voir M. le prince de Conti; qu'il ne pouvoit traiter avec Son Altesse sans gâter les affaires du Roi, et sans blesser son honneur et sa conscience; qu'il ne pouvoit ni ne devoit abandonner le service de Sa Majesté. Et il lui dit encore d'autres choses sur cette matière, afin qu'il se pût justifier au prince de Conti, au cas qu'il l'accusât d'être d'intelligence avec le père Berthod pour son évasion; et afin que le père Berthod écrivît sa lettre en repos et sans être vu du père qui l'accompagnoit, il l'engagea à faire collation avec des matelots espagnols qui pétunoient (1). Ce fut une des raisons qui obligea le père Berthod de choisir le compagnon qu'il avoit amené, parce qu'il savoit parler espagnol, et que le batelier qui devoit conduire le père Berthod à Blaye l'avoit averti qu'il y avoit toujours des Espagnols dans ce cabaret.

La lettre étant faite, cachetée et enveloppée dans un papier sans suscription aussi cacheté, le batelier, qui avoit le mot du père Berthod, lui vint dire en la présence du compagnon que le gentilhomme qu'il attendoit ne viendroit pas s'il ne l'alloit querir; qu'il étoit dans l'Amiral de Hollande, qui étoit dans la rivière de Bordeaux pour escorter la flotte en ce pays là, qui étoit venue pour acheter les vins des Bordelais. Le père Berthod prit de là occasion de dire à son compagnon qu'il le prioit de se donner patience dans ce cabaret, pendant qu'il iroit querir la personne avec laquelle il devoit conférer, et qu'ils seroient de retour

---

(1) *Qui pétunoient :* C'est-à-dire qui fumoient du tabac. Cette plante, dont l'usage est aujourd'hui si répandu, s'appela d'abord *nicotiane*, du nom de Nicot, ambassadeur de France en Portugal en 1560. Il fut le premier qui en fit connoître l'usage en France. On l'appeloit aussi *petun*, du nom vulgaire que les naturels de l'île de Tabago lui donnoient.

dans une heure ou deux. Et lors le père Berthod donna au père qui l'accompagnoit le paquet qu'il avoit cacheté, lui faisant croire que c'étoit un mémoire des choses dont il devoit traiter avec celui qu'il alloit querir; et qu'il le prioit, dès le même moment qu'il seroit de retour, de le lui rendre, afin de faciliter leur conférence. Le compagnon, qui crut bonnement ce que le père Berthod lui disoit, se résolut d'attendre dans le cabaret une heure ou deux; mais il y demeura jusques à la nuit, pendant que le père Berthod gagnoit Blaye avec son batelier, et qui, afin de n'être pas arrêté par l'armée navale des Bordelais, au travers de laquelle il falloit passer, s'étoit travesti en matelot, et rama dans la chaloupe avec celui qui la conduisoit, jusques à ce qu'il fût hors de danger d'être pris des ennemis.

Pendant que le père Berthod arrive à Blaye, qu'il y est caressé du duc de Saint-Simon et du sieur de Bourgon, il se fait grande rumeur à Bordeaux sur la fuite de ce père. Son compagnon étant de retour au couvent, le père Ithier en colère lui demande où étoit celui qu'il avoit accompagné. Le compagnon, qui croyoit que le père Ithier étoit d'intelligence avec le père Berthod, lui répondit en riant qu'il se moquoit, et qu'il le savoit mieux que lui. Le père Ithier, qui se fâchoit tout de bon, maltraitoit le pauvre compagnon de paroles, et le menaçoit de le faire fouetter. Le compagnon qui railloit, plus le père Ithier se fâchoit, lui jette le paquet qu'il avoit, lui disant : « Le père Berthod s'en est allé, il m'a donné « cela; voyez ce que c'est. »

Le père Ithier ayant ouvert le paquet, y trouve la

lettre que le père Berthod lui écrivoit; dès le même instant qu'il l'eut lue, il la porte au prince de Conti, quoiqu'il fût neuf heures au soir. Son Altesse fut extrêmement surprise, et elle accusa le père Ithier d'avoir consenti à cette évasion; mais ce père s'étant excusé par beaucoup de raisons, et par la justification même qui paroissoit dans la lettre du père Berthod, laissa le prince de Conti persuadé qu'il n'en étoit pas coupable; et toute la colère de Son Altesse, aussi bien que de madame de Longueville et de Lenet, se tourna sur le père Berthod, et sur ceux qu'on croyoit avoir eu intelligence avec lui.

Le lendemain, de grand matin, l'Ormée s'assembla sur la fuite du père. Le prince de Conti fit une ordonnance par laquelle la tête du père Berthod fut mise à sept cents pistoles : son portrait fut vendu et affiché par les rues. Les ormistes, qui s'étoient persuadés que le sieur Du Buhoc, conseiller du parlement, avoit eu quelque correspondance avec lui, allèrent piller sa maison, et l'eussent assassiné s'il ne se fût sauvé par dessus les toits dans le couvent des jacobins. L'un des jurats, duquel on avoit le même soupçon, fut déposé de sa charge, et chassé hors de la ville. Enfin, durant deux jours, c'étoit une rumeur étrange dans toutes les maisons de Bordeaux; les malintentionnés ne parloient que de roues et de gibets pour ce pauvre père; mais les bons bourgeois, qui avoient quelques bons sentimens pour le service du Roi dans le cœur, et qui ne savoient pas pourquoi le père Berthod étoit dans Bordeaux, commencèrent à ouvrir les yeux, et à louer Dieu de la bonne intention qu'il avoit eue de remettre la paix et le repos dans leur ville.

Plusieurs se dirent l'un à l'autre qu'il falloit continuer ce dessein ; qu'ils ne devoient plus souffrir l'oppression dans laquelle ils étoient, et qu'il falloit secouer le joug des princes et sortir de la tyrannie de l'Ormée.

Le sieur Le Roux fit savoir cette bonne intention au père Berthod, qui étoit à Blaye, par deux capitaines qu'il lui envoya ; et depuis ce temps-là jusqu'au 11 de février 1653, que ce père alla en cour, il avoit un commerce par lettres deux fois la semaine avec plus de cinquante bourgeois de la ville, avec lesquels il n'eût pu agir s'il eût demeuré dans Bordeaux ; et l'on peut dire que la fuite du père Berthod, et la rumeur qu'on avoit faite à sa sortie, étoit incomparablement plus utile au service du Roi que n'eût été son séjour dans la ville, quoiqu'il n'eût pas été découvert.

Le père Ithier pendant ce temps-là passoit pour anathême dans l'esprit des Bordelais bien intentionnés, qui l'accusoient d'avoir découvert le dessein du père Berthod, qui, pour le leur mieux persuader, leur écrivoit qu'il avoit été trahi par lui, afin que personne du parti des princes ni Leurs Altesses même ne crussent qu'ils eussent intelligence ensemble : aussi leur commerce fut-il si secret qu'il n'y avoit personne qui le sût, que la mère Angélique, supérieure des carmélites du petit couvent, le sieur de Boucaut, conseiller, et sa femme, le père Galtery, le sieur Le Roux, et le sieur de La Chaise son gendre. Le père Ithier continua donc d'écrire au père Berthod pendant le temps qu'il fut à Blaye ; il l'avertit qu'il s'étoit découvert à la mère Angélique, qui pouvoit beaucoup servir dans leur dessein. Ces deux pères avec M. de Boucaut en demeurèrent d'accord, parce que cette mère promettoit de gagner Villars, qui étoit un des principaux chefs de l'Ormée; aussi étoit-ce ce qu'il falloit faire, puisque l'Ormée étoit le seul corps qui s'opposoit à la paix, et qui gouvernoit lors dans la ville, sous l'autorité de M. le prince de Conti. Cette mère Angélique fait agir une de ses religieuses, sœur de Villars, pour l'obliger à se ranger du parti du Roi; et se le persuada d'autant plus facilement que ce Villars avoit témoigné à sa sœur grand dégoût pour la vie qu'il menoit, et lui avoit dit plusieurs fois qu'il avoit dessein de sortir de ce mauvais parti où il étoit par quelque service signalé. La sœur parle souvent à son frère, le sonde, l'étudie; et l'ayant cru converti par ses soupirs et par les fréquentes communions qu'il avoit faites pendant tout le mois de janvier de l'année 1652, le présente à la mère Angélique, à laquelle il promit des merveilles pour le service du Roi, et s'engagea de ramener la ville dans l'obéissance, et d'y faire recevoir l'amnistie, si la cour vouloit faire un parti raisonnable pour lui et pour le public.

La mère Angélique redit toutes ces choses au père Ithier; il les écrivit au père Berthod, et Villars se découvrit au sieur de Boucaut, afin de lui faire les propositions des choses qu'il désiroit que le Roi fît pour lui, au cas qu'il exécutât ce qu'il promettoit.

Sur ces propositions, le père Berthod eut une conférence avec le père Galtery, en un rendez-vous qu'il lui avoit donné près de Bourg, qu'il hasarda de prendre quoiqu'il fût dans le quartier des Espagnols, qui tenoient pour les Bordelais. Là ce père Galtery lui redit les conférences des uns et des autres, et les résolutions qu'on avoit prises. Le père Berthod en ce temps-là, qui fut le 11 février, part pour la cour, où il se rendit en diligence *incognito;* propose à la Reine, à Son Eminence, à M. Servien et à M. Le Tellier les choses qu'on désiroit pour remettre Bordeaux à l'obéissance du Roi; et toutes ces propositions étoient :

De donner une amnistie générale pour tous les habitans de la ville et faubourgs de Bordeaux, et des amnisties particulières pour ceux de ses habitans ou autres qui s'étoient engagés dans le parti du prince de Condé, lesquels voudroient rentrer dans leur devoir; la révocation des impositions nouvellement établies à Blaye, du jour que la ville de Bordeaux se remettroit dans l'obéissance de Sa Majesté; la continuation de la suppression de deux écus pour tonneau de vin, qui leur avoit ci-devant été accordée, et dont l'imposition avoit été rétablie depuis que la ville avoit été emportée dans la rebellion; le rétablissement du parlement dans la ville de Bordeaux; la confirmation des priviléges de ladite ville, lesquels avoient été révoqués depuis qu'elle s'étoit éloignée de son devoir; la permission d'imposer et de lever durant dix ans, sur les habitans de ladite ville, les sommes de deniers qu'elle avoit empruntées; et à ces fins qu'il leur seroit expédié des lettres du Roi en bonne et due forme. De plus, Villars (1) demandoit pour lui trente mille

---

(1) *Villars :* Il est plus facile de dire qui n'est pas ce Villars, que d'affirmer quel il est. On ne croit pas que ce puisse être Pierre de Villars, dit *le marquis*, et père du maréchal, quoique ce dernier, après avoir été gentilhomme du duc de Nemours, ait été attaché au prince de Conti, dont il devint premier gentilhomme en 1654. Il seroit pénible de voir un aussi beau nom souillé par la plus lâche des trahisons. Ce

écus, la charge de syndic ou clerc de ville, et une
lettre du Roi dans laquelle cette récompense seroit
exprimée, et fondée sur quelques services imaginaires qu'il disoit avoir rendus à la ville, comme de
l'avoir empêchée de se *républiquer*, et de l'avoir déchargée d'une garnison espagnole que M. le prince y
vouloit mettre.

Toutes ces propositions furent accordées par Leurs
Majestés et par M. le cardinal, de concert avec messieurs Servien et Le Tellier. Les expéditions nécessaires furent signées par M. de La Vrillière, et données au père Berthod, qui s'en retourna en diligence
incognito, de peur d'être pris par les gens de M. le
prince, qui avoient mis partout des hommes pour l'arrêter. Comme ces expéditions avoient été longues à
faire, à dresser et à sceller, y ayant diverses amnisties
et quantité d'autres lettres patentes, le père Berthod
ne se put rendre à Bordeaux que le 7 ou 8 de mars,
qu'il y arriva, après s'être hasardé de passer dans
l'armée navale des Bordelais. A son arrivée il donna
la lettre pour Villars au père Ithier, qui la porta à
la mère Angélique, laquelle la rendit à ce Villars,
qui en la recevant sauta d'aise, en bénit Dieu, et
dit avec transport : « Me voilà délivré de la po-
« tence. » Il s'engage tout de nouveau, et découvre les
moyens d'exécuter son dessein à la mère Angélique et
à M. de Boucaut, qui le faisoient savoir au père Ithier

Villars, quel qu'il soit, décèle sa bassesse en demandant de l'argent et
une charge de clerc de ville. Il y avoit alors à Bordeaux un Villars-
Villebonneur, dont Lenet parle dans ses Mémoires, tome 2, page 86,
de l'ancienne édition. C'est peut-être celui-là qui paroît ici sous des
traits si odieux.

et au père Berthod. Cependant Villars achète soixante fusils pour armer soixante paysans du Bouscat, ses affidés, pour lui servir de gardes; et dans le même temps travaille à gagner les principaux tribuns de l'Ormée, à chacun desquels il destina cinq écus.

Pendant le temps que le père Berthod étoit à la cour, où il recevoit tous les ordinaires des lettres de ses correspondans, il se forma trois partis dans la ville pour le service du Roi. Tous alloient à une même fin, et ne s'étoient point découverts les uns aux autres. Le sieur de Jan, conseiller clerc: le père en avoit formé un avec le sieur Masson; le sieur de Listrac, son fils, en avoit fait un autre avec le sieur de Maron, qui, avec un nommé Armantari, soulevoient le quartier de Saint-Michel. Le parti du sieur de Massiot, qui auparavant avoit été découvert par son emprisonnement (1), n'étoit pas éteint et se renouveloit. Enfin chacun travailloit pour recouvrer sa liberté. Le père Ithier, par le moyen d'un bourgeois aussi nommé Ithier, son parent, avoit gagné le même quartier de Saint-Michel, sans savoir que les sieurs de Listrac et Maron fussent de même parti.

Toutes ces cabales faillirent à ruiner l'affaire, parce que chacun, ignorant ce que l'autre vouloit faire, pressoit pour courre sus aux ormistes, et pour chasser les partisans des princes. Cela fut cause que le père Berthod, qui avoit commerce avec tous les chefs de ces partis, sans que le père Ithier en eût con-

---

(1) On lit dans la gazette de Renaudot, année 1653, page 46, article Bordeaux, du 2 janvier : « Le sieur Massiot fut élargi le 25 du passé; « mais il sortit en même temps de cette ville par ordre du prince de « Conti, qui avoit accordé sa liberté aux sollicitations de ses parens. »

noissance, sortit de Bordeaux pour aller à Blaye, à Agassat et en d'autres endroits où ils étoient, afin de les obliger d'écrire à leurs correspondans de ne rien entreprendre que quand le père Berthod leur diroit qu'il faudroit agir. Ce père emporte des billets des sieurs de Jan père et fils, et d'autres, pour s'en servir à l'occasion, qui étoit bien pressante; car lorsqu'il retourna dans Bordeaux, il trouva que Villars, qui avoit appris que Masson et Litterie (1) formoient un parti contre M. le prince de Conti et contre l'Ormée, et craignant qu'ils ne l'exécutassent, et par là ne lui ôtassent la récompense qu'il espéroit du Roi, en le prévenant par l'exécution pour la liberté de la ville, résolut de faire étrangler ces deux hommes, afin de leur ôter le moyen d'agir. Il fit donner avis de son dessein au père Berthod, afin qu'il y remédiât : ce que ce père fit, par l'avis qu'il fit donner à Masson et à son associé.

Dix jours se passèrent dans les préparatifs que Villars faisoit pour l'exécution, pendant lesquels le père Berthod retourne encore à Blaye, pour demander à M. de Vendôme six officiers qui pussent servir de chefs aux compagnies bourgeoises, et à quelques-unes de l'armée que Villars conduiroit; pour demander que le régiment de Montausier se tînt prêt sur des vaisseaux de l'armée navale, qu'on feroit approcher le 20 mars jusqu'à Lormont, pour en faire sortir ces chefs et ce régiment, qui devoit servir pour soutenir les bien intentionnés, au cas qu'ils fussent repoussés par les gens des princes. Toutes ces choses

(1) *Litterie* : On lit ainsi sur les deux manuscrits. Il faudroit peut-être lire *Listrac*.

furent accordées au père Berthod par M. de Vendôme, qui souhaitoit avec passion de voir le Roi maître dans Bordeaux, aussi bien que les sieurs de Saint-Simon, de Comminges, de Montausier, et d'autres officiers généraux, desquels M. de Vendôme prit conseil.

Le père Berthod s'en retourne à Bordeaux, assuré de ce qu'il falloit du côté de la mer, qui étoit le seul endroit pour lors nécessaire pour faire réussir leur dessein. Aussi ne se pouvoit-on pas en ce temps-là servir de M. de Candale, parcequ'il étoit dans la Haute-Guienne avec son armée, où il reprenoit les villes et les châteaux que M. le prince avoit rangés de son parti.

Durant que le père Berthod étoit à Blaye, Villars changea de résolution; et, par une infâme trahison, il alla, le 16 de mars, découvrir à M. le prince de Conti le dessein qu'il avoit eu, et qui se devoit exécuter le 23, qui étoit sept ou huit jours après. Ce lâche nomma pour lors au prince de Conti le père Ithier, dont Villars n'avoit point ouï parler que le jour auparavant par la mère Angélique et M. de Boucaut, qui seul parloit à Villars, et qui par ordre du Roi, que lui avoit apporté le père Berthod, traitoit avec lui de cette affaire. Et parce que Lenet vouloit avoir les quinze mille livres que Sa Majesté accordoit à Villars, et qu'il devoit recevoir par le père Ithier, pour commencer cette affaire, il fut conclu entre le prince de Conti et Lenet que ce traître amuseroit le père Ithier quelques jours, pendant lesquels on feroit approcher des troupes pour se rendre maîtres de Bordeaux, et pour dissiper tout ce qu'il y avoit de partis pour le service du Roi.

Villars ne manqua pas, depuis le jour de sa trahison, d'aller rendre compte tous les jours au sieur de Boucaut de ce qui se passoit chez M. de Conti, comme il avoit fait depuis Noël qu'il travailloit à cette affaire. Le 20 mars, il fut trouver le père Ithier, auquel il représenta les nommés Curtin, Taudin, Guniraut, Croissillat, Blaint et le capitaine Bousseau, qui étoient les six exécuteurs de son dessein, et gens de crédit dans l'Ormée, sans lesquels on ne le pouvoit faire réussir. Après que Villars eut pris l'ordre dont on se devoit servir pour faire crier *vive le Roi!* et *la paix!* et qu'il fut convenu des quartiers qu'on devoit occuper, et avoir pris jour pour cela, pour empêcher les séditieux de rompre un si juste dessein, il reçut les quinze mille livres, et vit les lettres de change pour le reste de sa récompense. Villars porte cette somme au prince de Conti, qui la reçoit; et sachant que les troupes qu'il avoit envoyé querir étoient arrivées, et que le sieur de Marchin, que Villars avoit éloigné par adresse auparavant sa trahison, étoit de retour, il fit commander par les jurats ormistes, aux capitaines de quartier, de faire mettre le peuple sous les armes, sous prétexte d'arrêter quelque gentilhomme qui avoit usé d'irrévérence envers une demoiselle de madame de Longueville, dans la maison de cette princesse.

Tout cela se faisoit dans Bordeaux pendant que le père Berthod alla à Blaye pour trouver M. de Vendôme; d'où venant, il passa inconnu au travers des troupes que M. le prince avoit fait venir la nuit vers Blanquefort, et dans l'armée navale des Bordelais sans qu'il y fût arrêté: et certainement ce fut un effet de la providence de Dieu, qui conserve ceux qui s'exposent si généreusement pour leur roi. Il arriva donc dans Bordeaux le samedi 20 de mars, et en même temps il envoya querir le père Ithier, pour lui dire que toutes choses étoient prêtes du côté de la mer; que les chefs étoient commandés; que le régiment de Montausier étoit tout prêt pour soutenir les bien intentionnés. Le père Ithier, qui ne savoit point la trahison de Villars, lui dit aussitôt que tout étoit prêt dans Bordeaux, et que le 21 ensuivant l'affaire se devoit exécuter. Et sur ceci il est à remarquer que le père Berthod et le père Ithier ont toujours fait leurs propositions de remettre la ville de Bordeaux dans l'obéissance du Roi sans effusion de sang, à moins que les rebelles n'usassent de grandes violences; mais surtout qu'on ne feroit point de mal aux princes ni aux princesses, et qu'on se contenteroit seulement de les chasser hors de Bordeaux.

Le père Ithier quitte le père Berthod pour aller travailler à l'avancement de l'affaire, et au bout d'une heure il le revient trouver pour lui dire que madame de Longueville l'avoit envoyé querir lui père Ithier, et qu'elle le vouloit consulter, à ce qu'elle demandoit, sur une affaire de conscience. Le père Berthod dit au père Ithier qu'il n'y devoit point aller; que madame de Longueville étoit plus fine que lui; que la prière qu'elle lui faisoit étoit hors de saison, et que certainement on lui vouloit jouer quelque pièce. Le père Ithier ne le vouloit pas croire, et s'en va chez cette princesse, où elle le fit arrêter par le lieutenant des gardes du prince de Conti, qui l'entretint environ une heure dans une antichambre, en attendant que Son Altesse, les sieurs de Marchin et Lenet fussent venus.

Etant arrivés, le prince de Conti maltraita le père de paroles, auxquelles il répondit qu'il avoit toujours eu respect pour Son Altesse, et qu'il ne se trouveroit point qu'il eût de mauvais desseins contre lui. Il dénia d'abord qu'il eût travaillé pour le service du Roi dans Bordeaux; mais voyant qu'on lui produisoit les six hommes qui étoient venus apporter les quinze mille livres chez le prince avec Villars, il avoua qu'il étoit vrai qu'il avoit agi pour le bien de la paix; qu'il en avoit eu ordre de la Reine par une lettre que Sa Majesté lui avoit fait l'honneur de lui écrire, et que le père Berthod lui avoit apportée, laquelle lui commandoit de travailler conjointement avec lui; qu'il y avoit plus de quinze ans qu'il étoit à la Reine; qu'il se sentoit obligé d'exécuter ses ordres; que lui, prince de Conti, ne le pouvoit accuser de perfidie, puisque Son Altesse ne lui avoit jamais rien communiqué de ses desseins ni de ceux de M. le prince de Condé, et qu'il savoit bien que leurs conversations avoient été de toute autre matière. Après plusieurs interrogations qui lui furent faites, il avoua ce qu'il ne pouvoit cacher, savoir que le père Berthod l'avoit engagé dans le parti du Roi; que depuis qu'il s'étoit échappé de Blaye à son insu, il avoit toujours eu commerce avec lui; que tous les religieux de son couvent n'avoient aucune connoissance de cette négociation. Il avoua qu'il avoit découvert son dessein à la mère Angélique et au sieur de Boucaut : aussi ne le pouvoit-il pas nier, puisque Villars avoit eu si souvent conférence avec eux. Il parla des trente mille écus que la cour avoit promis à Villars ; il dit que M. d'Amiens étoit son correspondant pour cette négociation par l'entremise du père Berthod, qui lui écrivoit toutes choses ; qu'il avoit agi dans la paroisse de Saint-Michel avec plusieurs bourgeois, et entre autres avec le sieur Ithier son parent, qui avoit trafiqué en ce quartier-là avec plusieurs qu'il ne nomma pas. Il dit encore que le sieur Le Roux devoit fournir tout l'argent nécessaire, jusques à quatre-vingt-dix mille livres qu'il devoit compter par ses ordres ; que M. de Vendôme, de Saint-Simon et de Bourgon, et le père Berthod, lui écrivoient, par la main du dernier, qu'on donneroit à ceux de l'Ormée ce qu'on jugeroit à propos pour les remettre dans le service du Roi ; qu'on enverroit de Blaye des chefs pour mettre à la tête de la bourgeoisie lorsqu'il en seroit besoin ; qu'il y avoit des autres cabales conduites par les sieurs de Jan, Masson, Litterie le jeune, et une autre du président d'Affis (1) ; et que ce qu'il en savoit il l'avoit appris depuis quatre heures de la bouche du père Berthod ; que les mesures étoient prises pour se saisir de Lenet, qu'on devoit conduire dans les prisons du Palais ; qu'on se saisiroit de l'hôtel-de-ville ; qu'on feroit savoir à Leurs Altesses qu'il n'y avoit plus d'assurance pour elles, et qu'on leur feroit ouvrir une porte de la ville pour se retirer ; qu'en même temps on devoit faire sortir tous les religieux de plusieurs monastères, comme des cordeliers, récollets, capucins, carmes, feuillans, et les pères de Saint-Benoît ; et que tous iroient dans les rues criant *la paix !* et chantant *vive le Roi !* que pour les jésuites, minimes et les pères de

(1) D'*Affis* : premier président du parlement de Bordeaux.

la Merci, on n'avoit point de commerce avec eux pour ce sujet. Que le père Berthod avoit été à Blaye en vertu d'un passe-port de Son Altesse, sous un nom supposé, querir l'amnistie pour la publier au Palais et dans les rues; qu'il étoit revenu en habit séculier il y avoit cinq ou six heures, mais qu'il ne savoit où il étoit; que ce père écrivoit toute l'intrigue à la Reine, à M. le cardinal, à messieurs Servien, d'Amiens et de La Vrillière, et qu'il en recevoit des lettres, et que messieurs Servien et d'Amiens étoient les principaux directeurs de cette affaire du côté de la cour; que l'armée navale se devoit avancer le 21 jusqu'à Lormont; que le régiment de Montausier se devoit tenir prêt pour secourir le parti du Roi en cas de besoin. Enfin il dit tout le secret de l'affaire, parce que Villars le savoit aussi bien que lui, puisqu'ils avoient concerté ensemble avec le sieur de Boucaut (1).

Pendant cet interrogatoire le père Berthod, qui avoit été averti de la détention du père Ithier, se

(1) On lit le récit de cet événement dans une gazette manuscrite, article Bordeaux, à la date du 27 mars 1653: « Les fidelles subjects du
« Roy avoient ici ménagé une entreprise de remettre la ville en l'obéis-
« sance de Sa Majesté; mais lorsqu'on estoit sur le point de l'exécuter,
« ayant été découverte par un des ormistes qui avoit promis d'y se-
« conder les bien intentionnés, le père Ithier, gardien du couvent des
« cordeliers de cette ville, a esté arresté par l'ordre du prince de Conty;
« qui l'avoit envoyé querir: en laquelle disgrace il tesmoigna autant de
« fermeté d'esprit qu'il avoit monstré de zele pour son roy et d'amour
« pour la liberté de sa patrie en la conduite de cette entreprise, dont
« le mauvais succès, bien loing de diminuer le courage des bons ser-
« viteurs du Roy, les irrite davantage à combattre, et à résister à toutes
« les puissances qui se veulent establir au préjudice de celle que le Ciel
« a ordonnée à leur gouvernement. » (Collection de Mazarinades, bibliothèque de l'Arsenal, tome 166, pièce 57.)

trouva fort alarmé, parce qu'il voyoit la ville en armes pour le prendre, et les portes fermées afin d'empêcher qu'il ne sortît. Le prince de Conti, qui étoit assuré par la déposition du père Ithier qu'il devoit être encore dans la ville, le vouloit avoir à quelque prix que ce fût. Madame de Longueville et Lenet en vouloient plus à lui qu'au père Ithier; l'Ormée crioit tout haut qu'il le falloit déchirer en pièces: enfin c'étoit une huée horrible dans la ville contre ce pauvre père, qui n'avoit que deux seules personnes auxquelles il se pût fier. Se voyant en cette peine, il envoie ces deux personnes, l'une aux Capucins, l'autre aux religieux de Saint-Benoît, avec lesquels il avoit eu quelque correspondance. Il donne charge à ces deux confidens de demander chacun un père de ces couvens, et de leur dire le danger où il se trouvoit; qu'il étoit travesti, et qu'il envoyoit savoir d'eux s'il pouvoit avoir retraite assurée deux ou trois jours dans leur couvent. Par bonne fortune pour le père Berthod, les pères qu'il demandoit ne s'y trouvèrent pas; ils avoient été chassés de la ville par les ormistes et par la faction des princes. Certainement c'étoit une bien bonne fortune; car deux heures après que le père eut envoyé aux Bénédictins et aux Capucins, deux compagnies de l'Ormée allèrent fouiller partout, jusque dedans les coffres de leur sacristie, pour le trouver, ainsi que le sieur Le Roux, qui avoit fui de sa maison dès qu'il eut appris la prise du père Ithier.

Le père Berthod se voyant presque hors d'espoir de salut, parce qu'on visitoit toutes les maisons, et qu'on étoit à trois rues proche de celle où il étoit, se résolut d'aller monter à cheval, et de s'aller jeter comme il étoit travesti parmi la cavalerie des princes : ce qu'il fit ; et il demeura six ou sept heures à se chercher avec les autres.

Durant cette perquisition inutile pour les princes et pour l'Ormée, les sieurs d'Affis, président, Bordes, conseiller du parlement, Ithier, bourgeois, parent du père Ithier, furent faits prisonniers; le curé de Saint-Pierre, que l'Ormée poursuivoit pour l'assommer, eut une jambe et un bras rompus; celui de Saint-Remi, maltraité et conduit dans une tour : enfin c'étoit une rage inconcevable contre les pauvres serviteurs du Roi. La maison du sieur Le Roux fut pillée jusqu'aux serrures et aux verroux des portes; on n'entendoit parler que de roues et de gibets, de gênes et de tortures : et ce n'étoit pas sans raison; car le parent du père Ithier, qui étoit un bonhomme, âgé de plus de soixante ans, souffrit la question ordinaire et extraordinaire à tant de reprises, qu'il fut laissé pour mort, étendu sur le chevalet; et il en est demeuré perclus pour le reste de sa vie.

Le jour même que le père Ithier fut pris et qu'il fut interrogé, on le conduisit dans la prison de l'hôtel-de-ville et dans le conseil de l'Ormée. Celui qui étoit le procureur général, et qui étoit un apothicaire, conclut à couper ce père en quatre quartiers, et ses membres mis sur les portes de la ville. Un des anciens conseillers, qui étoit un pâtissier, conclut à ce qu'il fût roué tout vif, et ses cendres jetées au vent. Le curé de Saint-Project s'alla offrir, sans qu'on pensât à lui, de le dégrader, si cette assemblée de coquins le vouloit faire mourir. Plusieurs artisans, conseillers de cette inique assemblée, donnèrent leurs avis, chacun selon leur caprice; mais en cette première séance on ne prononça point d'arrêt. Le père fut conduit deux ou trois fois de l'hôtel-de-ville chez le prince de Conti, pour donner quelque mine à l'instruction de son procès, et toujours à pied, traîné par cinq ou six pendards, qui étoient suivis de plus de cinq cents ormistes armés de fusils et de hallebardes, d'une infinité d'orangères, de fruitières, de servantes et de petits enfans, qui crioient tous: *Il faut qu'il meure!* Après trois ou quatre voyages de cette manière, il fut conduit dans le sénat de l'Ormée, qu'ils avoient ce jour-là baptisé du nom de conseil de guerre, où on lui prononça une sentence donnée sans formes, sans procédures, par des non-juges, par des personnes récusées, par une assemblée composée d'huguenots, de criminels, de gens sans nom et sans caractère.

Avant l'exécution de cette sentence on rasa ce bon religieux, on lui ôta sa marque de prêtre, on le dépouilla de ses habits; et lui ayant fait mettre la corde au col par l'exécuteur de justice, on le mit sur une charrette, et on le traîna de la sorte, la torche au poing et le bourreau qui étoit derrière, dans toutes les rues de Bordeaux; et après on le remit dans un cachot, où il étoit condamné de demeurer toute sa vie au pain et à l'eau.

Depuis la prise du père Ithier jusqu'à l'exécution de sa sentence, le père Berthod ne bougea de Bordeaux, d'où il écrivit à la Reine et à M. le cardinal tout ce qui se passoit, et n'en vouloit point partir qu'il n'eût vu ce qu'il deviendroit. Le père Berthod trouva la difficulté bien grande de sortir; car il n'y avoit que la porte du Chapeau-Rouge ouverte, encore étoit-elle gardée par cinquante ormistes. Il falloit pourtant s'en aller; car il n'y faisoit plus bon pour lui, et il n'y pouvoit plus travailler pour le service du Roi. Il fut donc question de chercher les voies de sauver le père Berthod et ses papiers, qui étoient en nombre. Ce père donc, par le moyen de son hôte, à qui il se confioit, et lequel même étoit bien intentionné pour le service du Roi, trouve moyen d'écrire au sieur de Pommiers, qui s'étoit réfugié à Agassat avec beaucoup d'autres, et le prie de lui envoyer son batelier pour le conduire chez lui. M. de Pommiers le lui envoie; le père lui donne ordre de revenir le lendemain, de laisser sa chaloupe à deux lieues de Bordeaux, au-dessous de l'armée navale des ennemis; qu'il iroit à pied jusque là pour éviter les dangers, qui étoient fort grands, parce que M. le prince de Conti avoit révoqué tous ses passe-ports, et avoit commandé aux capitaines de ses vaisseaux d'arrêter tous ceux qui descendroient du côté de Blaye.

Pendant que le batelier retourne à Agassat querir sa chaloupe, le père Berthod s'imagine qu'il ne pouvoit mieux sauver ses papiers que par des femmes; en effet il y réussit. Il en envoie chercher deux, qui étoient des bourgeoises assez considérables dans la ville, auxquelles il se confioit, et qui même s'étoient trouvées dans le danger lorsqu'on faisoit la visite dans les maisons pour le chercher. Avec ces deux il choisit encore la sœur de son hôte, qui étoit aussi sœur de l'une des deux qu'il avoit envoyé chercher; et à toutes trois il leur fit la proposition de le servir le lendemain à sa sortie, sans leur dire en quoi ni comment; et elles le lui promirent.

Ce lendemain arrivé, les femmes et le batelier arrivent à l'heure assignée; mais le batelier avoit si mal fait son affaire, qu'il mettoit le père en état d'être pris infailliblement par l'armée navale des Bordelais; car au lieu d'avoir mis sa chaloupe à deux lieues de la ville, comme le père lui avoit commandé, il l'avoit conduite au port du Chapeau-Rouge. Cela rompit beaucoup les mesures de ce départ : néanmoins il falloit partir. Le père Berthod donne donc au batelier une valise ouverte, pleine de linge et de papiers indifférens, afin qu'étant visitée à la porte on n'y trouvât rien de suspect, et lui commande de ramener son bateau au lieu destiné, et de l'attendre là, jusques à ce qu'il l'eût été joindre ; puis il pria une des trois femmes à laquelle il avoit plus de confiance d'envoyer querir deux filles de sa connoissance et de ses amies, et qu'elle leur fît croire qu'un gentilhomme de M. d'Epernon leur vouloit donner la collation au bout des Chartreux, et qu'elle les priât d'être de la partie.

Dans le temps que ces deux filles arrivèrent, le père partage ses papiers en trois, dont il donna à chacune une partie, aux deux sœurs de son hôte, et à l'autre de leur bande : elles les avoient dans leurs jupes de taffetas, et elles passèrent toutes trois avec leurs papiers sans être fouillées; car on ne s'avisa point de visiter ces bourgeoises, qui sont au-dessus du commun dans la ville. Comme elles vouloient partir, les deux demoiselles arrivent, auxquelles le père Berthod, qui étoit vêtu en habit séculier, fit compliment comme s'il eût voulu s'aller promener avec elles. Il marche dans les rues, parlant sérieusement ensemble; mais comme il fut à une rue proche du Chapeau-

Rouge, il les prit par la main, et se mettant au milieu d'elles, passe au travers des gardes en chantant et se divertissant, comme une personne qui ne pensoit qu'à se réjouir. Si le père fut aise de se voir hors des pattes des ormistes, il ne le fut pas moins quand il eut la satisfaction de voir passer les trois demoiselles avec les papiers au travers de ces coquins, sans qu'elles fussent fouillées. Mais cette joie ne dura pas longtemps; car le père Berthod ayant quitté sa compagnie au fond du Charton, et ayant fait une lieue avec son hôte qui l'accompagnoit, portant tous deux leurs papiers, ils trouvèrent trois brigantins ennemis à terre, et les officiers et les soldats dans leur chemin, avec une sentinelle qui arrêtoit les passans. D'abord l'hôte dit au père qu'ils étoient perdus, et qu'il étoit impossible d'échapper. Le père Berthod voyant qu'ils ne pouvoient reculer à moins que de donner mauvaise opinion d'eux, et de faire tirer sur eux s'ils n'arrêtoient, dit à son hôte de tenir bonne mine, de n'avoir point de peur, et qu'il le laissât faire. Pour ôter tout soupçon à ces soldats, le père Berthod s'avance à la sentinelle, et lui demande à parler à son capitaine, lequel étant venu, lui dit en langage bordelais qu'il le prioit de lui prêter une de ses chaloupes, et des matelots qui le pussent passer au-delà de la rivière au-dessous de Lormont, en un petit bien qu'il avoit là; que les bateliers de Bordeaux lui en avoient refusé, quoiqu'il fût de leur parti, et leur compatriote. Le capitaine s'excusa, sur le danger qu'il y avoit de passer delà Lormont, où étoient les Irlandais, qui tiroient sur eux et qui les pilloient, quoiqu'ils fussent tous à M. le prince.

Le père Berthod, bien aise de ce refus, passe aux autres deux brigantins, auxquels il demanda la même chose, avec résolution de passer de l'autre côté de la rivière s'ils le prenoient au mot; car par là il évitoit d'être arrêté par les Bordelais, qui n'eussent pas fait aborder la chaloupe de l'un de leurs brigantins. Il est vrai qu'il se trouvoit éloigné de deux ou trois quarts de lieue de l'endroit où son batelier le devoit attendre, et la rivière entre' deux; mais, moyennant de l'argent, il l'eût repassée au-dessous de l'armée navale, vis-à-vis de son rendez-vous. Ces deux brigantins lui firent la même réponse que le premier.

Voilà donc le père Berthod et son hôte arrivés au rendez-vous donné au batelier, qu'ils n'y trouvèrent pas; et cela les pensa perdre, parce qu'ils étoient à la merci des paysans, qui étoient si méchans qu'ils tuoient ceux du parti du Roi, des princes, les Bordelais, les Irlandais, et tout ce qu'ils trouvoient à leur avantage. Ils demeurèrent plus de trois heures à attendre leur chaloupe, qui n'arriva qu'au soleil couchant, parce que le batelier avoit été arrêté sur le port de Bordeaux, pour passer les troupes d'Aubeterre qui sortoient de la ville, et se retiroient dans leurs quartiers. Le père avec cette chaloupe arriva la nuit dans l'armée navale du Roi, et le lendemain à Blaye, où il fut admirablement caressé de M. de Vendôme, de M. de Saint-Simon, et des officiers généraux.

Le père Berthod, qui savoit que le bruit qu'on avoit fait pour le prendre, et l'injustice qu'on avoit commise en la personne du père Ithier, n'avoit point refroidi la bonne volonté des bien intentionnés, écrivit diverses lettres à quantité d'habitans, qu'il leur faisoit rendre sous main, et une espèce de manifeste pour sa justification et celle du père Ithier envers la bourgeoisie, à qui on avoit fait croire que l'intention de ces deux pères étoit de faire égorger le peuple par les troupes du Roi, et mettre le feu dans la ville. Il leur fit connoître la pureté de leur dessein, qu'ils n'avoient eu d'autre pensée que celle du rétablissement de leur liberté, et de leur donner le repos sans épancher du sang, sans faire autre mal aux princes et aux princesses que de les faire sortir de Bordeaux; il leur remit devant les yeux le brûlement de leurs maisons, la désolation de leurs campagnes, l'arrachement de leurs vignes, la disette et la nécessité de leur ville, la mendicité et la misère dans laquelle étoient réduits la plupart de leurs bourgeois; et que néanmoins ils donnoient des couronnes aux auteurs de leurs malheurs, et des supplices à ceux qui leur procuroient du bien, et qui alloient donner à leur ville son abondance et sa beauté, son lustre et ses plaisirs, son repos et sa félicité; que les auteurs de leurs maux les poussoient et les laisseroient croupir dans le précipice, et que bien loin d'ôter ceux qui mangeoient leurs biens, qui pilloient leurs maisons et qui s'enrichissoient à leurs dépens, ils les caressoient et les animoient contre ceux qui leur vouloient faire du bien, et les avoient poussés de leur donner, au lieu de couronnes, des cordes, des bourreaux, des torches, et tout cet appareil que la justice donne aux plus cruels, aux plus méchans et aux plus perfides. Il leur fit connoître le sacrilége qu'on avoit commis en la personne de cinquante religieux cordeliers, qu'on avoit battus, chassés de la ville à grands coups de cannes, parce qu'ils avoient témoigné du déplaisir à cause de l'ignominie qu'on faisoit à leur gardien ; il leur reprocha l'impiété qu'on avoit commise en la personne de Jésus-Christ, contre lequel on avoit présenté des armes à feu, voulant arquebuser le saint-sacrement en pleine rue, ayant frappé sur le religieux qui le portoit revêtu des habits sacerdotaux, et le lui ayant arraché des mains à la tête de cent mousquetaires ; d'avoir donné un couvent de Saint-François au pillage, après en avoir banni les religieux au son des trompettes, converti leurs cellules en cabaret, des lieux saints en corps de garde, et fait de la maison d'oraison une retraite de voleurs.

Il leur faisoit encore remarquer leur lâcheté à voir profaner l'église où reposent les cendres de leurs aïeux; de s'être jetés dans des excommunications desquelles personne ne les pouvoit absoudre que le Saint-Père : et tout cela par complaisance, et sans autre motif que celui du mauvais exemple. Enfin il leur représentoit qu'on les jouoit, qu'on se servoit de leur crédulité pour les rendre exécuteurs de violences, lesquelles diffamoient leurs personnes et déshonoroient leur pays ; il les conjuroit d'ouvrir les yeux sur les reproches que le conseil de M. le prince faisoit d'eux ; qu'on les accusoit d'avoir fait proscrire leurs pasteurs, assommer les curés, et emprisonner les ecclésiastiques ; traîner le père Ithier dans leurs rues comme un infâme, fait déchirer sur le banc de la question des vieillards septuagénaires, pour leur faire nommer, par la violence des tourmens, les plus riches de la ville pour les piller ; qu'on les accusoit d'avoir exilé tant de personnes de condition, afin de profiter de

leurs biens; qu'on leur reprocheroit à jamais toutes ces choses, aussi bien que d'avoir fait pendre en effigie le sieur Le Roux et d'autres, quoique ce fut Lenet qui le fit faire pour avoir lieu de prendre ce qu'il y avoit de meubles et d'argent chez eux; qu'ils devoient pourtant savoir que ce Lenet les accusoit de tout cela; qu'il disoit et faisoit dire partout que c'étoit eux qui s'étoient jetés dans ces excès; qu'ils étoient des indomptables, qu'il n'y avoit point de frein pour leurs impétuosités, et que sans sa conduite et son adresse ils auroient non pas pillé, mais brûlé; non pas chassé, mais tué; non pas dépouillé les temples, mais renversé les autels; et qu'il avoit eu toute la peine du monde de garantir de leur fureur le père Ithier et les autres cordeliers de Bordeaux. « Et cependant, disoit encore
« le père Berthod aux bons bourgeois, vous devez sa-
« voir que Lenet dit à madame de Longueville, lors-
« qu'on lui alla dire que tous les religieux de la ville
« sortoient avec le saint-sacrement: Voilà, madame,
« l'effet de vos beaux conseils! Si on eût égorgé
« ou pendu ce moine, nous ne serions pas en ces
« peines » (1).

(1) On trouve le détail des événemens que le père Berthod ne fait qu'indiquer dans la gazette de Renaudot (*article Bordeaux*), à la date du 3 avril 1653, page 360. Voici le passage: « Le père Ithier,
« gardien des Cordeliers de cette ville, ayant esté conduit pour la troi-
« sieme fois devant ses juges, composés d'officiers de guerre et d'ormistes,
« auxquels présidoit le sieur Marchin, fut condamné à faire amende
« honorable, comme il fit le 28 du passé, devant les maisons du prince
« de Conty, de la princesse de Condé et de la duchesse de Longueville;
« mais avec une constance qui rejettoit toute l'infamie de cette con-
« damnation sur les juges rebelles à leur souverain, puisqu'ils ne l'ont
« pu convaincre que d'avoir voulu servir son Roi et sa patrie. Il fut
« ensuite remené en prison, pour y vivre au pain et à l'eau. Tandis que

Après, il leur représentoit que M. de Candale reprenoit toutes leurs villes liguées; que tous leurs postes étoient occupés par les troupes du Roi; qu'ils n'avoient plus presque dehors que leurs murailles;

« la rebellion continue ses violences sur les autres fidelles subjects de Sa
« Majesté, entre lesquels le curé de Saint-Pierre ayant esté cherché par
« des soldats du prince de Conty, s'est cassé un bras et une jambe
« lorsqu'il pensoit se sauver par une fenestre; et le sieur Ithier, cousin
« de ce généreux pere cordelier, âgé de soixante-cinq ans, a esté
« même appliqué à la question, laquelle il a néanmoins soufferte avec
« un courage merveilleux, sans donner aucune satisfaction à ses enne-
« mis. Mais ce que chacun a trouvé encore beaucoup plus estrange,
« tous les religieux de cette maison, peu de temps avant que leur
« gardien sortist de l'hôtel-de-ville, s'y estant rendus en procession
« pour le demander, sans aucun respect du saint-sacrement qu'ils
« portoient, ils furent chassés par la garde jusques dans leur couvent,
« où le prince de Conty s'estant ensuite rendu, et les ayant trouvés en
« prieres, il fit serrer dans le tabernacle, par un de ses aumôniers, le
« saint-sacrement que ces religieux avoient exposé depuis la détention
« de leur gardien; et après qu'il les eut fait tous sortir, à la réserve de
« quelques malades, il les mena luy-mesme jusques au port de la
« Bastide, où il leur fit passer la riviere, avec défense de retourner en
« ceste ville sur peine de la vie. » Il est question dans ce qui précède
du curé de Saint-Pierre. Il ne sera pas inutile de placer ici un passage
de la même gazette, qui fait connoître tout à la fois la belle conduite
de ce vertueux prêtre, et l'excès des malheurs dans lesquels étoit plongée
la ville de Bordeaux. Voici ce qu'on lit sous la-date du 30 janvier 1653,
page 137 : « L'ouverture des prieres de quarante heures ayant été faite
« il y a quinze jours dans l'église Saint-Pierre de cette ville, le curé,
« dont la vie et la probité sont exemplaires, y fit une docte prédica-
« tion, en laquelle il exhorta ses paroissiens à secouer le joug de l'au-
« torité illégitime des ormistes et de tous les autres qui s'opposent à la
« paix, laquelle ne se peut trouver que dans la dépendance des subjects
« avec leur souverain : ce qui fut très-bien reçu de ses auditeurs. Mais
« le prince de Conty n'en fut pas plus tôt adverty, qu'il envoya chercher
« ce curé, et lui reprocha d'avoir presché contre son party. A quoy il
« répliqua qu'il n'estoit partisan que de l'Evangile, et que ses parois-
« siens attesteroient qu'il avoit parlé comme devoit faire un bon pas-
« teur. Néanmoins le sieur Brignon, l'un de nos jurats, alla le 23 de ce
« mois sur les sept heures du soir en sa maison; et luy ayant commandé

que quand le parti qu'ils appuyoient auroit ce qu'il demande, qu'il ne leur reviendroit rien de son accommodement; qu'il ne rebâtiroit pas leurs maisons, que les guerres ruinoient; qu'il ne remettroit point leurs métairies, que les soldats désoloient; qu'il ne répareroit point les pertes qui les alloient réduire dans la mendicité; qu'ils ne devoient point attendre de douceurs de ce parti-là, puisqu'il ne les regardoit que comme une troupe de séditieux, et comme une cabale de misérables. Ce sont là, leur disoit-il, les grâces que vous en devez espérer, après que vous vous serez perdus pour ce parti-là, et que vous aurez entièrement aigri la douceur paternelle du Roi, qui attend encore votre résipiscence. Les sujets sont comme les membres du corps, qui ne sont jamais à leur aise tant qu'ils sont disloqués : il faut les remettre dans leurs boîtes et dans leur place; autrement ils sont toujours dans la douleur et dans la souffrance. Faites ce qu'il vous plaira, leur disoit-il encore; que l'Espagnol ouvre votre rivière, s'il peut; que la disette et la pauvreté qui vous consomment s'adoucissent; que la peste, qui vous va un de ces jours étouffer dans vos murailles, cesse; qu'on flatte votre mal par le secours de cette armée imaginaire qu'on vous prépare en Flandre: vous serez toujours des membres démis et disloqués,

---

« de la part du prince de le suivre, il se saisit de sa personne; mais
« comme il le menoit dans les rues, quelques bourgeois de la mesme
« paroisse firent sonner le beffroy, au bruit duquel les autres se mi-
« rent sous les armes, et obligerent ce jurat d'abandonner le curé.
« Le lendemain, l'ordre fut envoyé à tous les capitaines de cette ville
« de faire mettre leurs compagnies sous les armes, et de l'aller derechef
« enlever jusque dans l'église, s'il faisoit quelque résistance. Mais il
« prévint par sa retraite leur dessein et les suites de cette entreprise... »

tant que vous serez dans la désobéissance; et par conséquent vous serez toujours dans la peine, et vos maux ne finiront qu'en vous remettant dans votre devoir. Le temps vous est favorable : le Roi vous étend encore les bras, sa bonté vous sollicite à votre bien, et il ne tiendra qu'à vous que Sa Majesté n'efface le passé, et ne reprenne ce cœur de père que les princes ont pour les sujets qui reviennent dans leur devoir.

Toutes ces raisons firent un grand effet dans le cœur des bons bourgeois, qui étoient déjà disposés à secouer le joug de la tyrannie sous laquelle ils gémissoient, et particulièrement au sieur Filhot(1), trésorier de France, qui dans toutes les rebellions avoit toujours été pour le service du Roi. Il associe avec lui le sieur Dussaut, conseiller du parlement, et ils forment ensemble un dessein de faire ce que le père Ithier et le père Berthod avoient manqué, par la trahison de Villars; et pour cela ils envoient, sept ou huit jours après l'exécution de la sentence du père Ithier, un nommé Canot au sieur de Menardeau-Champré, pour lui témoigner leur intention, afin qu'il la fît savoir à la Reine, à M. le cardinal, et aux autres qui avoient connoissance de l'affaire de Bordeaux. Cet envoyé fut arrêté à Blaye; mais ayant demandé le père Berthod, et lui ayant communiqué son voyage, et le dessein des sieurs Filhot et Dussaut, il lui donna les moyens de passer pour aller à la cour.

M. de Vendôme, qui avoit un grand déplaisir de

---

(1) *Au sieur Filhot:* Jacques Filhot, trésorier de France à Montauban, a laissé un journal qui doit être d'une grande curiosité. Il est cité dans l'Histoire de Bordeaux, de dom Devienne. Nous ignorons si cet ouvrage est resté manuscrit. (*Voyez* l'ouvrage de dom Devienne; Bordeaux, 1771, page 464.)

ce que l'affaire du père Berthod avoit failli, l'oblige d'aller trouver la Reine et M. le cardinal pour rendre compte de tout ce qui s'étoit passé. Le père se rendit auprès de Sa Majesté, de Son Eminence et de M. Servien, où il demeura depuis le mois d'avril jusqu'à la Saint-Jean. Il leur fait connoître qu'il n'y avoit rien de désespéré pour Bordeaux; que les bien intentionnés étoient plus chauds que jamais pour le service du Roi. En effet ils l'étoient tellement, que depuis la persécution des deux pères on commença de parler hautement contre la tyrannie de l'Ormée et le conseil des princes; et on doit donner la gloire à madame de Boucaut, des Récollets, de dire qu'elle a pendant trois mois agi avec autant de générosité et de vigueur pour le bien de l'Etat, que personne du monde sauroit faire.

Quoique son mari eût été trahi et chassé de la ville, elle ne laissa pas d'échauffer les partis, qui s'étoient refroidis par la perfidie de Villars; et en moins de six semaines elle mit les choses en disposition d'anéantir l'Ormée et de chasser la faction des princes. Elle écrivoit tous les ordinaires les progrès qu'elle faisoit à M. d'Amiens et au père Berthod. Ces lettres étoient communiquées à la Reine, à M. le cardinal et à M. Servien; et tous crurent l'affaire de Bordeaux faisable dans peu de temps.

D'autre côté le sieur Filhot pousse son dessein; il noue sa partie avec le sieur de Marin, lieutenant général de l'armée du Roi sous M. de Candale. Il met de la partie le sieur Théobon; mais par une autre trahison il fut découvert et mis prisonnier dans l'hôtel-de-ville, où il souffrit la question ordinaire et extraordinaire, qu'il endura avec une fermeté qui n'est pas concevable, sans que la rigueur des tourmens durant quatre heures lui pût faire nommer aucun de ses associés, de peur de découvrir le secret, dont la connoissance eût produit de mauvais effets, et immolé à la fureur des rebelles tous les gens de bien de la ville. Et le bonhomme Ithier, âgé de soixante-dix années, avoit souffert les mêmes tourmens quatre fois pendant cinq heures, sans avoir jamais voulu, non plus que le sieur Filhot, découvrir personne de ceux qu'on lui persuadoit de nommer à force de gênes et de tortures. Le sieur Dussaut, qui étoit aussi de la partie dudit Filhot, fut également fait prisonnier; et par là leur dessein fut échoué, aussi bien que celui du père Berthod et du père Ithier.

Néanmoins cela n'étonna point les gens de bien. Madame de Boucaut continue ses brigues, et oblige le père Berthod de quitter la cour et de venir à Bordeaux, parce que ses correspondans le demandoient, et que la jeunesse de la ville avoit en lui grande confiance. Mais avant de partir, le père Berthod ayant présenté à M. Servien le sieur Ferrand le fils, très-bien intentionné, et fort puissant dans le quartier de Saint-Michel à cause de l'autorité de son père, qui étoit le premier ministre de la ville, on le fait partir; et étant arrivé à Bordeaux, il voit madame de Boucaut, et de concert avec elle écrit au père Berthod de venir: ce qu'il fit, et il arriva à Lormont vers la Saint-Jean.

Comme il étoit parti avec de nouveaux ordres pour messieurs de Vendôme et de Candale, qui leur disoient de le laisser agir et de prendre créance en ce qu'il leur diroit, il les leur rendit ; et ces deux généraux d'armée témoignèrent grande joie de son retour, et de l'espoir qu'il leur donnoit que l'affaire de Bordeaux réussiroit.

En ce temps-là le Roi envoie M. d'Estrades en Guienne, pour commander sous M. de Vendôme en qualité de lieutenant général, et porte ordre d'assiéger Bourg. M. de Vendôme forme le siége, résout le jour de l'attaque, et l'emporte en trois jours, avec l'assistance de M. de Candale, qui voulut être à l'ouverture des tranchées, aussi bien que M. de Vendôme, qui prit encore Libourne après trois attaques données huit jours après la prise de Bourg. Ces conjonctures donnèrent grand cœur aux bien intentionnés : chacun s'échauffe à qui fera quelque bonne action ; la demoiselle de Lure forme un parti pour le service du Roi ; et étant la troisième trahie, elle fut faite prisonnière dans l'hôtel-de-ville, dont elle ne se put tirer qu'en donnant de l'argent aux ormistes, aussi bien que la dame de Chartran, qui fut menacée de la question parce qu'on avoit su qu'elle étoit l'hôtesse du père Berthod lorsqu'on prit le père Ithier, et qu'on avoit mis le peuple en armes pour l'attraper ; et elle l'eût soufferte, si deux cents pistoles qu'elle donna ne l'en eussent garantie. Son frère Mingeloux fut poursuivi dans les rues par le sieur Du Tay, lieutenant des gardes du prince de Conti ; mais s'étant heureusement sauvé, on se contenta de le maltraiter en le pendant en effigie. Le sieur Chevalier, avocat, fut surpris par le parti des princes portant une lettre à M. de Candale ; et deux heures après son emprisonnement il fut pendu, après y avoir été condamné par des pâtissiers, des cordonniers et des apothicaires, qui ne lui voulurent jamais permettre la confession s'il ne la faisoit tout haut (1); enfin plus le parti des princes faisoit de cruautés, plus les bien intentionnés s'échauffoient pour le rétablissement de l'autorité royale et pour demander la paix. On en vint jusques au point d'écrire à M. de Boucaut, par le moyen de sa femme, de faire avancer le père Berthod aux faubourgs de Bordeaux *incognito*, pour conférer avec des principaux bourgeois. Ce père fut au rendez-vous conférer avec eux sur les moyens de recouvrer leur liberté, et de remettre la ville entre les mains du Roi. Il en fit le récit à M. de Vendôme, qui pour lors quitta Bourg pour venir à Lormont, afin d'être plus proche de Bordeaux au cas que l'on voulût traiter avec lui.

Pendant ce temps-là madame de Boucaut continue ses brigues avec tant d'ardeur, qu'elle donna sujet au sieur Raymond, qui commandoit à la porte de l'hôtel-de-ville en l'absence du capitaine, d'en refuser l'en-

(1) « Le premier de juin (1653), le sieur Villars eut ordre d'aller de-
« vant l'hôpital des manufactures pour faire aborder un bateau parti
« du port des Salinières pour aller à Agen. Ce qu'ayant exécuté, il se
« saisit du sieur Chevalier, avocat, qui étoit dedans, et le conduisit
« chez le prince de Conty, où l'on dit qu'il fut trouvé chargé d'une
« lettre du sieur Mounier, conseiller en ce parlement, adressée au
« sieur de Miral à Agen, par laquelle il l'avertissoit que dans peu de
« jours le dessein qu'ils avoient concerté pour la délivrance de Bordeaux
« auroit un heureux succès. Ce qui fit donner nouvel ordre audit sieur
« de Villars d'aller avec sa compagnie investir la maison dudit sieur
« Mounier, et l'arrêter. Mais en suite d'une contestation sur le mot de
« guerre entre la patrouille et les sentinelles qui avoient été posées près
« de ce logis, l'une ayant tiré sur un sergent, le bruit du coup fit une
« telle diversion des uns et des autres, que ledit sieur Mounier se
« sauva; de sorte que le sieur Chevalier a seul essuyé toute l'injuste
« colère des séditieux, qui l'ont condamné à être pendu, et l'ont fait exé-
« cuter. » (Gazette de Renaudot, article Bordeaux, du 5 juin 1653, p. 569.)

trée à quelques ormistes, et même à Duretête (1), qui en étoit un des principaux chefs. Cela causa grande rumeur, et donna lieu à Duretête et à Villars d'en faire leurs plaintes au prince de Conti, qui, pour les satisfaire, fit faire commandement à Raymond de sortir de la ville; mais comme on l'embarquoit pour passer la rivière, des jeunes gens se déclarèrent pour le Roi, montèrent sur des bateaux, enlevèrent Raymond des mains de l'exempt qui le conduisoit, et le ramenèrent en sa maison. De là, cette jeunesse en grand nombre fut demander sa liberté à M. le prince de Conti, et le prier de commander à Villars de ne marcher plus dans les rues avec des gardes, comme il avoit accoutumé; autrement qu'on feroit main-basse sur lui et sur ses gens. Ce qui leur fut accordé; et depuis ce jour-là Villars ne parut plus guère dans les rues, parce qu'il y marchoit seul.

Dans toutes les rencontres cette jeunesse battoit les ormistes, chassoit les garnisons qu'on avoit mises dans les maisons particulières, maltraitoit les soldats payés par M. le prince; et dans toutes ces actions les sieurs de La Crompe, Roberel, Rodorel, Grenier, Ferrand, Rolland et plusieurs autres, firent des merveilles.

Après cela ils convoquent une grande assemblée dans l'hôtel de la Bourse, où il fut résolu qu'on députeroit des bourgeois de chaque corps à M. le prince de Conti, pour lui demander qu'on changeât les capitaines de la ville, qu'on fît sortir tous les gens de guerre, qu'il fût défendu à l'Ormée de s'assembler,

---

(1) *Duretête* : L'un des chefs des ormistes. Il fut excepté avec cinq autres de l'amnistie royale. (*Voyez* Mémoires de Montglat, tome 50, page 410, de cette série.) Duretête fut roué vif en 1654. (*Voyez* les mêmes Mémoires, *ibid.*, page 455.)

et qu'on travaillât incessamment à la paix. Cette délibération étoit une suite de la résolution prise, en la conférence du père Berthod avec les bourgeois aux faubourgs de Bordeaux, huit ou dix jours auparavant. A toutes ces propositions le prince de Conti promit de répondre le lendemain, qui étoit le 19 de juillet. Ce jour-là on donna la liberté au sieur Filhot, et on redonna l'habit de religieux au père Ithier, dont on l'avoit privé depuis le 23 de mars (1), qu'il fit amende honorable.

Au sortir de chez M. le prince de Conti, cette jeunesse alla par toute la ville, criant *vive le Roi!* et *la paix!* et en moins de trois ou quatre heures leur troupe se trouva grosse de quatre ou cinq mille personnes, qui obligeoient aussi par force les ormistes de crier *vive le Roi!* et *la paix!* et une partie d'eux montèrent aux clochers, sur lesquels les ormistes avoient arboré depuis si long-temps des pavillons rouges, qui étoit la marque de leur inclination pour l'Espagne. Ils les arrachèrent, et mirent à la place des drapeaux blancs, qui témoignoient leur soumission pour la France et leur obéissance au Roi.

Durant que tout cela se faisoit à Bordeaux, M. de Vendôme, qui avoit avancé son armée navale jusques à Lormont et à Baccalan, alla attaquer les vaisseaux bordelais, qu'il fit retirer à coups de canon jusques au-dessous du château Trompette. Ceux qui avoient le secret de la négociation de Bordeaux étoient d'avis de cette attaque, parce qu'elle se faisoit de concert

(1) *Le 23 de mars :* On lit cette date sur le manuscrit ; mais d'après ce qui précède, qui est conforme à la gazette du temps, c'est le 28 mars que le père Ithier fut abreuvé d'outrages.

avec eux, et donnoit de la terreur aux ormistes et au parti des princes, qui en étoient au désespoir, et particulièrement à Lenet et à Marchin, qui ne savoient plus où ils en étoient. Toute leur rhétorique étoit courte, leurs menaces n'avoient plus de lieu, leurs violences n'étoient plus craintes, et leur crédit ne pouvoit plus empêcher la jeunesse et les bons bourgeois d'agir pour leur liberté.

Le dimanche 20 de juillet, sur les deux heures après midi, les députés de tous les corps et de la jeunesse ayant fait assemblée à l'archevêché, où assistèrent le prince de Conti, madame de Longueville, madame la princesse et M. d'Enghien, avec les officiers généraux de l'armée, on fit les propositions, savoir : qu'il seroit défendu à l'Ormée de s'assembler, qu'on changeroit tous les capitaines des quartiers, et qu'on feroit sortir tous les gens de guerre. Tout cela fut résolu aussitôt que proposé ; et dès le lendemain on dressa des cahiers, qu'on trouva bon de donner au sieur de Bacalan, avocat général en la chambre de l'édit ; qu'il seroit député vers M. de Vendôme pour conférer avec lui, et qu'on enverroit aussi le sieur de Virelade-Salomon (1), ci-devant avocat au grand conseil, vers M. de Candale qui étoit à Bègle, à une demi-lieue de Bordeaux, pour lui parler sur le même sujet (2).

(1) *De Virelade-Salomon :* Il étoit haï du parti populaire, parce qu'il avoit été chancelier du duc d'Epernon, gouverneur de Guienne. « Sa plume vénale et pédantesque, dit un libelliste du temps, a tracé « toutes les lettres qui ont été adressées et envoyées sous le nom du duc « au parlement et à la ville. » (*Voyez* l'Evangéliste de la Guienne; Paris, Guillemot, 1652, p. 16, collection des Mazarinades de la bibliothèque de l'Arsenal, tome 75, pièce 78.) — (2) *Voyez* les Mémoires de Montglat, tome 50, p. 408, de cette série.

Sans attendre que les députés partissent pour Lormont, la jeunesse de Bordeaux, suivie de quantité d'anciens bourgeois, alla trouver M. de Vendôme pour lui témoigner leur soumission à l'obéissance du Roi, et lui offrir de le faire entrer dans la ville quand il lui plairoit. Ils emmenèrent, en s'en retournant, le sieur de Boucaut, qu'ils conduisirent dans sa maison en criant *vive le Roi !* et *la paix !* Et comme ils avoient fait sortir le père Ithier des prisons, ils vouloient aussi ramener le père Berthod dans la ville en triomphe ; mais M. de Vendôme l'arrêta auprès de lui pour deux ou trois jours.

Deux jours après que le sieur de Bacalan eut été trouver M. de Vendôme à Lormont pour lui faire des propositions de paix, les sieurs de Thodias, premier jurat, et M. de Boucaut, des Récollets, y vinrent, et portèrent à messieurs de Vendôme et de Candale des articles de trêve, pour faciliter le traité de paix qu'ils devoient faire.

Le premier portoit une cessation d'armes et de tous actes d'hostilité jusques à la conclusion de la paix ou de la rupture, sans aucune communication entre les gens de guerre ni habitans de Bordeaux, qu'avec la permission des généraux. Cet article fut accordé.

Le second, qu'après l'éloignement des troupes du Roi il seroit donné des quartiers pour les autres à trois ou quatre lieues de Bordeaux, où il seroit convenu. Il y fut répondu que dans les suspensions d'armes et dans les trêves chacun gardoit ses postes ; que si toutefois messieurs de Bordeaux désiroient que les troupes des princes s'éloignassent de quatre lieues de la ville, on leur donneroit des quartiers, à condition qu'ils leur fourniroient des vivres, et que les troupes vivroient dans l'ordre.

Le troisième, que durant la trève il y auroit liberté pour tous ceux qui voudroient porter des vivres à Bordeaux, de quelque nature qu'ils fussent, tant par mer que par terre. Cet article fut refusé.

Le quatrième, qu'il seroit donné passe-port pour envoyer à M. le prince, en quelque lieu qu'il fût, lui donner avis du traité de paix. Il y fut répondu que quand les articles du traité de la ville seroient accordés et les otages donnés, on accorderoit le passe-port.

Le cinquième, qu'un autre passe-port seroit pour un habitant de la ville pour aller en cour. On y répondit comme au précédent.

Le septième, qu'un autre passe-port seroit donné pour une autre personne de la ville, qui devoit aller à l'armée navale d'Espagne, s'il y en avoit, révoquer les ordres que le prince de Conti avoit donnés, et les avertir que la ville ne les assisteroit de quoi que ce fût, les Bordelais ayant désavoué les députations faites en Espagne et en Angleterre. Il y fut répondu qu'en accordant l'acte de révocation et de renonciation en bonne forme, le passe-port seroit accordé. Après plusieurs contestations sur ces articles, ils furent enfin signés de part et d'autre, selon la réponse de messieurs de Vendôme et de Candale.

Ce commencement du traité fit tout-à-fait perdre courage à une partie des ormistes. Plusieurs d'entre eux se firent de fête; ils alloient comme les autres toujours à Lormont assurer de leur fidélité au service du Roi; et l'Ormée fut entièrement anéantie.

Or, comme ce lieu d'Ormée, d'ormistes et d'Ormières est une chose inconnue à beaucoup de personnes, il faut ici en peu de mots en dire l'origine, le progrès et la fin.

Le Roi ayant fait grâce aux Bordelais en l'année 1650, dans laquelle il leur donnoit une amnistie générale de leurs révoltes, il leur promit un autre gouverneur que M. d'Epernon : mais comme la cour différoit de satisfaire à ce dernier article, les frondeurs crurent que Sa Majesté le leur continueroit; et cette pensée les obligea de faire tant de diverses assemblées au menu peuple, lequel s'étant un jour attroupé sur les fossés de l'hôtel-de-ville, donna sujet aux jurats de faire dire à cette canaille qu'elle ne pouvoit s'assembler sans la permission des magistrats; et que s'ils ne se retiroient, on tireroit sur eux. L'un des plus factieux dit à cette troupe : « Allons à l'Ormière, nous serons en liberté. »

Cette Ormée est une butte de terre élevée et aplanie, proche du château du Ha, sur laquelle sont plantés quantité d'ormes pour servir de promenade. Ils allèrent donc sous ces ormeaux; et cette assemblée grossit si horriblement, qu'en moins de deux heures il s'y trouva plus de trois mille personnes, qui ne parloient que de poignarder, de massacrer et de jeter dans la rivière les épernonistes et les mazarins; et qu'il falloit avoir un autre gouverneur que M. d'Epernon. Sur cela le parlement s'assemble, et résout qu'on enverroit en diligence vers le Roi un nommé Cazenave, qui, pour rendre son voyage plus spécieux, fit croire à la Reine que Bordeaux étoit tout en feu, et le peuple prêt à se révolter et à se couper la gorge. Sa Majesté fit assembler le conseil, dans lequel, par accommodement, on leur donna M. le prince de Condé pour gouverneur, à la charge qu'il donneroit son gouvernement de Bourgogne à M. d'Epernon pour celui de Guienne. Après les expéditions faites, le courrier s'en retourne à Bordeaux, où dès qu'il y arriva ce furent des réjouissances et des festins publics par les frondeurs et par les ormistes, qui couroient dans les rues avec des bouteilles et des lauriers, pour faire boire ceux de leur parti auxquels M. le prince avoit écrit des lettres d'amitié et de civilité.

Dans le même temps il se forme dans le parlement de la grande Fronde une autre petite Fronde [1], qu'on attacha, en forme de couronne, sur les portes de ceux qui avoient frondé.

L'Ormée profitant de cette division, prend de nouvelles forces, augmente son parti; et plusieurs du parlement de la grande Fronde s'étant mis parmi cette troupe, la faisoient agir selon leur caprice. Dès-lors on commença de chasser les serviteurs du Roi; et pour cela on établit une chambre d'expulsion. Le parlement voyant qu'on empiétoit sur son autorité, donne arrêt par lequel il défend ces assemblées. Les ormistes l'arrachent des mains de l'huissier qui le vouloit publier; ils assiègent le Palais, où le prince de Conti étant allé, il fait retirer la bourgeoisie, et chasse ensuite quelques conseillers de la petite Fronde.

[1] *Une autre petite Fronde*: Elle étoit opposée à la grande Fronde, et elle se composoit des conseillers du parlement de Bordeaux qui cherchoient à rétablir l'autorité royale en leur ville.

Ces conseillers de la petite Fronde se voyant maltraités par l'Ormée, soulèvent le quartier du Chapeau-Rouge : ils s'arment les uns contre les autres. Mais le prince de Conti, madame la princesse, madame de Longueville et le duc d'Enghien s'étant promenés par les rues, calmèrent cette populace, et rappelèrent des conseillers de la petite Fronde.

Quelque temps après l'Ormée s'assemble, se saisit de l'hôtel-de-ville, en tire du canon, et marche au Chapeau-Rouge. Les bourgeois de ce quartier-là se barricadent et se défendent ; on se bat tout le long du jour ; l'Ormée pousse ceux du Chapeau-Rouge, brûle leurs maisons, et demeure victorieuse. Le prince de Conti l'établit plus fortement, s'en déclare chef, chasse ceux qui lui étoient suspects, et fait changer d'état et de forme à la ville.

L'Ormée se voyant appuyée d'un chef de telle importance, établit une chambre de justice, qui étoit composée de bourreliers, corroyeurs, pâtissiers, cordonniers, menuisiers, gentilshommes, apothicaires, violons et notaires, procureurs, et de toutes sortes de gens qui présidoient chacun à leur jour, et donnoient des arrêts qui étoient exécutés souverainement. Aussi fut-ce ces beaux juges qui condamnèrent le père Ithier, qui décrétèrent contre le père Berthod, qui donnèrent la question au bonhomme Ithier, âgé de soixante-dix ans, et au sieur de Boucaut de Bordeaux ; qui chassèrent la mère Angélique et le sieur de Boucaut de la ville, qui pendirent le pauvre Chevalier, qui firent une infinité de cruautés, de violences et d'extorsions qu'on ne peut mettre dans cette relation. Enfin, comme cette Ormée s'étoit formée par des assemblées imprévues et avoit régné par la violence, elle fut détruite par d'autres assemblées de la jeunesse bien intentionnée, qui la dissipa par la force et par les menaces.

Cependant le prince de Conti, qui n'avoit plus de crédit dans Bordeaux, tint conseil chez lui, où il proposa de prendre ce qui restoit de cavalerie et le duc d'Enghien, de passer en Espagne ou périr, et d'envoyer devant Balthazar à Tartas; mais Lenet et Marchin s'y opposent, aussi bien que les princesses. Le prince de Conti voyant donc que les Bordelais traitoient leur paix séparément, et d'ailleurs se plaignant de M. le prince, qui l'avoit très-maltraité, et qui avoit, dans une infinité de rencontres, témoigné plus d'inclination et de déférence pour Lenet et pour Marchin que pour lui, traite séparément avec M. de Candale pour lui seul et pour sa maison, et ne demanda pour lors des passe-ports que pour madame la princesse, Marchin et Lenet, afin d'aller trouver M. le prince, pour madame de Longueville pour aller à Montreuil-le-Bellay en Poitou, et un autre pour lui, pour se retirer en une de ses maisons; et après avoir tous signé ce traité, ils sortirent de Bordeaux le deuxième d'août.

Depuis le 26 de juillet jusques au jour du traité de paix, qui fut le 30, il y eut un nombre inconcevable d'habitans de Bordeaux qui alloient et venoient à Lormont, pour témoigner leur joie de ce qu'on leur vouloit accorder la paix; et dans ce rencontre M. de Comminges, lieutenant général, qui occupoit le poste où étoient lors les généraux, fit de grandissimes dépenses pour gagner le cœur des Bordelais; car il leur tint table ouverte sept ou huit jours durant. Enfin le jour du traité de la paix arrivé, qui fut le 29 ensuivant, le chevalier Thodias, premier jurat, les sieurs de Virelade, conseillers d'Etat, président; La Trève, de Boucaut, conseillers; de Pontac, greffier du parlement; Alaire, archidiacre de l'église de Saint-André; de Bacalan, avocat général de la chambre de l'édit; Baritaud, lieutenant particulier; Mercier, marchand; Martin Valon, avocat; et Rodoret, aussi avocat, y arrivèrent en qualité de députés de la ville, suivis d'une grande quantité de peuple. Ces députés ayant été introduits dans la chambre des généraux, où leur conseil étoit assemblé, firent faire lecture de leurs articles par le sieur L'Auvergnac, secrétaire de la députation, sur lesquels il y eut de très-grandes contestations, et particulièrement sur ce qu'ils demandoient qu'on leur accordât les mêmes grâces que le Roi leur avoit octroyées et que le père Berthod avoit apportées, lorsqu'on croyoit faire réussir le dessein que la trahison de Villars avoit fait échouer. En ce rencontre le père Berthod fut ouï dans le conseil de guerre, où les généraux vouloient qu'il assistât toujours, comme ayant une connoissance entière de toutes les intelligences de Bordeaux pour le service du Roi. Ce père dit qu'il étoit vrai que Sa Majesté avoit accordé de bon cœur toutes les grâces qu'il avoit demandées pour la ville et les habitans de Bordeaux; mais que c'étoit à la charge qu'au temps qu'elles leur furent accordées ils se remettroient dans leur devoir, et qu'ils accompliroient ce qu'ils promettoient; qu'ils s'en étoient rendus indignes par la trahison de celui qui avoit trompé le Roi et ceux qui travailloient par les ordres de Sa Majesté; que depuis ce temps-là la cour avoit fait une infinité de dépenses pour les armées de mer et de terre; qu'il avoit fallu faire les siéges de Bourg et de Libourne; et le Roi n'étant point obligé de tenir ce qu'il avoit promis en ce temps-là, puisqu'ils n'avoient pas exécuté les choses auxquelles ils s'étoient engagés : mais qu'ils devoient se soumettre à l'obéissance du Roi, sur la parole que messieurs les généraux leur donnoient que Sa Majesté leur accorderoit une amnistie générale, et qu'après cette soumission ils trouveroient dans sa clémence les mêmes marques de bonté qu'elle avoit données aux Parisiens, lorsqu'ils s'étoient soumis sans conditions aux pieds du Roi.

Messieurs de Vendôme et de Candale dirent une infinité de belles choses là-dessus pour l'appui de l'autorité royale, et pour fléchir ces députés; mais l'évêque de Tulles (1) parla admirablement bien sur ce sujet, en qualité de conseil de la marine; et après plusieurs disputes sur chaque article, il leur fut seulement accordé:

Que Sa Majesté donneroit une amnistie générale aux habitans de la ville et faubourgs de Bordeaux; que les priviléges de la ville seroient confirmés; que tous les prisonniers et autres qui seroient détenus à raison des mouvemens de Bordeaux seroient mis en liberté; que le présidial de Guienne seroit rétabli dans la ville; que la liberté du commerce seroit rétablie dans Bordeaux, et permis de trafiquer avec toutes sortes de personnes; que route seroit donnée aux

---

(1) *L'évêque de Tulles:* Cet évêque étoit Louis de Guron de Rechigne-Voisin, alors nommé évêque de Tulles, qui fut sacré aux Carmélites de Bordeaux le premier novembre 1653. Son prédécesseur, Jean de Genoillac de Vaillac, étoit mort le 3 janvier 1652. (*Voyez* le *Gallia christiana*, tome 2, page 676.)

gendarmes et gardes de M. le prince de Condé et du régiment d'Enghien pour aller à Stenay; les régimens de la Marcouse et de Marche licenciés; et qu'on donneroit route aux Irlandais pour s'en aller en Espagne avec un commissaire.

Et pour le regard du rétablissement du parlement dans Bordeaux, la suppression de la cour des aides, son incorporation au parlement, la suppression du présidial de Libourne, la suppression des impositions sur les vins et autres marchandises, tout cela fut renvoyé au Roi, ainsi que quantité d'autres choses que ces députés demandoient par leurs articles, qui furent signés de messieurs de Vendôme, de Candale et de l'évêque de Tulles de la part du Roi, et des députés comme ayant charge de la ville.

Après cette signature, les députés se retirèrent à Bordeaux pour donner les ordres nécessaires à l'entrée de messieurs les généraux, qui s'y devoit faire trois jours après, pendant lesquels M. le prince de Conti, avec sa maison, se retira à Cadillac, pour de là prendre le chemin de Languedoc. Madame la princesse et son train s'embarquèrent avec Lenet et Marchin pour aller trouver M. le prince, et madame de Longueville pour le Poitou. Pour Balthazar, au lieu de demander passe-port pour passer à Tartas avec ses troupes, il traita avec M. de Candale, et se remit dans le service du Roi (1).

---

(1) Balthazar avoit fait ses premières armes sous Gustave-Adolphe. Après la mort de ce grand roi, il vint offrir ses services à Louis XIII. Le traité qu'il fit avec le duc de Candale lui fut très-avantageux. (*Voyez* l'Histoire de la guerre de Guienne; Cologne, Corneille Egmond, 1694, pages 98 et 102. On attribue cet ouvrage à Balthazar; mais il contient de lui des éloges trop outrés pour que cela puisse être véritable.)

Toutes ces choses étant faites, messieurs de Vendôme, de Candale, de Tulle, tous les officiers généraux et quantité d'autres, entrèrent en triomphe dans la ville, allèrent faire chanter le *Te Deum* dans l'église Saint-André, où le père Ithier prêcha par l'ordre de M. de Vendôme, qui vouloit que ce père, qu'on avoit promené par la ville dans une charrette, nu en chemise, la torche au poing, la corde au cou et le bourreau derrière, pour le service du Roi, parût en ce jour de triomphe pour annoncer au peuple la clémence de Sa Majesté, et l'obligation qu'il avoit de ne jamais se départir de son obéissance (1).

Le reste de la journée et une partie de celle du lendemain se passèrent en harangues, que tous les corps allèrent faire à messieurs les généraux; après quoi on dépêcha en cour pour donner avis à Sa Majesté. En attendant la réponse de la cour, on chassa les factieux de la ville, jusqu'au nombre de trois cents pour le moins : on n'en épargna pas même les religieux et les prêtres qu'on reconnoissoit être malintentionnés. Le courrier arrive, et apporte la déclaration du Roi portant une amnistie générale accordée à la ville et habitans de Bordeaux, avec pardon, extinction et abolition générale de tous les crimes et excès par eux commis, sans en rien réserver; à l'exception néanmoins du sieur Trancard, conseiller, Blarut et Desert, bourgeois de Bordeaux, qui étoient en Angleterre (2); Clerrac, bourgeois et avocat, qui étoit allé en Espagne;

---

(1) Le dévouement du père Ithier au service du Roi ne demeura pas sans récompense. Nommé dans la même année 1653 à l'évêché de Glandèves, il fut sacré le 21 juin 1654. Il mourut en 1672. (*Voyez le Gallia christiana*, tome 3, page 1247.) — (2) *En Angleterre*: Ils y avoient été envoyés pour solliciter la protection de Cromwell. (Histoire de Bordeaux, par dom Devienne, page 461.)

de Villars et Duretête, qui avoient été les chefs de l'Ormée et des rebellions, qui n'étoient point compris dans l'amnistie : à la charge aussi que les châteaux Trompette et du Ha' seroient rétablis en même état qu'ils étoient auparavant les mouvemens, et que les jurats et habitans de Bordeaux prêteroient de nouveau serment de fidélité entre les mains de messieurs de Vendôme et de Candale; et pour les y obliger davantage, Sa Majesté confirma les priviléges de leur ville.

Cette amnistie fut envoyée au parlement de Guienne, qui étoit pour lors séant à La Réole, afin d'en faire la vérification et l'enregistrement : ce qu'il fit, mais non pas comme on le désiroit; car au lieu de l'enregistrer purement et simplement, selon la volonté du Roi, les messieurs de ce corps y firent un commentaire, et ordonnèrent des remontrances. Leur arrêt fut que les lettres d'amnistie seroient registrées, lues et publiées au premier jour que la séance de leur parlement seroit établie en lieu où elle pût tenir audience, sur quoi il seroit donné avis au Roi; que Sa Majesté seroit très-humblement suppliée de déclarer plus amplement ses intentions touchant diverses personnes arrêtées prisonnières par ses ordres dans la ville de Bordeaux, depuis qu'elle avoit été remise dans l'obéissance (et ils firent cette ordonnance parce qu'ils trouvoient mauvais qu'on eût mis en prison quatre ou cinq coquins qui avoient parlé insolemment contre l'autorité du Roi et la personne de messieurs de Vendôme et de Candale, depuis qu'ils étoient entrés dans la ville); que Sa Majesté seroit encore suppliée de rétablir le parlement à Bordeaux au plus tôt, attendu la nécessité présente de la distribution de la justice, et même de la publication de l'amnistie.

En ce qui concernoit le rétablissement des châteaux Trompette et du Ha, Sa Majesté seroit très-humblement suppliée de se faire représenter les remontrances en diverses occasions auparavant les mouvemens de l'année 1649, et les ordres donnés par les rois ses prédécesseurs pour la démolition de ces châteaux, et d'en vouloir ouïr les supplications que les jurats de Bordeaux pourroient lui en faire sur ce sujet, pour être par elle ordonné ce qu'elle jugeroit à propos pour le bien de son service ; et en cas de rétablissement de ces châteaux, que Sa Majesté seroit très-humblement suppliée de vouloir que la garde d'iceux fût commise à des gouverneurs et lieutenans généraux de la province.

Cet arrêt d'enregistrement piqua extrêmement messieurs les généraux, qui attendoient du parlement une soumission totale aux volontés du Roi, et qu'ils étoient d'autant plus obligés de témoigner en ce rencontre, que c'eût été un acheminement à leur rétablissement prochain dans Bordeaux ; et il donna sujet à messieurs de Vendôme et de Candale de se refroidir dans les bons sentimens qu'ils avoient pour eux, et de se désister de la pensée dans laquelle ils avoient été d'écrire à la cour en faveur de leur rétablissement, en considération du premier président de Pontac et de quelques autres, qui avoient toujours été inviolables dans l'obéissance et dans le service du Roi, et qui même avoient été d'avis contraire pour cet enregistrement ; mais qui n'avoient pas prévalu, parce que le nombre des autres étoit plus grand.

Cette amnistie, qui avoit été apportée par le sieur de Las, maréchal de camp dans les armées du Roi en Guienne, qui avoit fait divers voyages à la cour pendant et après le traité, étoit accompagnée d'une grande dépêche du Roi signée de M. Le Tellier, et datée du 26 août 1653, portant les ordres que M. de Vendôme et M. de Candale devoient tenir pour l'affermissement de l'autorité dans Bordeaux, et qu'ils devoient exécuter aussitôt que l'amnistie seroit publiée. Ces généraux voyant le refus qu'avoit fait le parlement, en firent faire l'enregistrement par le sénéchal, et la publication par les jurats; et dans le même temps ils travaillèrent à l'exécution de la dépêche du Roi, qui leur disoit : Qu'encore que Sa Majesté leur eût fait connoître, par l'ordre qu'elle leur avoit envoyé il y avoit quinze jours, comme le traité qu'ils avoient fait pour la réduction de Bordeaux lui avoit été fort agréable, parce qu'ils en avoient éloigné les princes, les princesses et les autres chefs de guerre et de conseil, et les troupes qui les servoient ; qu'ils les avoient fait dissiper, et avoient fortifié celles de Sa Majesté ; qu'ils avoient rendu les efforts des Espagnols pour le secours de cette ville-là inutiles, et qu'ils l'avoient réduite à reconnoître l'autorité du Roi, et dans l'obéissance et la fidélité par tous ses sujets; néanmoins, comme il sembloit que lesdits sieurs généraux fussent en doute des sentimens de Sa Majesté à cet égard, à cause qu'elle avoit différé de leur envoyer les lettres d'amnistie générale, avec la confirmation des priviléges de la ville, comme si ce retardement pouvoit être interprété à improuver de la part du Roi ce qu'ils avoient fait, que Sa Majesté désiroit leur confirmer qu'elle avoit eu beaucoup de satisfaction de la conduite qu'ils avoient tenue pour réduire la ville aux termes de traiter comme elle avoit fait, en ce qu'ils avoient fait du depuis pour y rétablir l'autorité royale, en remplissant les principales charges de la ville de gens bien intentionnés, en la purgeant des plus factieux, et s'assurant d'aucuns des principaux d'entre eux qu'ils avoient fait mettre en lieu de sûreté ; qu'ils avoient pu remarquer, par une précédente dépêche, comme Sa Majesté s'étoit louée de ce qu'ils n'avoient rien accordé par la capitulation de Bordeaux ; qu'il étoit vrai que ce qui avoit fait différer l'envoi de cette déclaration étoit qu'il eût été messéant et inutile de la faire paroître, si les Bordelais eussent refusé de se soumettre à ce que Sa Majesté mandoit à messieurs les généraux; de leur déclarer qu'aussi Sa Majesté n'avoit rien écrit à messieurs de Vendôme et de Candale qui leur eût pu faire concevoir qu'elle n'eût pas eu intention de la donner suivant la capitulation, ne s'agissant, comme ils l'avoient très-bien remarqué dans leur mémoire envoyé à la cour, que d'assurer la vie, les biens et les priviléges de ceux de la ville, tout le reste étant remis à son bon plaisir : en quoi néanmoins ils devoient observer que Sa Majesté avoit beaucoup donné à l'engagement dans lequel ils étoient entrés, en accordant l'amnistie aux mêmes termes qu'elle l'avoit offerte ci-devant, dans un temps où toutes choses étoient en un état fort différent de celui auquel elles s'étoient trouvées lorsqu'ils avoient traité.

Sa Majesté avoit estimé que pour ces raisons il se falloit une fois pour toutes assurer de la ville, comme elle l'eût fait lorsqu'elle y avoit été présente en l'année 1650, si elle n'en eût été empêchée, comme chacun savoit, parce que ses troupes étoient dispersées, que le trouble étoit presque universel dans le royaume, que les finances étoient épuisées, et toutes les provinces hors d'état de donner secours à Sa Majesté ; le parlement de Bordeaux lié d'intelligence avec plusieurs officiers de celui de Paris; M. le duc d'Orléans pressant en même temps le Roi, par l'induction de ceux qui étoient dans la faction de Bordeaux, à leur accorder les conditions qu'ils obtinrent alors.

Que pour parvenir à cette sûreté stable il n'y avoit que deux voies : l'une de rétablir les forts qui avoient été démolis dans Bordeaux, en les rendant suffisans pour l'assujétir; l'autre, d'en raser toutes les fortifications. Sur quoi elle avoit choisi le dernier expédient, pour les raisons qui étoient amplement marquées dans un mémoire qu'elle avoit envoyé sur ce sujet à messieurs les généraux; et quoique Sa Majesté eût bien prévu que les Bordelais pourroient bien n'être pas assez sages pour accepter ce qui leur conviendroit le plus pour leur propre bien, et pour ne pas retomber dans les maux dont à peine ils étoient sortis, aussi avoit-elle jugé avec fondement qu'on pourroit les y contraindre par la force; et comme le Roi avoit, par sa dépêche du 15 de juillet, expressément déclaré que son intention étoit de demeurer en pouvoir de faire réédifier les forts, ou de faire démolir les murailles et les fortifications de la ville, et que par les articles de la capitulation il n'avoit été stipulé aucune chose qui y fût contraire, Sa Majesté n'avoit en rien intéressé l'honneur de messieurs les généraux, ni préjudicié à la foi de leur traité, en leur donnant ses ordres pour établir cette sûreté, qu'elle désiroit avec tant de raison, et qui auroit augmenté la gloire qu'ils avoient eue de la réduction de Bordeaux; que le Roi avoit désiré plus de sûreté des Bordelais, vu leur récidive si extraordinaire dans leur révolte, après ce qu'ils avoient si solennellement promis par le traité fait à Bourg, et que ce troisième soulèvement pouvoit donner de si mauvais augures pour la suite, qu'il avoit été à croire que les gens de bien présumeroient d'eux-mêmes ce qui pourroit le plus contribuer à leur donner un repos assuré pour l'avenir.

Cependant comme Sa Majesté ne s'étoit arrêtée à la démolition des fortifications de la ville que parce qu'elle pouvoit être plus facilement exécutée que le rétablissement des forts, qu'elle seroit moins à charge au peuple, et qu'elle exempteroit de tous les inconvéniens qu'elle avoit prévus de la réédification des forts, et conviendroit mieux au public ; qu'à présent qu'elle trouvoit la sûreté égale en rétablissant ses forts, elle y donnoit volontiers les mains, et d'autant plus que messieurs les généraux espéroient que les magistrats pourroient être disposés à le demander. Mais parce qu'une chose de conséquence ne pouvoit être mieux ménagée ni plus sûrement ordonnée et établie que par l'entremise desdits sieurs généraux, Sa Majesté désiroit qu'après avoir délivré aux magistrats de la ville la déclaration d'amnistie qu'elle leur envoyoit par le sieur de Las, porteur de ce mémoire, et qu'elle auroit été publiée, ils s'employassent à disposer ces magistrats à faire eux-mêmes instance à Sa Majesté d'ordonner la réédification des châteaux Trompette et du Ha, ne doutant pas qu'ils n'y trouvassent toute facilité, selon l'avis qu'on avoit de l'état des choses de ce côté-là, et que l'on se devoit promettre tant par le crédit qu'ils s'étoient acquis dans la ville, et le pouvoir que leur qualité, le commandement et la proximité des armes de Sa Majesté leur donnoient, que parce qu'il n'y avoit personne qui ne sût qu'en l'année 1649, qui étoit le temps auquel elle leur avoit accordé plus de graces, elle se réserva d'ordonner le rétablissement du château Trompette lors de sa majorité : si bien qu'elle le pouvoit toujours faire quand bon lui sembleroit, et qu'il étoit à présumer que tous les gens de bien le désireroient, pour se voir peut-être à jamais garantis des troubles et de la confusion d'où ils venoient de sortir, des maux qu'ils avoient soufferts, et de la ruine entière dont ils avoient été menacés ; que le Roi remettoit à leur prudence de prendre toutes les assurances possibles et convenables pour assurer et faire exécuter cette réédification. Entre les considérations et les raisons dont messieurs les généraux sauroient bien se prévaloir pour cette réédification, il étoit bon qu'ils leur fissent remarquer que le meilleur moyen de faire que l'armée navale d'Espagne se retirât promptement, et par conséquent qu'ils fussent déchargés, avec toute la province du voisinage, de la subsistance de celle de terre de Sa Majesté, étoit de faire que l'on vît la ville demander et désirer à bon escient cette réédification, et se soumettre à ce que le Roi désiroit pour jouir d'un repos perpétuel, et n'être plus exposée aux malheurs où ils s'étoient vus plongés, et qu'ils venoient d'essuyer. En cas que les magistrats y donnassent les mains, Sa Majesté désiroit qu'on y fît travailler au plus tôt.

Et parce que le château Trompette avoit été une ancienne fortification, qui n'étoit pas d'une étendue ni d'une force suffisante pour assurer la ville et la rivière, comme il avoit été reconnu par l'effet, et que celui du Ha étoit encore bien moins utile, l'intention du Roi étoit de faire une bonne citadelle où étoit le château Trompette, sans néanmoins changer le nom du château ; qu'elle fût bien régulière ; qu'elle commandât sur toute la ville s'il se pouvoit, et sur la rivière, bien mieux que ne faisoit ce château ; que messieurs les généraux reconnussent et résolussent avec messieurs d'Estrades et d'Argencourt tout ce qui seroit à faire, tant au château Trompette qu'à celui du Ha, pour une parfaite sûreté à jamais.

Qu'après qu'ils auroient réglé la forme de cette citadelle, et qu'ils en auroient assuré la construction autant qu'il leur seroit possible, ils remissent à M. d'Estrades la commission que Sa Majesté lui avoit fait expédier pour commander dans la ville, et le corps d'armée qui demeureroit dans la province de Guienne; et qu'ils lui donnassent leur avis et leurs ordres pour ce qu'il y avoit à faire tant dans Bordeaux pour la construction de la citadelle et du château du Ha, que dans la province pour le maintien des troupes, le repos et soulagement du peuple, et pour tout ce qui pouvoit être de l'avantage du service du Roi ; qu'ils laissassent en la disposition de M. d'Estrades la somme de quarante mille livres du fonds des travaux de l'armée, réservant le surplus pour être employé où les troupes serviroient ; qu'ils y fissent aussi appliquer les revenus des duchés d'Albret et de Fronsac, et donnassent tous les ordres nécessaires pour les faire saisir, et employer ceux du sieur d'Estrades avant qu'ils partissent ; qu'ils donnassent charge à M. d'Argencourt de dresser ou faire dresser les plans, devis et mémoires de la dépense qu'il conviendroit de faire pour la citadelle et pour le château du Ha, et pour les munir d'artillerie et de toutes choses, pour en laisser les originaux à M. d'Estrades, afin qu'il les fît suivre, et qu'il en envoyât le double à Sa Majesté, pour qu'il fût pourvu au fonds nécessaire pour l'accomplissement des ouvrages, et de tout ce qui auroit été projeté.

Qu'après cela s'il se trouvoit que l'armée d'Espagne fût encore dans la rivière de Bordeaux ou dans les mers de France, Sa Majesté remettoit à messieurs les généraux d'aviser et de résoudre s'il seroit bon de détacher de l'armée de Guienne le corps des troupes qu'elle a destiné pour fortifier celle de delà, dont elle leur envoyoit l'état, et d'y joindre, si besoin étoit, quelques autres troupes pour servir à la réduction de Périgueux avec celles que le sieur de Sauvebœuf y avoit menées, si la ville n'étoit pas réduite; et en ce cas, qu'elle désiroit que M. de Candale s'y portât en personne, et trouvoit bon qu'après la réduction de Périgueux il revînt à Paris, passant par l'Auvergne comme il l'avoit désiré, et qu'il renvoyât à M. de Vendôme toutes les troupes qu'il auroit menées à cette expédition, pourvu toutefois que cependant l'armée navale ennemie s'éloignât des mers de France, et non autrement, et que Bordeaux se fût accommodée aux volontés de Sa Majesté.

Et quoique le Roi crût que, par la bonne disposition que messieurs les généraux auroient donnée à toutes choses dans Bordeaux, il n'y auroit rien à craindre de la part de la ville, et qu'ainsi ils pourroient faire le détachement des troupes sans aucun péril ni inconvénient; néanmoins Sa Majesté se remettoit à eux de faire partir ces troupes pour l'attaque de Périgueux, ou de les retenir pendant que l'armée navale d'Espagne demeureroit dans la rivière ou dans les mers de France; selon qu'ils l'estimeroient le plus à propos.

Qu'aussitôt que l'armée navale ennemie se seroit retirée et auroit pris la route d'Espagne, et que M. de Vendôme auroit donné tous les ordres nécessaires à l'armée navale, Sa Majesté trouvoit bon qu'il partît pour se rendre près d'elle, ainsi qu'il avoit témoigné le souhaiter ; observant toutefois de demeurer par-delà pendant tout le temps que l'armée navale d'Espagne resteroit dans la rivière, ou dans les côtes et mers de France.

Que si messieurs les généraux ne pouvoient disposer ceux de la ville, par adresse et par les voies de la douceur, à faire eux-mêmes la demande à Sa Majesté de la réédification des châteaux Trompette et du Ha, et qu'ils vissent qu'on n'y pût parvenir que par la force, le Roi désiroit, quand même ils jugeroient qu'elle y dût être employée, que ce ne fût qu'après que l'armée ennemie navale se seroit tout-à-fait retirée.

Que si après cette retraite de l'armée navale ils voyoient qu'il n'y ait pas moyen de porter ceux de la ville à ce que Sa Majesté désiroit qu'en les y forçant, en ce cas elle approuvoit qu'ils agissent incessamment avec toutes les forces qu'ils avoient, tant de terre que de mer, pour les obliger à ce qu'elle avoit résolu ; qu'ils se servissent pour les travaux de soixante mille livres que le sieur de Tracy avoit mandé avoir fait lever dans la province pour cette dépense ; et qu'après la réduction de la ville à une entière obéissance aux ordres et aux volontés du Roi, ils en fissent démolir et raser les murailles et les fortifications, et fissent travailler au rétablissement du château Trompette et au fort du Camp de César [1] avec toute la diligence possible.

Que s'ils estimoient qu'il ne fallût pas employer la force contre ceux de Bordeaux, mais seulement y maintenir toute chose dans l'obéissance au mieux

---

[1] *Camp de César :* Fort sur la Garonne, que M. de Vendôme avoit fait construire. (*Voyez* les Mémoires de Chavagnac, première partie, page 79.)

qu'il se pourroit, en continuant de se servir pour cette fin des moyens qu'ils ont employés jusqu'ici fort utilement, Sa Majesté entendoit qu'ils retinssent toutes les troupes de l'armée de Guienne, à la réserve du corps qu'elle désiroit qu'ils envoyassent en Flandre, sous la conduite et le commandement du sieur de Bougy.

Que s'ils prenoient la résolution de se séparer et de revenir à la cour, Sa Majesté désiroit qu'ils remissent le commandement des troupes qui resteroient en Guienne, ensemble dans la ville de Bordeaux, à M. d'Estrades, pour l'exercer suivant la commission qui lui en étoit adressée, lui donnant leurs ordres sur la conduite qu'il devoit tenir pour le maintien des choses au bon état où ils les auroient mises, sur le logement, la subsistance et le maintien des troupes, et sur tout ce qu'il y auroit à faire sur cet emploi. Qu'ils le chargeassent aussi de ce qui seroit à faire pour la conservation de Libourne et de Bourg; et quant aux forts du Camp de César et de la Bastide, Sa Majesté remettoit à leur prudence de les faire raser ou de les conserver, selon qu'ils verroient être plus utile à son service.

Que si Bordeaux ne s'accommodoit pas volontairement à la proposition que messieurs les généraux feroient pour la réédification des forts, et s'ils ne jugeoient pas à propos de l'y obliger par la force, l'intention du Roi étoit qu'ils demeurassent tous deux en Guienne, tandis que l'armée navale d'Espagne seroit dans les mers de France; et s'ils résolvoient que M. de Candale allât cependant faire le siége de Périgueux, Sa Majesté entendoit qu'il retournât joindre M. de Vendôme, afin de contribuer tous deux conjointement à ce qui seroit à faire de plus avantageux pour le service du Roi dans Bordeaux, et empêcher qu'il n'y arrivât aucun préjudice pendant que l'armée ennemie seroit dans la rivière, et dans les côtes et les mers de France.

Messieurs les généraux étant pressés d'exécuter les ordres du Roi parce que le siége de Périgueux pressoit, et que M. de Candale s'y devoit trouver pour l'attaque de cette ville-là, envoyèrent quérir les jurats et beaucoup des principaux bourgeois de Bordeaux, auxquels ils firent entendre la volonté du Roi sur la réédification des châteaux Trompette et du Ha, et l'importance de ce rétablissement, particulièrement du premier, pour la sûreté de la ville et pour la conservation d'une bonne bourgeoisie, qui se trouveroit toujours à la veille d'être maltraitée par la canaille; qui prendroit de nouveaux sujets de rebellion tant que ce château Trompette ne seroit point sur pied; mais qu'étant une fois rétabli, et muni d'artillerie et d'une bonne garnison, ce seroit moyen de tenir le petit peuple en bride, et de l'arrêter en cas qu'il voulût faire quelque nouvelle folie.

Les jurats et les bourgeois qui les accompagnoient non seulement donnèrent les mains à messieurs les généraux pour l'exécution de la volonté du Roi, mais même les prièrent d'écrire à Sa Majesté que leur intention étoit de lui faire des humbles supplications pour cette réédification.

Dans le même temps le sieur d'Argencourt travaille aux dessins et aux devis pour ce rétablissement; M. de Candale se prépare pour Périgueux; M. de Vendôme écrit en cour par le sieur de Las, pour demander au Roi l'ordre d'attaquer et de combattre l'armée navale d'Espagne, et prie M. d'Estrades de faire voyage dans les îles d'Oleron, de Brouage et de Ré, et dans les lieux circonvoisins, pour faire venir des matelots pour l'armée navale du Roi.

Pendant le voyage du sieur de Las et celui de M. d'Estrades, le sieur Bodin (1), procureur du Roi au siége présidial de Périgueux, écrivit par homme exprès, au père Ithier et au père Berthod, qu'il y avoit un parti formé dans la ville pour la faire revenir à l'obéissance du Roi ; qu'ils étoient résolus de secouer le joug de la tyrannie que le sieur Chanlot (2) et la garnison y exerçoient ; et que, pour y travailler avec plus de zèle et de vigueur, ils les prioient de lui envoyer un ordre de M. de Candale pour l'exécution d'un si juste dessein. Le père Ithier se trouvant malade, le père Berthod entreprend cette affaire, portant la lettre du sieur Bodin et une autre d'une personne bien intentionnée pour le même sujet à M. de Candale, qui dans le même temps fait expédier un ordre au sieur Bodin de travailler dans Périgueux pour le service du Roi, et d'associer avec lui tous ceux de ses amis qu'il jugeroit à propos, avec une ample protection pour tous ceux qui s'emploieroient dans un si bon et si louable dessein.

Le père Berthod l'ayant envoyé à Périgueux, et le sieur Bodin les ayant reçus, joignit avec lui le sieur de Fontpiteux, conseiller au présidial, et l'official du diocèse, qui commencèrent dans le même temps de travailler avec tant d'adresse, et s'acquirent une telle croyance dans l'esprit des principaux de Périgueux, qu'en peu de temps leur nombre se grossit si fort et

---

(1) *Bodin* : Il est appelé *Boudin* dans les Mémoires de Chavagnac.
— (2) *Chanlot* : Chavagnac l'appelle Chanclos.

si secrètement, que l'affaire fut au point d'être exécutée lorsqu'on auroit fait savoir la disposition de la ville à M. de Candale.

Le sieur Bodin l'écrivit au père Berthod, qui fit voir la lettre à M. de Candale, dans laquelle le sieur Bodin au nom des habitans proposoit des articles pour remettre la ville dans l'obéissance du Roi : mais durant le temps qu'il falloit pour envoyer la réponse de ces lettres, le sieur Bodin et ses amis voyant que le sieur de Chanlot augmentoit sa tyrannie et faisoit des violences extraordinaires dans la ville, résolurent de se garantir du malheur dans lequel ils alloient tomber, parce que le sieur de Chanlot, qui savoit que M. de Candale venoit l'assiéger dans Périgueux, qu'il faisoit marcher ses troupes et son artillerie, vouloit chasser de la ville ou emprisonner ceux qu'il soupçonneroit être dans le parti du Roi; qu'il avoit découvert les chefs, et qu'il les vouloit perdre.

Ces bien intentionnés donc, se voyant pressés de repousser les fureurs du sieur de Chanlot, formèrent leur dessein, qui étoit de s'assembler en divers endroits pour se saisir de sa personne et de tous les postes de la ville, sans pourtant épancher du sang, s'il se pouvoit, qu'en cas de résistance par la garnison.

Le 16 de septembre, chacun se devoit disposer à l'exécution : l'heure étoit prise pour cela à midi; mais le sieur de Chanlot, qui en fut averti deux heures auparavant, commanda aux colonels des régimens de Condé et de Montmorency, et d'un régiment d'Irlandais, de mettre leurs soldats sous les armes, et de faire rouler le canon, dont ils étoient les maîtres, au moindre commandement qui leur en seroit fait de sa part; et après avoir donné ses ordres pour la conservation des portes et des murailles de la ville, et posé vingt-quatre soldats dans deux maisons qui étoient vis-à-vis de celle du conseiller du Roi, il alla, accompagné de vingt hommes tant officiers que soldats, à la porte du sieur Bodin, où il heurta avec beaucoup de violence. A ce bruit, un des valets du conseiller du Roi mit la tête à la fenêtre, et dit que son maître dînoit, qu'on ne pouvoit parler à lui. Lors le sieur de Chanlot se nomma, et commanda avec de grandes menaces qu'on ouvrît au plus tôt.

Le sieur Bodin, qui étoit averti de ce que le sieur de Chanlot avoit fait avec ses régimens, et se voyant dans la nécessité de profiter de l'occasion pour le service du Roi et pour son propre salut, fit ouvrir la porte, et, les armes à la main, cria hautement *vive le Roi!* En même temps on tira de part et d'autre, et d'abord un cousin du procureur du Roi fut tué auprès de lui : mais le sieur de Chanlot ne la porta pas loin ; car un nommé Laruyne, secrétaire du sieur Bodin, lui donna un coup de mousqueton qui l'étendit mort sur la place. Cette décharge de fusils et de mousquetons, et la mort du commandant, jeta l'effroi parmi la garnison, et augmenta le cœur au sieur Bodin et aux siens, qui en même temps coururent dans les rues, criant *vive le Roi !* Ils allèrent attaquer la porte du pont, qu'ils prirent après quelque résistance. Ce succès anima tous les bien intentionnés, qui se rendirent chacun à leur poste. Les uns s'emparèrent des corps de garde, les autres de la place d'armes, d'autres de la porte de Taillefer et des fortifications ; et tout cela sans confusion et sans désordre : et parce que les officiers de la garnison tenoient ferme dans le clocher, dans l'évêché et dans quelques maisons particulières, on les assiégea, et on les pressa si fortement qu'ils demandèrent quartier, aux conditions qu'il plairoit à M. le duc de Candale. Enfin en moins de deux heures la garnison fut chassée, deux capitaines et un officier d'artillerie tués, les autres chefs faits prisonniers, et la ville entièrement soumise à l'obéissance du Roi.

Pour l'y assurer davantage, le procureur du Roi fut à l'hôtel-de-ville, accompagné des maires et consuls, et d'autres principaux habitans, auxquels, après une fort belle harangue qui les exhortoit de remercier Dieu de les avoir remis si soudainement dans l'obéissance du Roi, et à continuer leur zèle pour le service de Sa Majesté, il fit prêter à tous les habitans, aussi bien qu'aux magistrats de la ville, un nouveau serment de fidélité; et après il fut résolu d'appeler le marquis de Bourdeilles (1) pour commander dans la ville, et maintenir toutes choses dans la bonne assiette où elles étoient.

Cette nouvelle lui étant portée, il s'y rendit sur le minuit de la nuit suivante avec plusieurs de ses amis, pour y donner les ordres jusques à l'arrivée de M. de Candale, lequel y étant arrivé mit toutes choses en état dans Périgueux comme on le pouvoit souhaiter pour l'obéissance du Roi, et pour l'établissement de l'autorité de Sa Majesté.

Durant le temps que toutes ces choses se faisoient à

---

(1) *Le marquis de Bourdeilles*: Chavagnac dit que c'est lui qui fut appelé par Bodin; qu'il alla à Périgueux avec cent cinquante maîtres, et qu'il maintint dans cette ville l'ordre le plus admirable. Ce ne seroit pas la première fois que l'amour-propre auroit engagé un écrivain de Mémoires à altérer la vérité; aussi ne peut-on espérer de la rencontrer qu'en comparant entre eux ces matériaux de l'histoire.

Périgueux, M. de Vendôme, qui avoit reçu douze cents matelots que M. d'Estrades lui avoit envoyés en diligence, les fait mettre sur ses vaisseaux; il les arme de soldats, et de toutes les choses nécessaires pour le combat; et le sieur de Las étant de retour et ayant porté ordre du Roi pour attaquer les ennemis, M. de Vendôme monte sur l'Amiral avec M. d'Estrades; les lieutenans généraux de l'armée qu'il commandoit, sur les autres vaisseaux. Les maréchaux de camp voulurent être de la partie pour aller attaquer l'armée navale d'Espagne, qui voyant que M. de Vendôme alloit à eux, leva l'ancre, fit voile vers Cordouan, et voyant que celle de France la vouloit combattre, elle se retira dans les côtes d'Espagne; mais ce ne fut pas sans y perdre son Vice-Amiral, que M. de Vendôme attaqua, combattit et prit en moins de deux heures.

Après la fuite de l'armée navale ennemie, M. de Vendôme se retira à Marennes, à Royan et à La Tremblade, pour désarmer ses vaisseaux, ayant laissé M. l'évêque de Tulles dans Bordeaux pour y affermir l'autorité royale, et pour y maintenir le peuple dans son devoir: ce qu'il fit si admirablement par son adresse et par le crédit qu'il avoit dans la ville, que tout y étant calme, il en partit au mois de novembre pour aller à Paris rendre compte avec messieurs les généraux, à Leurs Majestés et à Son Eminence, des choses qu'ils avoient faites en Guienne, où M. d'Estrades demeura lieutenant général pour le Roi dans son armée, et maire perpétuel de Bordeaux.

FIN DES MÉMOIRES DU PÈRE BERTHOD.

TABLE DES MATIÈRES

CONTENUES

DANS LE QUARANTE-HUITIÈME VOLUME.

MÉMOIRES DE VALENTIN CONRART.

Notice sur Conrart et sur ses Mémoires.	Page 3
Mémoires de Conrart. Première partie.	33
Mémoires de Conrart. Seconde partie.	181
Fragmens détachés. — Visite faite par la reine Christine à l'Académie française.	*ibid.*
Duel du marquis de Sévigné.	185
Sur l'avocat Galland et sur sa femme.	192
Sur d'Estrades et sur Chavigny le père.	212
Mort de Chavigny le fils.	215
Sur la duchesse de Longueville.	225
Sur mademoiselle de Longueville.	227
Sur la duchesse de Châtillon.	230
Action extraordinaire du cardinal de Sourdis.	231
Sur le surintendant d'Emery.	234
Anecdote relative au chancelier de Sillery.	245
Sur Henri IIe du nom, prince de Condé.	246
Sur le nommé Baves, de Lille.	247
Sur la duchesse de Roquelaure et sur le marquis de Vardes.	250
Fragment sur mademoiselle de Scuderi.	253
Lettre de Conrart à	256
Sur Bartet, secrétaire du cabinet.	260
Sur le président de Nesmond.	271
Sur le duc Mazarin.	277

Sur le marquis de Vardes. Page 278.
Sur le livre intitulé *Junius Brutus*. 283

MÉMOIRES DU PÈRE BERTHOD.

Notice sur le père Berthod et sur ses Mémoires. 287
Mémoires du père Berthod. Première partie. 297
    Secret de la négociation du retour du Roi dans la ville de Paris, en l'année 1652. *ibid.*
Mémoires du père Berthod. Seconde partie. 373
    Secret de la négociation pour la réduction de Bordeaux à l'obéissance du Roi, en l'année 1653. *ibid.*

FIN DU TOME QUARANTE-HUITIÈME.

www.ingramcontent.com/pod-product-compliance
Lightning Source LLC
Chambersburg PA
CBHW070821250426
43671CB00036B/746